# ECONOMÍA SIN BARRERAS

## MÁS EMPRESAS MENOS IMPUESTOS

# ECONOMÍA SIN BARRERAS

## MÁS EMPRESAS MENOS IMPUESTOS

ERNESTO SANDLER

Título
**Economía sin barreras**
**más empresas menos impuestos**

Autor
**Ernesto Sandler**
ernesto.sandler@grupoutilities.com

Producción editorial
**M&A Diseño y Comunicación S.R.L.**

Fotografía: Sebastián Israelit



Sandler, Ernesto
Economía sin barreras: más empresas, menos impuestos . - 1a ed. -
Buenos Aires : Mucho Gusto Editores, 2012.
448 p. ; 15x22 cm.

ISBN 978-987-1658-20-6

1. Economia. I. Título
CDD 330

Queda hecho el depósito establecido por la ley 11.723.
Libro de edición Argentina. Impreso en la República Argentina.

Impreso en los talleres de Área Cuatro s.r.l. / info@areacuatro.com.ar,
Buenos Aires, Argentina, en el mes de abril de 2012.

*Dedicado a*
*mi padre y maestro*
*Héctor Raúl Sandler.*

# PRÓLOGO

Hace bastante tiempo que quería escribir este libro. El vértigo de la actividad empresarial y las prioridades editoriales postergaron la decisión durante años.

Algunas cosas no han cambiado. La dinámica en la empresa no se ha detenido. Sigue siendo intensa y demandando mucha atención. Por su parte, la Editorial insiste en que debo continuar escribiendo sobre los emprendedores empresariales. Las ventas logradas con mi libro las *Claves del éxito* son una buena razón para que insistan en que escriba sobre el tema.

Sin embargo, la lectura diaria de los acontecimientos económicos y las propuestas que se esbozan para afrontar esos problemas son preocupantes. No puedo evitar que la realidad argentina influya sobre mi ánimo y en mi actividad profesional. La económica comienza a poner de manifiesto que vuelven a emerger hechos similares a los que generaron las crisis del pasado.

Mi percepción negativa sobre el futuro me empujó a no seguir postergando la decisión de escribir sobre la economía nacional. Consideré que era prioritario aportar algunas ideas y hacerlo ahora. Tengo la esperanza –como todo autor– de que algunas de mis ideas puedan ayudar a cambiar nuestro destino. Para que el futuro sea mucho mejor que nuestro presente.

Me preocupa que las opiniones de los dirigentes políticos, empresariales, sociales y sindicales sean básicamente las mismas desde hace décadas. Esas opiniones, a pesar de formales diferencias y antagonismos políticos, reflejan un *pensamiento único* de vieja data. Un pensamiento similar en cuanto a diagnósticos y propuestas para el futuro. Sólo han cambiado las palabras y las expresiones. Las ideas siguen siendo las mismas. Como los diseñadores de moda, llaman colorado a lo que antes era rojo. Se cambió el *relato,* pero las políticas públicas y las propuestas económicas están guiadas por el mismo *pensamiento único*.

La balanza de las ideas sobre cómo debe ser nuestra economía hace mucho que perdió el equilibrio. El *pensamiento único* inclina de manera manifiesta uno de sus platillos hacia un lado. Casi no existe contrapeso intelectual. Pocas son las voces que tienen una visión distinta de la realidad y una propuesta diferente sobre cómo debería ser *una economía para beneficio de la gente.*

La mayoría de las voces disidentes no difieren en lo central del *pensamiento único*. Sólo quieren profundizar las políticas públicas inspiradas en ese pensamiento hegemónico. Pocos dirigentes e intelectuales se apartan del ideario que domina nuestra cultura económica-social desde hace más de 100 años.

En este trabajo intento poner sobre la mesa una perspectiva diferente de cómo debería ser el orden económico argentino. Tiene la particularidad de no limitar su análisis a una excluyente visión macroeconómica. Visión que obligaría a dejar de lado ciertos datos que quiero resaltar. Hechos relevantes de la microeconomía empresarial y laboral que ayudan a entender un poco mejor la desarticulada economía nacional.

El libro comienza con unas preguntas breves y directas. *¿Por qué de cada 100 empresas argentinas que inician una actividad, el 80% fracasa antes del segundo año? ¿Por qué la mayoría de las empresas que superan ese período quebrarán irremediablemente en un futuro cercano? ¿Por qué solamente dos empresas, de cada cien, permanecen en actividad después de una década? ¿Por qué nuestro parque industrial tiene tan pocas empresas?*

Para una economía moderna y pujante, que las empresas quiebren y desaparezcan en tal altos porcentajes como ocurre en Argentina debe llamar la atención. En especial si analizamos que en los países vecinos se dan porcentajes inferiores de quebrantos y tienen parques industriales con un crecimiento superior al nuestro.

Las empresas son las principales generadoras de empleo. Son el principal motor del crecimiento de un país que se precie de moderno y apunte al progreso económico. Sin empresas eficientes y empresarios creativos es difícil concebir el progreso social. Sin empresas no hay empleo. Sin empresas no hay producción. No existe riqueza para distribuir.

Por lo tanto, contestar aquellas preguntas sobre el fracaso de las empresas en nuestro país es *buen punto de arranque* para tratar de entender muchas de las causas que impiden un desarrollo sostenido y estable.

Descubrir las razones de ese alto porcentaje de fracasos empresariales me condujo, en primer lugar, a analizar la idoneidad de los empresarios argentinos para desarrollar empresas sólidas y pujantes. Evaluar si los empresarios nacionales tienen las condiciones para organizar eficientemente una actividad productiva moderna y pujante.

El resultado de ese examen fue bastante revelador. No encontré en el accionar de los empresarios razones suficientes para justificar el elevado porcentaje de fracasos. Es cierto que algunas empresas deben su fracaso a ineficientes empresarios o improvisados aventureros en busca de ganancias fáciles. Pero en el caso argentino, para entender la causa del elevado porcentaje de fracasos empresariales, es necesario fijar la mirada en el contexto externo de la empresa.

*Ese contexto exterior está dado por el orden económico y su soporte jurídico*: *El derecho positivo*. Estos factores son la razón determinante de los fracasos empresariales en nuestro país. Ese contexto o mundo exterior donde las empresas realizan sus actividades es el principal responsable de las quiebras y del famélico parque industrial argentino.

El orden jurídico y económico afecta negativamente a las empresas. También es causante de la falta de empleo, la desigual distribución de los ingresos, el hacinamiento urbano en un territorio vacío, la falta de viviendas, el reducido mercado interno, la falta de competitividad, los bolsones de pobreza, la especulación con la tierra y las crisis que cíclicamente padecemos.

La economía argentina está sustentada por un orden jurídico contrario a la planificación individual de la gente. Es contrario a que las actividades y relaciones económicas resulten de la libre coordinación de los planes individuales de los integrantes de la sociedad. El derecho positivo ha levantado cientos de *barreras* para frenar, controlar y reglamentar la actividad privada. El sistema jurídico nacional desconfía de la gente y sus empresas.

Las barreras jurídicas tienen el propósito de que la gente y las empresas sólo puedan vincularse económicamente dentro de los márgenes autorizados por *un plan superior y general* que condiciona a los planes individuales. Ese plan, ordenador de las relaciones económicas de toda la sociedad, es dirigido por la *economía estatal a cargo de los gobiernos de turno*.

Los gobiernos (artífises reales del Estado) tienen la autoridad jurídica-política de planificar, dirigir y ordenar la economía nacional detrás de los objetivos que el mismo gobierno establece. Esa planificación centralizada requiere de la subordinación de los planes individuales de la gente para que puedan lograrse los objetivos del plan estatal. Por lo tanto las empresas como los trabajadores deben allanarse a los objetivos de la planificación gubernamental y a los efectos de esa planificación sobre sus planes privados.

La planificación estatal tiene profundos efectos en las variables macroeconómicas como el sistema monetario, la balanza comercial o el sistema financiero. También incide en las actividades microeconómicas de las empresas, los trabajadores, comerciantes y consumidores.

Los gobiernos establecen, habilitan y definen cómo son las *vías económicas* por donde necesariamente deben transitar quienes realicen una actividad económica. La gente que quiere transitar otro camino al fijado por las políticas públicas encontraran una barrera que se lo impide. Los que quieran sortearla serán severamente castigados y sancionados.

El orden jurídico y los planes gubernamentales diseñan el *modelo económico* para que todos los argentinos adapten sus planes a ese ordenamiento. Nadie puede apartarse –salvo los que ingresan al mercado negro o informal– de los objetivos y normas que establecen los planes centrales emanados desde el Estado. Los planes económicos del Estado están para ser cumplidos y no para ser cuestionados. Mucho menos para no ser respetados.

Este modelo de organización económica ha prevalecido en nuestro país desde hace una centuria. El resultado no es el mejor. Desde mi perspectiva, conociendo el potencial de nuestra gente y extensión de nuestro territorio, dejan mucho que desear. Mucho más si se compara con otros países de características semejantes que han logrado mayor crecimiento económico y progreso social.

*No hay duda de que nuestro orden económico es deficiente y de baja productividad.* Es un sistema que castiga a las empresas, a los trabajadores, a los consumidores y los comerciantes. Es un orden económico plagado de barreras que impiden los procesos productivos. A través de un perverso sistema impositivo, los gobiernos se quedan con cerca del 40% de la riqueza producida por los argentinos. Recaudación que no se traduce en una buena seguridad pública o un eficiente sistema de salud. No hablemos de la educación y el ejercicio de la justicia que cada día es peor.

La mala utilización de los recursos aportados por la actividad privada al Estado es un hecho evidente desde hace tiempo. La redistribución de los ingresos recaudados impositivamente, en general, no vuelven en forma de bienes o servicios a la sociedad. La falta de seguridad, salud o educación es un clamor nacional.

En Argentina se *persigue* a la actividad económica privada en vez de estimularla. Cientos de disposiciones se levantan como barreras infranqueables. Se traba el acceso de la gente a los recursos naturales y a la tierra para producir o trabajar. Se ha instalado un orden jurídico que premia a la especulación y favorece a la destrucción de la cultura del trabajo. Se ha construido un sistema de baja productividad y poco rentable. Existe una desigual distribución de los ingresos. No hay mercado no competitividad empresarial.

*Con el derecho positivo en la mano se han levantado cientos de barreras que impiden el progreso de las empresas y los trabajadores*. Barreras que frenan la actividad económica productiva. Barreras que impiden la actividad plena y libre de la gente. Y eso no es bueno.

Esas razones me llevaron a escribir en este libro algunas ideas para revertir esa histórica tendencia. Voy a tratar de presentar otra perspectiva de cómo se puede construir un orden económico mejor al actual. *Un orden económico construido por la gente donde el Estado es su soporte y no el dueño de su destino.* Un orden económico productivo, justo y con igualdad de oportunidades.

Voy a proponer un orden económico-social que sea sustentable, jurídicamente seguro y con un crecimiento ordenado para todos los argentinos. Que ofrezca igualdad de oportunidades para producir, comerciar o trabajar. Un orden que no castigue a los que realizan una actividad económica. Donde la riqueza se distribuya entre quienes la producen. Donde no haya privilegiados que vivan del trabajo ajeno. Un país donde no se premie a los especuladores o a los monopolios. Un orden económico donde todos los argentinos puedan acceder a una vivienda y a un lugar para trabajar.

Muchas de las ideas que propongo fueron acuñadas a lo largo de mi vida. Mi padre fue una fuente inagotable para estimular el pensamiento crítico y no aceptar dogmas defendidos por intereses creados o fanatismos. Tuve también muchos maestros que sabiamente me ilustraron a través de sus libros. Otras ideas fueron madurando a partir de la observación de la realidad y fruto de la experiencia. Siempre con la preocupación de resolver problemas que nos son propios y nos impiden progresar.

Seguramente mis propuestas encontrarán resistencia entre aquellos que han colocado al Estado en una categoría de deidad bondadosa, que todo lo puede y todo lo hace bien. Para esas personas el Estado es un Dios. No permiten cuestionar ni analizar la efectividad de sus actos. El Estado está por encima de la gente.

No hay duda de que el Estado debe preservarse y es el sustento de nuestra organización nacional. Hecho que es incuestionable y está fuera de toda discusión. Pero el concepto del Estado moderno no incluye aceptar los yerros e ineficiencia de los gobiernos que actúan en su nombre. La existencia del Estado no incluye aceptar a funcionarios públicos corruptos e intereses monopólicos que se amparan detrás de la falda del Estado para cometer tropelías.

Mi confianza está depositada en la gente. En la capacidad de cada argentino para que sea artífice de su propio destino. Tengo confianza en su voluntad para que el país crezca para beneficio de todos y de cada uno de nosotros. Rechazo el pensamiento único y los dogmas cerrados que se creen portadores de la verdad absoluta. Promuevo la crítica y acepto cuando estoy equivocado.

Estoy convencido de que la gente no necesita dogmas. Necesita sencillamente tener la posibilidad material de progresar y alcanzar la felicidad. Quiere un país que le permita trabajar y producir sin barreras. Donde pueda proyectar un destino y no deba conformarse con promesas incumplidas de sus gobernantes. La gente no quiere un país que se dice de todos, pero que sólo beneficia a unos pocos que dicen representar al Estado.

Creo en la capacidad de la gente. Creo en la idoneidad de los argentinos para que de manera individual puedan decidir qué actividad económica es mejor para ellos y la sociedad. No creo que el interés individual necesariamente sea contrario al bienestar social.

No creo que el Estado es el *defensor excluyente* del bien común. Descreo de las virtudes que se le atribuyen a la planificación centralizada para organizar económicamente la sociedad. No comparto el prejuicio de que los planes económicos individuales de la gente son negativos para el bien común. Niego que la planificación estatal es el mejor y único recurso para alcanzar el progreso social.

Quiero un país en el que se confíe en la capacidad de gente para trabajar y producir. En donde se establezcan las condiciones para que todos tengan iguales oportunidades. Desaparezcan los privilegios públicos y privados. Un país donde podamos vivir dignamente con un patrimonio personal que nos haga verdaderos ciudadanos. Quiero que la gente pueda acceder a nuestro inmenso territorio para trabajar e invertir. Un territorio donde todos los hombres y mujeres del mundo puedan emigrar para desarrollarse y progresar. Un lugar para que los sueños se hagan realidad.

Por estas razones decidí que era un buen momento para escribir este libro. Espero que sirva como un aporte sincero a la construcción de un ideario que beneficie a todos los argentinos.

# un futuro mejor
# ES POSIBLE

# 1

# DOS DE CADA CIEN

En Argentina, de cada 100 empresas que inician un nuevo emprendimiento, *sólo el 20% continúa funcionando al promediar el segundo* año. El 80% restante no puede proseguir con sus actividades. Todo el entusiasmo, la energía, los sueños y los recursos invertidos por los empresarios y el esfuerzo realizado por los trabajadores no son suficientes para obtener un resultado económico positivo que les permita proyectarse hacia el futuro.

Esta estadística realizada sobre las empresas registradas en 2010 ante los organismos públicos no dice nada sobre los emprendimientos que se establecen, en igual o mayor cantidad, dentro del mercado informal y que lógicamente no están inscriptos en organismos oficiales.

No existen datos oficiales sobre los miles de emprendimientos empresariales que se desarrollan en todo el país dentro de las fronteras de la economía informal y que todos conocen como "actividades en negro". Investigaciones recientes indican que el porcentaje de fracaso de las "empresas en el mercado en negro" es bastante inferior al de los emprendimientos que desarrollan sus actividades en la economía formal. Se calcula que de cada 100 emprendimientos que comienzan una actividad en el mercado informal aproximadamente el 35% continúa con sus actividades después del segundo año.

Las estadísticas sobre empresas registradas ponen de relieve otros datos significativos sobre su desarrollo a lo largo de los años. Cuando se analiza la actividad empresarial en un plazo superior a los 10 años surge otra información no menos importante. De las empresas que logran sortear los dos primeros años de su etapa constitutiva, *sólo el 10% prosigue con sus actividades después de la década.*

Los datos son contundentes. Esas cifras nos revelan que cada 100 empresas que cada año inician una actividad económica en Argentina, *sólo el 2% podrá superar la barrera de los diez años*. El 98% restante habrá quedado en el camino. Por decisión del empresario, por la falta de rentabilidad, o por la quiebra demandada por los acreedores.

Esta información es relevante. Pone de manifiesto que emprender una actividad económica, consolidar una empresa y permanecer activo en el tiempo, es absolutamente difícil. Así lo ponen de manifiesto los números que analizan el desarrollo de las empresas en nuestro país.

*Los datos oficiales indican que los fracasos empresariales llevan una ventaja considerable en comparación con los éxitos que pueden alcanzar un mínimo de empresas*. Acostumbrados a mirar sólo los éxitos de algunas empresas o de corporaciones económicas, no se llega a percibir los cientos de miles que se estrellan ante una realidad enmarcada por el fracaso.

La perspectiva de quiebra en nuestro país es desalentadora y posiblemente explique el reducido parque empresarial. Los índices estadísticos de las compañías que permanecen activas después de un cierto período de tiempo son inferiores a los que pueden encontrarse en países similares al nuestro. Lo mismo ocurre con la dimensión del parque industrial que es muy inferior a lo que debería existir en comparación a economías de iguales características.

En casi todo el mundo la actividad empresarial fluye y se expande con una intensidad muy superior a lo que ocurre entre nosotros. Aun en estados con diferentes ordenamientos económicos, como China o Cuba, existen políticas públicas que incentivan la actividad empresarial privada como instrumento para aumentar el potencial productivo. *Las empresas son consideradas por los gobiernos como un factor fundamental para la creación de riqueza económica y el progreso social.*

En nuestro país ocurre lo contrario. El Estado no es propenso a incentivar la actividad empresarial privada entre los integrantes de la sociedad. Existe una fuerte tendencia pública hostil hacia las empresas por considerarlas causantes de buena parte de los efectos negativos que arroja el orden económico. Las empresas privadas son miradas con recelo por los gobiernos y por la sociedad.

No se asigna a la empresa el valor que tiene para el crecimiento económico. Más bien se las asocia con una injusta distribución de la riqueza por la avaricia de los empresarios, como si fueran los únicos destinatarios de los beneficios económicos que las empresas generan.

# MUCHO RUIDO Y POCAS NUECES

En Argentina *es muy poca la cantidad de emprendimientos que inician actividades anualmente y consecuentemente es muy limitado el parque empresarial existente.* Teniendo presente la cantidad de habitantes, el alto nivel educativo y la extensión del territorio de nuestro país, el número de empresas que se crean cada año es bastante inferior a lo que podría imaginarse. Según datos del Ministerio de Trabajo, en el año 2010 existían aproximadamente 500.000 empresas registradas a lo largo y ancho del territorio. *Ese mismo año solicitaron el alta para comenzar sus actividades un total de 50.000 empresas, mientras que en ese mismo período se presentaron en quiebra un total de 48.000 empresas.*

Es cierto que el año 2010 fue un año negativo para la mayoría de las economías en el mundo, y nuestro país no estuvo exento. Pero si ampliamos la mirada a períodos más largos, el promedio de lo ocurrido con las empresas en cuanto a sus éxitos y sus fracasos es constante. Los datos de 2010 son bastante similares a lo acontecido empresarialmente en los últimos 20 años.

El bajo porcentaje de permanencia de las actividades empresariales y la gran cantidad de quiebras explica por qué el parque empresarial argentino crece muy poco a través de los años. Contra lo que suele creerse, la actividad empresarial privada en nuestro país es muy limitada, con el agravante de que son pocas empresas las que logran posicionarse internacionalmente logrando mayores niveles de expansión y desarrollo.

Si comparamos las empresas argentinas con las de países vecinos como Chile y Brasil, han sido pocas las que lograron expandir su actividad fuera de las fronteras. En comparación de lo ocurrido en diferentes naciones de América, a partir de la globalización, son contadas las empresas argentinas que han crecido internacionalmente con filiales en otros países.

Se puede decir que de un promedio de 50.000 empresas que iniciarán sus actividades en el año 2012 en Argentina, aproximadamente 1.000 superarán las adversidades para proseguir sus actividades económicas después del décimo año. Las 49.000 restantes quedarán en el camino. Esto indica que sólo un 2% de las empresas permanecerán activas en los primeros 10 años y podrán aspirar a expandirse logrando mayores niveles de desarrollo.

## LOS ÉXITOS NO DEJAN VER LOS FRACASOS

La mayoría de la gente sólo ve las empresas exitosas. Son las que por su creatividad, calidad, originalidad o la trascendencia de sus productos dejan una impronta que excede el marco estrictamente económico para arraigarse en la memoria colectiva.

La gente también recuerda a los empresarios que tuvieron una fuerte exposición pública por sus éxitos comerciales o ganancias económicas. Sus logros y su fortuna son motivo de conversación entre amigos. Sus vidas ocupan mucho espacio en los medios de comunicación. Todos comentan el poder, el triunfo y las ganancias de los empresarios exitosos, sea para admirarlos, envidiarlos o criticarlos. La gente guarda en su memoria la imagen de los empresarios triunfadores.

Distinta suerte tienen los emprendimientos que no logran consolidarse. Muchas empresas, al no imponer sus productos en el mercado, desaparecen sin pena ni gloria por su baja rentabilidad. Comenzaron con todo ímpetu para estrellarse con una realidad que les impidió establecerse en el mercado.

Nadie recuerda a esas empresas fallidas ni a sus marcas o sus productos, y no los tienen presentes en las conversaciones. Lo mismo ocurre con los empresarios que no pudieron triunfar en sus objetivos. De los fracasos de esos empresarios normalmente no se habla y la gente olvida su historia con el correr del tiempo.

La mayoría de las personas ignora en absoluto cuáles y cuántas empresas cierran anualmente por falta de competitividad o ineficacia en la gestión. Los medios de comunicación no dedican mucho espacio a las empresas que quiebran. No es un tema que interesa a la mayoría de la gente. Sólo existen referencias en los medios de comunicación cuando la quiebra de una empresa va acompañada de un escándalo que excede los límites de la quiebra. Pero aun en estos casos, con el paso del tiempo la gente sólo recordará la etapa de éxito de la empresa y olvidará la etapa de decadencia y cierre. Para el público son más atractivos los temas vinculados a los ricos y famosos, a los triunfos y los éxitos. Las quiebras y los fracasos son noticias tristes que nadie quiere tener presentes.

El hecho de recordar sólo a las empresas exitosas y olvidar a las que han fracasado posiblemente tenga una razón psicológica o sea una actitud propia del ser humano, que graba en su memoria lo positivo y trata de olvidar lo negativo. No parece nada mal que la gente destierre lo negativo que daña y apuntale lo positivo para lograr una vida más placentera y feliz. Pero, desde la perspectiva de la vida en general y de la economía en especial, la ignorancia o el olvido del fracaso es dañino.

*Tener presente en nuestra memoria sólo a las empresas exitosas o empresarios "afortunados que generaron grandes riquezas" ha instalado en la mayoría de la gente la errónea idea de que una empresa es sinómimo de éxito y fortuna. Que lo normal es que triunfen y ganen mucho dinero.*

Desde ese punto de vista, los emprendedores, aquellos que deciden iniciar una actividad empresarial, son mirados con cierta envidia porque se tiene la sensación de que han emprendido el camino del éxito. Nadie repara en el hecho de que en Argentina ese camino está más condenado al fracaso que al triunfo.

Asociar a las empresas con el éxito y a los empresarios con el dinero impide reconocer lo que la realidad argentina muestra de manera apabullante. Sólo el 2% de las empresas logra permanecer en actividad mientras que el 98% debe cancelar sus actividades económicas dejando un tendal de deudas, empleados sin trabajo y empresarios quebrados. Esa realidad empresarial nos señala que todos los años miles de emprendimientos deben cancelar su actividad con todo lo que esto implica en lo humano, lo material y lo social para un país.

A pesar de este contundente dato, la gente no registra la magnitud del impacto de esos fracasos en la vida social de los argentinos y su incidencia en el porvenir. Pocos tienen registro de las quiebras empresariales que se producen año tras año. Sólo lo recuerdan los afectados en forma directa.

Contrariamente, la gente sí tiene muy frescos en su memoria los éxitos de algunas pocas empresas y recuerda a los empresarios famosos por el dinero que supieron ganar. Sobre esos éxitos o logros se construye la opinión de funcionarios, partidos políticos, grupos sociales, trabajadores y la gente en general. *Esos casos exitosos son el punto de apoyo para reafirmar la falsa idea arraigada en nuestra sociedad de que "las empresas siempre ganan, los inversionistas recuperan con creces lo que invierten y los empresarios engordan sus bolsillos con grandes ganancias".*

La prensa en general también pone su acento en los empresarios que aumentan sus fortunas y las empresas que expanden sus negocios. Los gurús de la economía aportan lo suyo. Dan consejo a los jóvenes sobre cómo hacerse millonarios rápidamente a través de técnicas o modelos empresariales. Todos, de una u otra manera, colaboran en forjar la sensación de que las empresas siempre dejan dinero, prestigio, y son el camino para el éxito económico.

La información limitada a algunas empresas y la fortuna ostentada por ciertos empresarios impide ver otra realidad menos glamorosa: *El fracaso de miles de empresas, la quiebra patrimonial de empresarios y el desempleo de cientos de miles de trabajadores todos los años.*

La realidad puede tener mil caras. Todo depende del sujeto que la interprete. Puede ser distorsionada e incluso negada a través de miles de palabras y artilugios conceptuales para que no se vea tal cual es. Sin embargo, la realidad nunca dejará de ser lo que es. Se puede intentar ocultar sus lados oscuros con maquillaje político o palabras altisonantes. Pero ese maquillaje no podrá ocultar la realidad de manera permanente. La realidad económica habla por sí misma y finalmente muestra la verdad de los hechos. La realidad económica argentina es una: la cantidad de empresas que quiebran gana por paliza a las que resultan exitosas.

Las empresas fracasan en una proporción bastante mayor de lo que ocurre en la mayoría de los países desarrollados. Este desproporcionado fracaso empresarial es el dato más visible de los problemas estructurales y coyunturales en el orden económico argentino. Fallas que impiden que se establezcan nuevas empresas y que se invierta de modo que sean rentables para los trabajadores y empresarios.

Negar la realidad económica es no querer percibir que el 98% de las empresas que inician una actividad no pueden permanecer en funcionamiento por más de diez años. Esto es lo que viene ocurriendo con las empresas argentinas desde hace décadas, y todo indica que no sólo continuará sino que habrá de incrementarse en el futuro.

En nuestro país se asocia a los empresarios con el éxito, la riqueza y la buena vida. Esta equivocada percepción de la realidad es grave. No percibir el importante fracaso empresarial y seguir creyendo que las empresas en nuestro país nadan en la abundancia no permite detectar la existencia de problemas que hacen que el orden económico argentino tenga escaso potencial para crecer y un limitado parque empresarial con respecto de lo que debería tener. Esta creencia aparta la vista de donde debiera ser dirigida. Si se echaran a un estanque cien alevines con la esperanza de criar cien peces y en breve tiempo murieran 98 alevines, ¿no deberíamos sospechar del agua del estanque? El orden económico argentino es para el empresario lo que el agua es para los alevines.

Esa visión errónea sobre los éxitos y los fracasos empresariales es tan grave como negar el crecimiento permanente de la economía informal o "en negro". A pesar de que se la combate de manera constante a través de organismos públicos y se invierten millones de dólares en promocionar que la gente ingrese en la economía formal, la actividad en negro es ascendente. *Cerca del 45% de la actividad económica en nuestro país se desarrolla dentro de la economía informal, con una tendencia constante al crecimiento.*

Las expresiones más sobresalientes de la economía informal son La Salada, la Saladita y cientos de mercados informales que crecen y se expanden en todo el país. Son muchos más de lo que se dice. Los forman cientos de miles de vendedores ambulantes que extienden sus mantas sobre las calles o la salida de los shopping para ofrecer toda clase de productos. Detrás de cada uno de esos centros informales de comercialización existen cientos de empresas y trabajadores que producen igualmente fuera de la "formalidad". Es un círculo productivo tan extenso que ocupa casi la mitad de la actividad económica nacional.

Si la sociedad y sus dirigentes se siguen manejando con la "convicción" de que las empresas en nuestro país son normalmente exitosas y sus empresarios propietarios de fortunas envidiables, se está distorsionando la realidad. La deforman para ajustarla al pensamiento ideológico dominante en Argentina. Esa misma deformación de la realidad impide aceptar que el crecimiento del mercado informal es una realidad cada vez más palpable a pesar de todas las políticas fiscales y acciones gubernamentales tendientes a erradicarlas.

El brillo del éxito que pueden irradiar las pocas empresas que triunfan y crecen en el país no logra ocultar la desolación del otro 98% de los emprendimientos que no alcanzan sus objetivos, generando grandes pérdidas a la sociedad. El establecimiento de grandes tiendas y supermercados no puede ocultar que cientos de vendedores, productores y consumidores hacen crecer día a día el mercado informal de nuestra economía. ¿No se los ve, acaso, frente a las mismas puertas de esos mercados? Es necesario empezar a observar la realidad y abandonar creencias que ocultan su verdad.

# LA ECONOMÍA INFORMAL

Las permanentes campañas de los órganos estatales de recaudación y el aumento de las normas jurídicas para castigar a empresas en negro son el reconocimiento cabal de la existencia de una economía paralela que crece constantemente fuera del ordenamiento jurídico. Mientras miles de empresas cierran sus puertas en la economía formal, muchas deciden expandirse al margen de la ley. Cientos de personas prefieren comenzar sus actividades económicas "en negro". Procuran evitar y evadir obstáculos para lograr una rentabilidad que no obtienen dentro de la economía formal.

Trabajadores, inversores y empresarios optan por la economía en negro porque evalúan que dentro de la economía formal no es posible encontrar trabajo o sus actividades empresariales no serán rentables. Agobiados por las cargas impositivas, los permisos, las habilitaciones, la corrupción en los entes gubernamentales y el control regulatorio por parte del Estado, cerca del 45% de la población ingresa en la actividad económica en negro.

Según las cifras oficiales de la Encuesta de Hogares Urbanos realizada por el INDEC en 2010, en el conurbano bonaerense cada dos personas que trabajan y cobran un salario, una sola recibe su ingreso de acuerdo con las disposiciones legales. La otra recibe su salario en negro. Es decir que en el conurbano industrial más importante del país, *el 50% de los asalariados –según la misma fuente oficial– recibe su salario en negro.* Esto pone de manifiesto la existencia de un buen número de empresas que desarrollan actividades informales, totales o parciales, porque entienden que la economía formal no les garantiza rentabilidad.

Es necesario remarcar –a pesar de la propaganda de los recaudadores del Estado– que la mayoría de los que emprenden un negocio o empresa en la economía informal no lo hacen por ser "explotadores o delincuentes" que quieren vivir del trabajo ajeno o de negocios espurios. Tampoco los trabajadores son arrastrados a esas empresas y toman empleo en negro por ser "engañados u obligados".

Dejando de lado a los que realizan actividades económicas clandestinas como el narcotráfico, que merece el repudio de las sociedades, la *mayoría de las personas que ingresan en la economía negra para trabajar o invertir lo hacen porque no tienen alternativa de obtener ingresos en la economía formal.* Se emplean en la economía informal porque es la única opción que tienen de obtener un ingreso para vivir y mantener a sus familias.

No hay duda de que los trabajadores prefieren acceder a servicios de salud o a la jubilación que les ofrece la economía formal. Pero eso no es posible porque en la economía formal no encuentran empleo o el nivel de los ingresos libre de impuestos es inferior al que pueden obtener en la economía informal. Su única opción es la economía en negro que, si bien les niega beneficios sociales, les genera un ingreso que no consiguen en la economía formal.

Por parte de los emprendimientos empresariales, la situación no es demasiado diferente del caso de los trabajadores. La mayoría de los que emprenden un negocio fuera del circuito formal de la economía sabe que si hacen frente a las cargas impositivas y requisitos para funcionar "legalmente" no podrán generar ingresos suficientes para mantener su actividad económica.

La economía en negro les permite cumplir con la regla de oro de la economía: comercializar productos más baratos para ser adquiridos por buena parte de la sociedad que tiene bajos niveles de ingreso. Participar de la economía formal encarece mínimamente un 40% el precio de cualquier bien.

Estos hechos forman parte de la realidad que no quiere verse a pesar de su evidencia. El truco linguístico de los amigos de la "economía formal" es muy simple y elemental. Por un lado se instala la idea de que existe gente *"buena" que trabaja en la economía formal bajo el título de "trabajadores y empresas en blanco", y por el otro lado están los "malos" ubicados en la categoría de "trabajadores o empresarios en negro".*

Sin embargo, ese simplismo –que ha calado hondo en el pensamiento social– no podrá borrar la realidad económica que empuja al 45% de la gente a trabajar en la economía en negro, ni evitar que el trabajo e inversión informal continúen en ascenso por la falta de rentabilidad y empleo.

No se puede cambiar la realidad utilizando artilugios conceptuales para denostar a quienes eligen el camino de lo clandestino porque la economía formal no les da cabida o simplemente no les permite obtener un ingreso. De poco sirve utilizar políticas publicitarias para descalificar a las personas que deben entrar en el submundo de la economía negra. En vez de propaganda, lo que el país necesita es que se ponga sobre la mesa el problema que empuja a la quiebra a miles de empresas, y a otras miles a trabajar en la clandestinidad.

Es una verdadera hipocresía acusar como "explotadores, esclavistas, negreros, lavadores de dinero, evasores u otros calificativos" a quienes no tienen demasiadas alternativas para sobrevivir en un orden económico que no permite generar ingresos suficientes para vivir con dignidad. Una economía que pone trabas a la producción, hostiga a las empresas e impide a cientos de miles de personas acceder a una vivienda, tener un trabajo digno o simplemente tener un futuro.

A nadie le gusta estar fuera de la ley. Menos que menos trabajando o produciendo. Con ello se pierden los beneficios que pueden obtenerse en la economía formal, como el crédito, servicios de salud o garantías para alquilar una vivienda. A nadie le gusta estar excluido de los derechos existentes en el orden jurídico, como las indemnizaciones o la convocatoria de acreedores para las empresas. Todos quieren tener acceso a esos beneficios y derechos, pero saben que eso no es posible. En parte porque el orden económico formal no tiene la capacidad para que todos trabajen e inviertan por fallas estructurales y privilegios de larga data. En parte porque los impuestos generados por la economía estatal son muy elevados para ser sostenidos con los bajos ingresos de los que consumen y producen.

## MALAS Y BUENAS NOTICIAS

Las frustraciones y los fracasos empresariales no son un patrimonio exclusivo del orden económico argentino. La economía mundial muestra que los fracasos empresariales suelen superar el número de los éxitos en todos los rincones del planeta. Quiebras empresariales han existido siempre y seguirán existiendo porque la actividad económica moderna es altamente dinámica y la innovación tecnológica exige el constante cambio. Ningún empresario puede predecir cuáles serán los resultados de sus emprendimientos.

Si bien las actividades económicas empresariales han alcanzado un alto índice de eficiencia como consecuencia de la experiencia histórica, del desarrollo de la ciencia económica y sus instrumentos auxiliares –como la cibernética– no garantizan normalmente resultados positivos. La incertidumbre y el riesgo son los inevitables compañeros de los planes empresariales. Casi nunca se cumplen como fueron proyectados. Esta es una realidad inevitable para toda empresa. En especial en un orden económico regulado por un mercado abierto y con igualdad de oportunidades. La dificultad de predecir el comportamiento económico de las personas o de las empresas que compiten en el mercado sigue siendo el talón de Aquiles de la certeza y los pronósticos empresariales.

Los seres humanos, por tener una psiquis y una capacidad para apreciar valores diferentes, tienen conductas que no siempre son predecibles. Esta condición humana hace muy difícil conocer cuáles serán las conductas económicas que las personas tendrán en el futuro.

La facultad para cambiar y elegir de acuerdo con criterios personales sin otra limitante que su propia voluntad impide conocer con certeza cuáles serán las decisiones de la gente. La libertad y capacidad imaginativa que siempre ha acompañado a los hombres hace que sus comportamientos resulten difíciles de predecir. Esta condición de seres libres y la necesidad de un orden económico en que sea posible el ejercicio de la libertad es el gran reto que tiene el derecho. A través de la normativa jurídica es posible construir una sociedad más justa, libre y solidaria.

El hombre no está dominado o condicionado por sus conductas del pasado ni mucho menos por las conductas de las anteriores generaciones. Lo que ayer demandaba hoy lo puede desechar. Sus gustos cambian y sus aspiraciones también. No importan los estudios, las estadísticas o las tendencias de los comportamientos humanos dados en el pasado; un empresario sabe que esto puede cambiar totalmente en el futuro. Aquel empresario que no tenga en cuenta este riesgo y la dificultad de predecir el futuro aumenta su capacidad de fracaso.

*Las conductas de las personas no sólo cambian constantemente sin direcciones claramente predeterminadas sino que lo hacen de manera cada vez más rápida*. Hace una centuria los cambios en el consumo y la producción de bienes eran poco frecuentes. Lo normal era que la demanda de un bien se mantuviera durante períodos más o menos largos. En la actualidad esto ha cambiado de manera radical. La característica es totalmente inversa. Todo cambia a gran velocidad y cada bien lanzado al mercado tiene una fecha de vencimiento a cortísimo plazo.

Por otra parte, el riesgo e incertidumbre de las empresas no sólo tiene como talón de Aquiles a los erráticos comportamientos humanos. La naturaleza o hábitat también genera riesgos e imprevistos sobre los planes empresariales que pueden llevar a su quiebra. Aunque el ingenio humano ha podido controlar y contener su furia, ese control de la naturaleza es absolutamente relativo.

De manera permanente la naturaleza envía señales al hombre para que recuerde que ella es más poderosa que su voluntad y su capacidad para dominarla. Los tsunamis, las inundaciones, la activación de volcanes y los sismos son prueba de su poder. Señales muy claras que el empresario debe tener en cuenta, ya que los imprevistos naturales pueden determinar que sus planes rueden hacia el fracaso y no pueda cumplir sus objetivos.

En ese marco de un futuro incierto e imprevisible, dados los comportamientos cambiantes de la gente y la inestable naturaleza, las empresas deben planificar sus actividades económicas en busca de una posible rentabilidad. Son tantas las variantes que deben contemplar en el presente y tantas las que se deben predecir en el futuro que muy pocas empresas logran superar de manera positiva los obstáculos previstos e imprevistos. De allí que los fracasos empresariales sean más comunes que los éxitos.

El mejor salvavida inventado por el hombre para evitar los imprevistos y riesgos son los "sistemas de seguros" establecidos a comienzo de la Edad Moderna y que perduran hasta la actualidad. El asegurado, a partir de un aporte de dinero en el presente, se asegura que si en el futuro surge un imprevisto que pone en riesgo su empresa podrá contar con recursos para superar esos hechos no previstos.

La otra buena noticia es que no todo fracaso empresarial es una pérdida económica para la sociedad. No hay duda de que el cierre de una empresa es una pérdida económica para sus propietarios, inversores y empleados. Pero *lo que puede ser una pérdida para una empresa puede llegar a ser un beneficio para toda la sociedad.* Esto ocurre cuando una empresa debe cancelar sus actividades porque existe otra que es más eficiente en la misma actividad. En este caso, las nuevas empresas benefician al consumo social porque la gente podrá acceder a un mejor producto a un precio igual o menor.

La otra buena noticia es que a pesar de lo limitado de los éxitos empresariales ocurridos a lo largo de la historia en comparación con la gran cantidad de fracasos, la repercusión de esos éxitos en el desarrollo social ha sido inmenso y multiplicador. A pesar del enorme tendal de emprendimientos que han quedado en el camino sin haber logrado sus objetivos, los resultados obtenidos por las empresas que fueron exitosas han implicado un gran paso para la evolución humana, la creación de riqueza y el desarrollo social.

*No existen dudas de que las empresas que triunfan en sus proyectos colaboran de manera determinante en la evolución económico-social.* Basta ver la realidad contemporánea para quedar conmovidos por la cantidad de riqueza que dispone la sociedad para satisfacer sus necesidades como consecuencia del desarrollo empresarial. Desarrollo que no sólo se ve reflejado en la gran cantidad de bienes que se producen sino también en la cantidad de empleos que genera.

Hace doscientos años todo hacía presuponer a los científicos y a la gente en general que la hambruna vendría de la mano del crecimiento de la población. Se estimaba que en el futuro sólo habría miles de millones de personas en la indigencia por falta de alimento y vestido. Sin embargo, la historia ha demostrado que los hechos no han sido tan dramáticos. A pesar del crecimiento extraordinario de la población que llevó a la humanidad a superar los 7.000 millones de personas, cuando hace 200 años sólo había mil millones, los pronósticos no alcanzaron el fatalismo esperado.

Es cierto que todavía falta mucho y la miseria sigue afectando a mucha gente en todos los rincones del planeta a causa de una ineficaz producción y una mala distribución de la riqueza. Justamente ese cuadro de injusticias y mala producción económica es lo que motiva este trabajo. Instar a la reflexión y la búsqueda de soluciones. Hay infinidad de cosas que deben ser cambiadas para que la humanidad viva mejor. Pero en esa interminable búsqueda, hay que evitar las soluciones o los caminos de atajo. Aquellos que inspirados en la solución final nos hacen retroceder a épocas que creíamos superadas.

## LA EMPRESA COMO MOTOR DEL CRECIMIENTO

La manera en que las sociedades se organizan económicamente para que todos sus integrantes participen en procesos productivos y se beneficien de un ingreso para satisfacer sus necesidades es variada y diferente en todos los países del orbe. Cada sociedad establece su propio ordenamiento económico de acuerdo con su cultura, valores y objetivos.

Sin embargo, a pesar de la diversidad de órdenes económicos que se dan en diferentes países, existe una cierta uniformidad sobre que *las organizaciones empresariales que vinculan al trabajador con las inversiones detrás de un proyecto productivo son las instituciones más idóneas para el desarrollo económico.*

La empresa ha demostrado ser un instrumento muy eficaz para el crecimiento, la rentabilidad de las inversiones, el incremento del empleo productivo y el aumento de los ingresos de los trabajadores. Detrás de la búsqueda de rentabilidad y su expansión en el mercado, las empresas se han convertido en los motores del desarrollo de todas las sociedades industrializadas.

La experiencia de las últimas décadas ha puesto de manifiesto que las empresas empujan al crecimiento y son un gran motor del desarrollo si pueden desplegar sus actividades en un orden económico abierto. Cuando el orden económico se cierra, cancelando la libertad de participar en el mercado en igualdad de oportunidades, las empresas están limitadas en su potencial para impulsar el crecimiento y la distribución equitativa de la riqueza.

Cuando todos los integrantes de la sociedad están habilitados para generar una actividad económica, las empresas se multiplican e impulsan el progreso colectivo. Detrás de objetivos sectoriales de rentabilidad, las empresas movilizan a la investigación y la innovación productiva generando mejores bienes a un costo menor, lo cual termina beneficiando a los trabajadores, a los consumidores e inversores.

En las sociedades modernas con altos niveles de crecimiento las empresas se han constituido en el motor indiscutible del desarrollo, no sólo generando mayor cantidad de bienes y empleos, sino aportando recursos para que el Estado pueda llevar adelante sus obligaciones institucionales y objetivos sociales. Sin actividad empresarial generadora de inversiones y empleo no se concibe un Estado con capacidad de obtener recursos para incluir a los que menos tienen en los procesos productivos.

Es cierto que el progreso social podría ser mejor e incluso mayor si las empresas exitosas en sus objetivos no tendieran a cerrar el orden económico para hacerlo menos competitivo en beneficio de sus propios intereses. Pero esta tendencia no es sólo resultado de un acto de voluntad por parte de los empresarios. *El éxito empresarial o la dominación del mercado no dependen exclusivamente de la voluntad de la empresa.* Factores ajenos suelen ser la causa de que las empresas quiebren o dominen en el mercado perjudicando el proceso productivo y distributivo.

Para que una empresa logre una aceptable rentabilidad no basta con que el empresario tenga en cuenta este resultado. Es necesario mucho más que su deseo. Una empresa depende de la acertada combinación interna de factores objetivos y subjetivos que hacen a la generación de riqueza. Si el empresario no logra combinar acertadamente esos factores, por las razones que fuere, la empresa no podrá desplegar una actividad rentable por más voluntad de producir y obtener ganancias que tengan sus directivos.

*La actividad empresarial demanda del empresario formación, capacitación profesional, conocimientos, perseverancia, pasión y eficiencia en la organización de los factores que habrá de emplear para la producción de bienes.* Además necesita tener planes realistas. Planes que se puedan ejecutar en el campo de lo real. Planes que incluyan la posibilidad de cambiarlos cuando los imprevistos atentan contra los resultados buscados. Por bello y prometedor que sea el ideal soñado, no fructificará si no se planta en el campo de lo real.

Si esa compleja actividad empresarial es realizada de manera eficaz, sorteándose todos los obstáculos e imprevistos, estarán dadas las condiciónes internas para que la empresa obtenga un beneficio económico que le permita proseguir con el proceso de producción. Si esto no se logra por falta de idoneidad o errores de cálculo, la empresa no tendrá opciones para proseguir con sus actividades en el futuro y no podrá insertarse competitivamente en el orden económico.

Sin embargo, la *organización interna* para hacer funcionar eficientemente a una empresa no es el único objetivo a tener en cuenta por un empresario. No es el único obstáculo que debe superar para que su empresa se consolide económicamente en el mercado. Existen otros inconvenientes que escapan directamente a la órbita empresarial y que surgen de la inserción de la empresa con el orden económico donde deberá realizar sus actividades.

*Toda empresa es una organización económica que sólo podrá desarrollarse si logra interrelacionarse de manera eficaz con la sociedad para la cual habrá de producir y de la cual se proveerá de los recursos materiales y humanos para lograr sus objetivos.*

Este hecho insoslayable determina que las empresas tienen que conjugar dos objetivos al momento de su constitución. Por un lado deben organizar internamente sus factores de producción de modo que puedan planificar de manera eficiente sus objetivos y planificar para lograrlos. Por otro lado, las empresas deben ajustar sus objetivos y planes al orden económico en donde participan con la oferta de productos y con la demanda de recursos para la producción.

El éxito o fracaso de una empresa depende en primer lugar de su capacidad para contar y conjugar los factores que hacen a su organización interna. Buena parte de las quiebras existentes en nuestro país se debe a esa falta de idoneidad. Entusiasmados por una idea de negocio y detrás del pensamiento colectivo que toda empresa permite obtener grandes ganancias, cientos de emprendedores se lanzan a una actividad económica sin el conocimiento requerido para que la empresa funcione eficazmente.

Hay que recorrer esta realidad para evitar innecesarios fracasos. Pero hay otro lado de la realidad que debe ponerse en evidencia. *El mayor porcentaje de quiebras en nuestro país tiene causas ajenas a las condiciones de los empresarios. Son consecuencia del orden económico en el que las empresas despliegan sus actividades.* En Argentina la estructura del orden económico es la principal traba que desalienta a los empresarios y es la principal causa de que se produzcan mayor cantidad de quiebras que en otros países de características similares.

## LA EMPRESA Y EL ORDEN ECONÓMICO

El ordenamiento jurídico argentino que regula las actividades económicas no estimula a sus habitantes para emprender planes económicos individuales. Al contrario, por diferentes razones, nuestro orden jurídico –minado de leyes, reglamentos y sentencias– desalienta la actividad empresarial o impide que los integrantes de la sociedad a participar de ciertas actividades económicas. Complementariamente el sistema político hostiga a la actividad de las empresas impidiendo su movilidad en el mercado o cercenando sus ganancias con excesiva presión impositiva que acaba con la rentabilidad empresarial.

Cuando los factores estructurales del orden económico, el ordenamiento jurídico y el sistema político son contrarios al libre funcionamiento de organizaciones empresariales se generan consecuencias negativas para toda la sociedad en la medida que limita la actividad empresarial a cargo de la gente. Se limita y condiciona el principal generador de empleo y crecimiento económico: las empresas.

El hostigamiento de los poderes públicos o de grupos de presión contra las empresas incide negativamente sobre los emprendedores particulares e inversores de capital que no se sienten estimulados de invertir en un orden económico que los hostiga y acusa de ser responsables de la mayor parte de los desajustes económicos. Ante esta falta de reconocimiento, las empresas optan por emigrar a sociedades más amigables y los inversores buscarán otros países que ofrezcan mayor rentabilidad y mayor seguridad jurídica.

La falta de un clima amigable para las empresas también se manifiesta cuando el ordenamiento jurídico deja de ser estable y predecible. Desaparece la seguridad jurídica que es fundamental para la planificación e inversión hacia el futuro.

Los mismos efectos negativos sobre las empresas se expanden ante la falta de límites a las acciones de fuerza de los grupos de presión o el exceso de presión impositiva a la producción. Estos hechos, que no son los únicos, elevan el nivel de riesgo de la inversión empresarial. En el horizonte hay más contingencias que beneficios.

Los emprendedores e inversores que quieren llevar adelante un negocio temen entrar en un orden económico que se muestra impredecible e inseguro. Observan que el costo de emprender una actividad económica, arriesgando patrimonio y tiempo, sobrepasa los límites de lo razonable. La franja de posibilidades de fracaso se extiende mientras que la franja de los éxitos se reduce. Ante la inseguridad y alto riesgo del orden económico prefieren abandonar sus sueños empresariales. La sociedad se priva entonces de mayores inversiones, más empleos y más capacidad productiva para lograr mejores niveles de vida.

En Argentina todos los años decenas de empresarios inician nuevos proyectos de negocios, pero el incremento porcentual de inversión es cada vez menor. Pueden enumerarse muchas razones para esta falta de inversión, pero ocupan un lugar destacado la inseguridad jurídica y falta de rentabilidad económica.

Una economía estable y productiva se caracteriza por el flujo de inversiones que de manera anónima deciden afincarse con el propósito de producir y obtener beneficios. En Argentina son muy pocas las inversiones y empresas relevantes que se instalan en función del potencial que tiene el país. Cuando ocurre alguna inversión importante se convierte en un hecho público y notorio, prueba de que son excepcionales.

*Cabe destacar que no sólo son pocas las empresas que deciden invertir en Argentina por la inseguridad jurídica y la baja rentabilidad, sino que normalmente las que deciden invertir lo hacen por los grandes beneficios que ofrecen los gobiernos.*

La industria minera, la automotriz o la petrolera son casos emblemáticos, como en su momento lo fueron las empresas telefónicas. Grandes son los beneficios dados por los gobiernos para que se realicen importantes inversiones en el territorio nacional. Los gobiernos conceden a las empresas inversoras extranjeras garantías y beneficios que sobrepasan con creces los que obtienen las castigadas empresas nacionales.

Los datos del último censo de 2010 ratifican la disminución de las inversiones y el establecimiento de nuevas empresas en nuestro país. Esa tendencia se ha incrementado en los últimos años. En la misma etapa hubo un aumento de inversiones en la mayoría de los países emergentes de la región. Las cifras de los organismos internacionales ratifican la falta de inversiones significativas en Argentina en la última década.

Complementariamente a la falta de inversión nacional e internacional para la creación de nuevas empresas o el fortalecimiento de las existentes, se puede comprobar que la tendencia migratoria de los capitales de Argentina al exterior, o la fuga de capitales es incesante, incrementándose en períodos de crisis o inestabilidad. Conjuntamente y como consecuencia de esa falta de inversión, la demanda de empleo por parte de las empresas privadas es relativamente escasa. Para cubrir ese bache la economía pública estatal mantiene un sostenido crecimiento del empleo público.

Las proyecciones estadísticas reflejan que cada año es menor el porcentaje de personas e inversores que deciden emprender una actividad empresarial en la economía formal. De los 40 millones de argentinos sólo se inician 50 mil emprendimientos económicos por año, con el agravante de que pocos logran sus objetivos. Consecuentemente el parque empresarial argentino es bastante pequeño e insuficiente para generar actividades productivas que demanden más empleos.

El reducido parque empresarial con respecto a las dimensiones que podría tener por la calidad de nuestra gente y los recursos naturales disponibles, pone en evidencia que el motor del crecimiento argentino se encuentra alicaído. Las empresas no ocupan el lugar que deberían tener en una economía moderna.

Si el crecimiento económico se mide esencialmente por la proliferación de empresas, es esencial tener una fotografía que refleje la situación de las empresas en nuestro país. Esa fotografía seguramente permitirá comprender algunos aspectos que hacen a nuestro bajo nivel de desarrollo. Pero fundamentalmente permitirá pronosticar qué puede acontecer económicamente en el futuro si se mantienen las mismas condiciones empresariales y del orden económico que predominan desde hace décadas.

Sabemos que la inversión pública y el rol del Estado en las sociedades contemporáneas es muy importante, pero no suficiente para mantener una economía en constante crecimiento. Dada la diversidad y multiplicidad de bienes que la sociedad demanda, las empresas se han convertido en el principal motor de crecimiento de las sociedades desarrolladas y emergentes.

En la mayoría de los países del mundo las empresas privadas, del campo y la ciudad, son las responsables de impulsar la inversión, generar la demanda de empleo y diversificar la producción de bienes para satisfacer las crecientes necesidades de la sociedad. *Si la actividad de las empresas no crece de manera estable y disminuye su nivel de inversión a largo plazo, el nivel de la economía en general caerá por la menor producción de riqueza y baja capacidad adquisitiva de los ingresos.*

La disminución de la actividad empresarial tiene como efecto directo la caída en la producción de riqueza, la baja de los niveles de ingreso y la caída de la demanda de empleo. Como efecto indirecto, esa disminución de la actividad económica reduce los ingresos del Estado para cumplir con sus objetivos sociales.

## LA PARADOJA ARGENTINA

En las economías modernas, la actividad empresarial es un importante sustento para la organización de las actividades económicas productivas. Al coordinar los factores que participan en la producción de riqueza, las empresas han demostrado que son la principal institución para producir bienes y servicios. Lo hacen motivadas por objetivos privados pero la actividad redunda en beneficio de toda la sociedad.

*El objetivo directo de toda empresa es obtener el máximo beneficio al menor costo posible. Mientras más eficiente sea una empresa para ampliar la diferencia entre sus costos e ingresos, mayor serán los beneficios sociales que reporte su proceso de producción.* Además, los mayores márgenes de beneficio serán determinantes para conocer dónde invertir en el proceso productivo y de qué manera habrán de distribuirse los ingresos entre los que intervienen en ese proceso productivo.

La rentabilidad es la que determina que una empresa pueda proseguir con su actividad o deba cerrar sus puertas. Si no existe esa diferencia entre costos de producción y los ingresos por la venta de sus bienes, la empresa no podrá enfrentar sus deudas, salarios e inversiones para proseguir sus actividades.

En el orden económico argentino, las empresas mayoritariamente pertenecen a la esfera de la economía privada. Los patrimonios sobre los que se han creado las empresas normalmente pertenecen a patrimonios privados aunque también existen diferentes combinaciones patrimoniales que incluyen, en algunos casos, participación del Estado. La dirección empresarial, según la dimensión de la empresa y su grado de evolución, puede recaer en manos de sus propios dueños, o bien estar a cargo de profesionales contratados por los propietarios o accionistas para tales fines.

En términos de volumen de producción y diversificación de actividades, las empresas privadas son las predominantes en nuestro país. Esto es mucho más evidente en las empresas pymes o medianas empresas donde el capital privado es determinante en el volumen de emprendimientos existentes.

En Argentina también existe una fuerte tradición de empresas mayoritariamente constituidas por capital público, que dependen del Estado nacional, provincial o municipal. Además, hay empresas mixtas con participación accionaria mayoritaria de capitales privados o públicos de manera indistinta.

Las empresas privadas no tienen los mismos objetivos que suelen tener las públicas. Los emprendimientos privados buscan la rentabilidad y la ganancia como meta principal. Las empresas públicas tienen otros objetivos que exceden los económicos, y los objetivos de rentabilidad no son lo gravitante para su creación, funcionamiento y permanencia. Las empresas públicas tienen objetivos políticos, sociales y económicos vinculados a "razones de Estado" que no son justamente la ganancia que buscan las privadas.

El presupuesto nacional para 2012 refleja claramente que las empresas del Estado no buscan la rentabilidad ni dependen de ella para su funcionamiento. Las cifras son contundentes. *El 62% de los gastos de las empresas públicas serán financiados con aportes del Tesoro Nacional, con lo cual se estima que sólo el 38% serán ingresos genuinos*. Cifras que tampoco reflejan la realidad porque al final del ejercicio normalmente los aportes del Estado terminan siendo mayores.

Al depender las empresas públicas del financiamiento de los recursos del Estado, su existencia no depende de la generación de ingresos genuinos como resultado de un proceso productivo. Sus costos de producción de bienes o servicios son cubiertos por transferencias del Tesoro Estatal. Esto se conforma por la transferencia de los ingresos obtenidos de la actividad privada por medio de los impuestos.

Ese flujo de recursos económicos entre la Tesorería del Estado hacia las empresas públicas es posible por la recaudación impositiva que el Estado realiza sobre el orden económico privado. Con lo cual se produce una interesante paradoja económica: *las empresas públicas dependen de la rentabilidad de las empresas privadas y su capacidad para crear recursos para el Estado.*

*En el orden económico argentino, las empresas privadas son el reóstato en el desarrollo de toda la economía nacional. Su baja rentabilidad no sólo afecta directamente a la capacidad de crecimiento del orden económico privado sino que incide directamente en la economía estatal al privarla de los recursos que necesita. Consecuentemente el Estado no podrá lograr sus objetivos políticos y sociales. Este efecto paradójico debería ser el centro de atención de las ciencias sociales.*

Si las empresas no se multiplican y expanden de manera rentable es muy difícil lograr un crecimiento económico nacional y un fortalecimiento del Estado para alcanzar sus objetivos institucionales o sociales. El orden económico de la sociedad en general y la economía pública estatal dependen de los niveles de desarrollo que tengan las empresas como inversoras y dadoras de empleo.

Está claro que las empresas pueden alcanzar mejores niveles de rentabilidad y eficiencia, con mayor idoneidad de los empresarios para organizar sus emprendimientos e insertarse en el orden económico. Sin embargo se ha visto que no es suficiente. Es necesario que las empresas participen en un orden económico abierto, competitivo e igualitario para que pueda lograr su máxima eficiencia. Si el orden económico existente premia a la especulación, los privilegios, la mala distribución de la riqueza y la dominación hegemónica de algunos grupos económicos en contra de la mayoría es muy difícil que las empresas desarrollen la función que deben cumplir en una economía moderna, expansiva y progresista.

En nuestro país el orden económico establecido por la normativa jurídica y las políticas públicas condicionan la capacidad de las empresas para generar empleo, realizar inversiones, obtener rentabilidad, mejorar la competitividad, aumentar los niveles de ingreso, conseguir créditos y expandir la producción. En general el orden económico argentino es contrario al desarrollo de las empresas y causante del alto índice de quiebras.

El cierre anual de miles de empresas que inician sus actividades, el empleo en negro del 45% de la población, la absorción por parte del sector público del 25% de la población activa, los subsidios a grandes sectores de la población que no tienen ingresos y la desinversión empresarial, son síntomas harto claros de una patología crónica. Las crisis decenales no son *crisis* sino estertores de un cuerpo social enfermo.

Por lo tanto, el cierre de las empresas en la cantidad y variedad que existe desde hace décadas en Argentina debe ser analizado como síntoma de la evolución o involución de nuestro orden económico. Si el porcentaje de fracasos empresariales y la desinversión es tan elevado como muestran las estadísticas, existe un problema en la constitución real de nuestro orden económico. *Los datos sobre el fracaso de las empresas ponen de manifiesto que existe alguna patología en el cuerpo social argentino que le impide su crecimiento económico sostenido y amenaza con males mayores. El termómetro empresarial muestra que el orden económico argentino está enfermo.*

Descubrir cuáles son los principales obstáculos que impiden que las empresas puedan crecer en beneficio de la creación de riqueza y la generación de empleo es el objetivo de este libro. Descubrir por qué es tan alto el porcentaje de empresas que quiebran por año y por qué el parque empresarial argentino está tan reducido en comparación con otros países de América también es lo que se tratará de conocer en este libro. Descubrir por qué la mitad de la actividad económica argentina se realiza dentro de las fronteras del mercado informal es otra de las incógnitas que se tratará igualmente de dilucidar.

Suelen realizarse otras biopsias para descubrir nuestra impotencia para lograr los objetivos de crecimiento que los argentinos anhelamos. Todos esos análisis aportan datos o conclusiones que pueden ayudar a desentrañar las causas de nuestras crisis periódicas. Todo lo que conduzca a despejar dudas sobre la realidad económica argentina y a generar propuestas de solución debe ser considerado.

CAPÍTULO 1

# A LAS NUEVAS GENERACIONES

Qué puede aportar un libro más a los cientos que se han escrito tratando de desentrañar las crisis económicas que periódicamente nos azotan y que generan una gran desesperanza entre los jóvenes que buscan un destino promisorio. Un destino que les augure que su trabajo será recompensado por lo que aportan a la producción. Un destino que garantice a los empresarios que no serán hostigados ni impedidos de desarrollar libremente su actividad.

El lector seguramente sacará sus propias conclusiones sobre el aporte que este libro puede ofrecer. Lo que sí conviene adelantar aquí es que este trabajo no fue escrito para acreditar saberes académicos. Es el fruto de un conocimiento intelectual cernido por el tamiz de una vida dedicada a fundar y desarrollar empresas privadas en el orden económico, social y político argentino. Treinta años de actividad empresaria autónoma no es una experiencia baladí para juzgar la utilidad de muchas teorías que circulan en los ámbitos políticos y académicos. Esa experiencia me dejó numerosas enseñanzas sobre cómo desarrollar una empresa y cómo hacerlo en un país con permanentes convulsiones sociales y crisis económicas.

Fue justamente ese contexto social lo que me permite sostener que si los peces no crecen en el estanque, es hora de mirar qué pasa con el agua en el estanque. Si las empresas no pueden alcanzar el éxito, es necesario echar una mirada al orden económico, político, social e ideológico en el cual deben crecer y expandirse.

En este libro el análisis de la realidad económica argentina se realizó desde la perspectiva de un empresario que logró prosperidad y éxito con sus empresas permitiendo que mucha gente tuviera ingresos para vivir con dignidad. Este libro se escribió creyendo firmemente que las empresas son el motor del desarrollo de las economías modernas.

Este libro fue escrito porque nos pareció que no existía ninguna posibilidad de lograr un progreso social sostenido y trabajo para la sociedad con el alto índice de quiebras que caracteriza a nuestro país. Conocer las razones de esos quebrantos y la posible solución para evitarlos nos pareció que podía ser un importante aporte a la política económica.

No ignoro que la falta de empresas exitosas se debe en buena medida a la improvisación empresarial y su falta de idoneidad para emprender negocios. Pero en este trabajo se mostrará que las empresas generalmente no logran expandirse en Argentina porque el ordenamiento legal y el orden económico establecido son contrarios a la actividad empresarial productiva. El orden económico argentino es enemigo del futuro que quieren labrarse las nuevas generaciones con su esfuerzo y su creatividad.

Desde hace mucho tiempo el pensamiento dominante en el país forjó un orden económico contrario a la actividad económica de la gente, plagado de inseguridad jurídica, con preeminencia de empresas monopólicas, erróneas políticas distributivas y un perverso sistema impositivo que castiga al trabajo y la producción premiando a la especulación. Estas políticas finalmente han conducido y conducen a que las empresas competitivas dejen de tener el papel protagónico que deben tener en los procesos productivos y en la distribución de la riqueza. Han cortado los brotes de donde provienen las hormonas del crecimiento económico de la sociedad.

emprendedores

# FUNDACIONALES

2

## CONDICIONES PERSONALES

Si las empresas son el sustento sobre las que se realiza buena parte de la actividad de la economía privada de nuestro país y los datos reflejan que sólo el 20% logra superar los dos primeros años de funcionamiento, resulta claro que deben existir razones que impiden que las empresas logren consolidarse en su *etapa fundacional.* Es cierto que en la mayoría de los países son frecuentes los fracasos empresariales en el inicio de las actividades. Pero en Argentina el porcentaje de quiebras es superior al promedio de los que se registran en las naciones avanzadas.

El fracaso inicial de una empresa es un grave problema social. Afecta el espíritu emprendedor que toda sociedad necesita para mantener su *juventud y empuje* hacia nuevos desafíos. El fracaso genera una frustración anímica y económica para quienes emprenden una actividad empresarial, trabajan e invierten detrás de un proyecto que piensan que les traerá beneficios. Les cercena el entusiasmo para volver a empezar una actividad, privando a la sociedad de talentos, ideas y esfuerzo que siempre son necesarios para mejorar las condiciones de vida.

El fracaso de una empresa también tiene graves perjuicios económicos. Es una pérdida para todo el orden económico porque se pierden inversiones, se malgastan recursos y se realizan esfuerzos sin resultados económicos.

Cuando una empresa fracasa se afecta a todo el conjunto social, pues la cancelación de sus actividades implica menos empleo, menor producción de bienes y falta de recursos para que el Estado cumpla con sus objetivos institucionales y sociales. No hay duda de que si las empresas no llegan a consolidar su proceso económico de manera eficiente y rentable, la calidad de vida de la sociedad será inferior a lo que podría lograrse si hubiera mayor cantidad de empresas que generen riqueza y empleo.

La quiebra de una empresa no es sólo un dato estadístico o una situación que afecte a los que participaron en forma directa en su constitución, sino que influye de manera indirecta en toda la sociedad que se priva de empleos y bienes para satisfacer sus necesidades. Al fracasar la constitución de una empresa se desperdician recursos que, de haber sido utilizados eficientemente, hubieran multiplicado los bienes existentes.

Es frecuente atribuir los fracasos empresariales al desorden del sistema económico, a las políticas gubernamentales o a las empresas monopólicas existentes en el mercado, hechos que sin ninguna duda inciden sobre la estabilidad y desarrollo de las empresas. Sin embargo buena parte de los fracasos iniciales, de las quiebras empresariales en su etapa fundacional, resultan responsabilidad del empresario. La falta de idoneidad, la impericia en la gestión, la ignorancia de cómo funciona el negocio o falta de perseverancia para superar las adversidades suelen demoler los sueños fundacionales de un emprendedor.

No se puede evadir la enorme responsabilidad que tiene el emprendedor en la *etapa fundacional* de una empresa. No es posible cargar todas las culpas de la quiebra de una empresa al mercado o al orden económico. Es absolutamente cierto que un desarticulado sistema económico es un verdugo implacable para cualquier actividad empresarial. Pero a veces cargar las tintas exclusivamente en los factores externos de la empresa saca de foco la responsabilidad que tienen los empresarios en la creación y consolidación de una empresa.

El empresario tiene obligaciones y responsabilidades que exceden cualquier otro trabajo económico. El empresario y la organización sobre la que sustenta su actividad económica son determinantes para la fundación y continuidad de una empresa. Osvaldo Ortemberg sostiene que un *empresario es alguien que transforma la realidad. Es alguien fuera de serie. Empresario no es quien quiere. Es un don que algunos tienen y de esos que lo tienen muy pocos logran desarrollarlo*.

Quizá las palabras de Ortemberg sean un poco exageradas, pero no faltan a la verdad. Para fundar una empresa, construir sus cimientos y desarrollar una exitosa actividad empresarial, se requiere tener algunas condiciones por parte del empresario. Carecer de esas condiciones personales generalmente lleva al fracaso de la empresa a poco tiempo de comenzar las actividades. Por eso, antes de analizar los factores externos dados en el orden social que causan las quiebras de las empresas, es necesario remarcar los factores que definen una mala gestión empresarial. Los factores que hacen que un emprendedor no logre sus objetivos por carecer de las condiciónes necesarias para ser un empresario.

Entre los factores que inciden negativamente en los emprendedores fundacionales se pueden señalar las *erróneas ideas* que inspiraron el emprendimiento, el *desconocimiento del negocio*, la *ineficiente coordinación de los factores* que participan en la producción, las *proyecciones desacertadas y los cálculos erróneos*. También, *los pronósticos deficientes sobre el contexto externo* que impiden prever los riesgos, *la inexperiencia, la falta de capacitación*, la *impericia* y la *falta de perseverancia* ante la adversidad.

## TODA IDEA DEBE SER OPERATIVA

El hombre es el único animal que tiene la capacidad de generar ideas. Su capacidad psíquica y espiritual le permite sentir, pensar, querer y generar ideas que a veces van más allá de lo que puede mostrarle la realidad material.

Esas ideas o imágenes posibilitan a las personas proyectar planes hacia el futuro e imaginar actividades para alcanzar objetivos antes inexistentes. Esta condición para crear ideas y la voluntad para concretar los objetivos imaginados son el motor del crecimiento y desarrollo de la humanidad.

La capacidad infinita de crear que tiene el pensamiento humano permite imaginar hechos que no existen en el presente ni se dieron en el pasado. A partir de la elaboración emotiva y mental de imágenes e ideas el hombre proyecta y diseña su vida afectiva, material y espiritual.

Las personas tienen ideas durante toda su vida, sean muy sencillas o complejas. Tampoco se privan de intentar llevarlas a la práctica. *Todo lo contrario, son las ideas las que impulsan a la gente a concretar objetivos que parecían inalcanzables.*

En el ámbito estrictamente económico, son esas ideas las que movilizan a las personas a imaginar emprendimientos que permitan generar riqueza, satisfacer necesidades y obtener beneficios. Esas ideas generadas en nuestra mente son el principal motor para diseñar planes, concretar proyectos, movilizar voluntades, mover montañas y emprender los desafíos más inverosímiles.

*No existe duda de que toda idea es la semilla que hace germinar la voluntad, sin la cual no hay emprendimiento económico alguno. Las ideas son la musa inspiradora que dispara la creatividad para hallar los caminos que permitan alcanzar disímiles objetivos.* Esas ideas movilizan a diario a cientos de emprendedores a iniciar una actividad económica para lograr ganancias. Son las que impulsan la investigación y mantienen en movimiento constante a toda la actividad económica de un país. Cada solución es la matriz de nuevas necesidades y cada necesidad que aparece reclama nuevas soluciones.

*Sin embargo, tener una idea no es suficiente. No todas las ideas son útiles para generar un proceso productivo eficiente ni para obtener resultados económicos rentables.* Si bien toda idea tiende a movilizar la mente y animar la voluntad para desarrollar una actividad económica, no todas las ideas son generadoras de negocios eficientes y rentables. Algunas ni siquiera permiten dar los primeros pasos de un proceso de producción. Muchas suelen cancelar la actividad misma.

Todo empresario emprendedor no puede echar mano a cualquier idea por más atractiva que le parezca en cuanto a las ganancias que puede generar. Las ideas tienen valor en la economía diaria cuando vienen acompañadas de un manual operativo que muestre cómo se pueden concretar en la realidad. *En el mundo de los negocios y la actividad empresarial no sirven las ideas que no explican cómo habrán de implementarse.* Pueden tener valor para otros fines como la investigación o la reflexión, pero no para ser utilizadas para emprender una actividad empresarial.

En toda actividad económica las ideas deben complementarse con un manual instructivo que muestre cómo se instrumentan. Las ideas o proyectos deben ser operativos en el sentido que expliquen cómo se realizarán en el escenario material donde vivimos. No basta visualizar riqueza en la otra orilla del río sino que también hay que conocer cómo cruzar el río para llegar a esa riqueza.

Muchas ideas son sumamente atractivas en cuanto a su originalidad o las ganancias que pueden reportar; pero nada dicen sobre cómo obtener esos beneficios. No tener presente esta ecuación (idea + operatividad) lleva a la quiebra a cientos de emprendedores que se embarcan en actividades sin tener en claro cómo se instrumentará el proceso de producción.

Sin embargo, las ideas no deben ser descartadas por el solo hecho de que no vengan provistas de un manual operativo. Toda idea tiene un valor potencial hasta que se compruebe empíricamente que es una idea inviable o una utopía que no podrá realizarse jamás. Mientras una idea no sea descartada en la práctica o no pueda comprobarse su falsedad tiene un valor: es un disparador que impulsa la investigación y el ingenio humano.

Muchas ideas nacieron de manera abstracta y no pudieron llevarse a la práctica en cierta etapa de la evolución humana. Sin embargo, gracias al cambio de circunstancias, a la investigación, la perseverancia y el ingenio humano, llegó el momento en que pudieron implementarse generando excelentes beneficios económicos. Los sueños de Leonardo Da Vinci o Julio Verne para nada fueron inútiles.

Sin embargo, en el mundo de los negocios o de los emprendimientos económicos, las ideas deben venir provistas de un manual con otros conocimientos que las hagan materialmente viables. A diferencia del mundo de la investigación, en la actividad empresarial no son atractivas las ideas que no pueden llevarse a cabo aquí y ahora. Sólo son aceptadas aquellas ideas que pueden instrumentarse con cierta rapidez, de manera eficaz y con resultados calculables.

No haber tenido en cuenta este principio básico ha sido la causante de cientos de miles de quiebras y frustraciones de empresarios. Entusiasmados por ideas que auguraban grandes beneficios, no se detuvieron a examinar cuidadosamente el instructivo que explicaba cómo concretarlas. En algunos casos porque dieron por sentado que obtendrían los mismos resultados que otros empresarios que las habían llevado adelante con éxito. En otros casos se encandilaron con el posible resultado final y no se detuvieron a observar los medios que conducían a ese resultado. Se entusiasmaron con el fin y no se detuvieron a observar el medio para lograr ese fin.

La falta de un plan o manual operativo de cómo concretar una idea lleva a la improvisación empresarial. Esto se agrava cuando los empresarios carecen de capacitación y formación profesional creyendo que con su mera habilidad para los negocios es suficiente. Los errores comienzan a acumularse y los resultados negativos terminan por ser la única constante que determinará que la empresa tenga una vida muy corta que impide su constitución definitiva.

Dentro del catálogo de ideas sin instructivo que se pueden "comprar a 10 centavos la docena", porque no garantizan nada y son puro humo que nubla la vista a los empresarios, existen otras ideas con la misma característica pero con diferentes envoltorios. Entre esas ideas ponemos de relevancia las que "vienen avaladas por su supuesto éxito rutilante en otros países".

Son proyectos empresariales que aparentemente reportaron grandes ganancias a quienes los llevaron adelante.

Entusiasmados por los éxitos que dicen haber tenido, los empresarios nacionales se lanzan a crear empresas o producir bienes con la certeza de ganancias seguras. Convencidos del éxito que habrían tenido en el exterior no verifican la certeza de esa informacion ni profundizan sobre sus particulares características. Son negocios que normalmente se difunden de boca en boca o por comentarios periodísticos que no abundan en la descripción operativa del negocio sino solamente en sus rutilantes éxitos.

Aunque parezca una locura lo expresado, la realidad muestra que a diario se inician actividades económicas detrás de objetivos sustentados en proyectos cuyo real éxito nadie ha verificado. No se trata de negocios o empresas franquiciadas donde claramente la idea de negocio viene de la mano de un instructivo claro y preciso que explica cómo el empresario debe llevar a cabo su actividad para salir airoso. Se trata de ideas que circulan en diferentes ámbitos y de emprendedores ávidos de ganancias fáciles. Sin demasiada información terminan en grandes fracasos.

Muchos de los emprendimientos se inician en nuestro país sin tener buenas ideas productivas y rentables. Se parte de malas ideas en el sentido de que son ideas insustentables o no verificadas. Ideas que no podrán ser concretadas operativamente por más voluntad, esfuerzo e inversión que las sustente.

Estas empresas nacen heridas de muerte. Son emprendidas detrás de idearios y proyectos sin verificación empírica ni sustento operativo para implemetarlas. Cuando las ideas no son operativas, son utópicas o irrealizables, llevan indefectiblemente al fracaso de los proyectos y a tal acumulación de errores que finalmente terminan con la desaparición o quiebra de la empresa.

Es cierto que de los errores se aprende y algunos empresarios pueden revertir los malos resultados obtenidos por defectuosas ideas originales. Pero esto ocurre excepcionalmente. La mayoría de las veces los daños de las malas ideas son tan grandes que no hay posibilidad fáctica ni recursos económicos adicionales que permitan modificar el rumbo, a pesar de que en un punto de la caída se descubra dónde estaban las equivocaciones.

En resumen, toda empresa debe partir de una buena idea y de verificación de su viabilidad en el contexto en que se pretende realizarla. Y, sobre todo, deben ser ideas acompañadas con un instructivo claro de cómo implementarlas con éxito y eficacia.

# SIN CAPACITACIÓN TODO ES MÁS DIFÍCIL

Sin conocimiento del campo en que vamos a actuar y sobre los instrumentos a usar, es inconcebible que el éxito corone una actividad. Se trate del mundo de la política, la cultura o la economía. Sin capacitación, la gente tendrá serias dificultades para alcanzar los objetivos que se proponga. El mundo del hombre ha alcanzado un nivel de sofisticación y complejidad tan elevado que exige a todas las personas estar capacitadas para acoplarse a su desarrollo y no ser marginadas en el avance social.

El conocimiento es la herramienta de progreso que sirve para alcanzar el bienestar individual y colectivo. En la medida en que el conocimiento objetivado en usos, máquinas y herramientas esté al alcance de todos, existen mayores garantías para que los integrantes de la sociedad tengan las mismas oportunidades en pro de su desarrollo personal, espiritual y material. *Es responsabilidad de cada persona capacitarse, y obligación de todos los gobiernos ofrecer las posibilidades para que todos los integrantes de la sociedad puedan acceder a la educación en igualdad de condiciones.* Pero el incumplimiento de sus obligaciones por los gobiernos, no exime a nadie de aquella responsabilidad individual que cada uno carga para progresar.

En la medida en que el acceso al conocimiento se extienda a todos los niveles sociales, mayor será el potencial que la sociedad tendrá para su crecimiento y expansión. La enseñanza igualitaria y sin exclusiones permite no sólo una democracia más plena sino que multiplica sus resultados positivos en todo el orden social. *No hay duda de que el conocimiento es "poder" para avanzar en un mundo cada vez más profesionalizado y exigente. El conocimiento individual y social es la llave para acceder a las oportunidades de progreso y a una mejor calidad de vida.*

La educación y la formación académica son los medios más idóneos, aunque no los únicos, para adquirir conocimientos para mejorar la capacitación profesional de las personas. A través de los diferentes niveles de enseñanza, cursos de especialización y actualización, la educación es una herramienta fundamental para hacer frente a la complejidad de la economía contemporánea. Pero en la actualidad la educación no es una *etapa*. Es un flujo constante. De la educación no están exentos los empresarios y emprendedores; todo lo contrario: por el grado de responsabilidad que tienen dentro de las empresas y la complejidad de los procesos de producción, la constante formación profesional es una exigencia ineludible para los empresarios en la actualidad.

Los emprendedores de negocios y empresarios en Argentina son poco propensos a la formación académica y la capacitación profesional. Es cierto que esta característica no es exclusiva de los empresarios, sino que en general la sociedad no coloca al conocimiento en el lugar primordial que hoy tiene. No sólo no se respeta a las personas con conocimientos sino que tampoco en la conciencia colectiva reina la idea de que el conocimiento es la llave para lograr objetivos superadores.

*Sea por la idiosincrasia de nuestro pueblo o por razones que no vienen al caso inventariar en este trabajo, los argentinos sienten que saben todo lo que necesitan saber para hacer frente a cualquier desafío.* Todos los argentinos sienten que conocen lo suficiente para enfrentar cualquier desafío u opinar sobre cualquier tema. Esto ya no se limita al fútbol, sino que se extiende a la mayoría de los ámbitos del quehacer social.

Los medios de comunicación de manera manifiesta comparten esta idea de que todos sabemos de todo. Ante cualquier conflicto de intereses, como puede ser la suba del dólar, la contaminación de los ríos o la estatización de Aerolíneas Argentinas, buscan en la calle una opinión que nos ilustre sobre esos temas. Difícilmente concurran a fuentes acreditadas que conozcan sobre el tema o conflicto. No existe el hábito de recurrir a los docentes universitarios o profesionales acreditados en su saber. La opinión de la gente en la calle ocupa ese lugar, sin tener certeza de que sus opiniones tengan algún sustento profesional.

*En nuestro país se confunde democracia con conocimiento, y se igualan las opiniones de los que saben con las de los que ignoran.* No hay duda de que todos tienen derecho a opinar, pero no por eso todas las opiniones están igualmente fundadas o son ciertas. En la democracia no debe haber diferencias ni jerarquías a la hora de ejercer el voto. En el conocimiento ocurre lo contrario. No todas las opiniones tienen igual valor, ya que algunas son falsas al contrastarlas con la realidad, otras carecen de rigor científico y muchas son simplemente creencias que no tienen sustento científico o defienden oscuros intereses. En la democracia, las mayorías definen los objetivos sociales mientras que en el conocimiento la sumatoria total de errores no conduce a la verdad.

En la actividad económica esa falta de motivación hacia el conocimiento y la formación profesional genera no pocos problemas a la hora de los resultados empresariales. Los emprendedores sienten que por el hecho de ser habilidosos en los negocios es suficiente para emprender una actividad empresarial. Creen que esa condición más alguna información es suficiente para lograr una gestión exitosa frente a la empresa. La experiencia muestra lo contrario.

Muchas empresas no logran emprender de manera eficaz sus actividades por falta de formación profesional de los empresarios. Otras no son capaces de permanecer porque sus directivos no pueden hacer frente a la complejidad del mercado y los avances tecnológicos. Las unas y las otras sucumben por no tener las herramientas que la formación profesional brinda para hacer frente a la coyuntura y a los problemas estructurales.

Es cierto que la historia económica y la biografía de numerosos empresarios reflejan que pueden lograrse éxitos económicos e incluso formar grandes empresas sin que sus responsables hayan tenido una gran formación profesional acorde con el negocio que manejaban. La intuición y las condiciones naturales de esos emprendedores les permitieron aprovechar oportunidades logrando resultados que seguramente ni los más capacitados profesionalmente hubieran podido lograr. Pero esos hechos aislados no deben confundirnos.

Son acontecimientos excepcionales de algunos pocos empresarios. Son casos únicos que no pueden ser guía para la construcción de una empresa y una organización económica eficiente. Son hechos relevantes de la historia de los negocios, pero excepcionales. Los registros de la economía contemporánea muestran otra realidad distinta. Los fracasos empresariales son directamente proporcionales a la falta de formación profesional de los empresarios.

La realidad muestra que el número de empresarios que fracasaron por desconocimiento y falta de capacitación es desproporcionadamente superior a los que han triunfado sin preparación. Miles quedaron en el camino antes de haber cumplido los dos primeros años de la constitución de su empresa.

Esa cruel realidad no puede pasarse por alto en nuestro país, en donde existe la convicción de que cualquiera puede emprender un negocio o establecer una empresa con sólo tener "buena cintura y olfato para los negocios". Los hechos desmienten esa convicción.

Mientras más amplio sea el conocimiento adquirido por un empresario y mayor sea su preparación para desarrollar su talento profesional, mayores serán las posibilidades de alcanzar los objetivos propuestos. Ese conocimiento debe ser lo más extenso y amplio posible. No basta tener una visión sobre su negocio. Quien decide emprenderlo debe conocer el contexto económico donde habrá de realizarlo.

Si bien es importante tener presente que cualquier persona está en condiciones de ser un verdadero empresario –descartando de plano concepciones elitistas y descriminatorias– las estadísticas y la comprobación empírica ponen en evidencia que para fundar y llevar adelante una empresa se necesita contar con cierta capacitación profesional de carácter multidisciplinario. La visión limitada del negocio es una falla común que no puede desconocerse a la hora de analizar los factores internos que inciden en el fracaso de una empresa. Es falso y peligroso creer que ese conocimiento se suple con *asesores especialistas.* Estos son indispensables como los músicos en la orquesta. Pero jamás pueden sustituir la *dirección* que ellos necesitan.

En el caso de emprendimientos económicos –en especial los chicos y medianos– pareciera que no son necesarios tantos conocimientos para organizar esa actividad. Esto suele pensar quien visualiza a la empresa como un cuerpo estático. Pero justamente una empresa es todo lo contrario. Es una ocupación que demanda actividades. Exige un flujo de acciones que deben realizarse diariamente si se quiere mantener dentro de un mercado competitivo. Es algo vivo en constante crecimiento y transformación. Es una actividad dinámica y expansiva.

Los empresarios han de tener capacitación adecuada, voluntad firme y energía constante para que ese conjunto que dirigen se mantenga competitivo y pueda expandirse. Es difícil imaginar empresarios sin capacitación apropiada para hacer frente al desarrollo económico, la renovación tecnológica y la competitividad que existen en la actualidad. El grado de complejidad alcanzado por la actividad económica globalizada, que incluye a cientos de variantes macro y microeconómicas, no puede ser interpretado ni controlado sin un determinado nivel de preparación.

## EL SABER ECONÓMICO NO ES SUFICIENTE

La formación profesional de un empresario para conducir una empresa mediana y grande exige una diversificada preparación, porque el orden jurídico-social atraviesa el interior de las empresas. *El conocimiento estrictamente económico no es suficiente para lograr el éxito empresarial.*

El empresario argentino necesita tener una formación que exceda lo estrictamente económico y de su propio negocio.

Es necesario que el empresario tenga conocimientos sobre el derecho comercial que regula toda la actividad económica como también sobre el derecho laboral que regula las relaciones con los integrantes de la empresa. No debe conocer los pormenores de la Ley; para eso están los asesores. Lo que debe lograr es el dominio de ciertos principios que desarrollen una *sensibilidad jurídica*, un fino sentido para darse cuenta cuándo existen problemas legales que desencadenan conflictos judiciales.

También es necesario que el empresario tenga conocimientos sobre finanzas, contabilidad, recursos humanos, inversiones y cómo coordinar de manera eficiente los factores de producción específicos de su empresa, sin perder de vista la competencia nacional e internacional.

A veces la movilidad de la actividad económica y la versatilidad de la coyuntura no dan tiempo para consultar a los asesores, con lo cual el empresario debe tomar decisiones de acuerdo con su saber y entender para no perder oportunidades o evitar un mal mayor.

Otras veces las opiniones de los expertos se contradicen entre sí o ellos tienen diferentes puntos de vista para encarar un problema con lo cual el empresario debe decidir qué opinión tomará en cuenta para llevar adelante sus planes. También puede ocurrir que los asesores estén equivocados, con lo cual el empresario debe tener experiencia y conocimientos para confrontar esos consejos incorrectos que lo pueden llevar a un fracaso.

La compleja realidad económica contemporánea pone de manifiesto que un empresario debe aspirar a tener la mayor formación profesional posible para tomar decisiones sobre áreas que superan lo económico y que inciden sobre la actividad empresarial. Creer que una empresa podrá ser eficiente, rentable y con capacidad de expansión sin una formación diversificada es una ingenuidad que puede acarrear serios problemas a una empresa. Los que se aferran solamente al saber limitado de su propio negocio al poco tiempo debieran delegar la gestión de las compañías a profesionales más capacitados o a los asesores con mayor formación.

La necesidad de capacitación vale para todas las empresas y emprendimientos que diariamente se instalan en Argentina. *No se puede caer en la soberbia de que basta el mero talento personal. Hace falta mucho más para llevar adelante un emprendimiento.*

Errores en la contabilidad, equivocaciones en la declaración de impuestos o en la facturación, selección errada de proveedores o mala selección del personal, son sólo algunos yerros que comúnmente comete un empresario cuando inicia sus actividades. Estos crecen y se multiplican cuando las empresas crecen y se desarrollan.

Las equivocaciones por falta de preparación son fatales en la actividad empresarial que intente perdurar y crecer. Todo emprendedor tiene que valorar el conocimiento como parte sustantiva de las condiciones que debe tener para hacerse cargo de un gestión empresarial. Sin este saber singular lo más factible es que el fracaso aparezca de manera rápida. Hecho habitual en nuestro orden económico donde la improvisación y la falta de capacitación es moneda corriente entre buena parte de los emprendedores.

## CONOCER EL NEGOCIO

Quién no ha escuchado cientos de veces de nuestros mayores que para tener éxito en una actividad económica se debe "conocer el negocio". Sentencia que parece obvia, pero a la que no siempre se le presta la debida atención. En especial en la actualidad, cuando no es frecuente que los hijos sigan las profesiones de sus padres o que los empresarios desarrollen la misma actividad durante toda su vida. Al contrario, si algo caracteriza a los emprendedores contemporáneos es que cambian de actividad con la misma velocidad que cierran los negocios cuando no se visualiza la rentabilidad esperada.

Las actividades que emprenden los empresarios están mucho más ligadas a las oportunidades de rentabilidad que a las tradiciones de familia o los estudios académicos realizados en diferentes niveles de enseñanza. La oportunidad de un buen negocio es lo que influye para que un empresario cambie constantemente sus actividades empresariales.

Un empresario puede estar en el presente abocado a la importación de aceite de soja y mañana a la construcción de bañeras con hidromasaje. Puede hoy gerenciar la fabricación de pinturas y mañana ser contratado para gestionar una empresa de producción televisiva.

La movilidad detrás de las ganancias y las oportunidades de negocios es el norte que sigue la mayoría de los actuales empresarios. Esta versatilidad puede generar grandes fortunas cuando los emprendedores saben detectar un negocio y lo aprovechan. Esta búsqueda de negocios rentables es una de las causas de la rotación gerencial.

Sin embargo no son pocos los fracasos empresariales o de gestión que resultan de esa movilidad. Muchas veces detrás de una oportunidad de negocios o un contrato laboral corporativo se encaran actividades sobre las cuales no se tiene el conocimiento necesario para ser eficaz.

Dada la versatilidad y la globalización de los negocios existen muchas actividades empresariales sin demasiada información de cómo llevarlas adelante. *Con manuales, instructivos de franquicias o experiencias gerenciales en distintas corporaciones, decenas de emprendedores comienzan a construir empresas sin un claro conocimiento del proceso de producción específico que demandan la actividad ni del mercado al cual van dirigidos sus productos.*

Por causa de esta dinámica, las nuevas generaciones se atreven a enfrentar desafíos sin experiencias ni conocimientos seguros que garanticen el éxito de un emprendimiento. La vida económica contemporánea explica que esto ocurra. Justo por ser esto inevitable hay que poner de relieve que tal vértigo es causante de buena parte de los fracasos empresariales en las etapas iniciales y constitutivas de la empresa.

Lo que se quiere subrayar es que una cierta formación y experiencia empresarial no es suficiente para emprender todo tipo de negocio y lograr resultados rentables. Hemos visto que la formación empírica y académica otorgan un gran poder para emprender actividades. Sin embargo, la actividad económica necesita otros complementos adicionales para garantizar una mayor probabilidad de éxito.

En los negocios concretos de la vida económica real es necesario tener variados conocimientos para el funcionamiento exitoso de una empresa en términos generales. Esto demanda un saber especial y un conocimiento empírico de la actividad que se emprenderá. A esto se refiere el dicho popular "hay que conocer el negocio". Esa información concreta y específica es la que permitirá evitar errores y desaciertos.

Conocer el negocio significa que las buenas ideas y la capacitación profesional son una condición necesaria pero no suficiente. *Conocer un negocio implica sumergirse en la realidad concreta de la empresa en particular. Descubrir las condiciones internas que hacen su funcionamiento y reconocer la peculiaridad del contexto externo donde habrá de desplegar sus actividades.* Conocer no sólo las condiciones generales de toda empresa sino las específicas que hacen al negocio emprendido, de acuerdo con características que le son propias en ese momento.

Conocer un negocio es observar la realidad y experimentar junto a ella. Es ahondar sobre las condiciones del negocio, apelando a las experiencias de los otros y verificando que los proyectos coincidan con los hechos que intentan controlarse para lograr determinados objetivos.

Conocer el negocio es ser parte en una obra de teatro como protagonista y productor, al tiempo de ser el responsable del guión. No son suficientes las ideas o experiencias obtenidas en otro tipo de empresas ni tener una formación general. Es necesario que las teorías junto a las experiencias sean corroboradas por la realidad que presenta un nuevo negocio. Es necesario confrontarlas con los hechos para aprender y conocer profundamente las características del negocio. Esto es mucho mejor hacerlo antes de que los errores lleven al fracaso empresarial.

La contracara de "*conocer un negocio*" es ignorar las condiciones específicas del funcionamiento del negocio que se emprenderá. Desconocer las características que deben tener los factores humanos, materiales y financieros que intervienen en el proceso de producción concreto que se habrá de organizar. Desconocer un negocio es ignorar sus riesgos específicos y propios de la actividad que otros seguramente ya han pasado. Ignorar la competencia real existente en el mercado y el comportamiento de la demanda que se intenta satisfacer con la producción de bienes es lanzarse al abismo. Parece imposible que ocurra y, sin embargo, es harto frecuente.

Si no se tienen en cuenta las características de cada negocio o se dan por sabidas en función de principios generales para todas las empresas, se corren riesgos que pueden afectar el funcionamiento de la empresa. Riesgos innecesarios pues pueden evitarse si el empresario antes de tomar decisiones se aboca de lleno a conocer el negocio, aunque crea conocerlo. Vale la pena parafrasear un viejo dicho: *cada actividad empresaria es un mundo.*

Es habitual leer que los grandes empresarios, constructores de importantes corporaciones, comenzaron desde los niveles más inferiores de la actividad económica. Se formaron desde abajo, con lo cual pudieron palpar y conocer el negocio desde sus mismas entrañas. Así cuando tuvieron que ejercer su dirección de la empresa, tenían encarnado un conocimiento profundo, superior al que podían haber logrado si sólo hubieran contado con la capacitación académica.

Sin embargo, es imposible pretender que todos los empresarios transiten experiencias similares. La mayoría no tiene esa oportunidad. Esto no debe ser tomado como un karma negativo o impedimento para cumplir con la sentencia de "conocer el negocio". El conocimiento empírico de una empresa puede lograrse de muchas formas y maneras.

El conocimiento de un negocio se puede lograr aprendiendo de otras experiencias similares, asimilando información de otros empresarios o a través de decenas de métodos de conocimiento. Lo importante es que el empresario no dé por sentado que alcanza sólo con el conocimiento de las condiciones generales de administración y organización de una empresa para tener éxito en cualquier negocio.

Muchos empresarios creen que la solución consiste en hacer una buena elección de colaboradores e incluso delegar responsabilidades. Consideran que formando un *staff de asesores y colaboradores* tienen resuelto el problema del funcionamiento operativo de la empresa y el conocimiento integral del negocio. Mientras que los empresarios se dedican a las inversiones, las finanzas y a las proyecciones del negocio, otros funcionarios se encargan del funcionamiento de diferentes áreas de la empresa sin mayores dificultades.

Grave error. Esta percepción desconoce que normalmente sólo el empresario posee la visión global que condiciona el derrotero de la empresa, como un todo, en los más diversos frentes internos y externos. Ignora que el acierto de buena parte de las decisiones de sus colaboradores o la interpretación de los informes que de ellos reciba depende del conocimiento global que se tenga del negocio que dirige. El conocimiento parcial de la empresa por parte de los funcionarios o asesores puede generar una mala percepción del negocio y por lo tanto la delegación no tendrá la eficiencia que se espera.

No bastan la pasión, la voluntad de emprender y los conocimientos teóricos. En la etapa fundacional de una empresa es necesario sumar la experiencia y el conocimiento del negocio de manera directa por parte del empresario para poder delegar y supervisar de manera correcta las acciones de sus colaboradores.

Existen infinidad de experiencias fallidas de empresarios académicamente formados, asesorados por notables funcionarios y munidos de adecuadas herramientas teóricas, que sin embargo no lograron alcanzar el éxito empresarial. No conocían de manera directa cómo se desarrollaba el proceso de producción de su empresa. Realizaron abstracciónes, imaginaron las conductas de la demanda y diseñaron procesos productivos desde un escritorio sin jamás corroborar sus percepciones con la realidad dada dentro y fuera de la empresa. Nunca conocieron el negocio que emprendían.

En nuestro país –como en buena parte del mundo– es común que los empresarios inicien actividades en "negocios que no conocen en profundidad". Motivados por las oportunidades de rápidas ganancias, no le dan demasiada importancia al estudio de las condiciones específicas del negocio que tendrán que emprender.

Confiados en el saber general que poseen y la experiencia adquirida en otros negocios, descubren con el paso del tiempo que esos instrumentos no eran suficientes para lograr el éxito. Es la consecuencia de no haber respetado esta exigencia: cada empresa tiene sus particularidades que hacen al proceso de producción, los recursos humanos que necesita, el mercado al que accede y la exigencia de poseer otros conocimientos diferentes a los que normalmente se tienen.

No "conocer el negocio" se suma a la lista de causas que determinan que muchas empresas fracasen en su actividad, cuando se podía presuponer que serían exitosas. Empresarios con más voluntad y avidez de ganancias que mesura para conocer en profundidad el negocio emprendido conocen el fracaso cuando podrían haber logrado sus objetivos de manera exitosa.

## ORGANIZAR CON EFICIENCIA

Las diferentes formas jurídicas y societarias que puede tener una empresa a partir de su constitución no deben hacer perder de vista que *toda empresa necesita una organización que la sustente y una planificación que proyecte cómo se alcanzarán los objetivos buscados de rentabilidad y productividad.*

Las diferentes formas jurídicas y societarias son el vestido legal que el derecho positivo, a partir de la experiencia histórica, ha creado para permitir la organización real de las empresas. Vestimenta que no es *hecha a medida* de cada empresa, sino que más bien debe ser vista como *trajes de confección.* El empresario es quien debe armar la empresa a su medida detrás de los objetivos económicos que persiga, tomando la vestimenta legal como un referente para adaptarse al orden jurídico. Justamente estas diferencias entre el orden jurídico y las empresas reales determina que muchas veces la vestimenta legal que se establece sea contraria a la rentabilidad de las empresas.

La empresa real y que tiene como objetivo una rentabilidad económica requiere un orden interno que regule las actividades de sus integrantes a fin de que cumplan con las funciones establecidas. Es la organización empresarial la que posibilita concretar los planes en tiempo y forma. La *organización*, sea un emprendimiento famliar, una cooperativa o una corporación accionaria, es la columna vertebral de una empresa porque permite, a través de su normativa y de estructura interna, coordinar todas las actividades empresariales detrás de los fines para los que fue creada. *No hay ninguna posibilidad de que una empresa, pequeña o grande, pueda alcanzar los objetivos que planifica sin una eficiente organización interna.*

Encontrar la organización adecuada para cada emprendimiento a fin de lograr la mayor eficiencia y sincronización con la gestión ejecutiva, administrativa, de producción o distribución es tan importante como tener proyectos para lograr rentabilidad. Cada actividad empresarial demanda diferente tipos de organización, que a la vez mutan a medida que las empresas se desarrollan y expanden.

Tener una organización apropiada cuando se inicia la actividad económica es esencial para el empresario. El orden interno que establezca en la empresa no sólo debe ser útil para la constitución y el inicio de las actividades, debe contemplar su posible evolución. La organización no ha de ser un cerrojo para la expansión y el crecimiento de la empresa en el futuro. La organización es el cuerpo de la empresa. Pero la empresa es un ser vivo. Vive en un medio social dinámico con el que debe interactuar para adaptarse a sus cambios. Esto exige que la organización empresarial no sea un cuerpo estático que impida la evolución y adaptación de la empresa al mercado.

No hay empresa o emprendimiento que pueda realizarse sin una organización productiva, adminstrativa, contable y financiera. Creer que se puede iniciar una actividad económica y dejar esas tareas organizativas para más adelante es un actitud imprudente que implica riesgos muy elevados. La organización de una empresa debe gestarse al mismo tiempo que nacen las ideas y los proyectos que motivan su creación.

No toda organización es útil para cualquier emprendimiento. Cada actividad económica demanda organizaciones diferentes que se ajusten al negocio que se habrá de emprender. La manera de organizar una empresa, si bien depende de normas y procedimientos objetivos desarrollados por la ciencia económica, varían de acuerdo con los planes, características del negocio, tamaño de la empresa y objetivos que se persigan.

Las organizaciones empresariales también pueden tomar fisonomías y variar de acuerdo con cada orden social y a otros factores externos a la propia empresa. El orden social y económico de un país es un condicionante muy importante en la conformación de las organizaciones internas de las empresas. No es lo mismo la organización interna de las empresas que se desarrollan en un sistema económico competitivo que los que pueden resultar de sistema cerrados o centralmente planificados como los que se dan en economías públicas dirigidas desde el Estado.

Cada empresa debe amoldar su organización a sus objetivos de rentabilidad. Lo único que tiene vedado es constituir un orden interno que en vez de ser un instrumento idóneo para obtener utilidades se convierta en un obstáculo para ese fin. Una deficiente organización seguramente conducirá al fracaso de una empresa. Las buenas organizaciones arrojan resultados positivos, mientras que las malas llevan al desorden de la actividad productiva.

La deficiencia organizativa es sinónimo de desorden. El desorden es el preámbulo del caos y el fermento de errores. La sucesión de desaciertos termina con el cierre de la empresa por su falta de eficacia y rentabilidad.

Un emprendimiento no puede crecer y desarrollarse sin organización interna. Es casi imposible la existencia de una empresa sin un orden normativo –formal o informal– que regule las actividades de los recursos humanos y materiales que intervienen en su funcionamiento. Es muy difícil –aun en las emprendimientos unipersonales– que se pueda planificar hacia el futuro sin una organización que permita ordenar las actividades y controlar que se hayan realizado.

No hay duda de que la organización es la columna vertebral de la empresa. Sin embargo, la organización no debe ser un fin en sí mismo.

Las organizaciones empresariales deben estar al servicio de los objetivos económicos y la rentabilidad de las empresas. Cuando son vistas como un fin en sí mismo, la organización creada se autoprotege, se burocratiza y abroquela para defender los privilegios de sus integrantes, atentando contra la rentabilidad de la empresa. Los resultados productivos dejan de ser prioritarios. Su lugar es ocupado por otros fines como la defensa de los privilegios obtenidos por sus integrantes y de los beneficios laborales conseguidos en el pasado.

# RESISTENCIA AL ORDEN

*Las deficientes estructuras organizativas que suelen presentar las empresas en nuestro país son una causa importante de los fracasos en las etapas constitutivas y una traba cuando inician sus etapa de expansión.* Algunas empresas se lanzan a una actividad económica sin una adecuada organización con lo cual rápidamente tienen problemas en su funcionamiento. Otras comienzan sus actividades con organizaciones eficientes, pero con el tiempo dejan de serlo.

Los argentinos somos poco propensos a cumplir con las normas y las regulaciones que hacen al buen funcionamiento de las organizaciones. Los propios integrantes de las empresas –por acción u omisión– son los que suelen socavar las bases de su organización empresarial. Por decisión propia, por denuncias de exceso de autoridad, por conflictos laborales o desidia de los empresarios, el hecho es que al cabo de un tiempo las organizaciones empresariales se debilitan por el incumplimiento de las obligaciones que rigen su funcionamiento.

En Argentina existe una fuerte resistencia al control, la supervisión, a cumplir con las obligaciones y a la necesidad de actuar de acuerdo con las normas que organizan los comportamientos de las personas dentro de una empresa. Se tiene la sensación de que la organización y sus normas coartan los derechos de los integrantes de la empresa en beneficio de la autoridad ejercida por la dirección.

En la mayoría de las empresas se observa una resistencia a cumplir con la normativa que rige a una organización. Sus integrantes, en todos los niveles de la estructura organizativa, enfrentan las normas que los regulan, las obligaciones que establecen los comportamientos a seguir dentro de la empresa y las directivas impartidas desde estructuras superiores para la concreción de los objetivos económicos.

El resultado de ese rechazo y consecuentemente el incumplimiento de las normas genera deficiencias internas dentro la organización, deja de ser un instrumento eficiente para mejorar la rentabilidad y se convierte en una pesada carga para el desarrollo de la empresa.

Al relativizarse el valor del orden dentro de una empresa y al no cumplir acabadamente con las disposiciones establecidas en las normas organizativas, las empresas comienzan a tener deficiencias en su sistema estructural y emerge el desorden interno. Con el tiempo resulta muy difícil exigir el cumplimiento de las funciones establecidas para cada integrante de la empresa. Ceden los mecanismos adecuados para controlar la calidad de la producción, no se pueden supervisar eficientemente las diferentes etapas de la ejecución de los planes trazados. Poco a poco las organizaciones dejan de ser instrumento para el crecimiento de la empresa para convertirse en una traba burocrática, plagada de conflictos internos. Para aminorar ese *mal* se crea una organización superpuesta para *vigilar* a la organización originaria. El defecto se agrava, pues rápidamente surge la pregunta: ¿Quién será el encargado de vigilar a los vigilantes?

## SIN PLANIFICACIÓN NO HAY EMPRESA

Las empresas, para concretar de manera eficiente sus objetivos, además de una buena organización interna, deben *planificar sus actividades para combinar de manera óptima los factores de producción, administración, inversión y cambios tecnológicos.*

Complementariamente a su planificación interna, las empresas deben también trazar planes para satisfacer las necesidades del mercado, competir más eficientemente con las otras empresas, adaptarse a los cambios de demanda, generar ingresos superiores a los costos de producción y armonizar sus intereses con la economía pública estatal.

Sin una adecuada planificación interna y externa es imposible pensar que se puedan lograr los objetivos económicos de una empresa. Sin planes no hay rumbo para tomar decisiones empresariales acertadas y eficientes. Esto es así porque *toda actividad económica empresarial o de consumo es una actividad planeada en base a los datos del presente y en vista a los proyectos a alcanzar en el futuro.*

Al trazarse un plan se analizan primeramente los datos de la realidad. Datos que resultan de la actividad pasada y presente. Datos que buscan reflejar adecuadamente la realidad de acuerdo con el grado de conocimiento existente, con los recursos técnicos y la variedad de muestras sociales analizadas. Con esos datos se proyecta hacia el futuro y se fijan etapas de cumplimiento que a la vez son supervisadas para corregir los errores de cálculo y de proyección. Los planes necesitan ser constantemente supervisados para evitar los imprevistos, corregir los errores y adaptarlos a la cambiante realidad.

Los planes en tanto proyecciones hacia el futuro, normalmente no suelen ser certeros porque la realidad es cambiante y los comportamientos humanos son tan errantes como imprevisibles. En el momento en que las proyecciones planeadas entran en contacto con la realidad aparecen problemas o imprevistos que atentan contra los pronósticos y proyecciones del plan. Por lo tanto, lo aconsejable es *que los planes sean flexibles y tengan capacidad para adaptarse a los imprevistos y a los ajustes requeridos para lograr su cumplimiento de manera eficiente.*

Los errores en la planificación son muy frecuentes en la etapa constitutiva de una empresa, sea por falta de experiencia, improvisación, falta de rigurosidad o errores de cálculo con respecto a la realidad y a los objetivos que se quieren alcanzar en el futuro.

Muchos emprendedores y empresarios nacionales fallan al valorar la importancia de una planificación económica que tenga en cuenta el escenario donde desarrollan sus actividades, los riesgos, las oportunidades y la variabilidad del mercado. *La consecuencia de planificar de manera improvisada y sin metodología es una de las razones que incide para que los objetivos empresariales no se logren.* Planificar "sobre las rodillas", según el dicho mexicano para referirse a la falta de rigor profesional, no conduce a buenos resultados.

Sin una planificación empresarial que contemple posibles obstáculos, riesgos, cambios de escenario y, sobre todo, la capacidad de rectificación del plan impide afrontar los errores y reformular los planes. Carecer de un plan implica que también se carece de un "plan B" para adaptarse a nuevas realidades o imprevistos. Sin planes no existe ni subsiste ninguna empresa.

## MUCHO TRABAJO CON POCOS INGRESOS

Otra de las razones frecuentes por la que tantas empresas cesan sus actividades antes de alcanzar su segundo año de existencia es el gran esfuerzo y la dedicación que demandan su constitución y su mantenimiento hasta lograr una cierta estabilidad y rentabilidad. Atraídos los empresarios por las ganancias que aspiran a obtener, muchos descubren con el paso del tiempo que la constitución de la empresa demanda un esfuerzo físico y psíquico que no imaginaban en sus proyectos.

La constitución de una empresa exige trabajar sin horario y sin días feriados. Implica una actividad de 7x24, como se dice en la actualidad.

Es decir siete días a la semana durante las venticuatro horas del día. Un esfuerzo muy superior al exigido por cualquier empleo en relación de dependencia aun en la corporación empresarial más estricta.

El camino hacia la constitución de una empresa es un camino árido. No hay en ese trayecto ingresos que compensen tanta dedicación. Normalmente en las etapas constitutivas, los ingresos de los empresarios –si los hay– se reinvierten en la empresa. Situación muy diferente a la que disfrutan los administradores de empresas contratados por corporaciones, en la cual los honorarios y los beneficios adicionales están garantizados todos los meses.

*El esfuerzo intenso por las horas trabajadas y la dedicación exclusiva que normalmente demanda la constitución de una empresa es un hecho que viven todos los empresarios en esta etapa. Esfuerzo que es acompañado por la ausencia de ganancias.* La mayoría de las veces ese esfuerzo y esa falta de ganancias se extiende en el tiempo aunque la empresa se haya estabilizado.

La idea de mucho trabajo y pocos ingresos no encaja con el modelo de vida que busca buena parte de los jóvenes emprendedores en la actualidad. El pensamiento gravitante entre los jóvenes profesionales es que hay que reducir el tiempo dedicado al trabajo para emplear más tiempo a lograr una mejor calidad de vida. El exceso de tiempo dedicado a una actividad económica se considera que es *una adicción al trabajo* y, como toda *adicción*, algo malo para la salud física y mental.

Para las actuales generaciones –y no tan actuales– la dedicación al trabajo no es una prioridad. Las prioridades pasan por alcanzar un mejor nivel de vida. Viajar, entretenerse con la *play station* y disponer una buena cantidad de tiempo libre para desarrollar las actividades más atractivas y placenteras. Trabajar 8 horas diarias durante seis días a la semana no es lo más corriente. Incluso es considerado como una actitud insalubre, estresante y contraria a una mejor calidad de vida. Son cada vez más los que exigen una semana laboral de 4 días.

Todas esas aspiraciones son imposibles de tener cuando se decide emprender una actividad empresaria, donde la mente permanece las 24 horas conectada con la actividad.

La constitución y el desarrollo de una empresa demanda un gran esfuerzo físico y mental. Los emprendedores deben tener mucha energía para afrontar importantes esfuerzos de trabajo, dedicación tiempo completo y pocos espacios para la recreación. Lo habitual es que el estrés, el desánimo, la frustración y los bajos ingresos acechen. Cuando se decide constituir una empresa hay que hacerse cargo de que los problemas no faltarán desde el primer día mientras que los beneficios tardarán en producirse.

*Lo habitual es que la mayoría de las empresas no alcancen nunca una buena rentabilidad, y que las que lo logren no lo consigan a la brevedad.* Este hecho absolutamente comprobado no encaja en el pensamiento de algunos emprendedores cuando inician actividades económicas. Se lanzan al mundo de los negocios con la expectativa de que tendrán grandes ganancias en poco tiempo. Piensan que ganar buen dinero rápido es posible con sólo tener una idea y la voluntad de realizarla. Ese enfoque simplista, optimista y casi mágico es incentivado por los *gurús del éxito*. Profesionales que se ganan la vida dando conferencias y escribiendo libros sobre lo fácil y rápido que es alcanzar el éxito con una actividad emprendedora. Narran casos de empresarios que lograron ser millonarios antes de los 30 años, pero ocultan los cientos de millones que fracasaron a pesar del esfuerzo realizado durante toda la vida.

La realidad mundial es más cruda que la fantasía del éxito fácil. Ante las crisis económicas que se expanden en todos los continentes, hoy como nunca *es necesario reforzar la idea de que sin trabajo perseverante, ejercido durante un largo período, es imposible obtener éxito y rentabilidad.* Esta norma vale para un trabajador y para el empresario.

Sin trabajo, entendido como la aplicación de las energías físicas e intelectuales que las personas ponen al servicio de la producción, es imposible pensar en la creación de los bienes y servicios que la gente demanda para satisfacer sus necesidades. Por lógica, a menos trabajo menor es la cantidad de bienes producidos. De manera inversa, con más trabajo se obtendrá mayor cantidad de riqueza para satisfacer las necesidades de salud, educación o esparcimiento.

Para la producción económica, el trabajo es un factor imprescindible y necesario para la generación de riqueza. Es impensable satisfacer cualquier necesidad material sin el aporte del trabajo humano en la generación de riqueza. *Hoy, todos los bienes o servicios que conocemos son resultado del esfuerzo individual y colectivo de las sociedades. Mientras mayor sea la cantidad de gente que trabaja, más tiempo le dedique a una actividad económica y más eficiente sea ese trabajo en la producción de bienes, mayor será la cantidad de riqueza que logre para satisfacer las crecientes necesidades.*

La existencia de sociedades en las que algunos no trabajan es resultado de la conformación de órdenes sociales con desequilibrios e injusticias. En algunos casos porque ciertos sectores sociales reciben todos los beneficios económicos explotando y dominando a los que trabajan. En otros, porque el desorden económico impide o niega la posibilidad de trabajar a grandes cantidades de personas.

Una sociedad crece y se desarrolla en plenitud y en calidad de vida cuando todos sus integrantes tienen la posibilidad de trabajar y obtener íntegramente el producto de su trabajo. Desde ya que la humanidad ha evolucionado bastante desde que nuestros ancestros trabajaban mañana, tarde y noche para obtener escasos bienes para cubrir sus necesidades básicas. Hoy el esfuerzo puesto en la producción de riqueza, gracias a la división del trabajo, la tecnología, la cibernética y los derechos laborales, es infinitamente menor para obtener una cantidad de bienes infinitamente mayor.

Actualmente se trabaja menor cantidad de horas y menos días a la semana para generar mayor cantidad de riqueza que en el pasado. No hay duda de que hoy se obtiene una superior cantidad de bienes en relación con el trabajo realizado. Cada vez se tiende a trabajar menos tiempo, con menor sacrificio y con mejores resultados económicos en calidad y cantidad.

Sin embargo, las mejores condiciones económicas y laborales logradas por el trabajo humano no pueden engañarnos sobre una realidad que todavía no podemos evitar. Todo orden económico se debe construir en base al trabajo de las personas que lo integran. Es inimaginable que toda una comunidad pueda vivir sin trabajar. Si algunos sectores no trabajan por exclusión o explotación es porque el sistema económico tiene una malformación económica y social. La explotación económica o la marginación son síntomas de un mal sistema económico.

El trabajo –a pesar de los adelantos tecnológicos– sigue siendo imprescindible para generar bienes. Es propio de la ciencia ficción imaginar una sociedad donde *todos* dejen de trabajar. Al contrario, la riqueza de una sociedad se mide centralmente por la calidad y la cantidad de trabajo que sus integrantes aportan a la producción de bienes y por cómo se realiza la distribución de los ingresos entre los trabajadores.

Todo trabajo implica esfuerzo y sacrificio en la medida en que hay que dedicar energías y tiempo a una actividad económica. El trabajo es la antítesis del ocio y generalmente tampoco coincide con el entretenimiento y la diversión. Como lo señala la Biblia, *para ganar un sustento económico es necesario que el sudor corra por nuestra frente.* Está claro que todo trabajo requiere de esfuerzo aunque no siempre debamos sudar para lograr un resultado. En algunos casos el trabajo requiere un esfuerzo físico y en otros un aporte intelectual o creativo.

Pensar que hay trabajos que no impliquen esfuerzo es un contrasentido. No es que no haya trabajos que generen satisfacciones y alegría a quienes los realizan. Los hay y muchos. Pero aun en estos casos, el trabajo sigue exigiendo dedicación, esfuerzo, responsabilidad y desgaste físico e intelectual aunque cause placer realizarlo.

Es cierto que el trabajo –en buena parte de la sociedad– no tiene buena imagen ni es valorado como algo que cause placer. Grandes sectores de la población lo consideran más bien un castigo y no ven la forma de evitar el trabajo para poder dedicarse a otras actividades que le dan satisfacciones de otro tipo. *El trabajo es considerado como una barrera u obstáculo para alcanzar la plenitud y la mejor calidad de vida. Es considerado como un sacrificio por el cual se recibe menos de lo que se da.*

Esta sumatoria de sensaciones experimentadas por las personas –en especial entre los jóvenes– unida a una realidad compuesta por trabajos muy exigentes, estresantes e insalubres donde muchas veces las recompensas salariales son escasas, genera una reacción negativa hacia el trabajo. Qué decir cuando el orden económico permite que sectores sociales puedan tener el privilegio de vivir sin trabajar o aprovecharse del esfuerzo ajeno. Todo esto irrita a quienes deben trabajar para vivir.

El resultado de esa mezcla de sensaciones y realidad es que *cada vez son más los que evitan el trabajo económico. La búsqueda de la raspadita y jugar diariamente al bingo suele ser el camino más repesentativo de esta búsqueda de ganancias rápidas con el mínimo esfuerzo.*

En este contexto de sensaciones y realidades es donde se suele nutrir la creencia de que construir una empresa por cuenta propia es un camino fácil para obtener dinero. Se piensa que con poco esfuerzo se pueden lograr ganancias que de otra manera no se lograrían. Detrás de esa falsa percepción, muchos jóvenes invierten recursos propios o ajenos para llevar adelante un emprendimiento en busca de ganancias con poco trabajo. Motivados por una idea creativa piensan que el sacrificio correrá a cargo de los trabajadores contratados y que como empresario, les espera una verdadera *dolce vita.*

Sin embargo, esa creencia y entusiasmo se toparán rápidamente con una realidad distinta. El orden económico argentino y las dificultades propias que se presentan en la construcción de una empresa determinan que las ganancias no sean tan frecuentes y el trabajo que demanda al empresario construir una empresa es mucho más intenso que el supuesto.

Empezar con la construcción de los cimientos de una empresa –aunque venga por vía de una franquicia de marca– implica que el empresario tendrá que dedicarle muchas horas, mucho sacrificio, numerosas privaciones y muy poco espacio para el disfrute del tiempo libre. Los emprendedores descubren que una empresa los obliga a trabajar el doble de lo que imaginaban y muchas veces no logran la recompensa esperada por ese sacrificio. El resultado final termina siendo que muchos abandonan el emprendimiento ante semejante panorama.

## FALTA DE PERSEVERANCIA

La globalización, los medios de comunicación y la cibernética han traído notables avances para una mejor calidad de vida de la gente. La telefonía e Internet han generado un nuevo modo de vivir y convivir. Nuevas formas de relacionarse se han desarrollado a partir de estas revoluciones tecnológicas. Sin embargo, también somos conscientes de que junto a esos innumerables beneficios también se han desarrollado hechos y comportamientos cuestionables para la salud, la psiquis y la calidad de vida. *Me refiero al fenónemo que algunos sociólogos han denominado el "yaísmo", es decir que todo hay que hacerlo y disfrutarlo* ¡ya!

En los tiempos actuales todo hay que hacerlo rápido y de manera inmediata. No hay tiempo que perder. El tiempo es un bien muy valioso que no se puede desperdiciar ni dejar pasar alegremente. Cada segundo vale y debe ser aprovechado sin demora. Si se desea tener un objeto, hay que tenerlo ya. Si quiero comunicarme con alguien, debo hacerlo de manera instantánea. Si se busca una meta, tiene que alcanzarse ya. Si quiero aumentar los ingresos, debo actuar de manera rápida. Nada puede esperar.

La paciencia se ha achicado como los tiempos o plazos para esperar por lo que se desea. Todo tiene que ser ya, si no el desaliento y la frustración del fracaso nos invaden. Lo que antes se consideraba como un tiempo normal de espera, hoy parece una eternidad. Lógicamente que este yaísmo no es para todas las cosas. Cuando se trata de vacaciones nadie quiere que el tiempo pase.

En el "*escenario político*" el yaísmo también se ha instalado con mucha fuerza dominando la mayoría de las acciones que se emprenden. Los dirigentes y funcionarios no proyectan planes donde los resultados no pueden ser mostrados de manera inmediata. Los resultados de la gestión deben mostrarse durante el mandato de gobierno. Lo importante es el aquí y ahora, pues eso servirá para aspirar a una renovación de mandatos electivos. Hay que mostrar logros durante la gestión para no ser criticados por el electorado y de esta manera asegurar la continuidad. El dirigente político quiere mostrar sus obras durante su mandato y el electorado exige verlas. Nada de proyectos a largo plazo y de obras que se terminarán en futuros lejanos. De esta forma se podría decir que los países viven el día a día y a nadie le interesa el mañana.

*También el yaísmo se ha impuesto entre los empresarios, que tienen la sensación –a veces acertada– de que si no producen éxitos económicos de manera pronta quedarán fuera del mercado o serán removidos de sus funciones en el caso de los funcionarios corporativos.* Los que emprenden un negocio quieren resultados económicos de manera inmediata. No pueden esperar que pasen varios años sin hacer dinero. Cualquier nuevo emprendimiento debe mostrar resultados económicos de manera inmediata. Para los empresarios yaístas un lustro es una eternidad. Ignoran que muchos fracasan en sus empresas porque se rinden demasiado pronto.

*La sociedad toda también ha perdido la paciencia y la cualidad de saber esperar. Se ha perdido lentamente la idea de que existe un tiempo de maduración y que las cosas no pueden lograrse de un día para otro por más pasión y voluntad que se ponga.*

La ciencia ha colaborado para que esta ansiedad se instale en el pensamiento y el sentimiento colectivo. Ya no es necesario esperar las estaciones climáticas para comer un fruto que antes sólo podía adquirirse en determinada época del año. No es necesario esperar que alguien viaje para traer un producto de Estados Unidos, pues por Internet se consigue que lo dejen en la puerta de nuestra casa en menos de una semana. Tampoco hay que esperar meses para recibir noticias de nuestros familiares en otros continentes ni viajar durante semanas para recorrer largas distancias. Por Internet se puede hablar con los familiares y por aviones de última generación estar en sus casas en menos de 10 horas. Todo se logra con rapidez y en menos tiempo del pensado.

No hay tiempo que perder ni paciencia para esperar. Con estos principios como premisa, también el psicoanálisis va perdiendo pacientes por sus lentos tratamientos. Lo mismo ocurre en otras áreas. Cumplir con una dieta es tedioso, por lo cual se apela a la rapidez de la lipoaspiración. Estudiar en la escuela primaria, secundaria y luego en la universidad parece un eterno vía crucis que tampoco augura resultados para ganar dinero y una mejor calidad de vida. La enseñanza se devalúa día a día y todos buscan acortar caminos con métodos más sencillos que lleven a destinos más seguros. Cada vez es mayor el abandono de la escolaridad por parte de los jóvenes, y son muy pocos los que ingresan en la universidad. Tan pocos como los que cursan sus años escolares sin llevarse casi la totalidad de las materias de la currícula.

En la sociedad se ha instalado la idea de que sólo vale esforzarse si se logra ¡ya! Sólo tiene valor lo que se obtiene con rapidez y facilidad. Lo demás debe ser abandonado por tedioso en función de la espera que demanda ver sus resultados. Los logros deben ser inmediatos y en lo posible garantizados.

Los objetivos que no se logran rápidamente deben ser cambiados por otros proyectos que garanticen resultados inmediatos. Si el tiempo de espera es excesivo, es preferible abandonar todo y empezar de nuevo con otro proyecto. Mejor cambiar de actividad y buscar caminos más breves y fáciles para llegar a destino. *La perseverancia detrás de un objetivo tiende a desaparecer definitivamente. Los errores desalientan y no estimulan el esfuerzo de superación.*

El pensamiento *yaísta* es absolutamente negativo en todos los ámbitos de la vida y también en la actividad empresarial. El *yaísmo* es muy negativo para las empresas porque estimula el espíritu de abandono ante la primera adversidad. Desalienta el sacrificio y la pasión por lo difícil. Invita a tener una concepción mágica de la realidad en la medida en que se piensa que las cosas se pueden lograr de manera rápida y sin sacrificio.

La mayoría de los objetivos de la vida, y en especial los emprendimientos económicos, demandan tiempo, esfuerzo y dedicación. Demandan una gran perseverancia para no abandonar ante los fracasos y desaciertos. Un empresario que no esté dispuesto a invertir tiempo y ser perseverante ante los obstáculos no es un buen empresario. La actividad empresarial exige tiempo para el aprendizaje del negocio, para el desarrollo de los procesos de producción, para la consolidación en el mercado, corrección de errores y cambios de planes, entre una infinidad de variantes.

Esta dinámica "cortoplacista" de empresarios, trabajadores e inversores *yaístas* se contradice con la exigencia de los tiempos que necesariamente deben durar los procesos económicos para instalar un producto en el mercado. La mayoría de los procesos de producción demandan tiempos de perfeccionamiento que no pueden reducirse, como tampoco es posible acelerar a la demanda para que consuma todos los bienes producidos de manera inmediata.

La actividad económica exige el cumplimiento de tiempos de producción y distribución. Sólo los empresarios que sepan adaptarse a ellos podrán construir una empresa duradera y sólida, capaz de resistir a las crisis regulares de nuestro orden económico nacional.

No tener presente que la constitución y el desarrollo de una empresa a veces consume décadas antes de obtener buenas ganancias, desalienta a los empresarios actuales. Víctimas del *yaísmo*, los empresarios argentinos tienden a abandonar proyectos y emprendimientos al poco tiempo de empezar, sin tener la paciencia para que la empresa madure en su actividad. Carecen de perseverancia y tesón para afrontar las adversidades y la paciencia para esperar los resultados en un futuro que les parece lejano.

El *yaísmo empresarial* se ha instalado en buena parte del empresariado argentino. Muchos son los jóvenes emprendedores que están dispuestos a iniciar un negocio en la medida en que visualicen una ganancia inmediata. Para colmo, en nuestro país esta tendencia mundial se ha consolidado de manera más firme por la existencia de factores económicos que desalientan planificar a mediano y corto plazo.

La inseguridad jurídica, el cambio permanente de las normas que regulan la economía y la recurrente inestabilidad del país ha instalado el corto plazo como la única opción de inversión empresarial. Las crisis económicas periódicas que caracterizan a Argentina generan que los proyectos a largo plazo impliquen mucho riesgo para cualquier actividad empresarial.

En los últimos veinte años nuestro país atravesó once crisis propias e importadas que afectaron a cientos de empresas y dejaron sin empleo a miles de trabajadores. En ese mismo período países vecinos como Chile y Brasil sólo tuvieron tres crisis de importancia.

No podemos entonces, en nuestro caso, atribuir sólo a la tendencia al *yaísmo* que recorre el mundo la conducta de muchos empresarios. Existen razones objetivas en el orden económico nacional que hacen que los empresarios le teman al tiempo. Tienen la vívida experiencia de que una crisis del sistema puede acabar de la noche a la mañana con sus empresas. Desde 1930 hasta hoy no yerra quien parte del supuesto de que nuestro país atravesará una crisis económica de envergadura cada diez años. ¿Cómo no va a prosperar el *yaísmo empresarial* con semejante orden social?

Sin embargo esa realidad no puede ser una excusa para que el empresario actúe intelectual y materialmente pensando nada más que en el corto plazo. Debe –más allá de las circunstancias– tener una mirada más amplia que la extensión de su brazo si busca construir una empresa exitosa, sin que esto implique desconocer el convulsionado sistema económico argentino.

# la consolidación
# DE LA EMPRESA

3

# NO DORMIRSE EN LOS LAURELES

El 80% de los emprendimientos registrados en la economía formal deben cerrar sus puertas antes de que transcurra el segundo año desde su constitución. La mayoría no logra en ese plazo consolidar el proceso interno de producción y su participación en el mercado, debiendo cancelar sus actividades al poco tiempo de haberse creado. Errores de cálculo, falta de ideas operativas, deficiente interpretación de la realidad, mala planificación, falta de formación profesional y obstáculos existentes en el orden económico contribuyen para que las empresas quiebren o dejen de funcionar.

Superar la barrera de los dos años es un verdadero éxito empresarial en nuestro país. Los empresarios que lo logran deben saber de su mérito, aunque no pueden quedarse tranquilos ni pensar que sus problemas han terminado. *Los datos estadísticos muestran de manera contundente que sólo el 10% de las empresas que superan la barrera del segundo año continúan sus actividades después del décimo año. Es decir que de cada 100 nuevas empresas sólo 2 continuarán sus actividades después de 10 años.*

Esa enorme cantidad de quebrantos se debe en buena medida a los responsables de la gestión empresarial que no tienen la suficiente idoneidad para organizar y constituir eficazmente la empresa. Cuando se carece de formación profesional, no se tienen ideas de operatividad ni existe una planificación correcta. Las empresas ni siquiera pueden llegar a *despegar de su etapa fundacional.* La falta de ideoneidad por parte del empresario es mortal para la creación y constitución de una empresa.

Sin embargo, una vez que las empresas logran constituirse, la mayoría debe cancelar sus actividades al poco tiempo por nuevos factores que influyen en el desarrollo de la empresa.

Consolidado un emprendimiento después de su etapa constitutiva, surgen otras necesidades que deben ser resueltas para continuar las actividades económicas. Nuevos retos y renovados objetivos se presentan a toda empresa, y deben ser encarados con eficacia para que pueda continuar con sus actividades y proseguir con su desarrollo. La falta de respuesta adecuada a esos retos suele empujar a las empresas a situaciones de crisis que de no ser superadas las conducirán a la quiebra.

Entre los factores que comienzan a erosionar el funcionamiento de una empresa se destacan *la falta de innovación en los procesos de producción, minimizar los riesgos e imprevistos, desaprovechar las oportunidades de negocios, falta de inversión técnica y la ausencia de mantenimiento de los recursos materiales. A esa lista se debe sumar la falta de capacitación de los recursos humanos que participan en la producción, la incapacidad de adaptarse a los cambios de necesidades de la demanda, pérdida de entusiasmo en la dirección empresarial y conflictos entre los socios fundadores.*

Todos estos factores que confluyen y se entrecruzan entre sí exigen que los empresarios deban vivir en “estado de alerta”. Exige a las empresas una dinámica de expansión y adaptación al mercado de manera permanente si no quieren quedar rezagadas. Las que se duermen en los laureles, creyendo que han estabilizado su proceso de producción, cometen un error que tiene aparejado resultados negativos.

La movilidad del orden social y de las necesidades humanas es una constante igual que los cambios en el mercado y el dinamismo del orden económico. El empresario, y con él toda la empresa, tiene que estar alerta para seguir ese ritmo y no quedar rezagado respecto de la competencia que se renueva de manera constante. Las empresas que no pueden adaptarse a los cambios perderán presencia y rentabilidad. Esto es lo que le ocurre a la mayoría de las empresas antes de llegar al décimo año. Este dato es alarmante y debiera ser objeto más frecuente de investigación por los investigadores y los políticos sociales.

## FALTA DE INNOVACIÓN

Las empresas que no tienen políticas de innovación durante un largo período pueden quedar rezagadas ante el cambio constante de la demanda, la aparición de nueva tecnología y la transformación de los procesos de producción. Lo que al momento de su constitución generó una rentabilidad en la empresa puede dejar de hacerlo en el futuro por no emprender las transformaciones e innovaciones necesarias para bajar costos, satisfacer los cambios de la demanda o renovar los bienes producidos.

Una empresa podrá permanecer cierto tiempo sin actualizar su línea de producción y disfrutar del éxito inicial de su emprendimiento. Sin embargo, este andar empresarial podrá tener serios traspiés, si no toman recaudos financieros y creativos para innovar el sistema de producción de bienes y servicios.

La movilidad social y el cambio de las necesidades hacen que la estabilidad de la demanda sea absolutamente pasajera. La demanda social se encuentra en permanente estado de movilidad ascendente o descendente. Las empresas que no se adelantan a esos cambios o reaccionan tardíamente tendrán pérdidas por la caída de la demanda. Consecuentemente la rentabilidad mermará hasta que finalmente el saldo productivo de la empresa será negativo.

*No haber previsto políticas de innovación y reestructuración interna en las empresas es una de las razones por las que después de un período de aproximadamente diez años las empresas dejan de ser rentables.* Con el paso del tiempo y ante los cambios de la demanda, las empresas que no cambian su línea de producción se encontrarán con productos obsoletos. Competidores más eficientes y la cambiante demanda social no dan sosiego al empresario en la actualidad.

Para permanecer y tener vigencia en el mercado, las empresas deben innovar y actualizar su producción para acompañar los cambios de la demanda. Deben anticiparse a esos cambios para no quedar rezagadas. Una reacción tardía a los cambios en el mercado puede ser fatal, dejando a la empresa fuera de la competencia.

Esa es una de las razones que determina que las empresas tiendan a impulsar, controlar y planificar la demanda de los bienes que producen. No esperan la reacción espontánea de la demanda sino que tratan de controlarla y estimularla para que consuman los bienes que producen. A tal fin generan necesidades entre los consumidores que antes no existían y para las cuales tienen preparadas sus respuestas de oferta con antelación.

*Las empresas no quieren ser sorprendidas por los cambios espontáneos que afecten su proceso de producción. Quieren adelantarse al cambio permanente que caracteriza a la sociedad contemporánea, generando nuevas necesidades antes inexistentes para poder satisfacerlas ordenadamente.*

Detrás de ese objetivo, las empresas construyen y estimulan la demanda para que coincida con sus ofertas previamente planificadas. Se intenta achicar el margen de riesgo que significa *todo cambio inesperado* de la demanda. La idea es depender lo menos posible de la inestabilidad y esponteneidad de la demanda.

*En la actualidad las empresas no sólo deben estar atentas a satisfacer las necesidades cambiantes de la gente sino que en lo posible deben adelantarse a la movilidad de la demanda creando necesidades que se ajusten a su oferta.* Por esta razón las empresas no pueden descansar un instante en su capacidad de innovación y reestructuración productiva. En términos generales atrás quedaron las épocas en que una empresa mantenía la oferta del mismo producto por décadas y no introducía cambios en sus sistemas de producción. Sólo algunas marcas han logrado vencer esta fuerte tendencia. Me refiero a marcas como Coca-Cola, lanzada al mercado hace más de 100 años, o la Colonia 4811, creada en el año 1814.

*Actualmente sólo las organizaciónes económicas que tienen incluido en su ADN empresarial la innovación y la transformación pueden aspirar a crecer en el competitivo mercado nacional e internacional.*

La innovación es la herramienta que garantiza el crecimiento y la permanencia de la empresa en el tiempo. La mayoría de las empresas que superan los diez años de existencia han guardado en los "*anaqueles de los recuerdos*" aquellos productos que lanzaron cuando nacieron como empresas. Hoy esos productos sólo son recuerdos de un tiempo que pasó. Las empresas que pudieron superar la década seguramente lo hicieron porque supieron cambiar sus procesos de producción y renovaron la oferta de bienes y servicios. Son empresas que supieron innovar adaptándose a las nuevas necesidades y al mercado.

Las que no superan los diez años de actividad deben examinar si introdujeron en su momento las innovaciones apropiadas a su proceso de producción. Varias descubrirán que su baja rentabilidad y su posterior cierre se debieron justamente a que no se adaptaron a los cambios de la demanda.

Las empresas que no actualizan su proceso de producción se quedan en el pasado. Creen que si funcionan correctamente nada deben modificar. Cuando se dan cuenta de que la demanda ha cambiado es demasiado tarde. Se olvidan de que las empresas deben tener siempre la vista puesta hacia el futuro y jamás dormirse en los laures de las glorias conseguidas en el pasado. Tienen que estar alertas a todo cambio del orden y las condiciones económicas para adelantarse a esos cambios o por lo menos acompañarlos.

En nuestro país la innovación en los procesos de producción empresarial para adelantarse al cambio de la demanda social no es un hecho frecuente. Esto es más evidente en las pequeñas y medianas empresas. En las grandes corporaciones, y de manera especial en las corporaciones internacionales, la innovación está instalada en el ADN de las empresas, en los procesos de producción y en la oferta de bienes. Las innovaciones surgen en las casas matrices y se expanden por el mundo en forma simultánea.

Las medianas empresas nacionales, al igual que las pequeñas –llamadas pymes–, no tienen políticas de innovación por varias razones objetivas más allá del capricho de los empresarios fundadores, que suelen ser poco propensos a cambiar aquellas actividades que les dieron resultado en el pasado.

Una de las razones objetivas por las que las pymes no realizan innovaciones es porque no estimulan internamente áreas de investigación y capacitación destinadas a renovar su línea de producción. Consideran ingenuamente que el éxito inicial logrado en su constitución proseguirá indefinidamente. *No tienen áreas de investigación destinadas a la innovación en sus líneas de producción.*

Sin embargo, para ser justos y objetivos, esta ausencia de áreas de investigación e innovación dentro de las medianas empresas no es resultado de una pertinaz negación por parte de la organización empresarial. La raíz más bien debe buscarse en los estrechos márgenes de rentabilidad que tienen las empresas pymes. No les queda resto para invertir recursos genuinos en la investigación interna o en la compra de patentes innovadoras.

En algunas empresas, a lo sumo mantienen el proceso de producción original para que no se deteriore por el uso y el paso del tiempo. Aunque la mayoría de la empresas argentinas ni siquiera pueden hacer esto. Es muy alto el porcentaje de las empresas que no realizan mantenimiento alguno de sus líneas de producción. *La falta de mantenimiento por no tener los recursos es un hecho comprobado.*

Tampoco las pymes argentinas tienen muchas posibilidades de conseguir líneas de crédito accesibles para financiar procesos de reestructuración empresarial a partir de propuestas de innovación o cambio. Los que logran conseguir créditos normalmente deben pagar altas tasas de interés y ofrecer garantías de las que carecen.

El crédito no forma parte de la cultura económica nacional a pesar de su importancia para alcanzar un mayor crecimiento empresarial. Las razones son varias, pero las principales resultan de la falta de confianza de los ahorristas en el sistema bancario o en los efectos de la inflación sobre sus ahorros. A esto se le suma la presencia hegemónica del Estado que absorbe casi todos los depósitos bancarios para enfrentar el gasto público.

La ausencia de líneas de crédito y la falta de recursos generados por la baja rentabilidad de las empresas tira por la borda cualquier intento de actualizar e innovar la producción de las empresas. Aferradas a lo que tienen y sin posibilidad de realizar un mantenimiento adecuado, la mayoría de las pymes va desapareciendo con el tiempo.

Sin embargo, la falta de cambio e innovación no es la única razón por la cual las empresas pierdan competitividad y rentabilidad. A veces el exceso de cambios y de propuestas de innovación en la producción puede generar problemas en las ganancias de la empresa. Este hecho suele ocurrir de manera frecuente en las grandes empresas corporativas.

Si bien no tenemos datos estadísticos en nuestro país, puedo asegurar –en base a datos obtenidos de la experiencia– que muchas empresas terminan atravesando fuertes dificultades financieras y estructurales por llevar adelante políticas innovadoras sin límite. No miden los efectos negativos del exceso de cambios en la oferta de bienes.

La innovación excesiva puede ser contraproducente. Puede ocurrir que los cambios proyectados para la empresa en vez de ser el motor del crecimiento sean la causa de un fracaso. En la historia conocemos cientos de ejemplos de empresas que por exceso de innovaciones fracasaron estrepitosamente. No siempre lo nuevo conduce a un éxito empresarial.

Muchos empresarios preocupados por la falta de presencia en el mercado realizan grandes inversiones detrás de nuevos negocios o de producir nuevos bienes con la esperanza de recuperar el terreno perdido. Creen en la *innovación por la innovación misma*. Sin embargo esos cambios pueden hundirlos más de lo que estaban porque el mercado les puede dar la espalda por no haber acertado en la innovación.

Ford ha tenido muchos aciertos en su historia empresarial produciendo autos. Hubo un año en que creyó que con sólo innovar podía lograr un éxito en la demanda de sus productos. Esto no fue lo que ocurrió con el lanzamiento de su promocionado modelo Thunderbird. Ni el nombre, ni el diseño ni otros aspectos de este modelo de automóvil fueron acertados. El público lo rechazó y no lo demandó como se esperaba. Se invirtieron cientos de millones de dólares en la promoción y producción de este modelo. Terminó en un verdadero fracaso. Tan grandes fueron las pérdidas que el error hizo tambalear a toda la compañía.

Lo mismo le pasó a Pepsi Cola, que buscó innovar en la tradicional cola de una manera radical. Pensaron que su nuevo producto tendría gran aceptación entre sus seguidores e incluso entre los de su competencia tradicional. Se evaluó que era la oportunidad de dar un golpe certero a Coca-Cola introduciendo una nueva bebida llamada Crystal Pepsi.

A partir de la idea de que la gente cada vez se inclina más por los productos naturales lanzaron al mercado una gasesosa de gusto semejante a la tradicional bebida cola pero de color natural como el agua. Nunca imaginaron que tal innovación en el color de la cola iba a generar un rechazo tan parejo y masivo por parte de los consumidores. Nadie estuvo dispuesto a beber una cola sin el color de la cola. El fracaso fue estrepitoso para la Crystal Pepsi. Desapareció del mercado y nadie supo más de ella.

No toda innovación es exitosa y no todos los cambios significan progreso. Hay que innovar, pero no innovar motivados por la idea del cambio permanente como instrumento de venta. Toda innovación debe tratar de corroborarse y sustentarse en la realidad para examinar su viabilidad. Nunca son suficientes los procesos de experimentación tendientes a comprobar la eficiencia de las nuevas ideas. *Encontrar la medida justa del cambio y su oportunidad sigue siendo uno de los pilares para que las empresas mantengan su vigencia y su rentabilidad en el tiempo.*

## LA DIFICULTAD DE PREDECIR EL FUTURO

Toda actividad económica, desde la simple a la más compleja, trae consigo el riesgo de que los resultados no se cumplan como fueron proyectados. La conducta humana y sus impredecibles comportamientos, junto a los errores de cálculo, la mala interpretación de la realidad o los imprevistos se suman para que los resultados económicos no sean los que se esperaban.

Si bien es cierto que la ciencia económica y las ciencias auxiliares como la cibernética han avanzado bastante para hacer más previsible el futuro y reducir los imprevistos, el riesgo de que un plan fracase sigue siendo grande. *Junto a los factores naturales, como tsunamis o inundaciones, el factor más importante de riesgo en los planes empresariales sigue siendo la impredecible conducta humana.*

En sociedades abiertas, donde la libertad de acción y autodeterminación guía los planes individuales, el comportamiento cambiante de las personas es la principal causa de que exista el riesgo de que los planes no se cumplan como se proyectaron. El comportamiento humano se caracteriza por mutar, cambiar y no tener patrones regulares que permitan pronosticar con certeza los márgenes de riesgo al ejecutarse los planes proyectados.

En las ciencias naturales, como la biología, los hechos y actividades de los organismos suelen tener un comportamiento regular que se repite tanto en el pasado como el presente. Esta regularidad de la naturaleza ha permitido elaborar *"leyes"* que describen la repetición de hechos de manera inalterable si presentan las mismas condiciones.

La repetición constante de los procesos y actividades de la naturaleza abre las puertas para que en base a los comportamientos dados en el pasado se pueda pronosticar cómo se darán los hechos en el futuro. Esto permite predecir con certeza y sin riesgo sobre lo que habrá de ocurrir si se dan las mismas condiciones y referentes.

En las ciencias de la naturaleza pronosticar con certeza es lo normal, ya que la regularidad de los hechos permite predecir con certeza. De allí el gran avance de las ciencias naturales y su aplicación en la solución de la gran cantidad de problemas que se han ido solucionando en los últimos años. El ejemplo más evidente lo tenemos en los avances de la genética, la medicina y la tecnología, que han permitido solucionar miles de problemas y han redundado en beneficio de la humanidad.

En las ciencias sociales, y en especial en la economía, no es tan fácil predecir con la misma exactitud y certeza que en las ciencias de la naturaleza. Aquí los riesgos de que no se repitan las mismas conductas que se dieron en el pasado es lo normal y habitual. *No hay ninguna certeza ni regularidad de que los hechos analizados en el pasado se reproduzcan en el futuro de manera semejante.*

Las conductas de los seres humanos, en la medida en que están regidas por una psiquis, sentimientos, intuiciones, actos de voluntad e ideologías, no son normalmente predecibles por su falta de regularidad. Cada hombre actúa de acuerdo con su libre albedrío y tiene conductas diferenciadas en el tiempo y el espacio. Esto impide deducir "leyes" que describan que ciertas conductas que se dieron en el pasado se repetirán exactamente igual en el presente y de manera semejante en el futuro. Las circunstancias externas que rodean a esas conductas pueden haber permanecido inalterables, pero esto no garantiza que los comportamientos humanos se repitan de manera semejante.

Por esa particular característica que tenemos los humanos, al analizar las conductas económicas de la gente en un orden social, encontramos que no existen leyes semejantes a las vigentes en la naturaleza. Lo máximo a lo que puede aspirar la economía es descubrir ciertas *tendencias*, es decir, que exista una proporción mayor de posibilidades de que ciertas conductas dadas en el pasado, bajo ciertas circunstancias, se repitan de igual forma en el futuro.

En determinada época (a mediados del siglo XIX), la ciencia económica creyó descubrir *regularidades sociales* tan fuertes como las existentes en el mundo natural. De esta forma aparecieron las llamadas *leyes económicas* que divulgó la Economía Clásica. Sin embargo, la Escuela Histórica custionará a finales de ese mismo siglo la existencia de leyes económicas semejantes a las que se presentan en la naturaleza. Cada realidad y orden social mostraba que los comportamientos económicos respondían a diferentes variables en cada sociedad a través de la historia.

En el siglo XX predominó una tendencia a "analizar matemáticamente" los comportamientos económicos de la gente, con la esperanza de poder predecir resultados o tomar medidas políticas para generar determinados efectos. Tampoco, a pesar de su aporte a la ciencia económica, ha sido determinante para sortear los inconvenientes que los clásicos trataron de resolver.

Análisis académicos y nuevas teorías buscan constantemente encontrar las claves para predecir los comportamientos económicos. Sin embargo, a pesar de los avances logrados –que han sido muchos– todavía no se ha logrado encontrar esas *leyes* similares a las existentes en el mundo natural. No existen leyes económicas que arrojen semejante certeza. Esto no implica que los políticos y los medios de comunicación actúen como si esas *leyes* certeras existieran. A diario observamos y escuchamos los pronósticos sobre los resultados económicos que se espera conseguir con determinados hechos.

Sin embargo, esos pronósticos siguen sin ser demasiados certeros en base a los resultados obtenidos, con lo cual el debate sobre la regularidad de las respuestas humanas hacia ciertos hechos sigue abierto. Ni el derecho positivo, con el poder que tiene en las economías reales, puede garantizar qué conductas habrán de realizar las personas en el futuro.

Esta particular forma de ser de los humanos –con su libre iniciativa e imprevisibilidad de las respuestas– incide en los planes empresariales que deben adelantarse al futuro para producir bienes con la esperanza de que serán consumidos. Las empresas deben tomar datos de la economía real para definir cómo será su producción en el futuro. A veces, sobre todo en el corto plazo, esos pronósticos son acertados. Pero a menudo esto no ocurre, y se generan serias pérdidas en las empresas.

Los empresarios munidos de teorías económicas y asesores especializados, se convencen de que pueden pronosticar cuáles serán los comportamientos de las personas. Creen tener en su poder las herramientas para *conocer* el futuro y las respuestas de la gente. Son víctimas de una idea que gran parte de la sociedad comparte en la actualidad: que la certeza de la ciencia física y tecnológica puede ser trasladada a los comportamientos económicos de la gente. Esto es un error. Esto no es posible a pesar de los grandes avances logrados en este sentido.

## LA MESURA ANTE LA INCERTIDUMBRE

La incertidumbre sobre cómo responderán las conductas de los hombres de manera individual o social ante ciertos estímulos económicos es una de las causas que hace mesurados y cautelosos a los empresarios cuando deben realizar planes y proyectos en busca de resultados positivos en el futuro. El temor a equivocarse en las proyecciones o sobre cuáles serán las respuestas de la demanda ante nuevas ofertas es una barrera muy fuerte a la hora de arriesgar. Saben que un error en los pronósticos se suele pagar muy caro.

Esa situación se agrava en países donde las políticas gubernamentales modifican las normas jurídicas que las empresas toman como guía para planificar sus actividades. De esta forma, a la dificultad de predecir los comportamientos económicos de las personas hay que sumar los imprevistos resultantes de las políticas gubernamentales.

*Esto ocurre en Argentina desde hace más de 80 años. La inseguridad jurídica instalada por los gobiernos de todo signo y las periódicas crisis económicas que recurrentemente azotan a la sociedad constituyen un cóctel explosivo para las empresas a la hora de planificar sus inversiones y organizar los procesos de producción.*

Los empresarios que arriesgan –a pesar de esa situación explosiva– tratando de aprovechar oportunidades no siempre terminan de la mejor manera posible a pesar de su meritorio esfuerzo. Como la probabilidad de acertar son muy bajas, dados los riesgos existentes en el país, los fracasos de esas empresas suelen ser muy altos según lo reflejan las estadísticas y la experiencia.

No importa cuántos recaudos puedan tomar las empresas para planificar sus actividades en Argentina. Son tantas las incertidumbres e imprevistos resultantes de la inseguridad jurídica, las crisis económicas y el libre albedrío de la gente, que lo más factible es que las empresas obtengan pocos beneficios y muchos fracasos. Esto desalienta la libre iniciativa, clave para un país que necesita de empresarios dispuestos al riesgo.

Ante la magnitud del riesgo, los empresarios optan por actuar de otra manera para evitar que aquel cóctel explosivo les reviente en sus narices. Optan por ser en extremo mesurados. *Tienden a ser conservadores. Es decir, no realizan demasiados cambios en sus procesos de producción y sólo se lanzan detrás de oportunidades que garanticen un éxito seguro.* No son pocos los que desisten y optan por hacer líquido su capital y pasar a actuar como financistas.

Esta actitud puede ser peligrosa para el futuro de la empresa y del país en general. Cuando la mesura se convierte en una acción permanente y constante se traduce en una prolongada falta de innovación empresarial. Esta situación se convierte en una *necrosis* para el orden económico. Actividades prósperas y necesarias son abandonadas detrás de un exceso de mesura por temor a los hechos negativos que existen en el mercado. La economía tiende a paralizarse por falta de actitud emprendedora por parte de las empresas.

No asumir riesgos lleva a la empresa a realizar siempre las mismas actividades y no innovar en busca de nuevas alternativas de crecimiento y expansión. La mesura pone a la empresa en otro tipo de riesgo, pero igualmente peligroso. *Trae como consecuencia que la empresa se estanque y no siga el ritmo de la evolución del mercado y la competencia. La mesura deja entonces de ser un elemento* útil *para convertirse en una conducta que –al extenderse en el tiempo– se traduce en una parálisis empresarial.* El resultado final será entonces la baja rentabilidad y la posibilidad del cierre de la empresa.

Existen empresas que no quieren ser víctimas de la parálisis empresarial que les puede acarrear un exceso de mesura. También saben que asumir riesgos sin garantías es muy peligroso cuando existe un clima explosivo como el argentino. Por tal motivo, hay muchas empresas que buscan una tercera vía que incluye cierta mesura y un limitado riesgo en la planificación económica.

Esa tercera opción exige abandonar lo principal: sus propios idearios de producción y optar por copiar lo que hacen aquellas empresas más exitosas. Entienden que es más fácil y seguro proyectar actividades económicas cuando existen antecedentes que otras empresas han experimentado de manera positiva. *Copiar siempre es más seguro y confiable que innovar o recorrer senderos que nadie ha transitado. Imitar o seguir los pasos de las mayorías da confianza a los empresarios y elimina el fantasma del fracaso.*

Esa actitud de actuar de acuerdo con lo que hacen las otras empresas dentro de cada actividad, imitando lo que otros hicieron, con el tiempo se convierte en tierra fértil para la "cartelización de las empresas". La acción de actuar imitando y de manera similar a otras empresas suele terminar con la asociación informal de todas esas empresas detrás de políticas en común hacia proveedores y consumidores. De esta forma se acuerdan precios y se distribuyen los mercados. El resultado de esa cartelización finalmente termina afectando a los consumidores y el orden económico. Termina cerrando la economía en beneficio de pocos.

## EL MIEDO ES CONSERVADOR

Cuando no hay antecedentes o competidores que hayan emprendido las mismas actividades, las decisiones empresariales se tornan muy difíciles. Desaparece la seguridad de copiar a quienes fueron exitosos. El empresario se atemoriza porque no sabe cómo reaccionaría la gente ante sus nuevos proyectos económicos. *El resultado final de esos temores o miedos, al igual que la mesura, conduce a la inacción para dejar todo como estaba. Conduce a la empresa a llevar adelante una política de conservación de lo que tiene y no asumir riesgo alguno.*

Cuando el miedo domina de manera constante las decisiones del empresario, la empresa comienza a perder vitalidad y empuje. Se convierte en una empresa sin vida. Se cancela el futuro pensando que se podrá extender el presente sin necesidad de ningún proyecto superador o innovador. El miedo a perder o a invertir en nuevos proyectos, ante la incertidumbre que genera el orden económico con sus crisis e inseguridades, termina paralizando las empresas. *Esa actitud de temor genera empresarios conservadores, que no emprenden nuevas inversiones porque prefieren proteger su patrimonio.*

Esa actitud conservadora, sustentada en el miedo a perder, prevalece en buena parte de las empresas nacionales. Los riesgos son tan elevados en el orden económico y hay tan pocos modelos a imitar que garanticen el éxito de nuevas actividades, que las empresas prefieren conservar lo que se tiene realizando lo que venían haciendo en el pasado. Actitud que no se puede criticar aunque afecte al progreso económico de la sociedad. Es muy fácil empujar a otros para que arriesguen lo que tienen cuando el patrimonio que se puede perder no es el propio.

Es comprensible que algunas empresas adopten una actitud conservadora porque si bien un empresario debe ser innovador por naturaleza y buscar el cambio de sus actividades de manera permanente, tampoco podemos pretender que sea un superhéroes.

Los problemas de producción que debe resolver un empresario dentro de una empresa para alcanzar la eficiencia no son pocos. Si a esos problemas les sumamos la inestabilidad económica, la inseguridad jurídica, la cartelización de las empresas y la incertidumbre de cuál será la reacción del mercado, es comprensible que el empresario argentino sea temeroso al emprender actividades e invertir en nuevos proyectos.

Es cierto que hay muchos empresarios argentinos que podrían ser considerados como superhéroes porque cambian y arriesgan de manera constante, a pesar de lo inestable del orden económico. Pero en estos casos, dada la situación existente en el país, más que superhéroes habría que definirlos como empresarios *superkamikazes*.

## MINIMIZAR LOS RIESGOS

La planificación empresarial, basada en los datos de la realidad y en vista de los objetivos que se quieren lograr, es fundamental para que una empresa pueda organizar su proceso de producción con el menor nivel de riesgo posible. El principal enemigo de la planificación son los hechos no previstos, los errores de cálculo y una errónea lectura de la realidad.

Para lograr que *los imprevistos tengan la menor incidencia negativa en los resultados de la empresa es recomendable que la planificación se proyecte sobre el peor escenario que pueda presentarse en el futuro*, es decir que se contemplen las peores condiciones que se podrían dar al ejecutarse el plan. De esta forma los riesgos serán mucho menores de los que podrían existir si se planificara sin prever las condiciones adversas que pudieran surgir en el futuro.

Planificar en vista al peor escenario permite, además, contar con medidas alternativas o rectificaciones en los propios planes ante eventuales imprevistos o errores de cálculo. *Proyectar de acuerdo con el posible peor escenario que puede presentarse en el futuro evita planificar con un "optimismo mágico". Ese que imagina la ejecución de los planes sin ninguna clase de problemas o adversidades.*

Ignorar los problemas que pueden presentarse en el futuro o minimizarlos detrás de expectativas exitistas es un grave error para las empresas. La realidad es muy compleja y no puede "pintarse" como un paisaje que incluya solamente los aspectos positivos. Hacerlo ocasiona muchos inconvenientes a las empresas y aumenta las contingencias futuras.

*El optimismo es bueno pues consiste en tener una actitud positiva ante el futuro. No lo es cuando esa actitud espiritual se funda en un escenario irreal y falso. Sólo se es positivo, forjador de un ideal valioso, cuando se parte de la realidad cabal, incluidos los aspectos negativos. Sólo la verdad tal cual se presente permite elaborar planes confiables.*

Una de las razones –aunque no la única– por la cual los empresarios tienden a negar los problemas y a ocultar los riesgos es la necesidad de conseguir apoyos financieros o créditos para ejecutar sus proyectos. Cuando se transita por este camino el empresario puede ser víctima de sus propios dichos y fantasías.

Normalmente, cuando los empresarios tienen que buscar inversiones o créditos bancarios describen los escenarios donde desarrollarán sus actividades en el futuro sin exponer los inconvenientes y los riesgos. Ponen sólo énfasis en los éxitos que deparará la actividad empresarial. Es normal que así ocurra, pues el empresario busca despertar el entusiasmo de quienes necesita para llevar adelante sus planes. Pero en esa tarea hay que cuidarse de no engañarse a sí mismo, falseando la realidad y planificando en base a una realidad inexistente.

Esta falsificación de la realidad tiene graves consecuencias para la planificación empresarial. Ocurre cuando se afirman hechos no verificados y proyecciones de imposible factibilidad. *Ese falso optimismo al planificar es mucho más dañino en países como el nuestro donde los imprevistos económicos y la inseguridad jurídica son algunas de sus características más comunes.*

En Argentina, como en muchos países emergentes de características similares, representarse a sí mismo el peor escenario para diseñar planes empresariales es una actitud recomendable para disminuir riesgos. Podría decirse que debe ser una obligación. Dada la incertidumbre del orden económico existente, el empresario debe tener una visión muy amplia y realista para diseñar el escenario del futuro. Con un ojo debe contemplar los riesgos propios de su actividad y del mercado. El otro ojo lo ha de tener siempre puesto en la macroeconomía y en las políticas económicas de los gobiernos.

Diseñar los planes en base al peor escenario que puede presentarse en el futuro y tener planes alternativos para enfrentar imprevistos permitirá a las empresas superar con éxito las adversidades que se presenten. Las empresas que "*pintan la realidad futura de acuerdo con sus deseos*" pavimentan su camino al infierno sólo con buenas intenciones. Al infierno propio y al de muchos otros que en ellos han confiado.

## LA SOBERBIA ES MALA CONSEJERA

*La soberbia también colabora para que muchos empresarios sean proclives a diseñar escenarios mágicos y planificar sin prevención a posibles riesgos*. Algunos sienten que sus éxitos en el pasado volverán a repetirse en el futuro como por arte de magia. Entonces se resisten a modificar su línea de producción ni aceptan críticas a sus planes. Se olvidan que el mercado cambia de manera constante y los bienes que ayer generaron una gran demanda mañana pueden ser ignorados. Desconocen que errar es la característica más frecuente entre los humanos y de esto no se libran los empresarios por más listos que fueren. Ignoran que el orden económico no sólo se puede alterar por fluctuaciones propias del mercado sino por disposiciones gubernamentales de alta incidencia en las empresas.

La soberbia es un vicio del cual nadie está exento. No es patrimonio de ningún tipo de actividad o de una sociedad en particular. Se presenta en todos los países del mundo. Sin embargo, hay que reconocer que el carácter argentino ayuda para que los éxitos se suban rápidamente a la cabeza de quienes se sienten artífices de esos logros. El envanecimiento es nocivo. Al fin y al cabo la mejor fruta se envanece cuando su contenido se pudre. Como seres humanos, y en especial como empresarios, hay que evitar la soberbia. Hay que evitar sentirse único y superior, mirando sobre los hombros a quienes se ubican en categorías inferiores.

*La soberbia empresarial lleva a los empresarios a dormirse en los lau-*

*reles, a no escuchar las críticas, a dibujar la realidad de acuerdo con sus intereses y a no tener presente que los escenarios económicos pueden haber cambiado.* Portadores de elevada autosuficiencia y con la presunción de que conocen perfectamente el mercado, los empresarios son víctimas de su propia soberbia, creyendo que saben perfectamente cómo es la realidad y qué acontecerá en el futuro.

Grave error cuando la soberbia domina la mente de los que dirigen las empresas. Olvidan que la realidad del mercado nunca es conocida en su totalidad y difícilmente alguien pueda tener la posibilidad de prever exactamente todo lo que ocurrirá en el futuro. Por más estudios que se realicen sobre el presente o cuánta experiencia se tenga del pasado, nunca es suficiente la información para prever cuál será el comportamiento de las personas el día de mañana. Los hábitos y los gustos cambian constantemente y los comportamientos de la gente siempre ponen en evidencia la dificultad que existe al intentar predecirlos con certeza.

Es una equivocación imperdonable para una empresa sostener que tiene el conocimiento absoluto del negocio y que conoce perfectamente cómo responderá el mercado. Resulta una equivocación pensar que el orden económico es estable y que las personas o gobiernos no inciden de manera constante imprimiéndole una dinámica muchas veces difícil de conocer.

Los empresarios deben reconocer que tanto la fuerza de los gobiernos como los comportamientos humanos son muy difíciles de predecir. Es preferible ser consciente de las limitaciones y planificar con mesura tomando como base el peor escenario que pueda presentarse en el futuro. Esto no significa carecer de optimismo, pasión y habilidad para aprovechar todas las oportunidades. Significa ser un empresario responsable, mesurado y conocedor de la realidad.

*El empresario en Argentina debe planificar con una visión positiva en cuanto a los potenciales que puede tener la empresa que gestiona, pero debe ser muy crítico al analizar la realidad, incluyendo la propia. Debe tener presente que el orden económico argentino es de alto riesgo para la actividad empresarial.* Debe evitar realizar planes hacia el futuro sustentados en un optimismo mágico deformador de la realidad o en una sobrevaloración de su capacidad. Su visión debe ser crítica, objetiva y mesurada en la ponderación de las oportunidades. Ha de ser consciente de que su escenario económico debe contemplar no sólo el mercado, sino todo el orden social y los efectos que surgen de la economía pública estatal.

Las empresas deben estar alertas sobre los riesgos que implican las descripciones lineales de la realidad y las parciales que sólo ven sus aspectos positivos e ignoran los negativos. La habilidad de los empresarios es evitar los errores y aprovechar las oportunidades que cambian a cada instante. Al respecto vienen muy bien las palabras de Sidney Finkelstein sobre cuáles son los comportamientos empresariales que llevan indefectiblemente al fracaso de la empresa:

- Los empresarios que sienten que dominan su entorno y escuchan sólo los diagnósticos que coinciden con sus deseos.
- Los empresarios que creen que tienen todas las respuestas a todos los problemas.
- Los empresarios que excluyen de su círculo de dirección a todos aquellos que no comulgan con el 100% de sus opiniones.
- Los empresarios que subestiman los obstáculos que deben superarse y tienen una visión del futuro ausente de riesgos.
- Los empresarios que sólo tienen como guía los éxitos del pasado y defienden tozudamente esas políticas aplicadas en otra época y en otras circunstancias.

## APROVECHAR LAS OPORTUNIDADES

Aprovechar las oportunidades para emprender nuevos negocios y actualizar permanentemente la actividad productiva es esencial para la continuidad de las empresas en Argentina. Aquellas empresas que logran superar la etapa constitutiva necesitan generar nuevas propuestas de producción para aumentar su rentabilidad en un mercado muy volátil y afectado por los negativos coletazos de las reiteradas crisis. Las empresas que logren actualizarse, mantener y renovar su estructura de producción lograrán mayores oportunidades y rentabilidad para invertir en nuevos negocios. *La dinámica empresarial consiste en buscar constantemente oportunidades de negocios. Sólo así las empresas podrán lograr su permanencia.*

La mayoría de los empresarios saben que no pueden quedarse tranquilos ni dormirse en los laureles. Es difícil que puedan dedicarse un largo tiempo a "hacer la plancha" disfrutando de los resultados positivos de su gestión. Deben buscar nuevas opciones en el mundo de los negocios para seguir con la cabeza empresarial arriba de la línea de flotación del mercado. Es la única perspectiva de que puedan mantener activa a la empresa y abrir caminos para expandirla.

Descubrir oportunidades que faciliten la permanencia y el desarrollo de la empresa implica mantener viva una actitud pro-activa por parte de los responsables de la actividad empresarial. Esto quiere decir que hay que estar actualizado sobre las novedades que se producen en su actividad, conocer la evolución del mercado, los cambios en el orden económico, las políticas gubernamentales y las necesidades de la gente. Cada uno de esos hechos puede disparar una oportunidad de negocio o inversamente dar una señal de alerta sobre peligros que pueden afectar en el futuro a la empresa.

*Aprovechar oportunidades y evitar riesgos innecesarios es fundamental para que una empresa pueda permanecer activa. Hay que estar alertas a las señales del orden económico.* Hay que estar atento pues la economía es un proceso altamente dinámico y vertiginoso.

Las oportunidades son breves y pasan con rapidez. En cambio, los riesgos son el entorno de la oportunidad. Ellos abundan y son portadores de consecuencias negativas permanentes y como tales una fuerza que puede destruir cualquier emprendimiento.

En un mercado competitivo y abierto a la actividad empresarial, los comportamientos de la gente común suelen enviar señales nítidas sobre oportunidades de negocios. Son las necesidades y actitudes de las personas comunes las que frecuentemente muestran indirecta o directamente cuáles son las oportunidades para explotar los productos que habrán de satisfacer esas necesidades.

La gente dentro de una sociedad, con sus demandas y manifestaciones, es un gran referente para las empresas. Sin embargo, en un mundo globalizado también las experiencias ocurridas en otros países y las innovaciones que se dan en otros mercados son un importante referente para emprender negocios. *Las oportunidades, en definitiva, están en todos lados, por lo cual hay que estar atento y capacitado para detectarlas antes de que otros lo hagan o que nadie las perciba.*

Las oportunidades aparecen ante un cambio tecnológico o a través de la lectura de los diarios que anuncian medidas gubernamentales. Las oportunidades están, sólo hay que buscarlas. *Las oportunidades de negocio no tocan a la puerta de ninguna empresa o surgen por "suerte". Poco tiene que ver la suerte o el destino en la búsqueda de oportunidades. Pensar de esa manera es tener un pensamiento mágico y creer que las cosas están predeterminadas. Eso no es científico y no representa la actitud que debe tener una empresa para crecer y desarrollarse.*

Las oportunidades de negocio para una empresa son esenciales para su desarrollo y permanencia en el tiempo. Esto implica que hay que concentrar las energías y el esfuerzo en su búsqueda. En otras palabras, hay que trabajar para encontrar las oportunidades, estando atento a las necesidades de la gente. Hay que tener una actitud dinámica y expectante. Hay que capacitarse y estar informado constantemente de lo que ocurre en el orden económico global.

*Poco tiene que ver el destino en la aparición de oportunidades de negocios y la obtención de resultados económicos positivos. La suerte sólo acompaña a los que trabajan y se esfuerzan de manera constante. Mientras más se trabaja habrá "más suerte" en encontrar oportunidades económicas para obtener beneficios.*

En nuestro país –lamentablemente– las grandes oportunidades de negocios suelen estar más ligadas a la intensidad de las relaciones de las empresas con el poder estatal que al ingenio de las empresas para crear e innovar en el mercado. Es frecuente que los gobiernos habiliten negocios empresariales a grupos amigos con exclusión de otros empresarios. A través de concesiones, habilitaciones, subsidios o permisos especiales se beneficia a algunas empresas y se excluye a otras, con grandes utilidades para las compañías beneficiadas.

Estas oportunidades de negocios derivadas de las vinculaciones con los gobiernos son variadas y disímiles en cuanto a su contenido pero no en cuanto a la forma en que son generadas. No son oportunidades de negocios que los empresarios descubren por señales que detectan en el orden económico y el mercado, sino que resultan de permisos gubernamentales que excluyen la competencia.

Estas oportunidades *paraestatales* tienen contenidos económicos muy diferentes aunque siempre vienen de la mano de las autorizaciones del Estado. Van desde el otorgamiento de las frecuencias para emitir televisión de manera exclusiva hasta los permisos para instalar casinos para el juego. También encontramos esas megaoportunidades en las concesiones para explotar la telefonía o la explotación minera.

## EL FRENO A LAS OPORTUNIDADES

Es importante remarcar que cuando se hace referencia al aprovechamiento de las oportunidades hay que tener presente la importancia del valor del tiempo. *Si las oportunidades no se realizan en el tiempo apropiado es factible que dejen de tener los resultados esperados.* Emprender acciones económicas tardíamente hace que muchas oportunidades no se puedan concretar. Lo mismo ocurre si se emprenden actividades antes de que las oportunidades hayan madurado.

Esa afirmación, que parece más que evidente, es necesario tenerla presente en especial en nuestro país, en vista de la gran cantidad de fracasos empresariales. Muchos de esos fracasos se produjeron por no haber emprendido una actividad económica a tiempo.

En Argentina es habitual que las empresas no puedan aprovechar las oportunidades porque llegan tarde por las barreras de la burocracia estatal.

En una economía dinámica y cambiante, el tiempo es un factor determinante para concretar negocios empresariales. Se debe actuar con premura para que coincidieran las necesidades de la demanda con la oferta de bienes y servicios requeridos. Si la burocracia estatal no acompaña esta realidad y demora los trámites habilitantes o permisos –por desidia o por necesidad de obtener prebendas– las oportunidades de negocios se pierden.

*Muchas empresas en nuestro país pierden oportunidades de negocios por esa traba burocrática que les hace perder tiempo y dinero.* El Banco Mundial en su informe del año 2010 ubicó a Argentina entre los países con mayor grado de dificultad para obtener habilitaciones o permisos para emprender un negocio. Sobre 180 países, nuestro país se ubica en el 130.

La mayoría de las veces la demora burocrática o "papeleo" no tiene por objeto el control público sobre las actividades de los particulares. En general la burocracia estatal persigue otros fines. Gran parte de las demoras y obstáculos son provocados *adrede* por los funcionarios públicos para obtener prebendas informales en contraprestación por agilizar los trámites y hacer la "vista gorda" a disposiciones demasiado exigentes.

La corrupción de los gobiernos es uno de los problemas más serios que afecta a todos los países del orbe. El grado de corrupción se extiende a todos los niveles de la función pública y mueve recursos extraordinarios. En lugar de ser destinados a objetivos públicos, esos fondos van al bolsillo de los corruptos. Nuestro país se encuentra entre los 10 países más corruptos de América.

Movimientos sociales en todos los países claman "indignados" que se acabe la corrupción pública que se refleja en ex funcionarios megamillonarios. Sin embargo, acabar con la corrupción pública es muy difícil ya que el poder de policía y el poder de control que tiene el Estado sobre los particulares conduce necesariamente a la corrupción. Cuando alguien tiene semejante poder para decidir sobre los planes y las haciendas de las empresas la corrupción y la arbitrariedad son inevitables.

Sea por hechos de corrupción o por burocracias sin apuro, lo cierto es que el exceso de reglamentación y permisos que deben obtener las empresas para realizar actividades les provoca la pérdida de oportunidades. No sólo se pierde tiempo; se pierde el negocio en el momento apropiado. Se destruye el tejido social productivo del país.

Las trabas y demoras del Estado para otorgar permisos o habilitaciones determina que muchos emprendedores decidan actuar en la economía informal. Lo prefieren antes de perder la oportunidad de negocio.

Sin embargo no es justo ni exacto sostener que en nuestro país todas las empresas buscan aprovechar las oportunidades económicas y que siempre el gobierno a través de su poder habilitante se lo impide. No todas las empresas están guiadas por los principios de la búsqueda de oportunidades para crecer, desarrollarse y generar mayor rentabilidad.

Una gran cantidad de empresas rentables consideran que buscar nuevas alternativas u oportunidades de nuevos negocios no tiene sentido. *Si las cosas marchan bien, para qué cambiar*. Esas empresas no quieren innovar y prefieren continuar con sus actividades que les producen rentabilidad. No están interesadas en arriesgar en nuevos negocios en los que pueden fracasar.

La actitud conservadora de las empresas suele ser consecuencia del temor a perder lo que se ha logrado en el pasado. *Como es sabido las oportunidades sólo son puertas de entrada. Nada dicen de cómo serán los resultados; pueden ser positivos pero también negativos.* Desde esta perspectiva es entendible que muchas empresas prefieran continuar con las actividades que venían realizando. Sin embargo, sólo estarán demorando un final inexorable: su exclusión del mercado por falta de actualización.

La actitud conservadora también puede empujar a las empresas a tratar de ejercer un dominio hegemónico sobre el mercado. *Por temor a quedar desplazadas por empresas más eficientes, las empresas obsoletas buscan controlar monopólicamente el mercado.*

A través de actitudes hegemónicas buscan condicionar las relaciones de producción y consumo generalmente con la anuencia de los gobiernos. De esta forma su rentabilidad –como consecuencia de la exclusión de la competencia– permanecerá a pesar de su falta de renovación del proceso de producción. El costo de ese dominio hegemónico recae sobre la gente que deberá conformarse con productos de inferior calidad y con mayor precio.

La única manera de empujar a las empresas a tener una actitud innovadora y no conservadora es a través de un orden económico abierto. Tener un sistema abierto es tener un orden económico competitivo que premia a las empresas eficientes que buscan oportunidades para cambiar y renovarse de manera constante. Cuando se ponen trabas burocráticas para iniciar nuevos emprendimientos de producción o se protege a empresas ineficientes, se está perjudicando a la sociedad al privarlas de mayor riqueza en cantidad y calidad.

Buena parte de nuestro orden económico está legalmente normado para proteger los intereses empresariales hegemónicos, producciones obsoletas y la ineficiencia empresarial detrás de supuestos principios de beneficio social. Invocando la "protección a fuentes de trabajo, a la defensa de la industria nacional y la protección de intereses estratégicos", en verdad se esconde una política pública conservadora que privilegia a empresas que no quieren innovar y crecer.

## CONFLICTOS SOCIETARIOS

Las empresas que logran superar con éxito su etapa de constitución y comienzan a funcionar ordenadamente con ciertos márgenes positivos de rentabilidad logran descomprimir la presión que inicialmente existió sobre los responsables de la dirección empresarial.

Superada la difícil etapa de poner en marcha la empresa, corregir los errores iniciales, lograr que los factores de producción interactúen de manera eficiente, cubrir los cheques entregados a los proveedores y sortear cientos de problemas emerge una etapa de sosiego. Se expande entre los responsables de la empresa un alivio por haber cruzado el Rubicón empresarial. Es la distención que resulta de sentir que se han logrado los objetivos fundacionales y de haber comenzado a generar las ganancias proyectadas.

Sin embargo no todas las empresas y empresarios tienen las mismas respuestas una vez que han cruzado el Rubicón empresarial. En las empresas con varios socios fundadores se pueden llegar a producir conflictos entre la etapa constitutiva y la etapa de consolidación rentable de la empresa.

Durante la etapa constitutiva de la empresa las peleas o discusiones entre socios son *proconstructivas*. Son confrontaciones positivas en la medida en que están encaminadas a concretar los objetivos fijados al fundarse la empresa. La pasión, la bronca y el trabajo se concentran en superar las adversidades con la esperanza de alcanzar el éxito. Lograr las metas planificadas y recuperar la inversión es demasiado importante para los socios como para detenerse en los problemas personales o las incompatibilidades que pudieran existir.

La situación cambia con el asentamiento de la empresa y su estabilización. Cuando el flujo de dinero comienza a correr con cierta generosidad, aparecen los amigos deseosos de aportar sus consejos sobre la empresa. El clima proactivo entre los socios cambia. En esta etapa comienzan a germinar otros tipos de problemas entre los socios, que pueden ser la causal de la desintegración de la empresa al cabo de unos años.

Los celos, los deseos de figuración, la competencia de roles, el manejo del dinero, las decisiones sobre nuevos negocios, los retiros de dinero y el ejercicio del liderazgo son algunos de los temas que comienzan a erosionar las relaciones societarias. Junto a esos problemas aparecen otros, que si bien son menos trascendentes, resultan igualmente corrosivos para el espíritu societario. La disponibilidad de las oficinas, los asistentes que cada socio debe tener, las fechas de vacaciones, el cumplimiento de horarios o los nombramientos de algunos familiares en la empresa se convierten en motivo de duros enfrentamientos y tienen una fuerte carga negativa para las relaciones.

Esos enfrentamientos societarios, que surgen porque cada socio tiene perspectivas distintas de cómo deben encararse ciertas actividades, comienzan a ser más relevantes que los vinculados a los objetivos estrictamente económicos de la empresa. Tensiones emocionales fracturan la objetividad y prevalece la subjetividad. Las pequeñas divergencias derivan en enfrentamientos y roces para finalmente terminar en peleas irreconciliables entre los socios. Es frecuente que las peleas arrastren a grupos cercanos a los socios extendiendo los enfrentamientos a los asesores, amigos y familiares.

Las discusiones dejan de ser proactivas para ser absolutamente destructivas. El objetivo de cada socio es dominar y hegemonizar la empresa. Los socios comienzan a mirarse con desconfianza y a buscar la eliminación del poder del otro socio sobre las actividades de la empresa. Cada uno comienza a tener sus propios asesores jurídicos y contables. Si son familiares, las peleas trascienden a la empresa para terminar expandiéndose en la familia, que se divide en bandos irreconciliables.

*La mayoría de las veces el último round de esta larga pelea de enfrentamientos y conspiraciones termina con la disolución de la empresa.* El affectio societatis que permitió que la empresa naciera y prosperara ha sido sustituido por malsanos sentimientos de odio. Incluso en contra de los propios intereses materiales de los socios.

Son muy pocos los casos en los que un socio termina comprando la parte del otro. Los odios y los rencores son tan grandes que nadie piensa en lo económico sino en cómo perjudicar al otro socio aunque la empresa desaparezca junto con la sociedad. El resentimiento y los odios son tan fuertes que superan toda perspectiva económica para la empresa. El resultado final es tirar por la ventana a la bañera junto con el bebé.

Para terminar con las peleas societarias se disuelven las sociedades y se termina con la empresa. Lo curioso y lamentable es que los odios familiares permanecerán toda la vida aunque las empresas hayan dejado de existir.

Los problemas entre los socios no es un dato menor para analizar dentro de la continuidad de las empresas. En especial en nuestro país, donde la tendencia marca que de cada diez emprendimientos, nueve se inician con dos o más socios. *Los argentinos somos poco proclives a comenzar emprendimientos de manera individual. En general preferimos establecer emprendimientos y sociedades con aquellos con quienes tenemos una relación afectiva o parentesco familiar. Las sociedades por afecto dan confianza, seguridad y empuje para emprender actividades empresariales.*

Por consecuencia de esta relación íntima y afectiva entre los socios, no se establecen normas ni contratos societarios en la constitución de la empresa. Los vínculos afectivos mandan y en ellos se confía plenamente. Cuando la empresa se estabiliza, esa relación informal tendrá serias consecuencias al momento de definirse las obligaciones y derechos.

Los conflictos entre socios, si bien no son fáciles de resolver cuando las sociedades carecen de un marco legal o regulatorio de responsabilidades, no son un problema exclusivo de las sociedades por afectos o informales. También surgen en las empresas que se constituyen formalmente, por acciones o de responsabilidad limitada. En estas empresas, si bien existen instrumentos jurídicos que establecen con cierta claridad las obligaciones y derechos de los socios, los conflictos personales también se presentan después de la etapa constitutiva. Tendrán características distintas por la intervención de abogados y profesionales, pero las pasiones y odios entre los socios son las mismas. Por lo tanto el resultado final también suele ser semejante: la disolución o venta de las empresas, acompañada del rencor eterno entre los socios fundadores.

## EL LIDERAZGO UNIPERSONAL

Las empresas unipersonales o familiares, caracterizadas por organizaciones estructuradas piramidalmente y con un fuerte liderazgo del empresario fundador, tienen dificultades de control, supervisión y crecimiento cuando la empresa comienza a expandir su actividad económica. *El liderazgo centralizado, que puede haber sido la razón principal de la fundación y el crecimiento inicial, se convierte en un obstáculo cuando la empresa comienza a consolidarse y necesita expandirse.*

El férreo liderazgo empresarial y la estructura piramidal de la organización durante la constitución de la empresa permite la supervisión directa del proceso de producción, el contacto personal con los recursos humanos y una planificación guiada por la intuición, la pasión y el entusiasmo. Muchas experiencias de empresas familiares muestran que la participación directa del empresario en el trazado de objetivos y su compromiso con la organización motiva a los integrantes de la empresa y cohesiona las voluntades ante las adversidades.

El liderazgo empresarial centralizado se caracteriza por imponer los objetivos económicos de la empresa, fijar los límites de la actividad económica y hacer respetar las normas de la organización. El empresario asume todos los riesgos y es el principal motivador para que el proceso de producción sea lo más eficiente de acuerdo con su saber y entender. La casi totalidad de las decisiones son realizadas bajo su responsabilidad.

En las empresas familiares el empresario responsable supervisa y controla la mayoría de los detalles del proceso productivo, sin delegar demasiadas actividades ni funciones entre sus colaboradores. Está omnipresente en la empresa y la empresa no puede funcionar sin su participación.

Ese tipo de liderazgo centralizado, con comunicación directa con los trabajadores de la empresa, genera fuertes lazos comunitarios y afectivos entre todos sus integrantes. La autoridad y el compromiso personal del empresario logra imprimir energía y entusiasmo entre todos los que participan en el proceso productivo.

El principal inconveniente del liderazgo centralizado son sus rasgos paternales. Si bien puede ser útil en las etapas fundacionales de las pymes, cuando las empresas crecen y se expanden se convierte en un verdadero obstáculo para su funcionamiento. Todas sus virtudes se transforman en desventajas para gestionar las empresas de manera eficiente. El ejercicio del liderazgo centralizado, con comunicación directa con la gente y fijando objetivos sin delegación de funciones, resulta un obstáculo para emprender los desafíos que exige una compañía que aspira a crecer y a desarrollarse.

El crecimiento de la empresa hace necesarias la estratificación de funciones, la segmentación horizontal y la delegación de responsabilidades a fin de coordinar más eficientemente las actividades. Es imprescindible que la empresa se organice de manera objetiva con normas preestablecidas que todos puedan conocer y se eviten las decisiones subjetivas y personales del empresario. Es fundamental establecer la delegación de responsabilidades y la coordinación de las áreas a fin de que pueda lograrse un funcionamiento eficaz de las empresas.

Esta necesidad objetiva de buscar nuevas formas de organización, en la medida en que se produzca el crecimiento de la empresa, no es fácil de satisfacer en las empresas de carácter familiar o con empresarios con control directo de los procesos productivos.

El cambio de las decisiones subjetivas y centralizadas del empresario por normas objetivas de funcionamiento y delegación de responsabilidades no son fáciles de establecer para las empresas familiares. La mayoría de las veces esos cambios son resistidos no sólo por los empresarios fundadores sino por todo el personal que prefiere el trato directo con los dueños de la empresa.

Las empresas que logran superar esa resistencia inicial al cambio en la organización y se reestructuran a partir de la implementación de normas objetivas afrontan otras dificultades. Es difícil hacer convivir las nuevas pautas de organización con el sentimiento del empresario fundador que dirigió la compañía de manera centralizada.

Los empresarios de las empresas familiares, con fuerte liderazgo centralizado, la mayoría de las veces entienden que la delegación de funciones y las normas objetivas son el camino que deben seguir para que la empresa pueda expandirse de manera más eficiente para crecer. *Pero el corazón y las costumbres adheridas firmemente a la personalidad del empresario chocan con la razón.* Se producen entonces enfrentamientos entre los gerentes delegados que necesitan autonomía para poder realizar sus funciones y los empresarios fundadores que quieren seguir supervisando y actuando de manera directa en todas las áreas de producción.

Muchas empresas en el mundo, y la Argentina no es una excepción, no pueden superar la etapa de empresa familiar centralizada piramidalmente bajo el control y supervisión del empresario fundador. Por esta razón no pueden expandirse ni crecer adecuadamente para hacer frente a una mayor complejidad del proceso de producción tendiente a competir con más calidad y cantidad de bienes.

Al resistirse al cambio y la reestructuración de las organizaciones, poco a poco la floreciente empresa familiar comienza a estancarse y deja de ser competitiva. Cancela muchas veces sus actividades o se reduce a su mínima expresión. Las empresas familiares tienden a estar activas durante el tiempo que el empresario fundador permanezca trabajando, cesando sus actividades el día que el empresario fallezca o se jubile.

## PÉRDIDA DE ENTUSIASMO

Si se quiere lograr buenos resultados en una actividad económica es necesario que la dirección de una empresa y todos sus integrantes mantengan encendida la llama de la pasión y el entusiasmo y se sientan a gusto con lo que hacen. *Es fundamental que los empresarios tengan un espíritu ganador y positivo que les permita fijar un horizonte más allá de la extensión de su brazo*.

Si el empresario trabaja rutinariamente o agobiado por problemas internos y externos que superan su capacidad de resolución, su entusiasmo decaerá y, con él, decaerá la empresa. Cuando una empresa es rentable y sustentable, el entusiasmo entre los integrantes de la compañía se expande a todos los rincones. El deseo de trabajar y obtener buenos ingresos es un motor que impulsa la producción y la armonía entre sus integrantes. Todos se suman a la pasión de alcanzar un objetivo en común y sueñan con los ingresos económicos que lograrán por su aporte a la producción.

*El desaliento es mortal para toda empresa. Cuando el desaliento la invade por escasa rentabilidad, conflictos internos o desafíos imposibles de superar, el ánimo se transforma de positivo a negativo.* Desaparecen las perspectivas de mayores recompensas entre trabajadores y mejores ganancias entre los empresarios. La falta de perspectivas mina el corazón de la empresa y la actividad productiva decae. La innovación se paraliza y el empresario deja de buscar nuevas oportunidades.

Cuando el entusiasmo colectivo se apaga, cada integrante de la empresa comienza a pensar en buscar otro destino que ofrezca mejores oportunidades de trabajo o inversión. Todos perciben que la empresa dejó de tener futuro y quieren emigrar hacia otras actividades que les propongan un panorama más alentador.

La pérdida de entusiasmo dentro de una empresa se puede deber a múltiples razones. *Una de ellas son los conflictos internos que no logran superarse.* Hay conflictos crónicos que terminan siendo permanentes. Se renuevan cíclicamente con mayor fuerza. Son los conflictos que en ciertos momentos aparentemente se solucionan pero que vuelven a aparecer en el futuro con igual o mayor intensidad. Se pasa de la alegría de haber superado el problema a la bronca de que nuevamente reaparezca como si nada hubiera ocurrido. Es frecuente que estos conflictos tengan que ver con las condiciones laborales o las presiones de los sindicatos en busca de constantes conquistas a favor del gremio.

*Otra causa del desánimo de los empresarios y de los trabajadores es la baja rentabilidad lograda por la actividad empresarial a pesar del esfuerzo realizado.* Es muy difícil realizar positivamente una actividad empresarial cuando el proceso de producción no es rentable ni tiene perspectiva de expandirse. Mucho peor cuando la demanda de sus productos comienza a decaer. Todos sienten impotencia porque el esfuerzo que aportan a la producción no genera los beneficios esperados. Luego esa impotencia se transforma en un malestar general. El tironeo entre los empresarios y los trabajadores para obtener la mayor parte de los escasos ingresos que hay para distribuir consume toda la energía de la empresa.

Sea por estas razones o por otras, el desánimo del empresario y el desaliento de todos los integrantes de la empresa genera el mismo efecto: decae la voluntad para continuar con las actividades.

La pérdida de entusiasmo por parte del empresario es un hecho grave para la empresa en la medida que sea el referente y el responsable de la planificación de los procesos de producción. Es grave si no existe pasión ni entusiasmo cuando el empresario lidera una actividad, porque desaparece la creatividad, la inversión y la innovación.

La falta del entusiasmo y su consecuente desánimo en los empresarios se incrementa hasta la desazón cuando los problemas no pueden ser solucionados y los objetivos no pueden alcanzarse. Aunque parezca una razón sin peso o no merezca el análisis en la mayoría de los estudios económicos, el agobio que generan los problemas que nunca llegan a solucionarse es una causa importante por la cual los empresarios cierran o venden las empresas. Recientemente un prestigioso juez de la Corte Suprema Argentina renunció por *cansancio moral.* Algo semejante le pasa al empresario agobiado por problemas sin solución.

*El ánimo y la pasión son motores para emprender cualquier actividad y un escudo muy firme para resistir las adversidades. Cuando se pierde el entusiasmo y domina el agobio, el empresario pierde su energía vital.* Se debilita y no está en las mejores condiciones para dirigir eficientemente una actividad compleja como es la empresarial.

El desánimo entre empresarios es muy común en Argentina porque el orden económico es básicamente hostil a las actividades de los empresarios. Normalmente son objeto de ataques y denostaciones de todo tipo, se los hace responsables de todos los padecimientos económicos y se los ubica normalmente en el banquillo de los acusados cuando se presentan conflictos internos y externos.

En ese contexto de cuestionamiento social es muy duro para los empresarios enfrentar y resolver problemas de todo tipo para proseguir con sus actividades económicas. Problemas que en su mayoría no tienen solución porque sus causas se encuentran en factores externos a la empresa que son ajenos a la responsabilidad del empresario. La inflación, por ejemplo, es uno de ellos.

Cuando los problemas no dependen del empresario o son materialmente imposibles de solucionar, el entusiasmo comienza a decrecer por no percibirse salidas a los conflictos o problemas. El decaimiento es mayor cuando se le atribuye al empresario la responsabilidad de un problema que no ha generado ni puede solucionar. *Mientras más persistentes sean los inconvenientes y menos dependa su solución de la voluntad empresarial, mayor será el agobio del empresario. El empresario siente que es como luchar contra los molinos de viento, un esfuerzo que pierde sentido.*

Seguramente, si se realizara una investigación de las empresas que han sido vendidas o cerradas en las últimas décadas nos sorprendería el alto porcentaje de empresarios que responderían de manera tajante "vendí la empresa porque me cansé".

Entre los problemas erosivos para las empresas se pueden citar los conflictos laborales que se multiplican en procesos inflacionarios o de baja rentabilidad empresarial. Los conflictos originados por la demanda de mayores salarios cuando la moneda pierde valor por la inflación o porque la empresa tiene poca rentabilidad y no puede cumplir con los topes salariales colocan al empresario en una posición de victimario y a los trabajadores en víctimas. El enfrentamiento por mejoras salariales termina instalándose como un conflicto permanente dentro de la empresa y generan tensiones imposibles de resolver de manera que conforme a las partes. La crispación y los conflictos terminan minando el alma de los empresarios y los bolsillos de los trabajadores.

En el frente externo los problemas corrosivos para el entusiasmo empresarial no son menores. Problemas que no tienen que ver con la actividad económica propiamente dicha, como la competitividad con otras empresas o la dificultad para expandir el negocio en un mercado interno deprimido. Son adversidades económicas sobre las que el empresario poco puede hacer para modificarlas.

Los problemas corrosivos del frente externo tienen que ver con aquellos obstáculos que provienen del orden social, el político y el legal. Son problemas que muchas veces el empresario no ha calculado en sus planes y que otras veces se siente impotente para resolverlos.

Esos problemas, que liman el entusiasmo de los empresarios, resultan de la inseguridad jurídica. Inseguridad que surge de la extensa cantidad de normas jurídicas que el Estado sanciona de manera permanente en su afán de regular la mayoría de las actividades que realizan los particulares y las empresas en el orden económico argentino. Normas que no fueron previstas en la planificación de la empresa y que pueden causarles pérdidas irreparables. Normas jurídicas que incluyen desde la fijación de precios máximos hasta las disposiciones de qué insumos se pueden importar.

Un prestigioso autor nombró a este problema como la *telaraña legal* en la que la empresa queda aprisionada. A fin del siglo pasado, el economista

Juan C. de Pablo estudió esa *telaraña* respecto del orden económico argentino. *Descubrió que entre 1862 y 1944 fueron dictadas (en materia económica) no más de 262 normas legales. En cambio, entre 1944 y 1999, fueron sancionadas por el gobierno nacional* más *de 8.500 normas legales.*

Quizá esa diferencia de leyes económicas de los dos períodos estudiados por el economista de Pablo explique el florecimiento de las empresas en la primera etapa del Centenario (1910) y la crónica decadencia que Argentina padece desde mediados del siglo pasado, que actualmente se traduce con un parque industrial que no llega a 500.000 empresas.

Conjuntamente a la normativa y las leyes generales, las políticas estatales vienen de la mano de cientos de reglamentaciones que definen los trámites que las empresas deben realizar antes de emprender su actividad, durante la etapa que las realiza y cuando decide cerrar la empresa. La necesidad de permisos, habilitaciones y certificados que exige el Estado para la apertura, el registro, el funcionamiento y el cierre de las empresas es tan vasto que demandan atención cuidadosa, dinero y tiempo. Un error en los trámites habilitantes o los certificados exigidos le pueden costar no sólo dinero al empresario sino que puede determinar la clausura de la empresa.

Los empresarios no son ningunos santos. Por tal motivo, si tienen recursos están dispuestos a pagar lo que sea a los funcionarios públicos para poder seguir funcionando en paz y ganando dinero. Aceptan el sistema de corrupción si esa es la llave para seguir con sus actividades económicas sin hostigamientos y trabas por parte del Estado.

Sin embargo, ni siquiera esto es lo habitual en las empresas argentinas. Lo normal es que las empresas estén siempre al límite inferior de su rentabilidad y no tengan recursos suficientes para agilizar, con fuertes sumas de dinero, los obstáculos administrativos de la burocracia corrupta. Ante ese panorama la mayoría de las empresas debe transitar el calvario de las oficinas burocráticas que actúan como verdaderas máquinas de impedir.

Los empresarios que no pueden pagar o carecen de influencias para pasar por las ventanillas apropiadas deberán transitar un largo camino de espinas y trabas para obtener permisos y habilitaciones. Durante ese calvario, tienen la sensación de que en cualquier momento un burócrata puede cerrar su empresa para siempre. Transitan ese largo recorrido sin garantía de éxito. Primero con esperanzas, después con mucha paciencia y temor, para terminar finalmente con rencor por perder tanto tiempo y no avanzar en sus objetivos. El agobio es el resultado final.

# el orden SOCIAL

4

# EL CONTEXTO EXTERNO

No basta crear una organización productiva y tener una idea de negocio para que una empresa sea rentable y permanezca en funcionamiento a través de los años. Otros hechos confluyen para que una empresa no pueda consolidarse y funcionar de manera rentable. Factores vinculados a la gestión empresarial o la incapacidad para innovar el proceso productivo son algunas de las causas para que fracase económicamente una empresa.

Sin embargo, esos factores ligados a la gestión del empresario y a la organización empresarial no son los únicos que pueden frenar el crecimiento o producir la desaparición de una empresa. *Existen factores externos que inciden de manera directa e indirecta sobre su destino y en los cuales el empresario tiene poca o nula incidencia. Factores que surgen principalmente del orden social constituido en el cual la empresa desarrolla sus actividades.*

Los factores externos a la empresa, como su nombre lo expresa, se presentan en el mundo exterior de esta. Es decir que son hechos que no están relacionados con las condiciones personales del empresario y su organización empresarial. Son factores vinculados con el contexto socioeconómico y físico donde la empresa despliega su actividad y los empresarios no tienen demasiada incidencia para modificarlo ni evitarlo.

Ese mundo exterior, que llamamos *orden social,* está dado por las relaciones sociales, las relaciones económicas, las relaciones culturales, el sistema jurídico, los gobiernos y los recursos naturales que cada sociedad dispone. Todo esa estructura de relaciones privadas y públicas conforman *el orden social* para que las personas y las empresas guíen sus comportamientos individuales y sociales detrás de los más diversos objetivos.

Sin embargo, no obstante la dificultad material de los empresarios –en un orden económico abierto y sin privilegios– para modificar a voluntad el mundo exterior de acuerdo con sus intereses, las empresas tampoco son barcos sin timón que están impedidas de reaccionar ante los cambios generados en el orden social. *Los empresarios tienen la posibilidad de contrarrestar los efectos negativos que se generen en el orden social o potenciar los positivos cuando benefician sus intereses.*

La posibilidad de reaccionar ante efectos generados por los *factores externos* en una economía sin hegemonías está ligada directamente a la capacidad empresarial para adaptarse a los cambios generados en el orden social. *La actividad económica en toda la sociedad es un proceso activo y dinámico que obliga a las empresas a actuar dialécticamente ante esos procesos para adaptarse a los cambios que se produzcan.*

Los *factores externos* que inciden sobre la empresa pueden ser de índole estrictamente económico, como serían la competencia de otras empresas, el cambio en la demanda por parte de los consumidores, la falta de insumos para la producción, la apertura internacional a nuevos mercados o el aumento de la oferta de bienes. Otras veces los factores externos que inciden sobre las empresas son el resultado de *políticas de ordenamiento público* como pueden ser la prohibición de venta de cigarrillos por motivos vinculados a la salud o la prohibición de construcción de viviendas de altura en determinados centros urbanos.

La *densidad poblacional* que se da en el orden social también es un factor externo determinante en la conformación y funcionamiento de una empresa. No hay duda de que la densidad de la población y el grado de desarrollo socioeconómico inciden en el consumo de los bienes y en los procesos productivos. No menos importante es el ámbito *natural y territorial* donde se desarrolla una empresa. No es lo mismo una actividad empresarial en una región azotada por tsunamis que otra sin desastres naturales. No es igual una actividad económica en espacios de tierras fértiles que en desiertos extremadamente áridos.

La economía pública y las acciones de los gobiernos forman parte de los factores externos que influyen sobre las empresas. Estos factores están vinculados a los impuestos, el aumento del circulante de la moneda, la creación de subsidios, la regulación del sistema financiero o el aumento del gasto público.

Sin embargo, esos *factores externos* que inciden sobre las empresas no son las únicas ni abarcan a todos los factores que pueden darse en el orden social. *La realidad es mucho más amplia que estas categorías y muestra que existen infinidad de factores externos que inciden sobre una empresa afectando su actividad o ayudando a que mejore su rentabilidad.*

El mundo exterior a las empresas es muy amplio y está dado por el derecho positivo, el territorio nacional, el orden cultural, social, laboral, económico e incluso por las costumbres de cada sociedad. Esto determina que no sólo los factores económicos inciden sobre las actividades empresariales.

Existen cientos de factores que afectan la actividad empresarial. Pueden ser los que resultan de conflictos laborales que nacen fuera de la empresa y que terminan instalándose dentro de esta. También los factores naturales, como los días de espléndido sol, que favorecen a las empresas de turismo en temporada de vacaciones. Hay factores externos que surgen de la difusión de boca en boca de paradigmas negativos para las empresas, como por ejemplo no comer hamburguesas porque la carne que utilizan provoca enfermedades o no utilizar la cocina de microondas porque genera cáncer. El listado de los factores es extenso y la influencia de cada uno debe ser analizada en cada caso particular.

Cada orden social, en cuanto a su estructura política, económica o cultural, es diferente según el país que se analice. Es evidente, entonces, que los factores externos que inciden sobre las empresas no son similares en todos los estados nacionales. Cada nación tiene características propias, por lo cual al analizar los factores externos que inciden sobre las empresas es necesario analizar cada orden social en particular. En Argentina existen factores externos que inciden sobre la actividad económica de las empresas que son comunes a buena parte de las naciones del mundo y otros propios que resultan de nuestra historia y la forma en que se ha desarrollado el orden social argentino.

## EL ORDEN DE CONVIVENCIA

Para comprender cómo influyen los factores externos en la eficacia y la rentabilidad de una actividad empresarial es necesario analizar con mayor profundidad en qué consiste el mundo exterior donde la empresa desarrolla sus actividades. Ese mundo en el que participa no solamente la empresa sino que también lo hacen todos los integrantes de la sociedad de manera individual y asociada detrás de objetivos que exceden lo meramente económico.

El mundo donde la empresa despliega sus actividades es un contexto social complejo y vasto. Es un mundo donde se relacionan cientos de comportamientos públicos y privados. Relaciones que a veces se dan en armonía y otras veces de forma conflictiva. Es un mundo donde se vinculan las personas, las empresas, las instituciones y organismos públicos detrás de fines religiosos, políticos, culturales o económicos.

Lo interesante de subrayar es que ninguna de esas relaciones y concreción de fines puede lograrse sin la existencia de un *orden social*. Para que los vínculos o relaciones humanas puedan darse es necesaria la existencia de "*un orden*" que haga previsibles los comportamientos de todos los partícipes. Que ordene espontáneamente o de manera expresa los comportamientos humanos individuales y sociales para que puedan lograr sus objetivos.

*El orden social es lo que hace posible que las personas, empresas y gobiernos puedan agruparse colectivamente o actuar individualmente detrás de ciertos fines, y concretarlos con éxito.*

La necesidad de *un orden* para organizar las relaciones humanas fue válido para todas las sociedades del pasado como lo es para las presentes. Sin un orden social que establezca normas de convivencia y objetivos compartidos, las personas no podrían vivir, planificar, relacionarse ni proyectar un futuro en conjunto. En otras palabras, *sin un orden de convivencia, no son factibles las relaciones sociales entre las personas.*

Todo *orden de convivencia social* –expresamente normado por el derecho o forjado naturalmente a través de las costumbres– parte de la existencia de una realidad física. No es concebible que se desarrolle ninguna actividad económica ni demás relaciones sociales sin la existencia de un espacio físico o territorio. *El territorio es el basamento constitutivo que hace posible un orden social. A partir de tener los pies sobre la tierra es posible establecer un orden de convivencia para organizar planes individuales o colectivos.*

La antítesis del orden social es el caos. Esta situación se presenta cuando desaparecen las normas de convivencia y los integrantes de la sociedad no tienen reglas claras para vincularse. Cada persona o grupo actúa de acuerdo con sus propios intereses, ignorando los derechos de los otros miembros de la sociedad. La falta de normas para relacionarse lleva inexorablemente a los conflictos sociales que son el preludio de la desintegración social. Es el preludio del fin del orden social de convivencia que toda sociedad necesita para desarrollarse.

CAPÍTULO 4

# EL ESPACIO FÍSICO, SUSTENTO DEL ORDEN SOCIAL

Es imposible desarrollar una actividad social, proyectar un objetivo económico o relacionarse con otras personas para producir un bien si no se realiza sobre un espacio territorial. Ese sustrato material es la base física y el factor condicionante para que el hombre pueda vivir. Es la única fuente generadora de recursos de la que la gente dispone para satisfacer sus necesidades. Sin un espacio físico no se concibe la existencia de ninguna empresa ni tampoco la existencia humana.

La realidad física, constituida por el espacio territorial donde yacen los recursos naturales que el hombre necesita para vivir, es justamente la que pone límites a los objetivos sociales y materiales que la sociedad puede fijarse. *El territorio condiciona el orden social que habrá de construir la gente para su convivencia colectiva. El espacio pone límites a las actividades de las personas, a sus relaciones, a las empresas y al Estado.*

Según estudios antropológicos, las primeras organizaciones sociales no tuvieron otro camino que adaptarse rigurosamente a la naturaleza y ordenar sus objetivos a partir de sus limitantes. El factor físico dado por los recursos existentes, los espacios disponibles y las fuerzas de la naturaleza incidieron de manera gravitante en el orden social de los hombres primitivos.

*Las leyes naturales fueron los primeros ordenadores del comportamiento social. La naturaleza marcó límites y fijó los parámetros a partir de los cuales las personas organizaron sus actividades económicas. La naturaleza actuó como ordenador de las conductas de convivencia y organización socioeconómica que debían seguir las personas para lograr sus objetivos de subsistencia.*

El factor naturaleza fue un factor casi excluyente en la constitución de los primeros órdenes sociales que el hombre se dio en su evolución. Con el paso del tiempo esa influencia resultó cada vez menos gravitante. Sin embargo, aunque aparentemente en nuestra era cibernética pareciera que los factores naturales han dejado de ser determinantes en el orden social, la realidad es otra. Hoy como ayer las personas no pueden evitar ciertas limitantes que surgen de la naturaleza al trazarse objetivos económicos y de convivencia social. Nadie puede ignorar ni evitar los límites establecidos por el espacio físico de un territorio y la capacidad de sus recursos naturales para alcanzar cualquier objetivo que se persiga.

## LA TIERRA ES FINITA Y ESCASA

Desde el punto de vista económico, el planeta Tierra está constituido por todos los recursos sólidos y líquidos que se encuentran sobre la superficie o en su interior. *Esos recursos son finitos, y no pueden aumentarse por voluntad humana. Los recursos naturales vienen dados al hombre sin que tenga ninguna participación en su creación.*

*Los recursos naturales, además de ser finitos, son escasos en función de las crecientes necesidades de las personas a medida que la población se multiplica.* El consumo de bienes y servicios es constante a medida que la humanidad evoluciona y surgen nuevas necesidades. Es cierto que algunos de los recursos naturales que consumimos son renovables, pero también es absolutamente cierto que muchos recursos no lo son. Por lo tanto, hoy como ayer, el desafío de la humanidad es multiplicar los recursos naturales renovables, y al mismo tiempo ser racionales en el uso de los recursos que no lo son, como el petróleo.

*El espacio territorial y sus recursos –por ser bienes finitos y escasos– condicionan el orden social que las personas pueden darse para vincularse detrás de objetivos económicos.* Es evidente que no serán semejantes las actividades de las personas que habitan en un desierto con escasez de agua y recursos naturales, que las que se desarrollan en tierras fértiles o cercanas a vías de comunicación. Cada territorio y sus recursos determinan la constitución de su orden social, los objetivos económicos y las relaciones que la sociedad establece para conseguirlos.

Por esa razón aquellos estados nacionales que cuentan con mayor cantidad de recursos naturales para cubrir las necesidades sociales están en mejores condiciones que las que carecen de ellos o tienen pocos recursos a su disposición. En esos países las empresas y los particulares (en la medida que pueden acceder a mayor cantidad de espacios para vivir y a recursos naturales para producir) tienen una ventaja comparativa sobre aquellos estados nacionales con escasos recursos y poco espacio para producir bienes.

Sin embargo, el acceso a extensos territorios y a gran cantidad de recursos naturales no garantiza un buen orden social y un buen sistema productivo. El pasado y presente ponen de manifiesto que muchos países han logrado un crecimiento económico-cultural muy elevado a pesar de tener escasos territorios y pocos recursos naturales. Otros, en cambio, con grandes extensiones territoriales, siguen sin poder constituir un orden social que les abra la puerta al progreso. El espacio territorial y los recursos naturales son la base para establecer un orden social y condicionan en buena medida la capacidad de cada país para lograr altos índices de desarrollo. *Sin embargo, no son condición suficiente. El orden social depende de otros factores igualmente importantes para lograr su máxima potencialidad. El orden social necesita de un orden jurídico que impulse y fortalezca las relaciones sociales detrás de objetivos económicos o culturales.* Si el orden jurídico, que en la actualidad regula todos los comportamientos sociales, es contrario a un orden económico productivo o un orden político moderno, seguramente no podrá establecer un orden social que apuntale el progreso social.

*De la efectividad que alcancen las normas jurídicas de convivencia social y de cómo esté organizado su acceso a los recursos naturales, dependerá en buena medida el desarrollo económico de las empresas y toda la sociedad. Del sistema jurídico depende la capacidad de establecer relaciones de convivencia positivas y proactivas para mejorar las condiciones de vida de todos los integrantes de la sociedad.*

En nuestro país, a diferencia de muchos, el espacio territorial y los recursos naturales disponibles son muy abundantes. Sin embargo, las normas de convivencia, las normas jurídicas que rigen el acceso de la gente a esos recursos naturales y los objetivos que persigue la sociedad no han permitido generar la riqueza que esos recursos podrían generar. Por el contrario, el orden social argentino es convulsivo, generador de conflictos y un obstáculo para la creación de riqueza.

## EL ORDEN SOCIAL

El hombre es un ser gregario y como tal tiene la voluntad de relacionarse con otros miembros de la sociedad para buscar determinados objetivos en común. Esa voluntad para relacionarse implica la necesidad de establecer un orden social que regule su convivencia. *Ese orden permite a los integrantes de la sociedad establecer vínculos, relacionarse y guiar sus comportamientos. Organizarse detrás de objetivos, predecir las conductas de los otros y planificar las acciones futuras.*

Un orden social incluye a *todas las relaciones de convivencia* que se dan entre los integrantes de la sociedad dentro de un territorio nacional y detrás de un objetivo compartido. El orden social incluye decenas de *órdenes específicos* que se desarrollan en su interior.

En todo orden social –que aglutina a toda la sociedad detrás de un objetivo en común– existen dispares relaciones y diferentes formas de convivencia que surgen a partir de los distintos fines que persiguen los integrantes de la sociedad.

*Los disímiles objetivos que tienen las personas da lugar a que en todo orden social exista una multiplicidad de órdenes de convivencia. De esta forma, en un orden social podemos visualizar la existencia de un orden religioso, cultural, educativo, laboral, económico, político y jurídico, entre otros*. Cada uno tiene objetivos diferenciados y por lo tanto distintas normas de convivencia para lograrlos.

Es condición fundamental que *esos órdenes de convivencia, más allá de sus fines, estén integrados al orden social* en cuanto a compartir un objetivo en común y las normas que lo regulan. Los diferentes órdenes de convivencia, si bien tienen su propio orden normativo y sus diferentes objetivos, comparten un objetivo común y las normas generales de convivencia establecidas para todo el orden social.

Un orden social, por ejemplo, incluye el *orden económico* que vincula a las conductas de las personas y las empresas para que puedan desarrollar sus actividades económicas; también el *orden educativo* que norma y organiza a quienes se relacionan detrás de fines educativos y el *orden jurídico* que establece las obligaciones y derechos que deben cumplir las personas que forman parte de los distintos órdenes. También el orden social incluye un *orden religioso*, un *orden cultural* y un *orden laboral*. Todos esos *órdenes específicos*, junto a muchos otros que surgen a partir de diferentes objetivos, son órdenes interdependientes. Sólo pueden coexistir si se ajustan al orden social que los integra.

El orden social integra de manera *ordenada* a todos los órdenes específicos que surgen en una sociedad detrás de diferentes objetivos. *El orden social es la matriz que una sociedad establece para que sus integrantes se organicen de maneras distintas de acuerdo con los fines perseguidos*.

Para que esa matriz, que caracteriza al orden social, no estalle o genere internamente un desorden que la lleve al caos social, es fundamental que no existan contradicciones normativas entre los órdenes específicos ni con los fines que cada uno persiga.

*El orden social requiere la "coexistencia de normas" que ordenan las distintas pautas de convivencia que los integrantes de la sociedad establecen para regular sus conductas. El orden social requiere la armonía de todos los órdenes específicos para lograr un funcionamiento ordenado y sin conflictos.*

La existencia de un orden social no necesariamente implica que exista un "*ordenador*" para todo el orden social o para los diferentes órdenes específicos. El orden social puede darse sin la necesidad de *ordenadores especialmente creados para ese fin*. Los órdenes de convivencia pueden haber surgido de manera espontánea, concensuada, y por costumbres que se transmiten de generación en generación.

Desde los albores de la humanidad las personas se relacionaron y se allanaron a pautas de convivencia social para progresar en comunidad. Ese orden social permitió conocer cómo se debía actuar para obtener determinados resultados y al mismo tiempo prever cuáles serían las conductas de los otros integrantes de la comunidad. Esas pautas de orden generalmente surgían de las experiencias fallidas o aciertos compartidos a través del tiempo histórico.

*La experiencia transmitida por las costumbres fue el gran ordenador espontáneo de los comportamientos humanos durante milenios*. La gente descubrió que respetando ese orden resultante de experiencias podían convivir y prever los comportamientos de los demás, alcanzando sus objetivos individuales y colectivos. Ese orden permitió a los pueblos originarios evitar el caos y el desorden que les hubiera impedido relacionarse para multiplicar los resultados de su esfuerzo.

Sin embargo, esa situación no es frecuente en la actualidad, aunque pueda darse de manera parcial en ciertos órdenes de convivencia que surgen espontáneamente todos los días detrás de ciertos objetivos. *En los tiempos que corren, el orden social y los diferentes órdenes que lo integran son resultado de normas jurídicas expresas que sancionan órganos legislativos para alcanzar objetivos predeterminados.*

La conformación del orden social espontáneo, fruto de la experiencia, evolucionó a medida que los objetivos del hombre cambiaron y sus necesidades fueron distintas. Con el paso del tiempo, las conductas históricamente dadas de las personas dejaron de ser las *ordenadoras de la sociedad. La costumbre fue reemplazada por normas jurídicas establecidas de manera expresa para alcanzar determinados fines. El orden social se construyó a partir del derecho positivo.* El orden social de convivencia dejó de tener su sustento en la experiencia histórica para ser resultado de elucubraciones intelectuales y de decisiones racionales de los gobiernos y legisladores. *El orden social se construyó a partir de un ordenador jurídico.*

El actual orden social argentino –como el de la totalidad de los países– también es resultado de una decisión racional ordenadora que ha plasmado un *ordenamiento normativo al cual la sociedad debe allanarse para la concreción de sus objetivos específicos*. La matriz fundacional del orden social argentino actual surgió con la sanción de nuestra Constitucion Nacional de 1853. A partir de la vigencia de la Carta Magna se prosiguió con la sanción de normas para ordenar las distintas esferas del quehacer social. A través de la sanción de los códigos, leyes, decretos y reglamentos, se estableció el orden de convivencia que deben seguir los argentinos para lograr fines comerciales, económicos, civiles, religiosos, culturales, educativos o laborales.

## EL ORDENAMIENTO SOCIAL

Cuando se hace referencia al orden social que organiza a la sociedad detrás de sus objetivos suelen confundirse dos realidades materialmente distintas. *A tal fin es importante resaltar la diferencia existente entre un "orden social" y un "ordenamiento social".*

*El orden social surge a partir de pautas de convivencia dadas históricamente y que el hombre adopta para regular sus relaciones y sus conductas futuras.* Ese orden social históricamente dado es adoptado naturalmente por la gente para ordenar sus comportamientos. Se acepta el orden social dado a través del tiempo porque es valorado como positivo en cuanto a fines y formas de convivencia.

El *ordenamiento social* es parecido al *orden social históricamente dado* en la medida que ambos ordenan la convivencia social y las relaciones entre las personas detrás de ciertos objetivos. Sin embargo tienen una diferencia que es importante resaltar. *El ordenamiento social no es consecuencia de la experiencia histórica sino que es una decisión racional de un ordenador social. Su función es ordenar las conductas a través del derecho positivo en vista a objetivos que pretenden lograrse en el futuro.*

*El ordenamiento social es una elucubración intelectual. Es la construcción racional del intelecto que impulsa la construcción de un orden social distinto al existente.* El ordenamiento social no se sustenta en las costumbres o la experiencia resultante de aciertos y errores. El ordenador social apela al derecho positivo para sancionar normas jurídicas que establezcan nuevas formas de convivencia. Para el ordenador social no es importante la existencia de conductas dadas en el pasado sino los objetivos que pretenden conseguirse en el futuro a partir de la sanción de una norma jurídica.

El peligro de todo *ordenamiento social* es que las elucubraciones racionales, al ser elaboraciones teóricas normalmente no corroboradas, pueden ser erróneas para conseguir determinados objetivos. Incluso pueden ser *contrarias* a las formas en que la sociedad se ha relacionado históricamente detrás de distintos fines.

*Todo ordenamiento social que no se construya sobre la base de relaciones dadas históricamente o sin corroboración empírica sobre su certeza, puede correr el riesgo de que no logre su objetivo de establecer un orden social pleno.*

Cuando el ordenamiento social es contrario a las normas de convivencia históricamente dadas puede generar el rechazo social. Si las elucubraciones racionales son contrarias a la idiosincrasia y las constumbres, los miembros de la sociedad pueden ignorar las normas jurídicas o bien rechazarlas de forma directa, generando conflictos sociales.

Cuando el ordenamiento social establecido por el derecho positivo está sustentado en elucubraciones que no han sido corroboradas se corre el riesgo de que se comentan desaciertos que afecten a la concreción de los objetivos sociales. Erróneas ideas generan pésimos resultados, aunque esas ideas tengan un sustento jurídico y busquen un mejor orden social.

Las razones que inciden para que las normas jurídicas de ordenamiento social no siempre logren sus fines pueden ser varias y distintas. *Una frecuente es desconocer los límites materiales que la naturaleza se encarga de recordar al hombre de manera constante.*

Un ordenamiento jurídico que establezca que todos los habitantes de un país deben tener derecho a una vivienda digna es un absurdo si no existe posibilidad real de acceder a un territorio para construir esas viviendas. En este caso es evidente que el ordenamiento jurídico no tuvo en cuenta la realidad material establecida por las limitantes físicas dadas por la falta de espacio para construir viviendas. Ese ordenamiento es sólo una conceptualización intelectual que no puede llevarse a la práctica porque es contraria a la realidad material dada por la naturaleza.

Pero los límites naturales dados por el espacio físico no son los únicos que hacen fracasar los ordenamientos jurídicos que buscan construir órdenes sociales en vista de objetivos valiosos. Otras veces el ordenamiento jurídico no logra sus objetivos porque es *contrario* al orden social que históricamente se ha desarrollado en la sociedad y que tiene que ver con pautas culturales, idiosincrasia o carácter de cada pueblo.

En nuestro país existe una infinita cantidad de normas de tránsito que buscan ordenar el tránsito sin que puedan lograrse esos valiosos objetivos de manera plena. El ordenamiento jurídico va por una senda y el orden social constituido históricamente por las constumbres o idiosincrasia va por otro camino. Es posible que los objetivos del ordenamiento jurídico sean correctos pero no logran los fines perseguidos.

Tanto el ejemplo de las limitantes naturales como el de la existencia de conductas culturales históricamente dadas ponen de manifiesto que el ordenamiento jurídico no puede ignorar la realidad y el orden social que las personas se dan espontáneamente. *No basta tener objetivos valiosos y mecanismos jurídicos teóricamente eficaces. El ordenamiento social debe partir de la realidad material existente para saber cuáles son los verdaderos límites y obstáculos que se pueden presentar al momento de intentar establecer un orden social.*

Ignorar los hechos materiales de la realidad es grave. También es grave dar por cierta una elucubración teórica para ordenar la sociedad sin una corroboración empírica que demuestre su acierto. Igual de grave es creer que los comportamientos de la gente se pueden ordenar solamente porque exista la sanción de una ley.

Esto no quiere decir que el derecho positivo no sea un instrumento idóneo para ordenar la economía, la política, la cultura o el orden social en su conjunto. Todo lo contrario, la historia reciente muestra la eficaz acción de normas jurídicas para mejorar el orden social. Lo que se quiere poner de relevancia es que las normas jurídicas por el solo hecho de ser sancionadas no garantizan un orden social eficiente ni ordenado. Tampoco garantizan el logro de los objetivos económicos, políticos o sociales que se buscan a través de ese ordenamiento.

Para que el ordenamiento jurídico sea considerado valioso por los integrantes de una Nación, es necesario que el legislador no se encandile con sus propias elucubraciones intelectuales o busque objetivos materialmente imposibles de alcanzar. *No debe creer que con la sanción de una norma jurídica se puede lograr cualquier objetivo.* Las leyes sólo serán posibles de ejecutar cuando tengan un sustento en la realidad física y social de cada sociedad, cuando sean viables y logren los objetivos que la sociedad comparte.

CAPÍTULO 4

# LA ESTRUCTURA DEL ORDEN SOCIAL

El orden social de un país integra la totalidad de los comportamientos y las relaciones humanas que se presentan en la sociedad a partir de diferentes objetivos. De esta forma, se ha visto que un orden social está integrado por órdenes específicos: un orden político, un orden cultural, un orden religioso, un orden laboral, un orden económico y un gran orden jurídico, entre decenas de formas de convivencia social.

Todos los órdenes específicos tienen sus propias normas, objetivos y características que les son propias. Justamente y como consecuencia de tener objetivos distintos, las relaciones humanas que se organizan detrás de esos fines también tienen normas ordenadoras diferentes.

La única forma en que esa multiplicidad de órdenes específicos que constituyen el orden social pueda tener objetivos y normas diferentes, sin que confronten y generen conflictos, *es a través de su interdependencia en un orden social que los integra detrás de un objetivo en común.*

Los órdenes que las sociedades establecen para organizar sus relaciones políticas o económicas sólo pueden coexistir armoniosamente en la medida en que su autonomía no afecte el objetivo del orden social y los objetivos específicos de los otros órdenes. De allí la necesidad de interdependencia e integración de los órdenes entre sí y de todos ellos con el orden social del que forman parte.

*El orden social resulta ser una unidad integradora de los diferentes órdenes específicos que vinculan a los integrantes de la sociedad detrás de objetivos tan diversos como los económicos, culturales, políticos, jurídicos, religiosos o laborales. Cada orden específico, si bien tiene sus propios fines y normas de ordenamiento, se complementa para que el orden social funcione como un todo.*

Todos los órdenes que se constituyen –espontáneamente o a través del derecho positivo– para organizar la convivencia entre las personas deben confluir y colaborar para la construcción de un orden social armonioso. La autonomía de cada orden tiene ciertos límites. Esos límites surgen de la necesidad de lograr la integración y la interdependencia que el orden social requiere para no generar conflictos internos.

La coexistencia de objetivos y normas de todos los órdenes que integran un orden social es un requisito fundamental y necesario para el buen funcionamiento de las relaciones sociales. *Los órdenes específicos no de-*

*ben tener objetivos o normativas que generen conflictos con los demás órdenes. No pueden tener objetivos que sean excluyentes de los fines que persiguen otros órdenes de convivencia. Tampoco el objetivo de un orden puede ser antagónico o contario al objetivo del orden social.*

El orden político de una sociedad, por ejemplo, no puede estar sustentado en la libertad y la diversidad de las ideas mientras que exista un orden educativo estructurado detrás de un pensamiento único sin libertad de cátedra y diversidad de opiniones. Intentar que esos dos órdenes coexistan sin conflictos es imposible.

Proponer un orden económico coordinado por el mercado para que los integrantes de la sociedad intercambien bienes a través de un sistema de precios no es posible si se establece un orden jurídico que prohíbe la propiedad privada sobre los bienes económicos sujetos al intercambio. Buscar que ambos órdenes convivan sin contradicciones también es un imposible.

*No percibir que los órdenes que integran el todo social necesitan estar sustentados en los mismos principios, con normativas no contradictorias y objetivos no antagónicos, causa muchos conflictos a los miembros de la sociedad.*

Los gobiernos o legisladores en la actualidad son propensos a sancionar normas jurídicas para ordenar ciertas relaciones de convivencia sin tener en cuenta la necesidad de integración y complementariedad de todos los objetivos que se entrecruzan en el orden social. Actúan, por ejemplo, como si el orden económico no tuviera nada que ver con el orden político o este con el laboral. Sancionan leyes de manera autónoma sin tener en cuenta que contradicen los objetivos y normas que ordenan las relaciones de otros ordenamientos dados en la sociedad. No tienen presente que si bien cada orden tiene objetivos y normas propias, también comparten el mismo orden social que exige complementariedad y no contradicción entre los objetivos perseguidos. *No tienen en cuenta la fina y delicada relación estructural entre todos los órdenes que conforman el orden social.*

El ordenamiento jurídico argentino constituyente de 1853 estableció las normas generales de convivencia del orden social. Posteriormente el legislador se abocó específicamente a ordenar las relaciones políticas, económicas, laborales y educativas que la sociedad debía darse para alcanzar los objetivos que consideraba valiosos. A partir de ese ordenamiento intensivo de los diferentes órdenes que conforman el orden social, el desorden social aumentó en vez de decrecer. En parte por erróneas concepciones sobre cómo lograr ciertos fines y en parte por las contradicciones existentes en la normativa ordenadora.

Los ordenadores jurídicos no tuvieron en cuenta que las normas jurídicas deben contemplar todos los objetivos y las formas en que se relacionan los distintos sectores sociales. No pueden sancionar normas contrarias a los objetivos de otros órdenes dados en la sociedad. Esto es lo que ocurrió en Argentina a partir de la inflación legislativa iniciada en el siglo xx. La sanción de numerosas normas ordenadoras de las relaciones sociales no tuvo en cuenta la necesidad de complementariedad de los objetivos de cada orden establecido. Las leyes se sancionaron como si cada orden, fuera político o económico, no estuviera vinculado y no necesitara ser complementario.

Los legisladores y la justicia perdieron la dimensión del orden social como un orden integral y se concentraron en cada orden específico sin tener en cuenta el todo social. Dictaron normas que eran contradictorias a los objetivos de los otros órdenes de convivencia. *Ignoraron que un orden social es una estructura integral. Como tal necesita que sus partes, constituidas por los diferentes órdenes, mantengan su interdependencia y coexistencia.*

Mientras la Constitucion Nacional, forjadora del orden social argentino, fijaba ciertas pautas generales de convivencia, la coyuntura política empujaba a los legisladores a sancionar normas que contradecían las bases constituyentes. Mientras la Constitucion invitaba a todos los hombres del mundo a habitar nuestro suelo, los legisladores sancionaban leyes migratorias con trabas a la migración. Mientras el orden político era cancelado por dictaduras militares, esos mismos gobiernos autoritarios intentaban ordenar la economía a partir de la libertad económica.

La sanción de leyes detrás de objetivos antagónicos fue causante y sigue siendo motivo de fuertes conflictos en el seno de la sociedad argentina. Cada orden de convivencia que se han dado los argentinos detrás de objetivos diversos está conformado por normas que generalmente se contradicen. Cada orden de convivencia ha establecido sus propios fines y ordenamiento normativo, desconociendo la necesidad que tienen de integrarse y no ser contradictorios con todos los órdenes que componen el orden social.

# EL ORDENAMIENTO SOCIAL ARGENTINO

En la etapa constituyente de Argentina el ordenamiento social estuvo guiado por la premisa de que las normas jurídicas debían ser los instrumentos idóneos para poner "orden en donde existía un importante desorden social". La existencia de una legislación heredada del Virreynato, de la Revolución de Mayo y de las luchas fraticidas entre unitarios y federales generaba muchos conflictos sociales que trababan el desarrollo que todos querían para la nueva Nación.

Los constituyentes de 1853 tenían divergencias en muchos puntos, pero todos compartían la idea de que era necesario constituir la Argentina a partir de un ordenamiento social que integrara a la sociedad. Se debían fijar las pautas económicas, políticas y sociales para que los argentinos se organizaran detrás de objetivos considerados como valiosos. La falta de normas o el desorden normativo prevaleciente exigía el establecimiento de un nuevo ordenamiento social constituyente que sirviera de referencia y guía para que la sociedad se organizara de manera más eficiente.

El orden social históricamente constituido desde el período colonial había demostrado no ser eficiente para la construcción del país que los constituyentes deseaban para Argentina. Era necesario establecer un ordenamiento social que sirviera de sustento para el progreso individual y colectivo.

Los constituyentes entendieron que había que dictar una Constitución que fijara normas jurídicas de convivencia de acuerdo con un objetivo en común para toda la sociedad. Había que ordenar el presente para alcanzar un mejor futuro.

*El ordenamiento social sancionado por los constituyentes privilegió los planes individuales de las personas o sus asociaciones por encima de cualquier plan que pudiera establecerse desde el gobierno para que todos lo cumplieran. Se priorizaron las libertades individuales y los derechos de las personas. La gente fue el principal beneficiario del nuevo ordenamiento social.*

El derecho positivo, si bien fue el instrumento para establecer la estructura del ordenamiento social, fue limitado en cuanto a su extensión normativa, para evitar que avanzara de manera excesiva sobre la esfera de acción de los particulares. El derecho actuó como marco jurídico, como ordenamiento referencial para que los particulares se relacionaran con bastante autonomía y libertad. El ordenamiento social constituyente garantizó amplios márgenes de libertad para tomar decisiones por parte de la gente en las esferas política, económica, cultural y social.

La Constitución y los Códigos complementarios que se sancionaron en los albores de nuestra patria tenían un criterio de ordenamiento sustentado en el pensamiento de Juan Bautista Alberdi. Buscaban exclusivamente fijar las "bases y puntos de partida para la organización nacional" sustentada en la libertad de las personas en las esferas política y económica.

Las normas constituyentes fueron bastante prudentes en los parámetros o alcances que debía tener el ordenamiento social. No se abocaron a ordenar excesivamente los órdenes específicos que la sociedad se fue dando detrás de fines políticos, económicos o sociales. Esto permitió que las personas, de manera individual o colectiva, organizaran sus actividades con bastante libertad. Las ideas dominantes de la época reflejaban una plena confianza en la gente y en su capacidad para organizarse por sí solas.

La situación comenzó a cambiar a principios del siglo XX. Las ideologías dominantes en Europa vieron al derecho y a los gobiernos como los instrumentos fundamentales para ordenar las sociedades. Tanto los reformadores sociales como los detractores del progreso utilizaron los mismos medios jurídicos para llevar adelante sus objetivos progresistas o conservadores. Unos y otros vieron al derecho positivo como el instrumento más eficaz para fijar objetivos y ordenar todas las relaciones sociales de acuerdo con esos objetivos progresistas y conservadores.

*A partir de los primeros años del siglo XX, reformistas y conservadores decidieron que era necesario ordenar más profundamente las relaciones sociales y fijar objetivos para todo el orden social. Las normas jurídicas pasaron a ser el gran instrumento ordenador para regular la mayoría las relaciones económicas, políticas, educativas y sociales.*

El orden social resultante de la Constitución de 1853 mostraba falencias y no había podido resolver muchas injusticias sociales. Estos hechos, sumados a la ideología que imperaba en todo el mundo, llevaron a los sucesivos gobiernos de la época a emprender una acción política ordenadora de las relaciones económicas, laborales, culturales y políticas. Todo el orden social y los diferentes órdenes que lo componen pasaron a ser ordenados, reordenados o sustituidos detrás de objetivos considerados valiosos. La normativa jurídica como ordenadora de todas las conductas humanas avanzó sin límite sobre el orden político, el orden educativo, el religioso y el económico.

Esta actitud ordenadora cambió la fisonomía de las relaciones sociales históricamente dadas en nuestro país. Generó consecuencias de todo tipo. Algunas claramente buscadas y otras no previstas. También produjo efectos no queridos pero previsibles a la luz de los hechos.

La alternancia entre gobiernos conservadores y populares en el siglo XX trajo consecuencias no previstas sobre el orden social. Ambos tipos de gobiernos, munidos del derecho para ordenar la sociedad, sancionaron normas regulatorias para ordenar las relaciones sociales, económicas o políticas. El problema es que sus idearios eran diferentes y antagónicos. Esto determinó que cada gobierno sancionara normas con objetivos y ordenamientos diferentes, que por razones propias al Estado de Derecho, permanecían vigentes a pesar del cambio de los gobiernos. La consecuencia no deseada fue la existencia de normativas ordenadoras que se contradecían o eran antagónicas entre sí.

Utilizando el derecho positivo como principal palanca de reforma, los gobiernos en el siglo XX se lanzaron a regular de forma creciente la casi totalidad de las actividades sociales. El orden político, el económico, el laboral, el religioso y el cultural fueron ordenados y modificados de acuerdo con los objetivos fijados por el ordenador social de turno. Todas las relaciones de convivencia entre la gente se ordenaron de acuerdo con la perspectiva ideológica que cada gobierno tenía sobre cómo debía funcionar la sociedad.

La utilización del derecho como instrumento ordenador para la obtención de determinados objetivos económicos y políticos alcanzó su máxima expresión a partir de 1930. Las normas jurídicas no sólo establecieron *pautas generales* para el ordenamiento de la sociedad, sino que iniciaron un camino de regulación tendiente a fijar pautas cada vez más específicas. Hasta los detalles más insignificantes de las relaciones sociales fueron reguladas y ordenadas de acuerdo con los criterios del legislador.

A título de ejemplo, se puede decir que el ordenador legislativo comenzó con disposiciones generales de cómo debían constituirse las sociedades comerciales para realizar una actividad económica, para luego ordenar cómo debía desarrollarse un negocio de manera detallada y específica. Primero fueron las habilitaciones y los requisitos para tener el negocio, luego la higiene y los espacios que debían ocupar. Más tarde se fijaron las zonas autorizadas y los horarios de atención al público. Finalmente el tamaño de la marquesina y los límites para ofrecer rebajas de precio. Cientos de normas económicas fueron sancionadas para ordenar las actividades.

Las normas regulatorias destinadas a ordenar las relaciones sociales de los argentinos fueron tantas y con objetivos tan dispares –como consecuencia de la alternancia de los gobiernos– que muchas llegaron a contradecir los principios constituyentes del orden social establecido en la Constitución de 1853.

A mediados de siglo, para subsanar tanta contradicción, fue necesario realizar una reforma constitucional que integrara y fijara el objetivo común sobre el cual ordenar las relaciones sociales. En el año 1949 se reformó la Constitución Nacional para incorporar los nuevos principios de ordenamiento social. Sin embargo, los sucesivos gobiernos que siguieron a esa reforma tenían sus propios objetivos y perspectiva de cómo debía ser el orden social en el futuro. Por tal motivo hubo otras reformas constitucionales en l957 y 1994.

Esas reformas de cómo debía ordenarse nuestro país detrás de ciertos objetivos fueron acompañadas por cientos de leyes, decretos y reglamentos. Siempre con el derecho en la mano y con la clara idea de ordenar la sociedad se dictaron miles de leyes de todo tipo generando lo que muchos llaman la *inflación legislativa*. Inflación porque, por un lado, muestra la inmensa y desproporcionada cantidad de normas sancionadas en ese período de nuestra historia. Por el otro –como la moneda – el exceso de normas ha dado como resultado la pérdida de valor y confiabilidad de las leyes ante los ojos de la sociedad.

Juan C. de Pablo ahondó sobre la inflación legislativa nacional y puso en evidencia que en el período posconstituyente se sancionaron algo de 200 normas vinculadas al ordenamiento económico. Situación muy distinta si se analiza el período comprendido entre 1944 y el año 1999. En ese lapso se promulgaron más de 8.000 normas vinculadas con la economía. Cifra que no se ha detenido sino que crece progresivamente si observamos la tendencia existente desde el comienzo del siglo XXI hasta el presente.

# EL DERECHO NO GARANTIZA LOS OBJETIVOS

Está comprobado que un ordenamiento social sustentado en normas jurídicas permite exigir que en el futuro se cumplan conductas antes inexistentes. El derecho positivo permite crear nuevos órdenes de convivencia que regulen las relaciones de la gente. El derecho tiene la fuerza y la capacidad de exigir que las relaciones entre los integrantes de la sociedad se cumplan de determinada manera para alcanzar determinados fines.

*Lo que no está comprobado es que las normas jurídicas siempre sean certeras, justas, interpreten la realidad social y logren los objetivos que pretenden conseguir. Tampoco está comprobado, a la luz de la experiencia, que siempre el derecho positivo sea útil para establecer un orden eficiente o modificar los factores que producen un desorden social.* En definitiva, las normas jurídicas no garantizan que un orden social sea eficiente y justo por la sola sanción de la norma.

No es que estemos dudando del poder del derecho positivo para ordenar el orden social y su respectivo orden económico, político o laboral. Hoy es el instrumento más importante para ordenar una sociedad, aunque no sea el único. *Lo que se quiere poner en evidencia es que el derecho puede ser un instrumento eficaz para ordenar la sociedad pero también puede ser un instrumento eficaz para desordenarla.*

Por la fuerza y el poder que el derecho positivo tiene como instrumento de ordenamiento social es recomendable hacer uso adecuado de él y no abusar. A veces el exceso de normas para solucionar cualquier problema de coyuntura puede ser peor que la ausencia de normas de ordenamiento. Esto no es una expresión efectista para impresionar al lector. *Se quiere poner de relieve que no se puede confundir el instrumento legal, como medio para ordenar la sociedad, con su capacidad e idoneidad para alcanzar cualquier objetivo.*

El derecho es un instrumento eficaz en la sociedad contemporánea para ordenar la sociedad y construir un mejor orden social. Sin embargo, esta afirmación no quiere decir que cualquier norma jurídica, por el hecho de ser sancionada, es acertada y apropiada para el ordenamiento social.

Las normas sólo son instrumentos para lograr determinados fines. Su efectividad depende de las *ideas* que determinan el contenido de la normativa. Su efectividad depende de que esas teorías hayan interpretado correctamente la realidad y sus propuestas estén corroboradas antes de que se sancione la ley. Es muy peligroso para la sociedad que las ideas propuestas no estén corroboradas en la realidad. El precio de una elucubración teórica sin sustento ni verificación puede ser muy costoso para el orden social y sus integrantes.

Las ideas dan contenido a las normas y son su base de sustentación. De su capacidad de interpretar la realidad dependen los resultados que generen las normas jurídicas al ser aplicadas. El problema es que las teorías sociales no siempre interpretan correctamente el comportamiento cambiante e impredecible de la gente. Como es sabido, las ciencias sociales –que incluyen las ciencias jurídicas y las económicas– siguen siendo incompletas en su capacidad para conocer la realidad social y predecir los comportamientos de las personas.

En las ciencias sociales no existen "leyes exactas" que describan una regularidad de las conductas humanas dadas en el pasado y el presente. No existen leyes regulares que permitan predecir con certeza qué habrá de suceder en el futuro en base a experiencias del pasado. No existen esas leyes –como en la naturaleza– porque el hombre es un ser que cambia y modifica sus comportamientos de manera constante y sin patrones definidos. Los comportamientos dados por el hombre en el pasado no dicen nada sobre cómo serán en el futuro. Las personas pueden haber actuado de cierta manera y en el futuro hacerlo de otra.

La inexistencia de *leyes regulares* en la realidad social que permitan conocer cómo será el comportamiento de la gente en el futuro, normalmente llevan a que se creen teorías que tratan de explicar lo que puede llegar a ocurrir si se dan ciertos hechos. Las teorías buscan que sus postulados se igualen a las "leyes de la naturaleza" en el sentido de explicar la realidad y pronosticar el futuro de acuerdo con las normas que se implementen.

Sin embargo, la experiencia nos muestra que no es lo que ocurre frecuentemente. La mayoría de las veces no se dan los resultados pronosticados por las teorías. Muchas veces las normas aplicadas a la realidad no generan los efectos que las teorías sostienen que han de ocurrir. Esto no tiene otra explicación que la dificultad de conocer con exactitud la realidad social, siempre cambiante e impredecible.

La imposibilidad fáctica de comprobar la certeza, la veracidad y la capacidad de predicción que tienen las teorías no debe ser una razón para desechar las teorías sociales o negar su valor. Al contrario, por ahora es la única herramienta que el hombre tiene para plasmar planes y proponer políticas sociales. Gracias a buena parte de esas teorías sociales el hombre pudo construir muchos órdenes beneficiosos para la humanidad.

Lo importante en todo caso es no exagerar en la capacidad predictiva de las teorías sociales ni en su capacidad para entender toda la realidad social. El valor de las teorías y su importancia en la construcción del orden social no debe hacernos olvidar que toda teoría se sustenta en un suelo poco sólido; no tiene la certeza que ofrecen las ciencias de la naturaleza. Por esa razón es importante que el derecho no haga abuso de sus capacidades normativa y predictiva creyendo que las teorías que las inspiran son exactas y veraces.

Es recomendable que el legislador sea prudente al sancionar normas de ordenamiento social. Es necesario que tenga un espíritu crítico ante las teorías que explican la realidad social. Debe buscar que las teorías tengan una corroboración empírica antes de aceptarlas como ciertas.

El legislador también debe ser consciente de que la realidad humana es mutable y cambia constantemente. Al mismo tiempo las personas tienen la capacidad de no cumplir con ciertas normas cuando no están de acuerdo con ellas. Esto obliga al legislador a ser prudente al momento de la elaboración y sanción de una ley. No puede creer que la sanción de una norma es condición suficiente para modificar el orden social. El legislador, a la hora de sancionar leyes sociales, debe ser consciente de que las conductas humanas no son predecibles y tienen el poder de rechazarlas o ingnorarlas.

*El orden social y las relaciones que se dan en la sociedad son tan vastas y complejas que la pretensión del derecho de conocerlas en su totalidad es un absurdo. Creer que el derecho puede ordenar eficientemente todas las relaciones de convivencia presentes y futuras es una ingenuidad carente de rigor científico*. Es más prudente dejar que sean los miembros de la sociedad quienes ordenen sus comportamientos dentro de un marco general establecido por el derecho positivo.

*El derecho debe ser abierto a la diversidad de actividades de la gente y a los diferentes objetivos que buscan. El derecho debe confiar en la capacidad individual de las personas para coordinar sus intereses personales y ordenarse detrás de ciertos fines*. Debe confiar en que la gente tiene capacidad para lograr sus mejores beneficios y no necesita muletas legales para caminar en todos los órdenes de la vida.

Eso no quiere negar ni oponerse a la función del derecho para ordenar y buscar objetivos mejores para el orden social. Tampoco negar su importancia para regular los abusos, los privilegios y la explotación social. Es importante la función del derecho para proteger a las personas para que alcancen la plenitud de sus objetivos en un marco de libertad, igualdad y solidaridad. El derecho debe ser el garante de un orden social justo y no un instrumento de quienes quieren erigirse en los grandes ordenadores de toda la sociedad desconfiando de la capacidad de la gente para trazarse su propio destino.

## LAS CERTEZAS IDEOLÓGICAS

Una ideología social puede ser vista como el conjunto de ideas que proponen y definen cómo debe ser un orden social. Como toda construcción teórica, que interpreta la realidad humana y busca ciertos fines a partir de determinados medios, puede tener fundamentos metodológicos y científicos o simplemente estar sustentada en creencias sin corroboración científica.

En uno u otro caso las ideologías, en la medida que no han sido llevadas a la práctica, mantienen su vigencia pues forman parte del mundo conceptual. Todas las teorías sociales son válidas y tienen vigencia hasta tanto no se confronten con la realidad. Como parte de las ciencias sociales, su certeza y veracidad no pueden descalificarse hasta que no se lleven a la práctica. Esto explica la permanencia de muchas teorías a través del tiempo.

En las ciencias sociales en general, y en la economía en particular, las teorías pueden tener vigencia eterna. Mientras las ideologías no se contrasten con la realidad para confirmar sus postulados, mantienen su validez movilizando el pensamiento y la acción de las personas. Por esta misma razón pueden convivir ideologías antagónicas que explican la misma realidad de manera diferente y proponen acciones contrarias para lograr los mismos objetivos.

Las teorías sociales son elucubraciones conceptuales que no pueden corroborar la veracidad de sus conceptos a través del método experimental dentro de un laboratorio. Por esta razón sus postulados mantienen vigencia en tanto no se lleven a la práctica en una sociedad determinada. En la medida que no bajen al mundo real no podrán alegar veracidad ni certeza.

Esta particularidad de las ciencias sociales permite que una teoría logre adhesiones por parte de la gente aunque no haya sido corroborada en la experiencia. Son adhesiones por creencias subjetivas que cada persona tiene sobre las bondades de sus postulados más que por la veracidad objetiva de sus ideas.

*Las teorías sociales movilizan las pasiones y los sentimientos humanos porque prevalece la subjetividad de las personas y no la objetividad de los hechos que demandan otras ciencias*. Esto genera efectos muy especiales sobre las personas. Así como en las ciencias naturales no suele haber fanatismos porque el método experimental en un laboratorio permite conocer si una idea es cierta o falsa, en las ciencias sociales, incluida la economía, prevalecen los fanatismos detrás de objetivos y métodos que no han sido corroborados.

La difusión por imponer las ideologías normalmente genera fanatismos que no aceptan la crítica. Consideran que las críticas que reciben a su ideología es un ataque de enemigos que defienden intereses económicos, intereses de clase o privilegios. *La crítica normalmente no es vista como un importante método para mejorar el conocimiento científico sino como un obstáculo malintencionado para impedir la aplicación de la ideología sustentada.*

## LAS IDEOLOGÍAS SE MATERIALIZAN CON LA LEY

A diferencia de lo ocurrido en otras épocas de la evolución humana, las teorías o ideologías no tienen que permanecer eternamente en el mundo conceptual. La democracia y la participación en el gobierno de diferentes partidos políticos, portadores de creencias diferentes, ha permitido que los postulados ideológicos –en forma total o parcial– se implementen con mayor frecuencia y rapidez. Esto es posible por las características de los sistemas políticos existentes. Los sistemas occidentales abiertos al discenso y a la voluntad popular expresada mediante el voto permiten el debate de ideas.

A través de los Parlamentos u otros órganos ejecutivos, los gobernantes munidos de diferentes ideologías o pensamientos doctrinarios llevan a la práctica sus ideas por medio de normas jurídicas. Desde esta perspectiva *el derecho es el brazo ejecutor de las ideologías o pensamientos teóricos que buscan modificar o cambiar la realidad social.*

Si faltan viviendas, hay desempleados, los precios suben, no existen escuelas para todos, hay privilegios económicos o si hay que jubilarse a cierta edad, cada ideología da su solución por medio de leyes. Si la educación debe ser gratuita, hay que prohibir el tabaco, o hay que poner límite a la expresión de los medios de comunicación, las ideologías apelan al derecho positivo para dar una respuesta a los reclamos de acuerdo con sus propias perspectivas. El parlamento se ha convertido en la caja de resonancia de las ideologías y las ideas, que finalmente toman cuerpo a través de la sanción de las normas jurídicas.

## EL PENSAMIENTO DOMINANTE

Según la concepción clásica de división de poderes de Montesquieu, en el parlamento confluyen todos los intereres sectoriales y las ideologías que pujan para imponer sus mayorías a fin de que las normas promulgadas sirvan para ordenar los comportamientos económicos, políticos o culturales dentro del orden social. Cada grupo de interés es portador de una ideología que intenta imponer a través de las leyes. Todos quieren ver plasmadas sus ideas en beneficio de sus intereses o su visión de cómo debe ordenarse la realidad social.

En la medida que prevalezcan varias teorías sociales que confronten sus ideas de cómo alcanzar un progreso y un mayor desarrollo económico, el resultado será beneficioso para toda la sociedad. La diversidad ideológica y la confrontación democrática, en todos los ámbitos sociales y en especial en los parlamentos, son absolutamente beneficiosas para toda sociedad.

*La confrontación de ideas permite la posibilidad de que aflore la mejor propuesta y se corrijan los errores de los proyectos legislativos. La multiplicidad democrática de ideologías y la capacidad crítica para cambiar una idea impiden que una teoría se imponga autoritariamente sobre las demás.*

Cuando una ideología cierra las puertas a la crítica imponiéndose de manera uniforme sobre el pensamiento social se está vedando la posibilidad del progreso y el desarrollo. No importa si esa dominación se realiza por la fuerza o democráticamente con el ejercicio del poder de las mayorías. El resultado final suele ser similar: termina descalificando a todas las ideas o propuestas que no se adapten a la ideología dominante. Se pierde la capacidad crítica y la capacidad objetiva para encontrar otras soluciones mejores.

La existencia de una sola ideología ha demostrado a lo largo de la historia que termina siendo muy negativo para las sociedades que las padecieron. *No hay duda de que la diversidad de pensamiento e ideas es muy superior para el desarrollo social.* En especial sabiendo que en las ciencias sociales y en la economía no existe la verdad absoluta, sino que por el contrario existen visiones diferentes según la ideología que cada uno tenga. Por eso en necesario la confrontación de ideas y la posibilidad de exponerlas públicamente.

Cuando un pensamiento ideológico es dominante sobre el conjunto social se convierte en intolerante y poco proclive a modificar sus postulados. No es capaz de aceptar sus errores bajo ningún concepto. En los casos que acepta la existencia de errores o injusticias sociales, las justifica sosteniendo que la teoría no se aplicó a fondo y en su totalidad por "los enemigos" que lo impiden. Aceptar un error es aceptar la debilidad y el cuestionamiento a las ideas que adhiere. Y en este punto los fanáticos y los beneficiarios de los resultados económicos que produce el pensamiento dominante, jamás están dispuestos a negociar.

Las ideologías buscan legítimamente moldear el pensamiento social detrás de una visión de la realidad y de objetivos considerados superiores para el bienestar de la gente. Las ideologías son negativas cuando excluyen a las otras teorías que proponen modelos sociales diferentes, tratando de que sea la única reguladora del orden social.

## El ADN ARGENTINO

En Argentina no existe un partido único o un pensamiento ideológico excluyente como existe en Cuba o algunos países árabes. Sin embargo, existe un conjunto de ideas dominantes que comparten la mayoría de los partidos políticos y la sociedad en general. *Si bien no es una ideología estructurada o nacida de una teoría social particular, es un conjunto de ideas emparentadas en lo ideológico que finalmente han generado un "pensamiento dominante". Es un pensamiento único que influye sobre todas las ideas y acciones de la mayoría de los argentinos.*

El pensamiento dominante en Argentina no es una idea integral que rige para todos los órdenes sociales que confluyen en nuestro orden social. Es un pensamiento que gravita especialmente en los órdenes político, económico y laboral, y es menos dominante en otros órdenes, como el religioso o el educativo, aunque también influye de manera importante.

Es un pensamiento que se ha instalado hace mucho tiempo en nuestro país, transmitiéndose de generación en generación. En vez de perder fuerza, se acrecienta con el tiempo abarcando a la casi totalidad de los argentinos más allá de su condición social, económica o cultural.

*Se podría afirmar que el pensamiento dominante ya forma parte del ADN argentino y por lo tanto normalmente se acepta como una verdad que no se discute. Cuando alguien individual o socialmente cuestiona ese pensamiento, el anticuerpo social reacciona en conjunto y al unísono en defensa de la conservación del ADN nacional.*

El pensamiento dominante argentino ha causado ceguera para ver los problemas que acucian a nuestro país. Ha fanatizado a las personas detrás de creencias que prometen un mayor progreso cuando en verdad son causa de su miseria. Niega la posibilidad de generar nuevas propuestas y separa a amigos de enemigos. El que no comparte el pensamiento instalado en el ADN es un enemigo, normalmente recalcitrante o entregado a intereses extranjeros. Esta forma de pensar no permite ver el mundo de manera distinta a lo que las ideas dominantes permiten ver.

El pensamiento dominante en materia económica no surgió de un día para otro ni tiene una sola matriz ideológica. El pensamiento económico dominante se fue instalando de manera gradual desde hace muchas décadas y posiblemente en sus orígenes ni siquiera tenía la intención de que ocurriera lo que finalmente ocurre en la actualidad.

*El pensamiento dominante en materia económica está sustentado en principios que conducen a la construcción de un "orden económico cerrado". No acepta la libre participación de las personas y las empresas en el proceso económico, salvo que estén ordenadas y supervisadas por un ordenador social.*

En nuestro país son pocos los que confían en que los miembros de la sociedad puedan ordenarse por sí solos. No se valora a las empresas y los planes individuales como el motor del orden económico. Existe un culto desmedido al poder *neutral* del Estado y a los efectos *mágicos* de las normas jurídicas como ordenadoras de la economía.

Existe gran desconfianza en la capacidad de la gente para organizar sus actividades económicas en libertad, igualdad y justicia. Por lo tanto, constantemente se reclama que se fijen políticas económicas desde el Estado para definir cómo deben actuar los trabajadores y las empresas.

El pensamiento dominante en nuestro país es que la gente por motivos culturales, políticos, sociales o por privilegios económicos no es confiable. Sólo les preocupan sus intereses personales y no los colectivos. El orden social no puede quedar sujeto a las decisiones de las personas o de las empresas. Los gobiernos, como representantes del Estado, son los únicos responsables de ordenar los comportamientos económicos de todos los integrantes de la sociedad. El Estado piensa en el beneficio colectivo, mientras la gente y las empresas, en los beneficios propios.

El ADN argentino se fue conformando a través del tiempo y de manera gradual. En la etapa constituyente se buscó ordenar la economía estableciendo pautas generales, en forma de derechos y obligaciones, dentro de los cuales los particulares debían vincularse libremente para alcanzar sus objetivos detrás de sus planes individuales.

Podría decirse que los constituyentes delinearon una *autopista económica abierta a todos los que querían participar en una actividad económica.* Una autopista con varios carriles para que las personas y las empresas desarrollaran con cierta libertad sus actividades.

Los miembros de la sociedad tenían opciones de transitar por diferentes carriles, con diferentes velocidades, e ir a distintos destinos con los autos que quisieran. La igualdad de oportunidades y la libertad de acción para personas y empresas fueron los objetivos buscados por la Constitución al crear la autopista económica nacional.

Con el paso del tiempo surgieron dificultades para lograr un orden económico justo, distributivo, igualitario, en base a la libertad de acción de las personas y empresas. Estas dificultades determinaron que los gobiernos asumieran un papel más activo en la tarea de ordenar la economía argentina, representada en este caso como una gran autopista que nos podía llevar a destinos venturosos.

Para superar aquellas dificultades de tránsito, los gobiernos ordenadores de la "autopista económica" comenzaron a poner límites a la velocidad de cada automovilista para que nadie llegara a destino antes que otros. Más tarde se establecieron los carriles por los cuales debían transitar los automovilistas y los camiones de carga. También se fijaron pautas para que sólo pudieran transitar los autos nuevos, aunque se permitieron algunas concesiones especiales para que algunos autos viejos de gente carenciada pudieran seguir transitando. Asimismo, y para que todos fueran en la misma dirección, se cerraron accesos a la autopista, considerados nocivos para la economía nacional.

Con el pasar del tiempo, los gobiernos ordenadores del tránsito observaron que se producían embotellamientos, los cuales fueron atribuidos a la incapacidad de los automovilistas de planificar sus horarios y la manera de manejar. Los automovilistas dejaron de ser confiables para decidir por cuenta propia. Por lo tanto se fijaron pautas más estrictas para poner orden al tránsito y a la conducta de los automovilistas.

La ausencia de una planificación integral a cargo del ordenador había generado el caos en el tránsito y embotellamientos en la autopista. Los automovilistas eran incapaces de organizar un tránsito fluido y ordenado. Es más, se observó con cierta preocupación que algunos automovilistas ni siquiera sabían adónde tenían que ir, por lo que se programaron sus destinos.

Detrás de objetivos de bien público, el ordenador exigió el pago del peaje a los automovilistas para financiar al órgano supervisor que tenía fines valiosos que cumplir en beneficio de todos. Como los recursos no fueron suficientes también aplicó un impuesto a las patentes, a los estacionamientos, a las gasolineras y a la compraventa de los automotores. Ningún automovilista podía estar exento de pagar los gravámenes porque eran necesarios para los gastos del organizador de la autopista.

El ordenador avanzó un poco más en su afán planificador y se trazó nuevos objetivos que superaban sus propósitos iniciales de ordenar el tránsito. Tuvo visiones más desarrollistas y de esa manera autorizó el establecimiento de ciertas gasolinerías para beneficiar a estratégicas empresas nacionales, limitando la participación de las empresas extranjeras. También permitió que se instalaran ciertas empresas de autos para generar una industria nacional pujante. Había que abandonar la dependencia externa y vivir con lo nuestro. Para apoyar esas políticas nacionales y en beneficio del colectivo social, el ordenador decidió subvencionar a esas empresas aplicando mayores impuestos a los automovilistas.

Entusiasmado por los primeros resultados ordenadores, se avanzó con más planes y búsqueda de nuevos objetivos. De esta forma se impidió la importación de autos, porque eso daba a ciertos automovilistas ventajas comparativas con respecto a los que tenían autos nacionales de menor calidad y más caros. También limitó la instalación de las empresas que querían competir con las subvencionadas porque era negativo para las industrias instaladas.

Para que nadie se quedara sin viajar por escasez de autos importados o poca demanda de vehículos nacionales dado sus altos precios, se crearon servicios de transporte colectivos que debían ser financiados con un nuevo impuesto a la gasolina y por otro, al valor agregado sobre los repuestos a los autos.

Preocupados los ordenadores de la autopista porque continuaban los congestionamientos y en algunos casos se multiplicaban, se avanzó en el análisis de la idoneidad de los automovilistas. El resultado fue que sólo se otorgaron permisos para manejar a aquellos que demostraban absoluto cumplimiento de los planes establecidos por el ordenador de la autopista. A partir de allí sólo podían manejar aquellos que estuvieran habilitados por el ordenador y las dependencias que se crearon para llevar adelante tantas obligaciones sobre el tránsito.

Temiendo que los automovilistas habilitados cometieran en el futuro acciones contrarias al interés colectivo y los planes del ordenador, se impusieron multas y sistema de quita de puntos. Estas sanciones eran una advertencia para los que mantenían su indisciplina de acatar las normas sancionadas por el ordenador.

La modalidad de establecer una fuerte burocracia de permisos, habilitaciones y multas generó efectos no previstos por el ordenador. Comenzó un fenómeno nuevo que no existía cuando la gente se ordenaba individualmete para transitar por la autopista. Apareció la currupción. Los funcionarios, conscientes del poder que tenían ante los automovilistas, comenzaron a cobrar sobornos para otorgar permisos de construcción de gasolineras o evitar multas en los autos. Este hecho al principio molestó al ordenador pero finalmente fue aceptado como parte del sistema.

Con los años aquella autopista económica todavía existe. Sus carriles no se ampliaron como estaba previsto en las frecuentes inauguraciones oficiales que prometían más kilómetros. Los empresarios subvencionados se hicieron millonarios y sus trabajadores siguieron igual de pobres. La autopista económica sigue existiendo como en cierta manera la diseñaron los constituyentes, pero son muy pocos los automovilistas que la pueden transitar por la cantidad de normas que regulan el tránsito.

La mayoría de los habitantes no pueden acceder a un auto por diferentes razones económicas que el plan del ordenador todavía no es capaz de resolver. Por tal motivo puede observarse a la vera del camino a muchas personas sin auto y sin posibilidad de manejar. Algunos automovilistas que se quedaron sin permisos para manejar se ocultan del ordenador para poder llegar a algún destino. Transitan por caminos adyacentes fuera de la formalidad, evitando pagar impuestos y con la esperanza de volver a transitar alguna vez de manera decente por la autopista formal.

Por el cierre de la importación y los altos precios de los autos nacionales, la mayoría de las personas viaja en transportes financiados por el ordenador y sus dependencias. Los pocos automovilistas que todavía circulan por la autopista están agobiados por pagar tantos impuestos y peajes. Cada vez son más los que deciden evitar tanta presión impositiva y toman otros caminos, llamados caminos "en negro".

El ordenador, para cumplir con todos sus objetivos, ha crecido en personal y necesita nuevos edificios. Cada día que transcurre pueden observarse nuevos edificios y muchos empleados. Forman parte de la gran organización creada en beneficio de la gente y del tránsito.

Las últimas noticias dicen que el ordenador está preocupado por la falta de automovilistas que financien sus gastos y los grandes planes que tiene pendientes de realizar en el futuro. Por tal motivo está estudiando la posibilidad de pedir créditos en el exterior para financiar el aumento de sus gastos. En sus últimas declaraciones ha manifestado que se saldrá de la crisis de falta de tránsito llevando a fondo el plan de reactivación que ha rediseñado.

Esta incompleta metáfora intenta caracterizar la evolución del orden económico argentino en el último siglo. Al principio la economía nacional estuvo abierta a todos los hombres del mundo que quisieran participar de ella. Luego la normativa jurídica sancionada por diferentes gobiernos, pero con el mismo pensamiento dominante, determinó que económicamente el país se fuera haciendo cada vez más estrecho y cerrado. Hoy, cientos de miles de personas viven bajo la línea de pobreza, millones no tienen trabajo y a otros tantos les alcanza sólo para subsistir modestamente.

La mitad de los habitantes de nuestro país no puede acceder a tierras para construir sus casas. El 80% de las empresas quiebran antes del segundo año. El 50% de la sociedad se encuentra al costado de la autopista económica, pues trabaja en negro fuera del sistema formal. Ezeiza, en vez de ser la puerta de ingreso de miles de inmigrantes, es la puerta de salida de argentinos que emigran en busca de oportunidades que en el país no encuentran.

A pesar de esta realidad que debería llamar la atención, el pensamiento dominante no se altera. Mientras las ideas son las mismas, la causa de los fracasos se atribuye a los malos gobernantes o a grupos de poder que quieren explotar a los argentinos para arrebatarles el fruto de su trabajo. Sólo es cuestión de encontrar el "buen gobernante" y eliminar a los poderosos intereses que impiden el desarrollo nacional. Las ideas de lo que hay que hacer en Argentina todos las conocen porque forman parte del ADN nacional.

## PRINCIPIOS DEL PENSAMIENTO DOMINANTE NACIONAL

La principal matriz del ADN que caracteriza el pensamiento dominante en Argentina es que el Estado, a través de los gobiernos que se suceden, debe ser el director y planificador del orden económico. El Estado tiene la capacidad y los recursos suficientes –si los canaliza como corresponde– para satisfacer las carencias de todos los necesitados y resolver todos los problemas económicos, de salud, de vivienda o de educación. *El Estado es el principal instrumento con que cuenta la sociedad para alcanzar los objetivos que socialmente se consideran valiosos, y la única institución capaz de ordenar la economía nacional detrás de objetivos de bien público.*

Como contrapartida no se tiene una buena imagen de la actividad económica a cargo de la planificación individual de la gente de acuerdo con sus iniciativas e intereses. Existe la convicción de que las empresas no benefician a los trabajadores. Tampoco a la sociedad, por lo que deben ser reguladas y controladas por el Estado. *Los empresarios sólo piensan en enriquecerse a cualquier costo y son contrarios al bien público como a los intereses de los trabajadores.*

*Con respecto a los trabajadores o las personas que buscan empleo, se considera que no son capaces de defender sus intereses y conocer adecuadamente los derechos que lo asisten por su debilidad ante los poderosos.* Hay que protegerlos, guiarlos y defender la distribución equitativa de sus ingresos cercenados por las empresas.

Según el pensamiento dominante, el único árbitro de las injusticias es el Estado. *Con su poder e imparcialidad, el Estado es el único que puede poner límites y ordenar la economía en beneficio de todos*. Debe tomar la rienda del país y ordenar toda la economía estimulando los sectores productivos nacionales, limitando la importación, subsidiando a carenciados y fijando normas regulatorias al quehacer económico de la gente.

El pensamiento dominante considera que Argentina es un país rico y que el Estado también lo es. Sólo es cuestión de cortar el "chorro" a los que roban y a los que se "avivan" aprovechando el esfuerzo ajeno. Hay que controlar a las empresas abusivas y distribuir la riqueza de manera equitativa. El Estado debe redistribuir la gran riqueza que tiene el país y de la que sólo unos pocos son los beneficiarios.

*El ADN nacional considera que las empresas organizadas de manera independiente y autónoma detrás de planes individuales son contrarias al desarrollo social, la distribución equitativa y la producción eficiente.*

La mayoría, desde el más humilde al más encumbrado, está convencido de que en Argentina existen empresarios ricos y trabajadores pobres. Las empresas en manos de los particulares son los instrumentos para apropiarse de los ingresos de los trabajadores, evadir impuestos y realizar negocios en beneficio de los empresarios.

Las empresas son el "núcleo del mal" que impide la constitución de un orden económico progresista, en crecimiento y distributivo. Son instituciones que deben ser controladas y reguladas por el Estado para que cumplan con su "responsabilidad social" y distribuyan las ganancias entre los trabajadores.

El empresario es catalogado como un ser egoísta que sólo busca su rentabilidad personal a costa de cualquier precio. Su avaricia lo lleva a explotar a blancos y negros, a niños y adultos. Su desprecio social lo induce a evadir impuestos, contratar de manera informal a la gente para no pagar servicios sociales, a contaminar el medio ambiente y a lavar dinero mal habido.

Los empresarios son acusados de manejar los precios a su antojo, ser corruptos por naturaleza y explotar a los trabajadores, buscando monopolizar su actividad económica, pues el mercado es una fantasía inventada justamente por los empresarios inescrupulosos.

"Combatir al capital" no es una línea de una estrofa caprichosa de la marcha del principal partido político argentino. Es el reflejo de un pensamiento dominante que nació mucho antes del peronismo. Una ideología que considera que el capital, asociado a las empresas, es negativo y contrario a un orden económico justo y equitativo.

Esa misma sociedad que descree de las empresas a cargo de los particulares mira con cierta admiración a las empresas del Estado, que aunque sean ineficientes, son veneradas como instrumentos de desarrollo social, justicia y defensa de los intereses de la Nación.

No obstante, existe información abundante de que las empresas del Estado dan empleo a más personas de las que necesitan, contratan trabajadores para empresas que no tienen actividad, que sus servicios son normalmente deficientes, que son centros de corrupción y que cerca del 70% de sus costos son solventados por el Tesoro Nacional como consecuencia de su ineficiente rentabilidad, la gente sigue creyendo que deben ser protegidas y apoyadas.

La valoración de las empresas del Estado por encima de las empresas privadas está también incorporado en el ADN argentino. Toda crítica a una empresa del Estado coloca a su cuestionador en el bando de los enemigos de los intereses populares y de la Nación misma.

Los errores de las empresas estatales son perdonados y justificados mientras que jamás se mide con la misma vara a las empresas privadas. A diario se escuchan reclamos para que se investiguen las cuentas de las empresas particulares debido a sus ganancias extraordinarias, mientras los desfalcos de las empresas estatales son perdonadas o encajonadas en la Justicia. Cuando una empresa privada quiebra –y no son pocas en nuestro país– todos claman que el Estado intervenga con el solo propósito de que pase a la esfera estatal y se crucifique al empresario como a las brujas de Salem.

*El pensamiento dominante está a favor de las empresas del Estado, por convicción racional y por sentimiento. Acepta a las empresas privadas sólo por necesidad transitoria y porque no tiene otro recurso alternativo.* En el momento en que una empresa privada deja de ser eficiente –cosa normal en una economía competitiva– toda la sociedad, dirigentes y representados, claman para que la empresa pase a la órbita de la economía pública estatal. Ese paso de lo privado a lo público es como una beatificación. Lo que era malo pasa a ser bueno, aunque el destino final de la empresa estatizada sea el mismo de siempre, es decir ser sostenida por el erario público pues nunca logrará eficiencia y rentabilidad económica.

*En el pensamiento dominante de los argentinos el Estado es casi como un Dios. El Estado no puede cuestionarse como institución y cualquier cuestionamiento no es tolerado; está equiparado a la herejía. El Estado es asociado directamente con la Patria, los próceres y nuestra historia. El Estado es un Dios y debe ser defendido siempre contra los fariseos que lo quieren destruir en beneficio de sus intereses particulares.*

El ADN argentino clama por el Estado presente y omnipresente en todos los ámbitos de la vida social. No existe racionalidad en este punto. Se trata de un acto de fe y devoción hacia el Estado que nunca se asocia con las personas que lo constituyen y le dan forma real. Por eso el Estado nunca es corrupto o ineficiente. Eso es una condición humana y el Estado es un Dios que jamás queda ligado a la corrupción o la ineficiencia.

*Nadie duda del papel central y protagónico que tiene el Estado a través de su economía pública para ordenar la sociedad y lograr su bienestar. De hecho en este libro propondremos más responsabilidades y acciones directas para que el Estado sea el principal artífice para construir un orden económico que permita a la gente progresar y distribuir la riqueza más justamente. Sin embargo, ese reconocimiento no implica considerar que el Estado es un Dios que todo lo puede y debe ser adorado sin cuestionamiento. Mucho menos no advertir que el Estado está formado por los gobiernos que se aprovechan de su santidad.*

El Estado es una construcción humana y por lo tanto imperfecta y perfectible. El Estado está regulado por normas jurídicas y por personas que son elegidas para sus funciones de bien público. De allí que pueda y deba ser reestructurado cuando es ineficiente y tenga objetivos equivocados. Es una obligación hacerlo para beneficio social y no de sus circunstanciales gobernantes.

*Igualar al Estado con la Patria es la máscara de la cual se valen los gobiernos para ocultar sus tropelías y responsabilidades. Detrás del aura divina del Estado –al que está vedado cuestionar–, los gobiernos utilizan el poder público en beneficio de sus intereses personales. Los gobiernos, como custodios del Dios Estado, se sienten con todo el derecho de beneficiar a sus acólitos, partidarios y feligreses. Todo lo contrario del objetivo del Estado: proteger, representar y beneficiar a toda la sociedad.*

Entre las ideas que dominan en el ADN del pensamiento argentino, ocupa un lugar destacado el mercado. *Para la mayor parte de la sociedad, incluido sus dirigentes políticos o religiosos, el mercado es un invento creado por los intereses empresariales. El mercado no existe y es una creación intelectual para engañar a la gente crédula y ocultar el verdadero manejo que las empresas hacen en la economía para su beneficio personal.*

Según el pensamiento dominante, nadie puede creer en lo que no ve. Mucho menos creer que existe una *mano invisible* que ordena la oferta y la demanda para generar el precio más bajo de los productos y estimular al eficiente en producirlo. La única mano real es la de los empresarios que acomodan los precios a sus intereses, controlan a los trabajadores y deciden qué producir.

El mercado es una mentira y ubica a sus defensores en la categoría de enemigos de los sectores populares en Argentina. Nada de mano invisible, de competencia e igualdad de los desiguales. El mercado es el espacio económico elegido por empresas y monopolios para regular las actividades en beneficio de sus intereses, según el ADN argentino.

Con respecto al trabajo, los trabajadores y los sindicatos, el pensamiento dominante en nuestro país también tiene sus postulados y principios que no aceptan ser cuestionados o modificados. Es un pensamiento único, cerrado y autoritario que no acepta crítica. Según nuetro ADN los trabajadores son las "víctimas del sistema" y a partir de allí todos sus reclamos son para reparar las injusticias recibidas desde siempre.

La mayoría considera que los trabajadores son los únicos perjudicados en el orden económico nacional. Los empresarios siempre ganan y los trabajadores siempre pierden. El pensamiento dominante considera que los empresarios no son trabajadores. Esta categoría, artificialmente diseñada por los sindicatos, coloca sólo a los asalariados en la condición de trabajadores. Los demás son vividores, explotadores o corruptos. Trabajadores sólo son los asalariados y –como el Estado– no pueden ser cuestionados en su idoneidad, entereza o dignidad.

A partir de antecedentes ligados a la marginalidad, la explotación y los calificativos despectivos de "cabecitas negras", los asalariados y agremiados han logrado posicionarse como los únicos perjudicados del orden económico. A partir de esa victimización se han ubicado en una posición de intransigencia en cuanto a examinar cómo debe ser un orden económico rentable y equitativo. Su principal objetivo es obtener "mayores recompensas económicas" sin considerar el orden social y la rentabilidad económica. Cualquier opinión en contra de los reclamos de los trabajadores es denostada y cuestionada como contraria a los intereses de la clase obrera y la mayoría de los argentinos.

La contracara de los trabajadores son los empresarios, que se llevan casi todos los beneficios de los procesos de producción. Los empresarios son los victimarios a los cuales hay que recortarles su poder y su avaricia, en beneficio de la distribución de riqueza hacia los trabajadores, que son las víctimas desamparadas.

Seguramente este pensamiento de "víctima y victimario" se nutre de una historia cruel y expoliadora hacia los trabajadores ocurrida en los albores de la industrialización argentina. Historia que se remonta de manera masiva al siglo XIX pero que aún prevalece en muchos sectores de la producción económica. Historia que según los trabajadores termina con la llegada del coronel Perón al poder; aunque él era militar, se lo considera por razones ideológicas como el *primer trabajador*.

No hay duda de que los trabajadores han sufrido y sufren gran cantidad de atropellos económicos y sociales. No quiero extenderme al respecto pues todos los conocemos y el que quiera negarlo es un ignorante o un fanático ideológico. Sin embargo, el reconocimiento a su historia de explotación y sus grandes dificultades presentes no puede desconocer que desde el punto de vista económico los trabajadores tienen *obligaciones* que cumplir para poder acceder a los derechos reclamados y mejores ingresos.

Nadie duda de que los trabajadores y asalariados deben acceder de manera equitativa a la riqueza que han logrado generar con su esfuerzo. También tienen derecho a un descanso, a la salud, la educación y una vida digna. Sus aspiraciones de progreso no deben cesar jamás. Sin embargo, *los trabajadores jamás deben pasar por alto que sus ingresos no dependen de actos de fe o normas jurídicas bien intencionadas de los gobiernos. Los salarios y su nivel de ingreso dependen de factores económicos y del orden social existente.*

Los sindicatos, si bien se han constituido para defender sus intereses sectoriales, no pueden desconocer que sus reclamos, derechos y obligaciones deben ser coherentes con todo el orden social y el orden económico. Se ha visto que es imposible que un orden específico, en este caso el laboral, pueda tener objetivos y normas contrarias a otros órdenes que conforman el orden social. Por lo tanto, los sindicatos deben tener una mirada más amplia que la que tienen. No sólo deben mirar los intereses de su sector sino también los intereses de todos los que integran el orden social argentino. Incluidos los trabajadores *en negro,* que aunque no realicen aportes sindicales deberían ser considerados igualmente como trabajadores.

No es mi intención extenderme sobre los cientos de principios que sustentan el ADN del pensamiento dominante argentino que han causado muchos desaciertos para lograr un progreso autosostenido y de bienestar para la sociedad. Se podrá cuestionar la crítica que he realizado a esos principios porque es una crítica contraria a la opinión de las mayorías.

Sin embargo, a pesar de tener un arraigado espíritu democrático y respeto a las mayorías, no por eso se puede dejar de expresar una opinión divergente aunque la mayoría opine lo contrario. Justamente la democracia consiste en que todos puedan expresarse y el conocimiento evoluciona en la medida que esté abierto a nuevas ideas.

La actitud de apertura a la crítica es la clave para la democracia y para que el conocimiento evolucione hacia mayores niveles de desarrollo. Desde esta posición, es mi intención plantear una mirada diferente sobre el orden económico argentino. Mi intención es proponer ideas diferentes a las dominantes en el ADN nacional. Ideas que, entiendo, pueden generar un mayor bienestar, mejor justicia, más equidad y solidaridad social.

# el orden ECONÓMICO

# 5

# LA EMPRESA Y EL MUNDO EXTERIOR

Una vez que una empresa logra organizar los factores que integran su proceso productivo, debe traspasar las fronteras de su estructura interna. Debe insertarse en el mundo exterior a fin de participar como proveedora de bienes y demandante de insumos. En ese ámbito debe interrelacionarse con otras empresas, consumidores e instituciones públicas.

La posibilidad de que una empresa participe e interactúe con otras organizaciones empresariales o personas es posible porque existen normas y objetivos compartidos dentro del orden social. Es posible porque existe un *orden económico* que permite ordenar las relaciones económicas entre los integrantes de la sociedad que tienen objetivos económicos.

*El orden económico integra todas las actividades económicas que se dan en la sociedad por parte de las personas que actúan de manera individual o asociada.* El orden económico es el ámbito donde compiten las empresas, se realizan intercambios comerciales, se consumen bienes y se establecen relaciones con la economía pública estatal.

*El orden económico, como parte del orden social, es el marco jurídico-económico que las empresas, personas e instituciones públicas tienen como referencia para ordenar y planificar sus objetivos productivos en busca de la obtención de riqueza.*

No existe posibilidad de que una empresa pueda ejecutar sus actividades con éxito si no se *adapta e integra* al orden económico que rige dentro de un orden social. Las empresas son parte del orden económico y como tales deben adaptarse a las pautas jurídicas de convivencia y las relaciones económicas que el derecho positivo establece para ordenar la economía.

El principal requisito para que una empresa se integre al orden económico es que se allane a las normas jurídico-sociales que establecen las condiciones para producir, invertir, acceder a los recursos naturales, contratar trabajadores y competir con otras empresas. Si las empresas no se allanan a las pautas de ordenamiento que regulan el orden económico formal no podrán ejercer sus actividades, salvo que ingresen en la economía informal.

En la economía informal también existe un *orden económico*. Un orden diferente al que ordena las relaciones económicas de la economía formal. Existe un orden, porque si no sería imposible establecer relaciones entre los que ofrecen productos y los que los consumen. La economía informal tiene un orden económico propio para generar las relaciones entre pares. Es un orden económico diferente y regulado por otras normas que difieren de las que existen en el orden económico formal. En la economía informal, el derecho positivo está relegado por las normas sociales y las costumbres.

## NECESIDAD DE UN ORDEN ECONÓMICO

El orden económico y sus pautas de ordenamiento jurídico son el marco de referencia que las empresas toman como datos objetivos para planificar sus actividades y visualizar su capacidad de éxito. El orden económico permite que las empresas afronten una menor cantidad de riesgos y tengan mayor certidumbre para alcanzar sus objetivos. Es lo que les permite ordenar sus actividades para relacionarse con sus pares, sus consumidores y el Estado.

El orden económico de una sociedad debe ser objetivo, certero y eficaz para que las personas y las empresas se ordenen económicamente. No es posible organizar una actividad empresarial y proyectarla hacia el futuro en medio de un caos social donde no existan reglas que orienten y ordenen las acciones económicas.

*Cualquiera sea el orden social que se establezca, para que una empresa pueda desarrollar sus actividades es necesaria la existencia de un orden económico seguro, estable y predecible. Un orden que garantice la vigencia y la estabilidad de las pautas normativas que permitan planificar las relaciones económicas detrás de objetivos individuales o colectivos.*

Ninguna actividad económica empresarial o individual es posible de realizar en el desorden, el caos y la inseguridad. Las empresas necesitan inexorablemente la existencia un orden económico para orientar sus comportamientos y relacionarse con otras empresas o personas.

Las empresas y los trabajadores requieren que ese orden garantice el cumplimiento de las obligaciones, el respeto a los derechos adquiridos y la estabilidad de las normas jurídicas. Requiere de un sistema de precios que ponga en evidencia la escasez. De un sistema monetario estable junto a un sistema financiero que permita acceder al crédito. Requiere de normas que estimulen la inversión, el acceso al trabajo y a los recursos naturales para generar bienes.

El desorden económico –por las razones que fuere– conduce inexorablemente al caos que impide la construcción de una economía equitativa, con igualdad de oportunidades, con crecimiento económico y defensora de la convivencia social. El caos económico no permite a las personas ordenarse, organizarse, vincularse y proyectar hacia el futuro. La ausencia de reglas que guíen las conductas económicas para proyectar actividades genera caos y la injusticia a favor de los poderosos.

Un orden económico debe coexistir con los objetivos y normativas de los demás órdenes que integran el orden social. *Es imposible la existencia de un orden económico estable y ordenador de conductas económicas cuando sus objetivos o normas son contrarios a los vigentes en el orden político, laboral o cultural.* La coexistencia de los órdenes que integran todo el orden social es fundamental para evitar los conflictos y el desorden social.

*La existencia de un orden económico integrado a los objetivos del orden social disminuye los conflictos en el seno de la sociedad. Hace previsible los comportamientos económicos, vincula de manera positiva a los integrantes de la sociedad. Permite ejecutar planes con mayor eficiencia.*

Un orden económico no implica que prevalezca una estructura jurídica y social rígida que no acepte modificaciones o cambios en las relaciones que se fijan los integrantes de la sociedad en su devenir económico. Tampoco orden económico es sinónimo de autoritarismo o la existencia de un poder ordenador que establezca qué deben hacer las empresas, los trabajadores y los consumidores.

Un orden económico es más eficiente, productivo y justo cuando es un *orden abierto e igualitario*. Cuando es un orden que permite la movilidad y la transformación de acuerdo con las necesidades sociales. Un orden económico debe ser dinámico, igualitario y democrático para que permita la eficiente producción de bienes y la equitativa distribución de los ingresos. Un orden económico debe alentar la producción y castigar la especulación o la explotación del trabajo ajeno. Debe tener una matriz que beneficie a la gente, las empresas y la economía pública.

Es cierto que la mayoría de los órdenes económicos en la actualidad no son abiertos e igualitarios. En buena parte de las sociedades contemporáneas los órdenes económicos son cerrados y generadores de desigualdades. Lo que prevalece son órdenes económicos regulados por poderes privados o públicos que ordenan centralmente cuáles son las actividades que debe realizar la sociedad. Son órdenes que impiden la igualdad de oportunidades, la justa distribución de la riqueza y la libertad para que la gente actúe de acuerdo con sus propios planes. Son órdenes cerrados que afianzan las hegemonías económicas que defienden intereses sectoriales y no los intereses de toda la sociedad.

## ECONOMÍAS CERRADAS Y ECONOMÍAS ABIERTAS

El orden económico es gravitante y determinante para el desarrollo, el progreso y el bienestar material de los integrantes de la sociedad. De acuerdo con el orden que una sociedad establezca para vincularse económicamente y llevar adelante sus actividades se habrán de generar diferentes formas de convivencia social. Distintos resultados de rentabilidad y diferentes grados de eficiencia. Distintas formas de distribución de la riqueza, de acceso a los recursos naturales y las formas de vinculación con la economía pública estatal.

A lo largo de la historia pueden observarse una gran variedad de economías nacionales que han ordenado de diferentes maneras el comportamiento de las sociedades detrás de objetivos particulares o colectivos. Esos órdenes económicos, al tener matices estructurales diferentes, han generado vínculos distintos entre las personas, las asociaciones empresariales y los gobiernos.

La posibilidad de que los órdenes económicos puedan constituirse y desarrollarse de maneras diversas no es poca cosa. Sabemos que de acuerdo con el camino elegido se puede llegar a diferentes destinos. Por lo tanto, según la estructura, la normativa y la constitución de un orden económico se obtendrán diferentes resultados de progreso y bienestar para la gente.

La historia revela que las personas se organizaron económicamente de diferente forma a través de su larga evolución. Esta amplia variedad de matices que tuvieron los órdenes económicos ha dado lugar a infinidad de nomenclaturas para definirlos. Con esas "etiquetas o nomenclaturas conceptuales" se buscó remarcar algún aspecto considerado como valioso o negativo de los órdenes económicos dados en la historia.

De acuerdo con la nomenclatura utilizada, en la actualidad tenemos órdenes económicos definidos *como estatistas, capitalistas, liberales, neoli-*

*berales, clasistas, socialistas, de mercado, populistas o financieros,* para sólo citar algunos de los calificativos más empleados. Cada uno de esos conceptos busca remarcar un aspecto sobresaliente del orden económico a ojos de quien lo describe.

En este trabajo vamos a despojarnos de esos calificativos o etiquetas normalmente cargadas de sentimientos ajenos a la ciencia y que suelen ocultar algunos aspectos que consideramos relevantes para entender el comportamiento económico de las sociedades. *Vamos a mostrar que los órdenes económicos, más allá de la amplitud de matices que puedan encontrarse a lo largo de la historia, pueden organizarse sólo a partir de dos matrices constitutivas. Estas matrices están claramente diferenciadas según quién sea el responsable de la planificación económica de las actividades de los trabajadores o las empresas.*

Partiendo de que toda actividad económica es una actividad planeada, considero fundamental definir quién tendrá la responsabilidad de la planificación de las actividades tendientes a producir, distribuir o consumir la riqueza dentro de un orden económico.

Si bien una observación superficial de la historia muestra que han existido y existen muchísimas maneras en que las personas, las empresas y los gobiernos planifiquen sus actividades económicas dentro de las sociedades, un examen profundo permite diferenciar que sólo *existen dos matrices básicas de planificación económica.*

Según la matriz elegida para planificar la actividad económica, se pueden constituir dos tipos de órdenes económicos. Dos órdenes claramente diferenciados que habrán de generar diferentes formas de producción y distribución de la riqueza.

*Una matriz de planificación económica se caracteriza por la existencia de un poder ordenador que establece un plan central. Ese plan ordena cómo deben desarrollarse las actividades económicas de diferentes sectores productivos de la sociedad. Empresas y trabajadores, consumidores y productores, deben ajustar sus decisiones y planes al marco regulador establecido por un único plan establecido desde un poder privado o público.*

A veces ese plan central sólo afecta a la distribución de los ingresos. Otras veces a la producción y otras veces al consumo. Sin embargo, en general la planificación centralizada desde un núcleo de poder incide sobre todas las actividades del quehacer económico, aunque formalmente se dirija sólo a una actividad.

*La otra matriz de planificación, que da lugar a otro tipo de orden económico, consiste en dejar que la planificación de las actividades económicas esté a cargo de cada integrante de la sociedad. Cada empresa, trabajador o consumidor planifica sus actividades económicas de acuerdo con su voluntad e intereses.* No existe un único plan que la gente debe cumplir para lograr sus fines económicos. Existen millones de planes que resultan de decisiones individuales de trabajadores, empresarios y consumidores. Estos actores económicos sólo deben tener en cuenta los planes de los otros integrantes de la sociedad a fin de vincularse con ellos para producir, invertir o consumir.

Cuando las personas o las empresas planifican sus actividades económicas de manera individual, de acuerdo con sus proyectos e intereses, estamos en presencia de *un orden económico de planificación individual.*

En cambio, cuando las personas de manera individual o asociada deben ordenar sus actividades de acuerdo con un plan central, que establece los objetivos y los procedimientos económicos, estamos ante la presencia de *un orden económico de planificación centralizada.*

El orden económico centralizado se construye normalmente a partir de una planificación a cargo de un ordenador hegemónico. Este ordenador tiene el poder para ordenar cuáles serán los objetivos económicos y las actividades que deben desarrollar los integrantes de la sociedad.

Las actividades de los trabajadores y las empresas en un orden económico centralizado deben ajustarse –con mayor o menor rigidez– a un plan global que todos deben cumplir y ejecutar. Sólo su cumplimiento cabal permite que el plan central pueda alcanzar los objetivos buscados. *Para que un plan centralizado sea efectivo necesita que no haya otros planes económicos que lo contradigan o propongan objetivos diferentes.*

En un orden económico centralizado la libertad de proponer planes económicos diferentes o contrarios al plan central está vedado. La existencia de planes u objetivos diferentes atenta contra el cumplimiento de los objetivos y auspicia el desorden. Por esta razón muchos denominamos a este tipo de orden económico como *cerrado*. Todos los planes individuales o colectivos están *vedados de ingresar* en el orden económico centralizado. Su ingreso altera el plan central y genera conflictos.

La ejecución del plan central emanado desde un poder ordenador hegemónico debe ser de *carácter universal y obligatorio* para toda la sociedad. Nadie puede dejar de cumplirlo y los que no cumplen quedan fuera de la ley. El plan central debe ser el único referente y guía que todos los particulares deben acatar para desarrollar la producción, el consumo y el intercambio comercial.

Toda modificación al plan central por parte de los integrantes de la comunidad es sancionado. La existencia, permanencia y concreción de los resultados del plan central dependen de su cumplimiento total por parte de todos los actores económicos de la sociedad, sean personas o empresas.

El *orden económico de planificación individual* se encuentra en las antípodas del cerrado, en la medida en que su constitución y ordenamiento no es resultado de ningun plan único y obligatorio para toda la sociedad. Es un orden económico que se ordena y relaciona económicamente a partir de los planes individuales de los integrantes de la sociedad. *Es un orden abierto a los intereses particulares y los planes de los integrantes de la sociedad. No tienen otro límite que el respeto a los derechos individuales y colectivos que las sociedades consideran valioso respetar.*

En el orden económico de planificación individual, las relaciones, los vínculos y los objetivos económicos no son resultado de ningún plan ordenado desde un poder superior a los intereses individuales. Es un orden que se ordena a partir de la vinculación de millones de planes particulares que emprenden los miembros de la sociedad. Las normas vigentes en este tipo de orden económico alientan y garantizan la actividad económica a partir de la libertad. Cada integrante de la sociedad puede producir, trabajar y comercializar de acuerdo con sus propios objetivos y trazar sus propios planes económicos.

En el orden económico de planificación individual la creación, organización y ejecución de los planes económicos se realiza en función de los intereses individuales. Su principal límite es no atentar o ser contrario a los objetivos sociales e intereses colectivos. Este tipo de orden económico no logra ordenadarse correctamente cuando las oportunidades de producir o trabajar no son iguales para todos, cuando existen situaciones de privilegio que permiten a algunos obtener beneficios con la exclusión de otros.

La historia muestra que las sociedades se han organizado económicamente a partir de esas *dos matrices básicas*. Esto ha dado lugar a la formación de dos tipos de órdenes económicos: *los que resultan de la planificación centralizada y los que tienen su matriz en la planificación individual*. Lógicamente que de acuerdo con el tiempo histórico, la región geográfica y la organización política, cada sociedad le imprimió matices propios a estas dos formas de ordenar la economía social.

Una mirada histórica permite observar que el orden económico de planificación centralizada y el de planificación individual tuvieron formas muy distintas de implementarse según la época, el contexto político o las regiones analizadas. También la historia permite comprobar que las dos matrices básicas de ordenamiento económico normalmente nunca se dan de *forma pura*. Habitualmente se entremezclan y conviven los dos tipos de planificación económica. Es habitual ver en los diferentes órdenes económicos *reales* cómo convive la planificación centralizada en algunos sectores de la economía con los planes individuales para ordenar otros sectores.

En la actualidad, lo habitual es la existencia de órdenes económicos que combinan las dos matrices de planificación. Por un lado existen muchas sociedades que delegan en los gobiernos la planificación centralizada para ciertas actividades económicas consideradas estratégicas, mientras que se autoriza la planificación individual para comerciar o producir en otras áreas económicas.

*Sin embargo, esta combinación de matices organizativos que se pueden dar en la historia y la actualidad no desnaturaliza el principio de que las sociedades total o parcialmente sólo tienen dos formas básicas de ordenar sus actividades económicas: a través de una planificación centralizada o por medio de los planes individuales de los integrantes de la sociedad.*

## EL ORDEN ECONÓMICO ES PARTE DEL ORDEN SOCIAL

*El orden económico centralizado como el de planes individuales, requiere que sus objetivos y normativa se complementen con los demás órdenes que conforman el orden social, a fin de impedir conflictos y contradicciones que conduzcan al desorden social.*

Hemos visto que el orden social exige la *complementariedad y coexistencia* de todas las normativas que ordenan los diferentes órdenes específicos que componen una sociedad. Son necesarias la coexistencia y la coordinación de los diferentes órdenes para que no se produzcan conflictos o contradicciones entre las normas que cada orden tiene para alcanzar sus objetivos.

Por ese principio de coexistencia, un orden económico centralizado necesita que el orden político o laboral tenga normas que no frenen la ejecución del plan económico global establecido para todas las actividades económicas. Esto implica que en sociedades con órdenes económicos centralizados sea difícil establecer órdenes políticos que fomenten partidos políticos que propongan la autonomía de las empresas para actuar de acuerdo con sus propios intereses. Tampoco es posible la existencia de sindicatos que no quieran cumplir con las directivas económicas establecidas en el plan económico. En ese tipo de orden centralizado los intereses de los trabajadores deben coincidir con los objetivos del plan económico.

Desde la perspectiva de las economías sustentadas en los planes individuales también es necesaria la complementariedad de los órdenes que conforman el todo social. No es muy difícil la coexistencia de una normativa que favorece la igualdad de oportunidades y libertad de planificar económicamente de acuerdo con los intereses particulares con un orden político de partido único. Su coexistencia al cabo de un tiempo entrará en conflicto y alguno deberá ceder.

Tampoco un orden económico de planificación individual puede coexistir con un orden jurídico que limite el acceso a los medios de producción por parte de sectores sociales o que permita la existencia de monopolios que eliminan el mercado.

*La necesidad de la coexistencia de objetivos y normas jurídicas que regulan los diferentes órdenes que integran el orden social no quiere decir que en la realidad esta coexistencia exista de manera óptima. Al contrario, lo habitual es que en un orden social real se establezcan normas y objetivos contradictorios que explican buena parte de los conflictos y desórdenes sociales que se presentan a diario.*

La única forma de que esos desequilibrios desaparezcan y no se incrementen con el tiempo es que un orden social tenga pautas generales que impidan que sus órdenes internos –político, económico, laboral o educativo– se ordenen detrás de objetivos contradictorios entre sí. Sólo la coexistencia e interdependecia de las normas de los diferentes órdenes permite un funcionamiento eficiente de todo el orden social.

## ÓRDENES ECONÓMICOS GRISES

Se ha expresado que tanto el orden económico centralizado como el abierto a los planes individuales son dos modelos puros, a los cuales apelamos conceptualmente para conocer mejor la siempre confusa y poco diáfana realidad. Sin embargo, que sean dos modelos conceptuales puros no quiere decir que no tengan sustento o no esté corroborada su existencia en la historia. Al contrario, es la observación de la realidad histórica la que justamente permite afirmar que esos dos modelos de planificación económica son los que caracterizan la forma en que el hombre ha ordenado su vida desde sus primeras formas de organización social.

La realidad histórica, como no podía ser de otra manera, también muestra que son muy pocos los pueblos que han aplicado de manera "*pura*" uno de los modelos de organización económica. En la mayoría de los casos han coexistido ambas formas de planificación para ordenar los comportamientos económicos. No existen los blancos y los negros de manera excluyente al examinar las cientos de comunidades económicas que se han dado en la evolución humana. La realidad muestra que la mayoría de los órdenes económicos han sido "grises", es decir que se han caracterizado por combinar los dos modelos de planificación: la centralizada y la individual.

Al examinar esos matices grises de los órdenes económicos reales se puede observar que existieron economías sociales con una mayor preponderancia de los planes individuales para ordenar sus conductas económicas. En otras, en cambio, existió una mayor preponderancia de la planificación centralizada desde un poder ordenador.

En la actualidad, los órdenes económicos "grises" combinan la planificación económica centralizada a cargo del poder político con la planificación individual de la gente. Las matrices puras de los dos órdenes económicos no se encuentran en ninguna sociedad. Los grises, con mayor inclinación a la planificación central, prevalecen en la mayoría de los países.

Es cierto que como toda combinación, la mezcla no siempre da los resultados esperados. A veces los efectos dados en los órdenes económicos *grises* no son óptimos. La razón hay que buscarla en otros factores que hacen a una economía social.

Los intentos de hacer coexistir dentro de un orden económico a la planificación centralizada e individual exige que ambas compartan objetivos y normativas que no impidan la concreción de las actividades planificadas por uno u otros. Si la planificación centralizada impide la planificación individual o a la inversa, se producirán conflictos de intereses que generán inseguridad y desorden. Desorden que se extenderá al orden político que deberá mediar a veces con éxito y otras aumentando el desorden social.

*La coexistencia e interdependencia eficiente de los dos modelos de planificación económica dentro de un orden social es un tema de política de*

*Estado. La definición, si debe predominar la planificación centralizada o la individual en el orden económico, es también un tema de política de Estado. Ninguna sociedad puede escapar a esas definiciones al momento de diseñar las características que deben prevalecer en el orden económico que regula sus conductas económicas.*

No resolver los límites, alcances y extensión que tendrán los particulares para planificar su producción, distribución y tráfico de bienes, como cuáles serán las actividades económicas que serán resultado de una planificación a cargo de una dirección central genera muchos inconvenientes al orden social. Al no existir *políticas de Estado* que establezcan claramente esos límites, los ordenadores gubernamentales generalmente pujan con los intereses individuales para extender su área de influencia en el orden económico. Cuando esa puja es conflictiva cunde el desorden económico, pues el derecho es relegado detrás de las luchas de poder o ideológicas. La sociedad se convierte en el rehén que debe esperar el resultado de la puja.

Este enfrentamiento conflictivo es lo que caracteriza a nuestro país desde hace décadas. Al inicio de la organización nacional, el orden económico abierto a la planificación individual predominó sobre la planificación centralizada. A partir de mediados del siglo XX el orden económico argentino comenzó a girar hacia un ordenamiento económico a cargo de monopolios y el poder político. Unos y otros comenzaron a ordenar la economía y sus diferentes sectores productivos de acuerdo con sus objetivos. La mayoría de las actividades económicas dejaron de ordenarse a partir de los planes individuales de las empresas, inversores, consumidores y trabajadores. La actividad económica comenzó a ser ordenada desde el poder público y grupos hegemónicos privados. El orden económico que finalmente se instaló en nuestro país quedó plagado de contradicciones y lleno de conflictos. No fueron resueltos los problemas del pasado y se aumentaron los del presente.

En la actualidad, el orden económico argentino indica que el resultado de la puja ha beneficiado a la dirección centralizada –privada o pública– de la economía. Esta tendencia es impulsada por el pensamiento dominante en el ADN argentino. Pensamiento que comparten sindicatos, partidos políticos, organizaciones sociales y la mayoría de la sociedad. Los actores sociales consideran que el orden económico argentino requiere de un ordenador dirigido por el Estado, negando la posibilidad de que las personas o las empresas estén en condiciones de ordenar de manera individual un sistema productivo eficiente y justo para todo el colectivo social.

# LA ARGENTINA TIENE UNA ECONOMÍA CERRADA

Nuestros constituyentes de 1853 optaron por un orden económico abierto a los planes individuales para organizar la actividad económica de los argentinos. También imaginaron un orden social igualmente abierto para todos los hombres del mundo que quisieran habitar nuestros territorio para trabajar e invertir. A partir de esa instancia constitucional, la normativa jurídica y las reformas constitucionales posteriores decidieron avanzar hacia otro rumbo. Se avanzó hacia la planificación centralizada de la economía para regular la mayoría de las actividades de producción, distribución, inversión financiera, bancaria y de comercio. Esa planificación fue delegada al Estado y a sus representantes gubernamentales.

Numerosas disposiciones gubernamentales fueron ocluyendo o cerrando el orden económico. La normativa avanzó en el sentido contrario a los principios constituyentes. Se convalidó la mayor participación del Estado y sus planes centrales como ordenador es de la economía nacional por encima del orden generado por los planes individuales. También la normativa autorizó a ciertas empresas a organizarse monopólicamente para que establecieran planes económicos centralizados y obligatorios para toda la sociedad.

Esa evolución en la planificación del orden económico argentino no es consecuencia exclusiva de decisiones resultantes de una ideología que considera superior el ordenamiento económico a cargo del Estado. *Buena parte de la tendencia registrada hacia la dirección centralizada fue consecuencia de que el orden económico organizado a través de los planes individuales no logró los objetivos esperados.*

Los constituyentes de 1853, al diseñar la normativa jurídica para establecer una economía abierta, incluyeron algunas normas e ignoraron otras que terminaron afectando los objetivos buscados. *Esas fallas de diseño normativo impidieron que la gente pudiera planificar libremente sus actividades económicas y acceder en iguales condiciones a los factores de producción. Fallas estructurales que estimularon el cierre de las fronteras económicas para que los habitantes del mundo pudieran trabajar y producir en nuestro país.*

En la actualidad, el orden económico prevaleciente en nuestro país está sustentado y organizado a partir de los planes emanados principalmente por un ordenador llamado Estado, secundado por empresas hegemónicas en los sectores de producción y distribución.

El orden jurídico respalda normativamente esa dirección centralizada de la economía y pone límites a la actividad planificada por los particulares y empresas. En general puede decirse que el ordenamiento legal que regula las actividades económicas es *poco amigable* con las organizaciones empresariales y los trabajadores cuentapropistas. Es un orden jurídico que pone trabas para que la gente realice actividades económicas de acuerdo con sus intereses. La actividad económica debe realizarse según las disposiciones de los planes del Estado o de las empresas monopólicas.

La *economía pública estatal* establece y ejecuta planes económicos para toda la sociedad, atravesando horizontal y verticalmente todo el orden económico nacional. Sus planes centralizados establecen límites a la actividad de los particulares, a sus vínculos con el resto de la sociedad y a su relación con los sectores del trabajo, el capital y los créditos. Los gobiernos –a través del Estado– han dejado de ser árbitros de los intereses que confluyen en la economía nacional para ser partícipes y ordenadores de cómo deben actuar económicamente la mayoría de los miembros de la sociedad.

*El orden económico argentino es mayoritariamente un orden cerrado a las actividades individuales de la gente y las empresas. No es un orden abierto a las oportunidades, a la igualdad y a la libertad de producir sin condicionamientos privados o públicos. Es un orden económico que se ha cerrado impidiendo que la gente de trabajo y los emprendedores empresariales puedan actuar de acuerdo con sus objetivos. Está cerrado a la libre iniciativa y a la posibilidad de ser dueños íntegros del producto del trabajo y la inversión.*

El orden económico argentino se encuentra regulado y ordenado por una importante planificación centralizada bajo la dirección del Estado. Planificación que se extiende a las actividades de producción y distribución de la riqueza, las actividades financieras, de crédito y comercio nacional e internacional. Complementariamente, empresas hegemónicas se han desarrollado por todo el orden económico controlando actividades de producción y distribución que distorsionan el mercado.

Sin embargo, las razones expuestas no son las únicas que impiden que el orden económico argentino sea abierto a la planificación individual y a la posibilidad de que la gente se relacione económicamente en igualdad de condiciones. *La dificultad de acceder a los recursos naturales para producir colabora para que el orden económico esté cerrado a la gente. No menos importante es el sistema impositivo vigente. La diversidad de gravámenes impositivos a la producción, el consumo, el trabajo y el comercio colaboran para que los integrantes de la sociedad se topen con una muralla al momento de querer realizar una actividad económica.*

Nuestro país ha construido a lo largo de su historia un orden económico cerrado a la participación económica de la gente, sean trabajadores, consumidores o empresas. Toda su normativa tiende a concentrar la dirección y la planificación de la economía en el poder del Estado-gobierno y de las corporaciones privadas. Los resultados, a la luz de las estadísticas, las crisis periódicas y el progreso social alcanzado en comparación con otros países emergentes indican que es necesario revisar esa tendencia. Es necesario examinar cuáles son las razones que han generado una *economía con barreras* que impiden que la gente pueda crecer y desarrollarse.

Quizás haya llegado el momento de despojarse de los prejuicios y el pensamiento dominante en nuestro ADN. Quizás es una buena oportunidad para analizar las ventajas y las desventajas de la planificación centralizada y de la planificación individual para generar un orden económico que beneficie a la gente. Un orden económico que permita el efectivo bienestar colectivo e individual de cada argentino.

## EL ORDEN ECONÓMICO ABIERTO

El orden económico abierto es aquel en el cual las personas, físicas o jurídicas, planifican una actividad económica en su propio beneficio y detrás de sus propios objetivos. El orden económico abierto facilita e incentiva la producción autónoma de las personas y el tráfico de bienes entre los miembros de la sociedad de acuerdo con sus intereses y planes individuales.

En el orden económico abierto las personas coordinan sus planes individuales –por intermedio del mercado– para satisfacer sus necesidades, intereses y objetivos económicos. Cada integrante de la sociedad aporta su trabajo, recursos naturales y bienes de capital con el objetivo de tener una recompensa que satisfaga sus necesidades y lo motive para emprender nuevas actividades económicas.

*Un orden económico abierto a los planes individuales de la gente supone la libertad de trabajar, producir, consumir y comerciar todos los bienes y servicios de acuerdo con los recursos naturales disponibles. El orden económico abierto supone la igualdad de oportunidades entre sus integrantes, para que todos puedan acceder a los factores de producción y a la equitativa distribución de la riqueza.*

Este tipo de economía social se ordena a partir de los planes económicos individuales que se entrecruzan en el mercado nacional e internacional. Cada plan individual se complementa con los planes individuales de otras personas. Existe un vínculo o relaciones económicas a partir de la existencia de planes que buscan diferentes objetivos económicos. Es un orden de convivencia que permite que intereses económicos contrapuestos se junten en el mercado para satisfacer las necesidades de unos y otros.

El orden económico abierto alcanza su máxima plenitud cuando los planes individuales tienen la mayor cantidad de opciones para hacer valer sus intereses y ejecutar sus proyectos. Esto ocurre cuando las empresas o personas pueden optar por actividades económicas que exceden a las prevalecientes en el mercado y tener la posibilidad de crear una nueva opción de producción o distribución que no estaba prevista.

Un orden económico de planificación individual se cierra cuando sus participantes deben limitarse inexorablemente a determinadas opciones o cuando un plan económico obliga a personas o empresas a aceptar solamente sus directivas. Esto ocurre, por ejemplo, cuando se instalan monopolios sobre el mercado o se excluye a la gente de participar en ciertas actividades por decisiones públicas.

El orden económico abierto a los planes individuales no existe de manera pura. Se ha visto que en las sociedades históricamente dadas y en la actualidad lo que predomina son órdenes económicos que combinan la planificación individual y la centralizada.

En la actualidad, en todos los órdenes económicos abiertos a la planifación individual no sólo participa la gente de manera personal u organizada en empresas. También participa activamente el sector público estatal con sus múltiples funciones económicas. De esta forma coexisten los planes centralizados de la economía estatal con los planes individuales de la gente.

En un orden económico abierto la economía pública –necesaria e imprescindible– debe *coexistir y complementarse* con los planes individuales de la gente. Si se quiere un orden abierto, el Estado debe alentar y proteger los planes económicos de la gente. En esos casos la planificación estatal debe utilizar todas las herramientas jurídicas a su disposición para torcer, cambiar o impedir las tendencias hegemónicas. Debe proteger a la sociedad para que los planes individuales puedan ejecutarse en libertad y con igualdad de oportunidades.

Un sistema abierto a la planificación económica de los particulares y las empresas no es contrario a la planificación de la economía pública que establece el Estado para cumplir con los objetivos que la sociedad le ha delegado. Por el contrario, la coexistencia de la planificación pública y privada es fundamental para las sociedades. Hay necesidades, carencias y objetivos que sólo la planificación pública puede lograr de manera eficiente.

Sin embargo, esa necesidad de coexistencia e interdependencia no es posible de establecer cuando los objetivos o normas son contradictorios o cuando la economía pública se quiere imponer sobre la planificación individual de la gente.

La actividad de la economía pública estatal es una necesidad insoslayable para lograr objetivos sociales e institucionales dentro de todo orden económico. Necesidad que no implica aceptar que la planificación de la dirección central del orden económico es mejor que la planificación a cargo de los particulares. La planificación centralizada a cargo del Estado es valiosa para determinados fines pero absolutamente negativa para otros. Los resultados productivos y distributivos de los órdenes económicos donde predominan la planificación a cargo de las personas y empresas demuestran a las claras que son más eficientes y equitativos para alcanzar un mejor desarrollo social.

En nuestro país la planificación estatal centralizada se desarrolla y coexiste de manera conflictiva con las empresas particulares y los trabajadores. Es cierto que hay muchos espacios dentro de ese orden económico donde prevalecen la libertad y la igualdad de oportunidades para la planificación individual. Sin embargo, cada vez son mayores y más significativos los espacios dentro del orden económico argentino donde las empresas y particulares deben someterse a los planes normativos de la economía pública. El ordenamiento público sobre qué producir, comerciar, consumir o invertir se extiende a todo el orden económico argentino.

CAPÍTULO 5

# EL MERCADO

*En un orden económico abierto a la planificación individual, el mercado es el gran coordinador de esos planes individuales destinados a producir, invertir, comercializar y distribuir la riqueza.* Para todas las personas o empresas –a excepción de buena parte de la economía pública que responde a otros objetivos– el mercado es el termómetro que permite medir la efectividad de las ideas productivas, el nivel de los ingresos y la rentabilidad de las actividades económicas.

El mercado *abierto*, con la ayuda del sistema de precios, refleja la escasez y la abundancia de bienes. Indica a las personas y empresas dónde están las oportunidades de negocios o empleo. A través del mercado los planes de cada persona o empresa se complementan con los planes de los otros miembros de la sociedad que buscan concretar sus objetivos y proyectos económicos.

*El mercado abierto requiere que no existan desigualdades y privilegios. Requiere que todos tengan la opción de trabajar e invertir y que nadie pueda vivir del trabajo ajeno. Es el espacio donde los actores económicos –trabajadores, consumidores y empresarios– pueden participar con igualdad de oportunidades detrás de sus objetivos y planes individuales.* Es el espacio donde se encuentran la oferta y la demanda sin más límites que los establecidos por el orden económico que regula la convivencia en un marco de libertad e igualdad.

Es el ámbito donde se entrecruzan necesidades y satisfacciones para que cada actor económico pueda obtener un beneficio material. Es el ámbito que estimula a realizar y renovar actividades económicas productivas. *Como contrapartida, el mercado es el lugar donde se desestimula a quienes no realizan actividades productivas o eficientes*. Los actores del quehacer económico deben cambiar de objetivos cuando la sociedad, a través del mercado, le da la espalda al no demandar sus bienes o servicios.

*Los planes individuales se cruzan en el mercado y deben competir con otros planes. Compiten en calidad y precio para que sus planes prevalezcan sobre los otros que se presentan en el mercado.* De esta forma cada plan intenta ser mejor y superior a los demás planes, compitiendo para lograr imponerse sobre sus contendientes circunstanciales.

El mercado permite a las personas o empresas obtener mejores beneficios cuando los bienes o servicios ofrecidos son mejores. Sin embargo, no siempre se logran los beneficios esperados o deseados. *Esto es así porque que el mercado es como un gran "filtro depurador" de las propuestas económicas que puedan presentarse. Premia y castiga con igual rigurosidad a los eficaces como a los que no pueden competir por falta de calidad o ineficiencia.*

Aquellas propuestas económicas que no satisfacen las expectativas de la demanda, por ser inferiores en calidad, variedad o precio, no logran sobrevivir al implacable filtro depurador del mercado. Son rechazadas por falta de interés por los que concurren al mercado a buscar las mejores oportunidades en precio y calidad.

En un mercado abierto, los menos eficientes deben reciclarse y recomenzar con nuevas actividades más productivas. Sólo los eficientes e innovadores pueden permanecer en un mercado. La ineficiencia y la escasa productividad sólo es posible en mercados controlados por hegemonías políticas o grupos económicos dominantes. El mercado se desarrolla plenamente cuando todos los integrantes de la sociedad –trabajadores o empresarios– tienen la oportunidad de participar en un plano de igualdad y libertad.

El mercado abierto, pleno y con igualdad de oportunidades es implacable con la ineficiencia. Su efecto de *filtro depurador* no permite que las personas o empresas puedan tener una actividad económica si a la demanda social –parcial o total– no le interesan sus productos o servicios.

La acción de filtro, que depura a los ineficientes, es desalentadora para las personas y empresas. Mucho más cuando obliga a la reconversión personal o empresarial para poder volver al mercado en busca de nuevas oportunidades de negocio.

*Esa desgracia personal o empresarial afecta de manera especial los sentimientos humanitarios y de solidaridad que todos tenemos. Es la razón emotiva por lo cual no siempre se comprende la función del mercado en un orden económico abierto. Incomprensión que justifica las constantes políticas públicas y privadas para tratar de que el mercado desaparezca o sea controlado.*

El mercado, a pesar de la sensación que genera por su acción depuradora, termina beneficiando al conjunto de la sociedad. Si bien su accionar afecta a empresas ineficientes, su resultado global es beneficioso para todo el orden social. *Al sobrevivir las empresas más eficientes y rentables se obtendrán mayor cantidad de bienes, mejores ingresos para los trabajadores y mejores precios para los consumidores.*

El mercado es el instrumento necesario y complementario de un orden económico sustentado en la planificación individual de los miembros de la sociedad. En los órdenes económicos abiertos, la existencia de un mercado sin ingerencias de poderes hegemónicos mejora los ingresos de la gente y aumenta la riqueza social. La capacidad de filtro depurador que tiene el mercado en el orden económico premia la eficacia y castiga la ineficiencia. Permite que la sociedad obtenga, con los mismos ingresos, mayor cantidad de bienes y de mejor calidad.

## MIRADAS NEGATIVAS SOBRE EL MERCADO

No comprender la función dinámica del mercado a largo plazo, limitando su análisis a miradas parciales sobre empresas monopólicas o empresas que al cerrar dejan a personas sin empleo, es una de las razones por las que se lo combate y se trata de eliminar como *factor de orden* en una economía. Se toman sus desaciertos parciales para proponer su control o eliminación como ordenador de las conductas económicas de la gente.

A partir de los desequilibrios dados en el mercado se proponen otros métodos para ordenar y organizar la economía social. Métodos que terminan en *instituciones ordenadoras impuestas desde un poder hegemónico*, sea público o privado. Se busca reemplazar al mercado por un *ordenador centralizado* que establezca obligatoriamente cómo debe comportarse la gente para alcanzar fines económicos.

El mercado, harto complejo por la multiplicidad de actores que lo conforman, es muy difícil de comprender con miradas superficiales. El mercado es una construcción humana que ha reportado notables beneficios a la producción económica y a los trabajadores a través del tiempo. Sin embargo, no es fácil de comprender cómo se construye de manera espontánea sin que nadie en particular actúe como ordenador. Son los planes de todos los actores económicos, detrás de sus intereses individuales, los que terminan ordenando el comportamiento económico colectivo de la sociedad.

El mercado permite ordenar la economía y potenciar su productividad por encima de cualquier poder ordenador que el hombre haya podido crear. Sin embargo, por la complejidad de la conducta humana, los intereses que se crean detrás de objetivos económicos y las erróneas normas jurídicas que se sancionan, el mercado suele tener fallas estructurales o coyunturales. Fallas que perjudican su funcionamiento, y hacen que deje de ser un referente para ordenar la economía. Fallas que empujan a los gobiernos, sindicatos y empresas a querer intervenir en el funcionamiento general del mercado, en vez de subsanar las fallas que lo distorsionan.

Cuando se produce la intervención pública o privada en el mercado, sea para proteger a las empresas o los trabajadores desempleados, muchas veces se actúa contra el mercado y no contra sus fallas. Se termina protegiendo a empresas ineficientes que en un mercado competitivo y abierto no podrían existir. Se mantienen puestos de trabajo en actividades que no son rentables, bajando el nivel de riqueza de toda la sociedad.

Con la intervención del mercado para proteger a empresas no rentables o puestos laborales que han dejado de ser productivos se producen menos bienes, de menor calidad y a un mayor precio. Se beneficia económicamente a empresarios ineficientes y no se capacita a los trabajadores para que se adapten a nuevos procesos de producción. Toda la sociedad a la larga se perjudica y empobrece. Se defiende un sistema de producción ineficiente con poca capacidad de competir y generar mayor riqueza.

Es una visión muy parcial analizar el mercado desde la perspectiva de los intereses afectados por la competencia y la eficiencia. El mercado debe ser analizado en el marco de los resultados que logra para toda la sociedad. Si bien es comprensible y normal que el cierre de una empresa o el desempleo genere efectos emocionales, una mirada global permite comprender que los beneficios obtenidos por el mercado abierto serán superiores para toda la sociedad.

*Es inevitable que para las personas el mercado sea algo positivo o negativo según las circunstancias que les haya tocado atravesar. Les parece bien cuando depura a los ineficientes, privilegiados e improductivos permitiendo que queden sólo las empresas que generan bienes baratos, de mejor calidad y con gran variedad. La gente es feliz cuando ve que el precio de los productos baja y mejora su calidad. En estos casos aplaude la competencia y el mercado.*

*En contrapartida, les parece atroz e inhumano cuando el mercado afecta su propio trabajo o a la empresa dadora de empleo. En ese momento se piensa que el mercado es absolutamente negativo y se pide protección al Estado o a los sindicatos. Levantan la voz contra el mercado y su feroz filtro depurador. Quieren protección y seguridad contra la competencia.*

No se puede negar que cuando el mercado ejerce su función de filtro depurador, impidiendo el funcionamiento a las empresas ineficientes, la situación irrita y daña a quien lo padece. Pero esa visión no puede entorpecer la mirada global y dinámica que debe tenerse cuando se analiza todo el orden social. *El mercado es un gran instrumento para mejorar la actividad económica de todos. Es el medio para alcanzar el progreso social de manera democrática y libre del autoritarismo de quienes se atribuyen el poder para decidir qué se debe producir o consumir.*

Por razones ideológicas y experiencias económicas negativas existe una mirada poco creíble sobre el mercado y los fines que cumple en un orden económico. Para muchos, el mercado sencillamente no existe. No entienden que las personas detrás de un plan individual puedan vincularse, intercambiar bienes, dinero, empleo o servicios. No entienden que sin la existencia de *un plan maestro* se puede organizar el intercambio social de manera ordenada. *No conciben que a través de la búsqueda de intereses personales se puede ordenar la economía en beneficio de todos.* Niegan que el orden económico que genera el mercado pueda ser superior y más democrático que los que resultan de planes con dirección central.

Los incrédulos del mercado no aceptan la capacidad organizativa y ordenadora del mercado para coordinar los planes individuales. Niegan enfáticamente que el mercado permita que los objetivos individuales redunden en beneficio de la sociedad. No creen que a través del mercado se beneficie la sociedad con una mayor cantidad de bienes, mejores precios y mayores salarios para los trabajadores. No creen que los intereses antagónicos de la oferta y la demanda puedan beneficiarse mutuamente. Más bien consideran que ocurre lo contrario. El más poderoso se aprovecha del débil para fijarle sus condiciones para su exclusivo beneficio.

Los adherentes a la constitución de órdenes económicos donde predomina la planificación centralizada desde el gobierno o corporaciones hegemónicas, consideran que el mercado no existe como espacio virtual o real donde se enfrentan intereses antagónicos que logran beneficiarse mutuamente. Tampoco el mercado puede organizar la producción de bienes de manera eficiente ni distribuir la riqueza de manera equitativa. Esto sólo es posible de alcanzar a través de un ordenamiento centralmente planificado que regule las actividades económicas de la gente. Los intereses individuales normalmente son contrarios a la sociedad. Hay que regularlos detrás de objetivos predeterminados en vez de dejarlos en libertad para que se aprovechen de los más débiles.

El mercado lisa y llanamente no existe según sus detractores. Es una simple ilusión que no puede darse en ningún orden económico real. No se puede concebir una organización económica a partir de intereses particulares y antagónicos. *No se acepta que haya un orden sin un ordenador centralizado que decida los objetivos y medios para lograrlos. No creen en la capacidad individual de la gente para ordenar la economía de una sociedad, producir de manera más eficiente y distribuir la riqueza más equitativamente.* El mercado es sólo un instrumento que responde a los grupos económicos y explotadores del trabajo ajeno para su propio beneficio.

Quienes piensan de esta manera muestran los cientos de casos dados en la realidad en que el mercado no depura a los ineficientes ni premia a los eficientes. Ven en esos hechos la prueba de que el mercado no puede ordenar con justicia el orden económico. Limitan sus visión a los efectos y no profundizan en las causas de esos desequilibrios existentes en el mercado. Apuestan a la necesidad de reemplazar el mercado por un ordenador y planificador central. Trasladan su experiencia personal a la esfera social. Son los que creen que un orden económico social es como una empresa o una familia. Extrapolan su experiencia personal de cómo planifican sus actividades o como organizan su empresa a todo el conjunto social. *Así como han comprobado que se necesita un plan personal para ejecutar una actividad y lograr un resultado en su empresa, consideran que el orden económico necesita igualmente de un plan central que organice a toda la sociedad.*

Un alto porcentaje de la sociedad argentina considera que el mercado es un invento de los poderosos para explotar a los trabajadores, obtener mayores ganancias y evitar una distribución equitativa de los ingresos. Esa opinión está sustentada en lo que puede observarse de nuestra la realidad económica.

Sin embargo, esa opinión es errónea. No porque no existen esos aspectos negativos, sino porque se los distribuye al mercado.

El mercado en nuestro país no funciona porque básicamente no existe. El orden económico cerrado no permite el desarrollo del mercado como ordenador de la economía. Son las condiciones de desigualdad sobre las cuales se ha estructurado nuestro sistema económico y jurídico lo que ha acabado hace mucho tiempo con el mercado abierto a los planes individuales de la gente.

# MERCADO Y POLÍTICAS PÚBLICAS

*El mercado es el mejor ordenador de las conductas económicas que el hombre se ha dado. Pero también es cierto que en el mercado concurren intereses y grupos hegemónicos que lo desvirtúan en beneficio propio. Por tal motivo el mercado no es algo que las políticas públicas pueden dejar librado a su suerte. El mercado debe ser protegido con planes públicos. Protección y control, que no es lo mismo que ser intervenido para imponer un plan general que todos los integrantes del orden económico deben cumplir.*

La igualdad de oportunidades, la libertad de producir, de acceder a los recursos naturales, de tener un empleo digno y obtener el fruto completo del trabajo son los pilares sobre los cuales se asienta el buen funcionamiento del mercado. Estos pilares deben ser protegidos por la sociedad y sus gobiernos para que los privilegios no acaben con el mercado. *En otras palabras, no basta "dejar hacer o dejar pasar" para que el mercado exista en plenitud, como creían los economistas clásicos. El mercado necesita de las normas jurídicas para que lo protejan, lo estimulen y lo potencien para que cada integrante de la sociedad pueda participar en igualdad de condiciones para satisfacer sus necesidades.*

Desde los albores de la historia humana el intercambio de bienes y servicios a través del mercado ha sido una realidad. El mercado ha existido antes que nadie lo describiera o definiera conceptualmente. Los economistas sólo le pusieron un "*nombre*" a esos comportamientos económicos dados de manera espontánea hace más de 5.000 años. Algunos políticos hicieron del concepto del mercado una bandera ideológica. Pero ni los economistas ni los políticos fueron los creadores del mercado. Ese mecanismo de intercambio de bienes y servicios se dio desde los albores de nuestra civilización, como también se dio la planificación central de la economía. Ambos sistemas son oriundos de nuestra historia. Ambos existían antes de la escritura y antes de que nadie hablara sobre ellos.

La existencia del mercado como hecho social es anterior a la nomenclatura actual para describirlo. Sin embargo, *su existencia a través de los siglos como instrumento para coordinar los planes individuales no puede conducir a la falsa creencia de que con el mercado es suficiente para ordenar de manera eficiente una economía social. El orden económico requiere de otras acciones públicas y privadas para lograr su buen funcionamien-*

*to. El orden económico necesita de un orden jurídico que lo proteja de los privilegios, estimule la iniciativa, límite a los grupos de poder, asegure la igualdad de oportunidades, permita el acceso a los medios de producción y no castigue impositivamente a la gente de trabajo.*

## EL ORDEN LINGÜÍSTICO Y EL MERCADO

Héctor Sandler realizó una interesante analogía entre el idioma y el mercado para mostrar cómo ambos órdenes –el lingüístico y el económico– organizan las conductas humanas sin la necesidad de un plan ordenador. Esta visión pone de manifiesto que a lo largo de nuestra evolución se han dado diferentes órdenes sociales de manera espontánea antes de que le pusiéramos un nombre y tratáramos de explicarlos.

Todos sabemos que las diferentes lenguas existieron mucho antes de que hubiera quienes estudiaran su estructura y definieran las reglas idiomáticas que las personas debían seguir para comunicarse. La lengua o los idiomas existieron desde el mismo momento en que el hombre comenzó a ser un ser social e intentó comunicarse con sus semejantes. El lingüista contemporáneo sólo describió un hecho social dado en la conducta humana.

Al estudiar la comunicación lingüística de los pueblos, los estudiosos describieron la existencia de un "*orden idiomático*" muchos miles de años antes que alguien percibiera la existencia de ese orden. Era un orden idiomático que evolucionaba y cambiaba con gran dinamismo sin que el idioma se desplomara en cada cambio. Era un orden que se había dado sin que nadie lo creara u organizara de manera expresa.

El *orden idiomático* que se dio cada pueblo no se constituyó ni se expandió por la existencia de un plan y un planificador central que le informara a la gente cómo comunicarse. *La vinculación idiomática y las relaciones entre las personas se realizó de manera ordenada a partir de un orden espontáneo generado a través de la experiencia y transmitido de generación en generación.*

Los lingüistas no hicieron más que poner en evidencia que el idioma tiene *un orden* que permite la comunicación entre las personas. Este orden linguístico, como el político o el económico, surgió inicialmente de manera espontánea entre las personas y posteriormente fue perfeccionado por normas expresas a medida que los pueblos evolucionaron. Sin embargo, antes que esas normas expresas existieran, las personas establecieron naturalmente un orden lingüístico para comunicarse entre sí.

El orden lingüístico dado por el hombre no obedeció a ningun plan maestro ni es resultado de un planificador que estableció cómo hablar y adaptarse a los cambios idiomáticos que ocurren a diario. Todos los días fallece gente que no hablará más el idioma y todos los días entran en la sociedad otros miembros que no conocen el idioma. Nadie organiza ni tiene un plan general de cómo enseñar el idioma a los nuevos bebés que nacen todos los días. Cada familia tiene su propio plan y lo aplica. El resultado final es que todos hablan el mismo idioma, se comunican y se entienden. Nadie lo planificó ni organizó, pero todos lograron un resultado eficiente.

A través de centurias la estructura lingüística de los pueblos se ha mantenido, como si fuera un sistema autoregulado. Si bien después de milenios surgieron autoridades vigilantes –como las academias de lengua y las escuelas– que controlan el idioma, en verdad la fuerza de los planes individuales puede más que esa voluntad centralizada que intenta imponer obligaciones a quienes no respetan las normas.

La lengua tiene vida propia y no hay nadie que pueda planificar cómo debemos comunicarnos. Todos los días en cada hogar o en cada red social, el idioma cambia y se organiza sin que nadie específicamente lo planifique. Lo normal es lo contrario. Las academias y vigilantes de la lengua siempre van detrás de los cambios que la gente individualmente va incorporando a la lengua.

Los maestros atinan a explicar cómo está estructurado nuestro idioma. Nos muestran cómo se arman las oraciones, la función del verbo y los pronombres. Explican lo que nos viene dado ancestralmente. Pero si desaparecieran todos los libros de gramática, la lengua no desaparecería. Seguiría evolucionando para que la gente siga comunicándose como lo hizo en el pasado y lo hará en el futuro. Lo mismo ocurre con el mercado. Podrían desaparecer todos los textos que lo explican, los que lo critican o lo ensalzan, pero el mercado seguiría funcionando como ordenador de los planes económicos individuales como lo hace desde hace milenios.

La autonomía, la libertad y la independencia de cada persona al hablar hace temblar a los vigilantes del idioma que no pueden comprender que nacidos en el Norte y el Sur, analfabetos y estudiosos, maestros y alumnos se puedan comunicar con el mismo idioma sin que nadie lo haya organizado o planeado. *Es lo mismo que sienten los que no pueden comprender cómo una economía puede ordenarse y funcionar sin que nadie ordene centralmente las actividades económicas de la sociedad.*

Los incrédulos que niegan la posibilidad de ordenar de manera eficiente las conductas sociales sin un plan organizador, están en todos lados. En la lengua son los que sienten que si no se organiza la comunicación idiomática, vendrá el caos igual que en la Torre de Babel. Son los que pregonan que es necesario poner límites y obligan a que se respeten las tradiciones idiomáticas o que se limiten a los que proponen nuevos vocablos. De no existir un plan lo más seguro es que se pierda la lengua, pregonan los vigilantes del idioma.

Los interventores del idioma no quieren ver la evolución histórica del hombre como tampoco confían en la capacidad individual de las personas de poder comunicarse sin un plan que los organice. Quieren olvidar y niegan la realidad de que el idioma se dio espontáneamente y sin planes preconcebidos por nadie. Cada familia y grupo social transmite su manera de comunicarse, sea en forma oral, por Twitter o mensaje de texto. Han pasado siglos y el sistema no falla. No existe caos y las personas siguen comunicándose.

Sin embargo, a pesar de esa manifiesta realidad, los planificadores del idioma siguen desconfiando de la capacidad de la gente para seguir comunicándose y cambiando el idioma sin un plan ordenador que lo regule. Los vigilantes del idioma están asustados por los cambios que diariamente acontencen en la lengua. Están espantados con la dinámica que le imprime la comunicación cibernética. Están asustados porque el futuro idiomático no puede ser controlado si es libre e incierto. La libertad asusta a los ordenadores sociales. Se asustan porque pierden el control sobre la gente, que es lo que en definitiva buscan con sus planes ordenadores.

Lo mismo ocurre con el mercado. No se sabe cómo actuarán los portadores de planes individuales. Cuando se descubre qué es lo que están haciendo y los órganos vigilantes quieren poner límites, los particulares tienen un nuevo plan y la actividad económica cambia. Los vigilantes del mercado, ante tanta incertidumbre, quieren controlar el mercado. Lo quieren cerrar. Necesitan que exista un ordenador que establezca cuáles son los objetivos valiosos para la sociedad y cómo deben ser los comportamientos económicos de la gente.

Los partidarios de la planificación económica centralizada están convencidos –igual que los vigilantes del idioma– de que la gente por sí sola no puede organizar sus actividades económicas y de que el mercado abierto es sinónimo de caos.

La realidad es otra. En vez de estar menos comunicados como sostienen los que quieren establecer vigilancia y planificar el idioma de acuerdo con reglas universales, la comunicación mundial se expande sin límites ni fronteras. Lo mismo ocurre con el mercado en las sociedades que creen en la gente como ordenadores de la economía social. En los lugares donde las personas pueden crear, planificar y ejecutar sus proyectos, el progreso social estalla. Y si esto no ocurre, las causas del fracaso no deben verse en el mercado como coordinador de los planes individuales sino en los grupos de poder, leyes intervencionistas e intereses hegemónicos que impiden la igualdad de oportunidades para el trabajo, niegan la justicia social y socavan los ingresos de los que producen.

Es justamente en este punto en que los que vigilan el lenguaje o controlan el mercado deben prestar atención. Los grupos de poder hegemónico, las políticas gubernamentales, la corrupción y los intereses económicos dominantes son muy poderosos en el mundo para creer que el mercado pueda cumplir espontáneamente con el rol que debe cumplir. En la actualidad la espontaneidad y la libertad de la gente no son suficientes para que el mercado actúe de manera eficiente.

Los vigilantes del mercado, representados por quienes elaboran y ejecutan las normas jurídicas, deben apuntar contra aquellos intereses públicos y privados que quieren acabar con el mercado. Los que quieren cerrarlo en defensa de los intereses creados. Los que niegan la igualdad de oportunidades para producir y trabajar. Los que cancelan la libertad para elegir el destino que cada uno quiere.

Pero en la búsqueda de esa protección no pueden canalizar sus energías hacia objetivos negativos para el orden económico. No pueden usar las normas jurídicas para establecer planes universales para que los acaten obligatoriamente los integrantes de la sociedad.

La analogía entre la lengua y el mercado realizada por Héctor Sandler pone de relieve cómo los hombres solos o asociados pueden planificar sus conductas, evolucionar y cambiar detrás de sus intereses particulares. Pueden ordenar su convivencia de manera eficiente sin necesidad de ningún vigilante ni ordenador que quiera ordenar sus actividades.

# LA EMPRESA EN EL ORDEN ECONÓMICO ABIERTO

Un orden económico abierto implica –en términos generales– la posibilidad de que todos los integrantes de la sociedad tengan opción de participar libremente y con igualdad de oportunidades de una actividad económica. Esta apertura a participar sin condicionamientos vale para todos los agentes de producción, de consumo, de trabajo, de inversión o comercialización de bienes.

El orden económico abierto tiende a cerrarse para las personas o empresas si sus planes no pueden desarrollarse por obstáculos legales o materiales que impidan participar en algunas o todas las actividades económicas. Por el contrario, en la medida que los planes individuales de cada miembro de la sociedad, de manera individual o asociada, tengan mayor libertad e igualdad de oportunidades, mayor será la apertura del orden económico.

La forma más clara para determinar si un orden económico es abierto a la gente es analizar si sus planes pueden materializarse. Si no existen obstáculos materiales o jurídicos que impiden su concreción.

Si bien la lectura de las normas jurídicas permite tener una visión sobre el grado de apertura de un orden económico, no siempre permite tener la visión auténtica de la realidad social. Es frecuente que el ordenamiento jurídico no ponga en evidencia todas las barreras materiales generadas por grupos de poder monopólico o trabas burocráticas del Estado; barreras que impiden materialmente que ciertos planes individuales puedan llevarse adelante en igualdad de condiciones.

*Junto a los consumidores y trabajadores, la empresa es uno de los principales protagonistas en el desarrollo de un orden económico abierto. A través de la empresa se organizan procesos de producción que combinan el trabajo, los recursos naturales, el capital y los recursos financieros. Según su eficiencia en esa organización y su inserción en el mercado, la empresa obtendrá una rentabilidad. Esta riqueza le permitirá distribuir los ingresos entre los partícipes del proceso de producción y tener ganancias para continuar con su expansión.*

En la actualidad no se concibe un proceso productivo diversificado y multiplicador de riqueza sin la presencia de las empresas como entidades organizadas para generar riqueza y servicios. La empresa, como generadora de planes de producción, de consumo e inversión, es uno de los motores del progreso y el medio necesario para lograr el bienestar al que la sociedad aspira.

La importancia de la empresa radica en su capacidad de emprender, organizar, administrar y ejecutar planes individuales de producción con la participación integral de los factores de trabajo, recursos naturales y capital. Esta organización económica, a través de la división del trabajo, la sistematización de los procesos internos, la tecnología, el financiamiento crediticio y la profesionalidad de los empresarios, es la herramienta económica más eficaz para generar bienes.

La empresa necesita del mercado y los mercados necesitan de las empresas para potenciar su capacidad productiva. La competencia empresarial, la puja distributiva y las exigencias de los consumidores son fundamentales para el desarrollo de las empresas. Por eso es necesario el desarrollo de mercados abiertos. Los mercados cerrados terminan generando empresas deficientes y con escasa productividad.

Un orden económico abierto a la planificación individual debe favorecer la existencia de muchas empresas que participen en el mercado. Cuando más competencia y cantidad de empresas participen en el mercado, mayor será la cantidad de empleos, más altos serán los ingresos y mayor la cantidad de riqueza para distribuir e invertir.

El orden económico abierto es el ámbito propicio para que la empresa eficiente y competitiva se desarrolle y multiplique. Pero no cualquier empresa podrá alcanzar esos objetivos, justamente porque el orden económico abierto es un filtro implacable para aquellas empresas ineficientes. Sólo aquellas empresas que pueden superar sus falencias internas y vencer las adversidades externas pueden permanecer en un mercado abierto y competitivo.

Sin embargo, para que el mercado y un orden económico abierto sean más eficientes, igualitarios y artífices de un progreso social sostenido, es necesaria la participación activa de la *economía pública*. El Estado debe ser garante de la libertad y la igualdad de oportunidades para que ni empresarios ni trabajadores queden a merced de monopolios y abusos de poder. El Estado debe tener una planificación pública eficiente detrás de sus objetivos institucionales, sociales y solidarios.

el lado oscuro de

# LOS BENEFICIOS SECTORIALES

6

# LA PARADOJA DE LOS EMPRESARIOS

Un orden económico que ofrezca igualdad de oportunidades a todos los miembros de la sociedad y esté abierto a la participación de todos los factores de producción beneficia a toda la gente. Permite construir un futuro de mayor bienestar y crecimiento económico para todos los integrantes del orden social. Sin embargo, ese beneficio social implica que las empresas y personas que intervienen en el proceso productivo deben realizar ingentes esfuerzos para permanecer en actividad y obtener ingresos suficientes para satisfacer sus necesidades. Nada es gratuito y libre de esfuerzo.

El orden económico abierto exige a las empresas tener una elevada eficiencia organizativa y una óptima utilización de los factores de producción. Las obliga a permanecer alertas y pendientes de los nuevos emprendimientos que ingresan constantemente en el mercado para competir y superarlas en su rendimiento.

Esta tensión generada por la competitividad y la necesidad de rentabilidad empresarial no se detiene jamás en un orden económico abierto. La interconectividad, la globalización, la expansión del conocimiento, las franquicias de empresas exitosas, el acceso al financiamiento y la capacitación de los recursos humanos, entre otras decenas de factores, no dejan que las empresas se distraigan un segundo. El mundo moderno obliga a las empresas a emprender constantemente nuevos proyectos de negocios a nivel nacional e internacional a fin de mantenerse actualizadas y competitivas.

En la actualidad las empresas no pueden relajarse un instante en su accionar productivo. La participación en un orden económico abierto y globalizado les exige estar renovándose sin poder dormirse en los laureles. Los éxitos del pasado no garantizan un futuro venturoso. Todo lo contrario. El futuro es la principal preocupación del empresario. La economía globalizada exige a las empresas una renovada eficiencia, una constante productividad y una permanente innovación para poder competir con otras empresas que buscan ocupar su lugar en el mercado.

*Esa tensa situación genera una paradoja económica: las empresas, que quieren ingresar en el mercado, exigen libertad e igualdad para realizar sus actividades.*

No quieren limitaciones para participar en un orden económico. Exigen igualdad de oportunidades y libertad para competir. Consideran que su único límite debe ser su talento y su capacidad para lograr mayor productividad.

En la contracara de la misma moneda están las empresas instaladas desde hace tiempo en el mercado. Estas reclaman lo contrario. *Exigen a los gobiernos que pongan límites o barreras a los nuevos emprendedores empresariales. Solicitan que se las proteja para mantener el empleo de los trabajadores y sus beneficios.*

Las empresas que en el pasado defendían la apertura económica cambian su discurso con el paso del tiempo. Cuando logran estabilidad en sus ingresos son renuentes a un orden económico "plenamente" abierto y con igualdad de oportunidades. Piden freno a la competencia, en especial a la proveniente de mercados internacionales más competitivos y eficientes. *Ante la aparición de nuevas empresas sacan a relucir su instinto de conservación y echan mano a todos los mecanismos disponibles para impedir que nuevas empresas las desplacen o excluyan del mercado. La libertad y la igualdad de oportunidades se convierten sólo en una proclama carente de contenido porque en la realidad hacen lo posible para que no se efectivice.*

Mientras las nuevas empresas claman por ingresar en el mercado para llevar adelante sus proyectos, las ya existentes se oponen a la fuerza arrasadora de los que tienen todo por ganar y nada que perder. *Las empresas instaladas no quieren poner a prueba su eficiencia y su capacidad de producción ante una nueva competencia. Mejor es impedir que nuevas empresas ingresen en el mercado y fortalecer su hegemonía, que les augura estabilidad con beneficios. Quieren un orden económico que funcione a medida de sus intereses. Se olvidan de la función que debe tener una empresa en un orden económico abierto.*

La experiencia muestra la gran variedad y diversidad de acciones político-económicas que realizan las empresas instaladas para poner freno a los nuevos emprendedores. Los métodos utilizados para defender sus intereses excede los parámetros de la imaginación. Sin embargo, todas esas acciones tienen en común la defensa, a cualquier precio, de los beneficios de sus empresas. Todos tienen en común el interés de mantener los privilegios que surgen de la ausencia de competitividad. Para ocultar esos beneficios, suelen proclamar enunciados nacionalistas cargados de valores que calan hondo en el sentimiento colectivo de la sociedad.

Las empresas apelan a todo tipo de acciones directas e indirectas para defender sus beneficios económicos. *Con la intención de conservar lo que han logrado no dudan en buscar protección política para mantener sus beneficios. Poco les importa que esto produzca efectos negativos sobre los consumidores y todo el orden social. Es el lado oscuro de las empresas que se resisten a competir.*

## INTERESES SECTORIALES Y BENEFICIO SOCIAL

El orden económico abierto a la planificación individual y coordinado por el mercado actúa como un filtro que elimina a las empresas deficientes para dar paso a aquellas que producen bienes de mayor calidad y a un costo inferior.

Sin embargo, se ha visto que esa apertura y dinamismo que expulsan la ineficiencia empresarial genera conflictos. Las empresas obsoletas deben cerrar sus puertas ante la aparición de otras más productivas. Al cerrar, los trabajadores quedan sin empleo. De esta forma, lo que es beneficioso para el conjunto social no lo es para el empresario que debe cancelar sus actividades. Tampoco para los trabajadores que quedan desempleados.

*La movilidad intrínseca del orden económico abierto es muy beneficiosa para el crecimiento y el progreso social. Sin embargo, si nos concentramos exclusivamente en la empresa cerrada por su baja rentabilidad, se puede apreciar que su quiebra genera pérdidas materiales para los empresarios y desempleo para los trabajadores. Muchas familias se quedan sin sustento económico. Esto perjudica a grupos humanos y genera sentimientos contrarios al cierre de las empresas. Sentimientos justificables y entendibles.*

Son justamente esas razones, que tienen que ver con la solidaridad humana, las que movilizan a las políticas públicas de protección a empresas que deberían cerrar por falta de productividad. Los gobiernos, ante el posible cierre, toman acciones para evitar que se produzcan efectos negativos sobre las personas y los bienes. Se busca evitar el dolor directo que representa el cierre de una empresa para sus trabajadores.

Sin embargo, el aparente alivio de no cerrar una empresa no tiene en cuenta que el dolor puede ser peor para toda la sociedad. La mayoría de los países que implementaron políticas públicas de protección y subsidio a empresas ineficientes saben que los efectos negativos para todo el orden económico son peores a mediano plazo. *Han comprobado que el subsidio a empresas no rentables perjudica finalmente a toda la sociedad, y sus efectos resultan más graves que el cierre de una empresa ineficiente.*

*Si el orden económico abierto funciona adecuadamente, el cierre de una empresa ineficiente es el preludio de la formación de otra más eficiente que generará nuevos puestos de trabajo.* Si esto no ocurre –como pasa normalmente en Argentina– es porque algunas válvulas del orden económico han sido cerradas e impiden que el trabajo, la inversión y las empresas se puedan reestructurar para ser más eficientes y rentables.

*Considerar que una empresa no debe cerrar porque incrementa la desocupación o afecta a una actividad empresarial es desconocer cómo es el funcionamiento de un orden económico progresista y expansivo. Es tener una visión muy limitada de la realidad y de lo que son los procesos económicos. Es mirar la economía como una foto y no como un video. Es ver el árbol y no el bosque. Es ignorar los proceso dados en la historia económica mundial.*

Es cierto que cada empresa cerrada genera tristeza y una sensación de fracaso. Se siente un desgarro interior y no hay duda de que para quienes formaron parte de la empresa ese desgarro es mucho peor. Sin embargo se debe tener otra visión más positiva y progresista. Hay que tener una perspectiva macroeconómica sobre cómo debe ser un orden económico mejor para toda la sociedad. Hecho que no implica que no se tomen medidas públicas con los afectados por el cierre de una empresa improductiva.

Una visión macro del orden económico permite observar que cada empresa que cesa sus actividades es porque dejó de ser productiva, eficiente y rentable para trabajadores e inversores. *Si se persiste en que siga en funcionamiento con el apoyo público, esa ineficiencia e improductividad de la empresa deberán ser pagadas por alguien, que no es justamente el empresario. Es la sociedad la que habrá de pagar con sus ingresos la ineficiencia.*

# LAS EMPRESAS HEGEMÓNICAS

Las empresas se resisten a dejar sus actividades económicas ante una competencia más eficiente. Apelan a cualquier acción para poder continuar. A veces, esas acciones son positivas y tienen que ver con la innovación, la inversión, la creatividad o la reconversión empresarial. Otras veces, esas acciones son contrarias al interés de la gente. Sólo buscan perpetuar los beneficios de las empresas a cualquier precio.

Se ha visto que los subsidios o la protección estatal es un camino frecuente que transitan las empresas que han perdido competitividad. Esos subsidios, que paga la sociedad, les permiten seguir en el mercado aunque su actividad haya dejado de ser productiva. Sin embargo, no son el único mecanismo que las empresas utilizan para mantenerse en el mercado. Muchas empresas emprenden otras acciones igualmente dañinas y perjudiciales para el bien común. Son acciones destinadas a dominar el mercado y cerrarlo para que ninguna empresa competitiva pueda ingresar en él.

La hegemonía de una empresa sobre el mercado, perjudicando a las nuevas que quieran participar, no es posible sin la anuencia del Estado de forma directa o indirecta. El Estado, como guarda y supervisor de los intereses de la sociedad, es el que debe impedir las empresas monopólicas. Es el que debe evitar e impedir situaciones hegemónicas y de dominación del mercado en contra de la gente.

*Al cerrarse el orden económico se impide que nuevos emprendimientos tengan la posibilidad de acceder al mercado y competir con las empresas existentes. Se perjudica al todo social. No sólo se priva a la sociedad de mejores bienes, de menor precio y mayor calidad, sino que se limita a los trabajadores a acceder a nuevas fuentes de empleo.*

Las empresas hegemónicas y monopólicas cierran el orden económico en defensa de sus intereses. Dejan fuera de la actividad económica a inversores y trabajadores al tiempo que obligan a los consumidores a pagar precios más altos. Los monopolios reducen la capacidad de ingreso de los que trabajan.

El único camino que le queda a trabajadores e inversores es emigrar o adaptarse a las condiciones que establecen las empresas dominantes. Los inversores son los primeros que emigran con sus capitales en busca de mejores oportunidades. Atrás los siguen los trabajadores que también emigran hacia sociedades que ofrezcan mejores ingresos, aunque deban pagar el costo de la ilegalidad por falta de papeles migratorios. Los que no tienen la oportunidad de emigrar al exterior, lo hacen internamente ingresando al mercado negro o informal. Los que deciden quedarse en la economía formal deben aceptar las condiciones que establecen los monopolios.

Cuando el Estado colabora en la protección de monopolios, cierra las puertas al progreso y la justicia social. Al proteger los intereses de las empresas monopólicas, en vez de proteger a los consumidores y los productores competitivos, se convierte en socio político de los monopolios. Defiende los privilegios de los intereses constituidos en vez de permitir la participación económica de todos los integrantes de la sociedad.

El Estado tiene los instrumentos y el poder político para que un orden económico pueda ser abierto o cerrado a las actividades económicas. Cuenta con todos los recursos legales para que un orden económico se encolumne hacia una economía abierta a la gente o a una economía cerrada en defensa de los privilegios. Cuenta con todas las herramientas para construir una sociedad abierta para beneficio de todos y no de pocos.

## EMPRESAS QUE NO QUIEREN COMPETENCIA

*Aunque parezca una contradicción, las empresas son enemigas de la competencia. No quieren la competencia y la apertura del mercado a nuevos emprendimientos que afecten su rentabilidad. A pesar de que públicamente pregonan como esencial la constitución y el desarrollo de una economía abierta y con iguales oportunidades, en su fuero íntimo la combaten.*

Motivadas por la necesidad de permanencia en el mercado y de tener rentabilidad, las empresas terminan siendo las responsables de cerrar el orden económico a otras empresas que quieren competir. Son generosas en la apertura a los nuevos emprendimientos cuando no afectan sus intereses económicos. Cuando las nuevas empresas compiten con sus actividades, hacen todo lo posible para que no puedan ingresar en el mercado.

*Las empresas que logran cierta rentabilidad hacen lo posible para impedir el ingreso en el mercado de otras empresas que pueden competir con ellas con mayor eficiencia. Siguen declamando la libertad y la igualdad, pero en los hechos reales prefieren la seguridad que ofrece el dominio del mercado o la protección directa del Estado.*

Las empresas argentinas tienden a ser monopólicas y hegemónicas en los sectores del mercado donde participan. En la medida en que se expanden y crecen intentan dominar el mercado para beneficio propio. Con el amparo de los gobiernos obtienen privilegios legales que les permiten controlar a la eventual competencia que pudiera existir. Con el beneplácito de los sindicatos logran controlar los ingresos de los trabajadores.

Si bien los monopolios no dominan todo el orden económico argentino, es posible encontrar muchas empresas hegemónicas que fijan sus precios de acuerdo con sus costos. Empresas que dominan un sector del mercado y controlan a la competencia para que se adapte a sus acciones económicas. Influyen sobre el Poder Judicial y acuerdan, en función de sus intereses, los salarios con los sindicatos en paritarias poco transparentes.

Las empresas hegemónicas en nuestro país se han desarrollado con beneplácito de la sociedad y de los gobiernos. Se han expandido en aquellos sectores llamados estratégicos o en áreas económicas en las que "por decisión política" no puede haber competencia. De esta forma los monopolios u oligopolios son frecuentes en la explotación de los recursos energéticos, la minería, los servicios de comunicación, electricidad, agua, energía hidráulica, caminos, transporte o telecomunicaciones.

## LA CORPORACIÓN EMPRESARIAL

En nuestro país es común que existan entidades tipo "cárteles" que agrupan a varias empresas hegemónicas que se distribuyen el dominio del mercado sobre el que participan. A veces esas agrupaciones se presentan como Cámaras empresariales y otras veces como grupos informales de presión. En uno u otro caso las empresas hegemónicas de cada sector de la economía actúan de manera conjunta para dominar la oferta o la demanda. *Actúan como una corporación de intereses*. No quieren que su rentabilidad esté atada a las fuerzas incontrolables de un mercado competitivo, a la apertura del comercio internacional o al sistema abierto de precios. Prefieren controlar con "criterios razonables" al mercado y el sector económico donde focalizan sus actividades para defender sus intereses.

Los cárteles generalmente se forman con empresas afines que realizan las mismas actividades sobre un sector de la economía. El objetivo es acordar –formal o informalmente– la hegemonía sobre el mercado. Con sus acciones corporativas impiden el ingreso en el mercado de nuevos emprendimientos competitivos que puedan afectarlos en su rentabilidad. Asociados o agrupados adquieren poder para presionar a los gobiernos y sindicatos para que actúen en su beneficio.

Los cárteles son las que acuerdan las paritarias salariales con los sindicatos. Su poder sobre el mercado les permite acordar salarios sin tener en cuenta la competencia. Esos salarios y sus aumentos se incorporan directamente a los costos y se trasladan al consumidor final sin problema. No hay competencia ni mercado abierto que les impida llevar adelante esa política hegemónica.

Los sindicatos –como entidades igualmente corporativas– se sienten a gusto con las cámaras o grupos cartelizados porque las discusiones salariales no son demasiado conflictivas. Todo lo contrario. Las corporaciones empresariales normalmente aceptan las demandas de aumento salarial porque esos incrementos serán trasladados al consumidor. Al dominar el mercado, el que paga todos los costos incrementados siempre es el consumidor. Nunca las empresas hegemónicas.

Los sindicatos prefieren acordar con los cárteles o empresas hegemónicas. Rechazan las discusiones salariales con las empresas de manera individual y en especial con las empresas competitivas. Saben que con esas empresas la discusión salarial es muy dura, porque las empresas competitivas no pueden trasladar fácilmente el aumento de los salarios a los precios de consumo. Para esas empresas, el mercado pone un límite a los precios.

El control hegemónico sobre el mercado evita los conflictos que normalmente se presentan en un orden económico abierto a una multiplicidad de empresas que buscan bajar costos, mejorar la calidad y aumentar las ventas.

En el mercado abierto y competitivo no hay con quien acordar de manera permanente ya que las discusiones se producen en un mercado que nadie controla. En un mercado abierto, los interlocutores cambian contantemente por su movilidad. Los acuerdos son difíciles de lograr porque nadie puede asumir la representación de los otros ni garantizar sus conductas económicas.

Por esa razón, los gobiernos promueven la formación corporativa de empresas hegemónicas y de sindicatos únicos por gremio. Con pocos es más fácil acordar políticas. Mucho más si esos pocos controlan el mercado económico y laboral. El mercado abierto y el sindicalismo libre hacen difícil los acuerdos corporativos.

*Los acuerdos celebrados por encima del mercado permiten sellar políticas económicas entre las empresas hegemónicas, sindicatos y gobierno sin estar sujetos a la movilidad del mercado. Son acuerdos que no podrían realizarse si los grupos corporativos debieran someterse a la puja del mercado cuyos resultados son impredecibles.*

Las empresas con intenciones monopólicas saben que hay que elegir un camino seguro y efectivo para dominar el mercado. Ese camino siempre conduce directamente a los gobiernos. No hay mejor colaboración para dominar el mercado que la que puede ofrecer el más poderoso de todos los poderes en la actualidad: el Estado.

*El Estado tiene un poder único. A través de la legalidad que ofrece el derecho positivo puede garantizar privilegios, proteger empresas, eliminar la competencia, acordar con los sindicatos, conseguir créditos, impedir importaciones y abrir cientos de posibilidades para dominar el mercado. Con la colaboración de los gobiernos, las empresas evitan los vaivenes del mercado, controlan los sindicatos, eluden la competencia y obtienen alta rentabilidad.*

En nuestro país con cada gobierno surgen "empresas VIP". Son empresas a las cuales los gobiernos les facilitan su expansión y su crecimiento. Les ofrecen posibilidades de obtener beneficios especiales para que puedan aumentar su rentabilidad, controlar el mercado y no tener que lidiar con los sindicatos. Son las empresas que integran el llamado "capitalismo de amigos". Empresas que logran capitalizarse, crecer y expandirse bajo el "supuesto sistema de mercado", pero que en verdad obtienen sus ingresos con ayuda del Estado. No son las leyes del mercado y la competencia las que rigen su actividad, sino las leyes que regulan las relaciones con los funcionarios públicos.

## INDUSTRIA NACIONAL PARA EL BENEFICIO PERSONAL

Los empresarios afectados por la competencia que estimula un orden económico abierto, reclaman protección al poder político aduciendo que se defiende la producción y el mantenimiento del empleo. *Dicen defender la producción nacional, cuando en verdad defienden sus beneficios e intereses. Ocultan la verdad de sus reclamos detrás de una posición nacionalista que endulza los oídos de la gente.*

El interesado discurso empresarial a favor de la defensa a la producción nacional suele sumar el apoyo de los sindicatos y grupos sociales. Cegados por la misma bandera nacionalista se suman a la defensa de las empresas. Se ponen en "estado de movilización" cuando aparece la competencia internacional que ofrece mejores productos y mejores precios. Tienen la convicción de que la competencia habrá de generar el cierre de la empresa, el desempleo y el fin de la producción nacional.

Sindicatos, gobiernos y empresas hacen causa común. Rechazan la competencia interna de empresas más eficientes. Rechazan con más fervor a la competencia internacional. No quieren escuchar ni aceptar que la competencia empresarial beneficia los bolsillos de trabajadores y consumidores. No aceptan que el cierre de la competencia sólo beneficia los intereses de las empresas obsoletas que no generan mayores ingresos para los trabajadores.

Los sindicatos comparten con los empresarios la idea de que la eliminación de la competencia internacional es el mejor camino para incrementar la producción nacional y la creación de empleos. No perciben que un orden económico abierto es fundamental para el desarrollo de la economía en general, la producción eficiente, el fortalecimiento de la industria nacional y el aumento de fuentes de trabajo.

Víctimas de un nacionalismo negativo, los sindicatos creen que una sociedad puede estar mejor económicamente si "vive con lo nuestro". No son capaces de entender que el mundo, con sus tropezones y altibajos, muestra que el camino del crecimiento económico es la competencia y la apertura de los mercados internacionales.

La competencia y la eficiencia productiva aumentan los niveles de empleo y los mayores ingresos de los trabajadores. Sólo la competencia elimina a los grupos monopólicos que se enriquecen por la mala distribución de los ingresos. Sólo la competencia acaba con los privilegios. Sólo con un mercado competitivo es posible construir y desarrollar una producción nacional sólida, estable y con crecimiento sostenido.

## VIVIR CON LO NUESTRO

La defensa de la competencia para generar un orden económico abierto no es una postura inocente que desconoce las fuerzas económicas y políticas que se aprovechan de esa igualdad de oportunidades. Existen muchos intereses económicos que se aprovechan de la competencia genuina para dominar el mercado y finalmente terminar con las empresas competitivas. *Las políticas de dumping internacional representan un caso específico que muestra cómo se puede afectar negativamente a las empresas nacionales a través de una falsa competencia.*

Aprovechando la existencia de mercados abiertos, algunos grupos hegemónicos internacionales ingresan en el mercado nacional con precios inferiores a los existentes. Precios que no son más bajos por la eficiencia de las empresas internacionales. Son consecuencia de los subsidios públicos o privados otorgados en los países de origen. Son precios inferiores a los precios de los productos nacionales porque tienen costos artificiales de producción.

El objetivo de las empresas que practican el dumping es claro: ingresar en el mercado con precios bajos y desplazar a las empresas nacionales. Una vez que logran desplazar a la producción nacional, suben los precios y rápidamente claman que sean protegidas de la nueva competencia que puede perjudicar la producción.

Las acciones de dumping son una falsa competitividad. Sólo buscan desplazar, con engaños, a la competencia genuina para adueñarse de un sector del mercado nacional. Hecho que es posible cuando existe la colaboración activa o pasiva de los gobiernos.

Sin embargo, el dumping que ocurre en el mercado internacional es porcentualmente insignificante si se tiene en cuenta los cientos de miles de bienes y servicios comercializados en el mundo. Son hechos puntuales y porcentualmente bajos en relación con el volumen de bienes que moviliza el comercio internacional. Sin embargo, no quiere decir que haya que pasarlo por alto y no combatir el dumping en defensa de la genuina competencia económica.

El dumping internacional puede ser detectado con bastante rapidez debido a la capacidad informativa que se tiene en la actualidad. Además puede ser limitado por políticas públicas antes de que logre sus objetivos. A través de mecanismos impositivos y de control, los gobiernos tienen la capacidad para contrarrestar las políticas de dumping.

Es importante que todos los gobiernos combatan el dumping o las acciones económicas tendientes a eliminar arteramente la competencia genuina que rige en un mercado abierto. Sin embargo, esta obligación no puede ser la justificación de cerrar las fronteras a todas las empresas que compitan genuinamente con productos a un precio menor. Utilizar los hechos negativos del dumping *para apalancar políticas generales de protección de una industria nacional ineficiente no es el camino hacia el progreso.*

La existencia de casos de dumping no puede ser una excusa para cerrar el orden económico en beneficio de algunos empresarios. Cerrar el ingreso de productos más baratos y de mejor calidad perjudica a la gente que vive de un salario. La competencia genuina beneficia a los que menos tienen. El mercado, cuando se cierra a la competencia genuina, termina perjudicando a la gente de trabajo y a los consumidores.

Las empresas y sindicatos también toman los hechos puntuales de dumping u otras acciones de empresas hegemónicas para dar forma al *fantasma* de la competencia "desleal". Asustan a trabajadores y gobiernos con los supuestos efectos negativos que la competencia produce sobre los empleos. Solicitan a viva voz que se frene el ingreso de inversores y empresas provenientes del exterior. Agitan ese *fantasma* para proponer políticas generales de protección hacia el intercambio internacional. Se convierten en defensores de los intereses creados "fronteras adentro".

La protección de la producción nacional no consiste en implementar políticas que impidan el ingreso en el mercado de empresas competitivas o que frenen las importaciones. Vivir con lo nuestro es sinónimo de vivir en un universo de limitaciones. En la era de la globalización, y ante los innumerables ejemplos existentes, proseguir sosteniendo semejante falacia nos retrotrae a la economía feudal. Es un verdadero anacronismo.

Las llamadas políticas de protección a la producción nacional en general ocultan otras intenciones. Buscan cerrar el orden económico en beneficio de pocos e impedir la libertad de las actividades económicas que pongan en peligro los beneficios de las empresas ineficientes. Los gobiernos no comprenden que el cierre de la economía repercute negativamente en el progreso de la sociedad, los ingresos de los trabajadores y la calidad de vida de la gente. Todo a la inversa de lo que se cree.

*Aceptar las teorías conspirativas que sostienen que "los de afuera" buscan enriquecerse con nuestros recursos es ser funcional a la defensa de los intereses creados de las empresas ineficientes. Sostener que la competencia internacional acaba con la producción nacional es erróneo. La competencia genuina sólo termina con las actividades improductivas y potencia la creación de empresas productivas.*

La falta de productividad de las empresas no debe buscarse afuera o en enemigos que acechan en todos los rincones de la economía internacional. Normalmente son las propias empresas nacionales las que tienen ineficientes organizaciones que les impiden competir y renovar sus proceso de producción. Es justamente esa ineficiencia –por razones propias y generadas por un negativo orden económico– la que impide a las empresas producir competitivamente una mayor cantidad de bienes a precios inferiores.

*Proteger esa ineficiencia, alegando la defensa de la producción nacional o los niveles de empleo, es un grave error por parte de las políticas gubernamentales y de los sindicatos. Esa protección de los privilegios empresariales tiene un costo económico que finalmente termina pagando toda la sociedad. Son los trabajadores y consumidores los que en definitiva desembolsan más ingresos para obtener menor cantidad de productos.*

No existe ninguna duda de que cuando una empresa deja de ser eficiente y es reemplazada por otra con mejor producción y productos más baratos, el principal beneficiario es la sociedad. La gente accede a mayor cantidad de bienes a un menor costo. Los ingresos de cada integrante de la sociedad se multiplican porque pueden adquirir mejores bienes con la misma cantidad de dinero. De eso se trata el progreso económico y es lo que ha caracterizado el desarrollo de los países más avanzados en las últimas centurias.

Es cierto que el cierre de una empresa genera un efecto negativo y doloroso para quienes forman parte de ella, sean empresarios o trabajadores. Los efectos de la competencia internacional que caracterizó a la década de los 90 aun están frescos en la memoria de los argentinos. Todavía se recuerda el cierre de muchas empresas y el aumento del desempleo generado por esa competencia. Sin embargo, lo que no suele tenerse en cuenta es que el reemplazo de esas empresas ineficientes dio paso a la creación de muchas empresas más eficientes en el campo y en la industria. Argentina mejoró notablemente su capacidad productiva y empresarial, a punto tal que cuando se dieron las condiciones de un orden económico estable en el 2003 pudo crecer a un ritmo elevado y sostenido. Si se hubiera mantenido el parque empresarial obsoleto y protegido que existía en la década de los 80, ese crecimiento no hubiera sido posible de alcanzar.

## LO PROVISORIO ES DEFINITIVO

Dentro de las políticas destinadas a cerrar el mercado, están aquellas implementadas para proteger a las empresas con la excusa de que son *medidas provisorias.* Esas acciones se anuncian como temporales hasta que las empresas se consoliden productivamente y puedan competir en el futuro.

Esta es otra falacia de las empresas que no quieren la competencia. Empresas que buscan privilegios para ganar sin competir. La experiencia ha acreditado cientos de veces que las empresas no competitivas nunca alcanzan un grado óptimo de productividad. La productividad no es como un árbol que necesita ser cuidado cuando es un retoño. La productividad crece con la competencia y el fragor del mercado.

Las políticas temporales de protección a las nuevas empresas generan siempre empresas ineficientes. Empresas que habrán de producir mal y caro. Empresas que sólo pueden vivir con el oxígeno que les brinda el Estado a través de subsidios directos o indirectos.

Subsidiar la ineficiencia es absolutamente negativo para el progreso económico de la sociedad. Subsidiar a empresas esperando que crezcan y se consoliden es una verdadera falacia.

Es una obligación del Estado soltarle la mano a las empresas ineficientes. Impedir que los recursos públicos sean utilizados para defender monopolios o privilegios empresariales. Para el orden económico no hay nada mejor que empresas eficientes y competitivas que aumenten la producción de riqueza.

No estamos proponiendo que los gobiernos se desentiendan de los problemas que afrontan los trabajadores al quedarse sin empleo por el cierre de empresas deficientes y no competitivas. Existen varios y diversos mecanismos públicos que se emplean en todo el mundo para paliar esa situación de crisis. Medidas que ayudan a los desempleados hasta que vuelvan a reinsertarse en el proceso productivo.

Lo importante es que esos paliativos que ayudan a los que se quedan sin trabajo sean una herramienta idónea para reintegrar a los desempleados al proceso de producción. *Lo único que debe evitarse es que ese aporte público se transforme en una carga económica permanente para la sociedad y un derecho adquirido que el desempleado exige para toda la vida.*

*Si el desempleo en un orden económico es crónico existe un mal diagnóstico de la realidad y un deficiente orden económico que hay que cam-*

*biar. Cuando cierran las empresas de manera permanente no se trata de falta de competitividad, sino de un orden económico ineficiente que no es capaz de crecer y generar empresas eficientes.*

## CONTROL A LA HEGEMONÍA EMPRESARIAL

Existe mucha literatura sobre las empresas y empresarios que detrás de ambiciones desmedidas atentan contra el buen funcionamiento de un orden económico y los intereses de la sociedad. Sin embargo, esa realidad no invalida la importancia que tienen las empresas en la construcción de una economía más eficiente y generadora de mayores niveles de bienestar.

*Los atropellos y los privilegios empresariales deben ser eliminados del orden económico para que las empresas competitivas y los empresarios idóneos puedan desarrollar plenamente sus actividades. El derecho y las políticas públicas son los responsables de impedir los efectos negativos que las empresas intentan desplegar sobre el orden económico.*

Las empresas pueden desarrollar acciones hegemónicas sobre el mercado, cuando no exista un marco jurídico que estimule la competencia y un poder político estatal que ponga freno a las acciones contrarias al orden económico abierto. El Estado tiene una gran responsabilidad que no debe eludir y mucho menos violar detrás de intereses políticos.

Dados el poder y los recursos jurídico-económicos de los que disponen los estados en la actualidad, es muy difícil sostener que una empresa puede dominar y distorsionar el mercado sólo sustentada en su poder económico. Esto pudo haber sido una realidad hace una centuria o en sociedades extremadamente pobres donde los gobiernos no tienen recursos y son tentados económicamente por las grandes empresas corporativas. *Pero es imposible en los tiempos actuales que una empresa –inclusivo las empresas financieras– pueda tener hegemonía sobre el mercado formal sin la anuencia del Estado.*

Sólo si el Estado hace la *vista gorda*, las empresas pueden dominar el orden económico. Es cierto que en la economía informal –como el narcotráfico– el control del Estado es más difícil de ejecutar. Pero en la economía formal y sistematizada tecnológicamente, el dominio del mercado por una empresa o un grupo de empresas necesita contar con el consentimiento del Estado.

El control del orden económico parcial o total por parte de una empresa con la anuencia del Estado es muy negativo para cualquier orden social. Esa práctica hegemónica de las empresas sobre el mercado instala en la sociedad la idea de que la gente no es la protagonista de la actividad económica. La gente se convierte en dependiente de los poderes enquistados en la economía y el Estado. Lo importante ya no es tener un plan para emprender una empresa competitiva en un mercado de opciones. Lo importante es sumarse a una empresa dominante que proteja y reporte ingresos seguros, aunque con ello se pierda la libertad, la igualdad de oportunidades y la posibilidad de un progreso sostenido.

## EL VALOR DEL TRABAJO

La empresa es uno de los pilares de la producción en un orden económico abierto. La capacidad que tienen las empresas para coordinar los factores del trabajo, el capital y los recursos naturales son esenciales para plasmar organizaciones eficientes y productivas en un mundo altamente competitivo.

En las economías modernas las empresas ocupan un lugar relevante en la producción de bienes y servicios. Sin embargo, ninguno de sus objetivos y funciones dentro del orden económico pueden alcanzarse sin la fuerza del trabajo. *No es concebible ninguna producción económica sin la participación del trabajo humano. El trabajo es el punto de partida para generar cualquier tipo de riqueza y organizar un orden económico productivo.*

El trabajo ha sido y es absolutamente imprescindible para la generación de bienes y la satisfacción de las necesidades humanas. Sin trabajo, entendido como las energías físicas e intelectuales puestas al servicio de la producción, es imposible la creación de algún bien económico sobre la faz de la Tierra.

El trabajo se encuentra en el centro de la actividad económica. Es la palanca esencial para poner en marcha la producción económica y mantenerla en el tiempo. Es esencial su participación en la generación de riqueza y su participación como consumidor de los bienes producidos.

*El trabajo, para alcanzar sus máximas eficiencia y productividad, requiere de algunos factores económicos con los cuales se potencia. Requiere de bienes de capital, de los recursos de la naturaleza, del espacio terrestre y de una organización.*

Cualquier persona dispuesta a realizar un trabajo en pos de la obtención de un bien necesita de un espacio terrestre para asentar su osamenta y desplegar cualquier actividad. También necesita de los recursos naturales existentes en la tierra para transformarlos en bienes. Sólo contando con ese espacio físico y sus recursos naturales podrá aplicar su energía para producir. El trabajo es lo que permite generar bienes económicos antes inexistentes. Bienes que sólo pueden concebirse a partir del esfuerzo humano aplicado a los recursos naturales.

Cuando el hombre comenzó su búsqueda imparable para satisfacer sus necesidades, no sólo usó su esfuerzo físico sino también su intelecto para lograr sus objetivos. Su larga evolución comenzó con el consumo directo de los frutos que la naturaleza ofrecía generosamente. Luego su capacidad creativa le permitió transformar una piedra en hacha. Ese instrumento, producto de su ingenio, le sirvió para cazar animales con mayor precisión. A partir de allí su camino evolutivo continuó sin cesar.

En este largo proceso, el hombre inicialmente utilizó sólo su trabajo para satisfacer sus necesidades. Con su trabajo transformó los recursos dados por la naturaleza en bienes que le permitieron mejorar la calidad de vida. Sin embargo, por su capacidad e ingenio, no pasó mucho tiempo para que se diera cuenta de que era mejor no consumir todos los bienes producidos. Apartando algunos bienes del consumo y utilizándolos para producir más bienes lograba que los resultados de su trabajo se multiplicaran.

*Esa riqueza o bienes no consumidos de manera directa y puesta al servicio de la producción para generar una mayor cantidad de bienes es lo que se denomina capital.* Es el hacha que el hombre primitivo utilizó para ser más efectivo en su caza, y son las maquinarias tecnológicas que actualmente utiliza en la producción de bienes.

*Ayer como hoy el capital es el necesario complemento del trabajo en la producción de riqueza. Junto con los recursos naturales son la materia prima para generar bienes. El trabajo, los recursos naturales y el capital es el trípode en el cual se asienta toda actividad económica.*

El capital, entendido como la riqueza ahorrada que se destina a la producción de mayor cantidad de riqueza, es cada vez más sofisticado. Cada día tiene una mayor capacidad para multiplicar la cantidad de bienes de consumo y bienes de capital. Bienes que el trabajo por sí solo no podría generar. *El desarrollo y aumento del capital ha sido tan extraordinario en la última centuria que ha logrado que el trabajo de las personas sea cada vez menor y sus ingresos cada vez mayores.*

El trabajo dedicado a la producción es mucho menor que hace una centuria. Ha disminuido el esfuerzo y su dedicación temporal de manera considerable. Correlativamente, los ingresos obtenidos por los trabajadores han crecido y la capacidad de consumo se ha multiplicado de manera extraordinaria. Esta realidad se debe, junto a otras razones, a la capacidad de ahorro y la inversión que la sociedad aporta a la producción. *El capital ha sido la gran herramienta creada por los hombres de trabajo para disminuir justamente el trabajo, aumentar la producción de bienes y multiplicar sus recompensas económicas.*

Muchos factores, como el ingenio, las ideas, la tenacidad, las luchas políticas, las conquistas sociales y la experiencia se necesitaron para que cambiaran las condiciones laborales. Muchas ideas debieron ser modificadas para que el trabajo no fuera un castigo con pocas recompensas económicas. La posibilidad de migrar, la división del trabajo, los sindicatos, las ideologías, y un sinfín de factores fueron artífices para que se diera la actual realidad laboral.

Sin embargo, esos avances y en evolución del trabajo no han sido suficientes. Aún hay mucho para mejorar. En Argentina, teniendo en cuenta la realidad de indigencia que aún viven millones de trabajadores, resulta evidente que también hay mucho por hacer todavía. No desconocemos los avances que se han logrado en el orden laboral argentino. Sólo señalamos que esos avances podrían ser mucho mayores en calidad y cantidad si algunas condiciones existentes en el orden económico argentino fueran diferentes.

## LA CULTURA DEL TRABAJO

Varias generaciones de trabajadores de argentinos han conocido y padecido los efectos negativos de nuestro orden económico. Saben que nuestro orden económico no siempre reconoce el esfuerzo ni las condiciones profesionales de la gente que trabaja. El resultado de esa experiencia es que los argentinos seamos escépticos sobre las posibilidades que ofrece el trabajo como herramienta de progreso y bienestar.

Las nuevas generaciones no consideran que capacitarse ni esforzarse es el camino para conseguir un mejor empleo, obtener un mayor salario y sentirse mejor consigo mismo. *Pocos argentinos consideran que el trabajo es la herramienta idónea para lograr prosperidad económica y reconocimiento por parte de las empresas y la sociedad.*

La llamada "cultura del trabajo" que implica apuntalar la formación profesional y tener predisposición para el trabajo no es lo habitual. Pocos son los que valoran al trabajo como un medio efectivo para alcanzar un mejor nivel económico. Tampoco los que se esfuerzan en sus empleos y trabajan con responsabilidad reciben el reconocimiento por parte de la sociedad. Son pocos, en especial los jóvenes, los que apuestan al trabajo para formar el carácter, la personalidad y el patrimonio que permita hacerse un lugar en la sociedad.

Las razones por las cuales el trabajo no es valorado son muchas y diferentes. Algunas razones están vinculadas a los niveles de riqueza alcanzados por ciertos sectores sociales, donde la escasez dejó de ser un motivador para trabajar. Otras razones tienen que ver con los nuevos objetivos que la gente se fija como prioridades para su desarrollo personal. Los viajes, el entretenimiento, la diversión, la vida sin estrés y la búsqueda de lo espiritual, entre otros fines, ocupan los primeros lugares de las prioridades de la gente.

Desde el punto de vista estrictamente económico una de las razones que incide en la desvalorización del trabajo tiene su raíz en que el esfuerzo y capacitación no se refleja en mejores salarios ni beneficios. *En la actualidad la mayor parte de los salarios no están vinculados directamente con el esfuerzo que cada trabajador aporta a la producción. Los ingresos se establecen por categorías generales y sistematizadas que igualan a los trabajadores eficientes con los desganados*. Incluso la recompensa al mérito y el esfuerzo en el trabajo puede ser catalogada como discriminatoria contra aquellos que no son premiados por carecer de mérito alguno.

*Mientras que la cultura del trabajo establecía que a "igual trabajo le corresponde igual salario", en la actualidad ese principio ha sido reemplazado por otro que establece que "a igual puesto de trabajo le corresponde igual salario".*

Ese nuevo postulado se instaló en todos los convenios laborales y rige en todas las paritarias. A partir de este criterio, *las condiciones personales de cada trabajador terminan siendo intrascendentes a la hora de las recompensas salariales. Lo que determina el ingreso de un trabajador es el puesto, posición o categoría laboral establecida en el convenio gremial.*

El resultado no querido pero que en la práctica resulta habitual, es que el mérito o el esfuerzo del trabajador no determina su nivel de salario. En los hechos la gente sabe que no tiene sentido esforzarse en el empleo. El sueldo depende de la categoría que el convenio de trabajo establezca para cada trabajador. Lo importante no es esforzarse ni capacitarse sino subir en las escalas salariales fijadas en los convenios gremiales.

La capacitación, el mérito, la dedicación, la responsabilidad, la honradez o la creatividad han dejado de ser tenidas en cuenta para establecer los ingresos de los trabajadores. Los salarios, por políticas sindicales-empresariales, están uniformados por categorías y tabulados de manera tal que todos los trabajadores cobran lo mismo de acuerdo con el escalafón laboral y el puesto que ocupan. Todas las actitudes personales del trabajador pasan a un segundo término.

## LA CULTURA DEL BENEFICIO

Otra razón de peso que ha destruido la cultura del trabajo es la instalación en la sociedad de la *cultura del beneficio*. El lugar que tenía el trabajo ha sido ocupado por esta nueva forma cultural que se extiende rápidamente por todos los sectores sociales.

La *cultura del beneficio* es el derecho a exigir recompensas materiales al Estado sin contraprestación por parte de quien recibe los beneficios. Por el solo hecho de pertenecer a un sector social o ser sujeto de una condición laboral, la gente exige el derecho a recibir un beneficio, sea en bienes o dinero.

*La cultura del trabajo se sustenta en que para obtener un ingreso hay que realizar un aporte de trabajo a la producción de bienes. La cultura del beneficio ha desterrado la idea de que los ingresos de cada persona dependen del trabajo aportado a la producción.*

*La cultura del beneficio sostiene que dadas determinadas condiciones sociales, económicas o políticas ciertas personas tienen el derecho de recibir un ingreso o beneficio material por parte del Estado sin necesidad de aportar trabajo. La condición social o las carencias habilitan a exigir un beneficio económico de quienes se supone que disponen de recursos económicos para distribuir. En este caso, el Estado.*

La cultura del beneficio se extiende por todas las sociedades y no está limitada a nuestras fronteras nacionales. En todos los lugares del mundo se escuchan las protestas reclamando que el Estado distribuye entre la gente beneficios económicos sin aportar nada a cambio. Esos beneficios toman formas diversas. Pueden ser subsidios, compensaciones económicas, viviendas, becas estudiantiles, canastas de alimentos, computadoras, asignaciones por hijos o útiles escolares.

Esos beneficios demandados por la gente cambian y se multiplican según el país que se trate. Las razones por las que la gente exige ser beneficiaria de un ingreso sin aportar trabajo tienen fundamentos variados. El objetivo del trabajo no es plantear las razones que los justifican, sino poner de relieve las consecuencias negativas que han dado lugar con la "cultura del beneficio".

En la sociedad se ha instalado una nueva idea que antes no existía. Una idea que hace una décadas hubiera sido considerada descabellada y económicamente inviable por sus consecuencias futuras. Nadie hubiera imaginado que grandes sectores sociales recibieran beneficios directos sin aportar su trabajo a la producción y la creación de bienes. Hace décadas todos eran conscientes de que los bienes no caen del cielo. Que habría que trabajar e invertir para generarlos. En nuestro país la "cultura del beneficio" se ha extendido y calado muy hondo en la sociedad. A título de ejemplo, se pueden enumerar las compensaciones exigidas al Estado cuando se sufre una inundación, cuando se está desempleado, por discriminación social, por tener muchos hijos o por no poder tener hijos. Por no acceder a una computadora, ser jefe de familia sin empleo, no tener una vivienda, no poder viajar en transporte colectivo o carecer de una sidra para festejar la Navidad. La gente siente que tiene derechos inalienables a tener bienes o servicios por su sola condición de necesitado y el Estado la obligación de darlos.

La lista de exigencias crece sin cesar en la sociedad. Al ser atendidos los reclamos ante la presión social, la cultura del beneficio crece en progresión geométrica. Los beneficiados son más que aquellos que trabajan para acceder a un ingreso.

La cultura del beneficio desplazó al trabajo que dejó de ser valorizado como el instrumento necesario para vivir mejor y acceder a los bienes. Las energías de grandes sectores de la población se canalizan hacia ingresar en la lista de beneficiarios que obtienen bienes o dinero sin trabajar.

Por la ley del menor esfuerzo, no hay duda de que la *cultura del beneficio* acabará definitivamente con la *cultura del trabajo*. La mayoría de las personas querrán sumarse a los indignados que exigen que se les concedan beneficios para la salud, la educación, el bienestar general, el transporte, la luz, el agua, la vivienda o el entretenimiento gratuito.

La cultura del beneficio es la antítesis de la cultura del trabajo. La cultura del beneficio no estimula la superación personal. La cultura del beneficio sólo exige derechos sin contraprestación alguna. La cultura del beneficio incentiva a vivir del trabajo ajeno.

Se podrá expresar, y de hecho son los fundamentos de quienes defienden los beneficios dados por el Estado, que es necesario ayudar a los que menos tienen o viven en la indigencia. Coincidimos en que no es posible que miremos para el costado cuando nos enfrentamos con la miseria de grandes sectores de la población. Hay que hacer algo y hacerlo rápido para que las desigualdades y la marginación social desaparezcan.

En lo que no estamos de acuerdo es en que el método para acabar con las desigualdades sea la instalación de la cultura del beneficio en lugar de la cultura del trabajo. Seguir por ese camino es un error que finalmente repercute negativamente en todo el orden social. Mejor es utilizar otros métodos más eficientes y correctos para el progreso de toda la sociedad. Debe cambiarse el orden económico que genera esas desigualdades. Cambiar el orden económico para que todos puedan vivir de su trabajo y mejorar su vida mientras más se esfuercen y capaciten.

## TRABAJADORES VERSUS EMPRESARIOS

Nadie puede negar que los derechos de los trabajadores y las condiciones laborales existentes en nuestro país han evolucionado de manera considerable en las últimas décadas. Lo mismo ha ocurrido con la distribución de los ingresos, que ha crecido en la mayoría de las actividades industriales y agropecuarias. Sin embargo, tampoco se puede desconocer que más del 8% de la población está desempleada y cerca del 20% de los que tienen un empleo formal obtienen magros ingresos.

Tampoco se puede negar la "otra realidad nacional". Cerca del 40% de los argentinos trabaja en *negro* sin derechos laborales ni protección social. Basta observar las condiciones de esos trabajadores y sus ingresos para darse cuenta de que algunos son más bien indigentes que gente merecedora de un ingreso mayor.

*Esa mirada sobre la realidad nacional pone de manifiesto que si bien ha existido una importante evolución de las condiciones del trabajo y sus ingresos en las últimas décadas, también es cierto que no ha sido suficien-*

*te. Esas condiciones e ingresos podrían haber sido mejores si se hubiera dado un orden económico diferente. Un orden económico que no castigue el trabajo y la inversión. Un orden social que no premie la especulación y los privilegios.*

En Argentina el trabajo no logra obtener un ingreso pleno. Un ingreso que refleje una recompensa íntegra al aporte realizado a la producción de bienes y servicios. Los trabajadores –dado el actual orden económico– no tienen la posibilidad de rechazar los salarios existentes porque la oferta laboral es escasa y uniforme en la fijación de los salarios. La existencia de un orden económico cerrado, con una estructura jurídica contraria a la producción, limita a la gente de trabajo a buscar nuevas fuentes de ingreso. Los trabajadores están atados a la oferta laboral existente y carecen de la capacidad de optar por sus propios emprendimientos económicos.

La estructura del orden jurídico argentino, al autorizar la privatización de la renta social, permite que los propietarios de la tierra urbana y rural se queden con parte de la riqueza que debería corresponder a los trabajadores. Complementariamente, la fuerte presión impositiva sobre los salarios junto a la existencia de empresas hegemónicas que dominan el mercado terminan reduciendo aún más los ingresos de los trabajadores. Es evidente que los asalariados en Argentina no reciben la recompensa plena a su aporte en la producción de bienes y servicios.

Los sindicatos argentinos, representantes de los trabajadores de la economía formal o registrados, se han desarrollado como pocos lo han hecho en el mundo. Su larga historia de luchas por mejores condiciones de trabajo se remontan al siglo XIX. En sus inicios, los sindicatos tenían un fuerte componente ideológico. No sólo luchaban por mejores condiciones de trabajo y mayores salarios, sino que querían la transformación de todo el orden social.

Desde la década de los 50 la mayoría del sindicalismo argentino, como parte del movimiento peronista, ha asumido un papel básicamente reivindicativo y práctico. No propone cambios ni transformaciones del orden social. Los sindicatos tienen como prioridad y eje central de su accionar la demanda de mejores salarios para sus agremiados y mejoras laborales directamente ligadas a beneficios económicos. Demandas que se canalizan a las empresas y al Estado como dadores de empleo.

A través de las paritarias y los convenios colectivos, los sindicatos exigen periódicamente aumentos de salarios, bonificaciones, premios, aguinaldos o reparto de utilidades de las empresas. Cada año sus principales demandas están dirigidas a solicitar mayores ingresos para todos los trabajadores del gremio. Paralelamente desarrollan acciones sociales para sus asociados. Acciones financiadas a través de las cuotas sindicales y de obras sociales que aportan sus agremiados con parte de sus salarios.

*Los sindicatos han demostrado con su accionar que tienen una visión limitada de cómo funciona el sistema productivo y el orden económico nacional. Consustanciados con el "ADN del pensamiento dominante", tienen una visión de la economía argentina que no se condice con la realidad. La consecuencia de tener esa perspectiva es el desconocimiento o la falsa idea de cuáles son las verdaderas causas que impiden que los trabajadores tengan empleo, puedan acceder a mayores ingresos o simplemente trabajar por cuenta propia.*

Su visión sobre el proceso de producción y el orden económico es bastante limitada. *Consideran que la actividad económica tiene sólo dos protagonistas: los empresarios dadores de empleo y los trabajadores generadores de riqueza.* Los primeros son los responsables de la mayoría de sus problemas económicos. Son los que se quedan con los mayores ingresos al distribuir la riqueza producida. Son los que organizan el mercado y la economía para su propio beneficio.

Los segundos –los trabajadores–, a pesar de ser los creadores de bienes y servicios, reciben una escasa porción de "la torta" generada en el proceso productivo. Son las víctimas de la posición de poder que tienen los empresarios, son los explotados de esa *relación de dos* que tiene la actividad económica desde la perspectiva sindical.

Esa errónea visión los lleva a accionar siempre contra los empresarios. En caso de no poder doblegar la voluntad de los empresarios, recurren al Estado para que actúe como árbitro entre la empresa y fuerza del trabajo. Según el marco ideológico del gobierno de turno, el Estado mediará a favor de los empresarios o los trabajadores.

Los sindicatos, al concentrar sus energías en la demanda de mayores salarios ante las empresas, no perciben que existen otras causas de sus padecimientos. No perciben que existen otras razones económicas y jurídicas más allá de las empresas que afectan sus intereses. Causas que son las que determinan el desempleo, los bajos salarios y el trabajo informal.

*El pensamiento dominante les impide comprender que los ingresos de los trabajadores dependen mucho del orden social vigente. Nuestro orden económico, jurídico e impositivo son las principales causas de la falta de trabajo, el trabajo en negro, la ausencia de iguales oportunidades laborales, los bajos salarios reales, la explotación y la marginación social, entre otros efectos negativos.*

## EL TRABAJO EN EL ORDEN ECONÓMICO ARGENTINO

*El pensamiento dominante* determina que los sindicatos en vez de proponer abrir el orden económico para generar más empleo hacen todo lo posible para cerrarlo cada vez más. Creen que cerrando la economía a la competencia defenderán sus fuentes de trabajo y la producción nacional. Consideran que el mercado abierto es su peor enemigo para mejorar sus salarios y defender sus empleos.

*El orden económico argentino –como consecuencia de las ideas dominantes en sus actores– está materialmente cerrado para que toda la población pueda acceder a una fuente de trabajo y a un salario acorde con una vida digna. Está cerrado al mundo para que trabajadores e inversores vengan a radicarse a nuestro suelo como lo hicieron nuestros abuelos. Está cerrado al crecimiento sostenido de empleo. Está cerrado a la falta de oportunidades laborales. Está cerrado a trabajar por cuenta propia.*

El orden jurídico ha generado barreras que impiden materialmente acceder a buenos salarios. El orden jurídico impide a los argentinos emprender actividades con igualdad de oportunidades. Sólo pocos pueden abordar un emprendimiento propio en la economía formal. El orden jurídico y económico es contrario al acceso a un espacio para vivir, construir una vivienda, trabajar o producir. La tierra no es accesible económicamente para más de la mitad de los argentinos. El crédito no existe. Las viviendas son escasas. Los asentamientos marginales se expanden por todo el país.

Hubo un tiempo, no hace mucho, en el que ocurrió algo totalmente diferente en Argentina. Nuestro país convocaba a millones de emigrantes de todo el mundo. Era un país sumamente atractivo por sus altos salarios y la posibilidad de que con el fruto del trabajo se pudiera acceder a una vivienda, a un patrimonio y a un destino mejor para los hijos. Era una época en la cual, cuando los salarios ofrecidos por las empresas no satisfacían al inmigrante trabajador, éste tenía un inmenso territorio a su disposición para comenzar una actividad por cuenta propia. Los trabajadores llegaron a crear sus propias empresas. Con ese manojo de posibilidades para trabajar y sin barreras de ninguna naturaleza, los inmigrantes fundaron negocios, se agruparon sindicalmente para defender sus derechos, crearon empresas y forjaron infinidad de pueblos en el interior del país que siguen siendo orgullo nacional.

La demanda de inmigrantes de todo el mundo fue la política de Estado de aquella época. Hasta principios del siglo XX nuestro país alardeaba de tener el promedio de los salarios más altos del mundo y un nivel de producción igualmente elevado. La gente llegaba por doquier atraída por esta ventajosa situación. Sin embargo, las cosas cambiaron y con el tiempo se instaló otra situación totalmente opuesta.

Los emigrantes quedaron varados en el puerto y terminaron hacinados en conventillos. Cuando salieron a buscar trabajo debieron aceptar salarios muy bajos y tolerar la explotación de empresarios inescrupulosos. Había terminado la *primavera económica* para los trabajadores del mundo. Argentina se convirtió en un país que comenzó a marginar a la gente de trabajo y creó ejércitos de desposeídos. El empleo fue reemplazado por la indigencia. En vez de ciudades comenzaron a forjarse marginalmente villas de emergencia en todo nuestro territorio. Hasta el hambre se hizo presente en uno de los territorios más generosos del planeta.

Hoy las fronteras están materialmente cerradas a los inmigrantes que quieren mejorar las condiciones económicas. Nuestro país tampoco ofrece demasiadas alternativas de progreso para los que están adentro de sus fronteras. Hace mucho tiempo que no se crean polos de desarrollo en el interior del país. Lo habitual es el enfrentamiento entre los trabajadores que claman por mejores recompensas y los empresarios que se niegan a darlas por la escasa rentabilidad de sus empresas.

Para muchos sindicatos, empresarios y funcionarios, el decaimiento de nuestro país se debe a la puja de ingresos entre las empresas y los trabajadores. Por eso los conflictos y enfrentamientos entre empresarios y trabajadores argentinos se repite desde hace décadas. Empresas y empleados ya no son partícipes necesarios para la generación de mayor riqueza sino que son enemigos irreconciliables.

Ha llegado la hora de que los sindicatos –como buena parte de la sociedad– comprendan que existen otras razones más profundas y no evidentes que impiden que los argentinos alcancen los niveles de desarrollo a los que pueden aspirar por sus condiciones humanas y materiales. Razones que van mucho más allá de las relaciones existentes entre las empresas y los trabajadores.

## VER MÁS ALLÁ DEL ÁRBOL

No se puede poner en duda la importancia que tienen los sindicatos en defensa de los intereses de los trabajadores, en especial cuando las empresas o corporaciones hegemónicas se aprovechan de su posición dominante. Los sindicatos –a través de la unión de los trabajadores– buscan contrarrestar ese poder dominante que pueden tener las empresas en el proceso de producción. De esta forma, los sindicatos generan una paridad de fuerzas que impide que las empresas realicen un ejercicio abusivo de poder desde su posición de dadoras de empleo.

No se puede ignorar que el sindicalismo contribuye a obtener muchos beneficios y derechos que hicieron al trabajo más digno y más justo. Tampoco podemos olvidar el aporte con sangre e ideas que realizaron los sindicatos para alcanzar el nivel que hoy tienen los trabajadores en Argentina.

*Sin embargo, también es cierto que en las últimas décadas la actividad sindical en muchos aspectos se ha convertido en una traba para mejorar el desarticulado orden económico. Al concentrar sus energías y acciones básicamente en obtener mejores ingresos salariales ante las empresas, los sindicatos han perdido la perspectiva global. Han olvidado que los salarios de los trabajadores y sus condiciones laborales dependen del funcionamiento de todo el orden económico y del orden social establecido.*

Los sindicatos peronistas han perdido la visión del *bosque social* por focalizar su vista en el *árbol salarial*. Consideran que los salarios y las condiciones de trabajo resultan exclusivamente de la voluntad del empresario dador de empleo. No perciben que dependen esencialmente del orden económico. También dependen del funcionamiento del mercado, de la competencia, del sistema de precios, de los impuestos, del acceso a los factores de producción, de la igualdad de oportunidades y de la economía estatal, entre tantas variantes que hacen al orden social.

Los sindicatos, al evaluar que la madre de sus problemas son las empresas, sacan de cuadro a los verdaderos obstáculos del orden económico argentino. No perciben que la baja de los salarios y la mala rentabilidad empresarial tienen raíces en el orden económico vigente y en un pensamiento dominante que conduce a mayores problemas económicos.

El sindicalismo como representante de la fuerza del trabajo asalariado tiene un papel muy importante en la construcción de un nuevo orden económico que estimule el progreso social. No puede desentenderse de los efectos negativos del orden económico argentino, alegando que su función excluyente es defender los salarios de los trabajadores. El sindicalismo debe comprender que los salarios no crecerán como deberían crecer en una economía desequilibrada y con empresas no productivas.

## ABRIR LA MENTE A LA REALIDAD

Los sindicatos suelen ser un obstáculo para el funcionamiento de un proceso económico cuando sostienen que los derechos y beneficios de los trabajadores siempre deben ser mayores con respecto al año anterior. Pretenden mejorar sus ingresos y derechos de manera permanente partiendo de que las empresas siempre obtienen ganancias y lo hacen siempre de manera creciente. *No aceptan la idea de que las empresas pueden dejar de ser competitivas o que puede haber cambios en las condiciones del mercado que determinen una merma de su rentabilidad. No aceptan que las empresas pueden tener pérdidas y dejar de ser rentables, y por lo tanto se sientan obligadas a bajar sus costos, incluidos los salarios. También para los sindicatos las empresas siempre ganan y lo hacen de manera ascendente.*

Para los sindicatos los salarios jamás pueden reducirse. Los salarios no son considerados como un ingreso que surge de las relaciones de producción, la rentabilidad, la competencia o el mercado. Los salarios son un derecho adquirido y por ende no pueden disminuirse jamás. El salario de los trabajadores está por encima de las fluctuaciones económicas de la empresa o el país.

Cuando hay crisis sectorial o global en el orden económico, los sindicatos sostienen que no es problema de los trabajadores la baja rentabilidad empresarial. Son los empresarios los únicos responsables de organizar la empresa de manera eficiente para superar esas crisis. La crisis empresarial no es responsabilidad de los trabajadores. En todo caso, los trabajadores son víctimas de la ineficiencia empresarial. Por lo tanto, los salarios no pueden ser afectados bajo ningún concepto.

Los trabajadores no administran ni dirigen empresas, por lo cual no se hacen cargo si pierde rentabilidad o deja de ser productiva. Sostienen que los trabajadores aportaron su esfuerzo y su trabajo, por lo que deben recibir los ingresos que acordaron. De ninguna manera aceptan que los salarios pueden ser ajustados de acuerdo con la productividad de la empresa. *Si hay crisis en el orden económico, baja rentabilidad de la empresa o pérdida de mercados, son problemas económicos del empresario y no de los trabajadores que aportaron su esfuerzo. En todo caso, consideran que el empresario debe afrontar esa crisis con las "ganancias de años anteriores". Ganancias siempre extraordinarias según los sindicatos, el gobierno y la sociedad.*

Cuando las empresas transmiten sus dificultades para mantener o incrementar los salarios a los trabajadores –sea por dificultades internas o provenientes del orden económico– los sindicatos argumentan que esos inconvenientes no son su responsabilidad y no tienen por qué hacerse cargo. Con el apoyo del Ministerio de Trabajo, las leyes laborales, los convenios colectivos y la Justicia, exigen a las empresas que cumplan con los salarios acordados. El resultado de esta exigencia es una sumatoria de conflictos laborales, inspecciones del Ministerio de Trabajo y multas por no haber cumplido con leyes y convenios.

Con el tiempo las empresas que no logran una alta productividad, irremediablemente caen vencidas ante tanta presión sindical y gubernamental. Pierden la batalla anímica y las demandas de los trabajadores. Los empresarios descubren que explicar las dificultades de aumentar los salarios por la baja rentabilidad es una lucha que tienen perdida. Algunos superan ese cuello de botella –falta de rentabilidad y aumento de salarios– acercándose al gobierno para obtener privilegios o subsidios.

Las empresas que no obtienen esos beneficios públicos o no logran dominar el mercado para establecer sus precios de acuerdo con los costos, tienen dificultades para enfrentar económicamente las demandas salariales, el inmenso catálogo de derechos laborales y los efectos económicos de las "industria del juicio". Deben entonces dar un paso al costado cerrando sus empresas. Forman parte del 98% de las empresas que quiebran antes del décimo año.

Los sindicatos deben abrir la mente a la realidad que domina el escenario económico argentino. En nuestro país son pocas las empresas que pueden tener una rentabilidad sostenida en el tiempo. La mayoría debe cerrar sus puertas sin haber logrado jamás una rentabilidad. Recordemos que sólo el 2% de las empresas logra sobrevivir a nuestro orden económico.

*Los sindicatos no pueden desconocer la incidencia que tiene el orden económico en la distribución de la riqueza entre los trabajadores. Aferrarse a esa visión estrecha de que el nivel de los salarios depende exclusivamente de la voluntad de las empresas termina en la conclusión de que la única manera de lograr mejores salarios es controlar a las empresas o regularlas para que actúen de acuerdo con los intereses de los trabajadores.*

Es justamente ese pensamiento dominante lo que ha determinado que exista una maraña de normas jurídicas, fallos judiciales, políticas gubernamentales y presiones sindicales para establecer cómo deben actuar y desarrollarse las empresas en Argentina.

Quizá sea el momento de tener otra visión sobre el problema. Quizá es necesario entender que la demanda de mejores salarios y la mayor productividad tiene que ver con el orden económico establecido. Para tal fin es fundamental conocer cuáles son las fallas estructurales del orden económico argentino que impiden tener salarios altos y empresas eficientes.

## NO CONFUNDIR GATO POR LIEBRE

Hemos sostenido que las empresas que ejercen un dominio sobre el mercado para defender sus intereses buscan caminos contrarios a los que deben transitar en un orden económico abierto. Un orden que permita la igualdad de oportunidades para construir una sociedad más justa y económicamente más productiva. Cuando las empresas tienen prácticas contrarias a la competencia, que impiden que nuevas empresas ingresen en el mercado, se cierran las posibilidades de progreso y se estimula la concentración del poder económico. Cuando las empresas transitan caminos de hegemonía buscan "beneficios a su medida y no a la de la sociedad".

Lo mismo ocurre con los sindicatos cuando en vez de bregar por un orden económico abierto a todos los integrantes de la sociedad terminan creando instituciones jurídicas que cierran esa posibilidad.

El orden económico argentino desde hace mucho tiempo limita las oportunidades de los trabajadores, los excluye del proceso productivo, condiciona sus salarios y no les da opciones para generar sus propias actividades ante la escasa oferta de empleos. Es un orden económico cerrado que mantiene a miles de personas fuera del sistema de producción, a otros tantos en la indigencia y a la mayoría con salarios insuficientes.

Son justamente esas condiciones históricamente dadas las que empujan a los trabajadores a agruparse en sindicatos para lograr una fuerza igualmente fuerte que les permita enfrentar a esos poderes económicos. Consideran que sólo con una fuerza superior a la que tienen los grupos económicos podrán lograr mayores beneficios y mejores salarios.

Los sindicatos están absolutamente convencidos de que la injusticia social y las desigualdades económicas que rigen en el mundo del trabajo son por la vigencia de un orden económico regulado por un mercado y planificado por empresas.

Los sindicatos entienden que en la medida en que los niveles de salarios dependan de la oferta y la demanda, los trabajadores están destinados a cobrar sueldos de hambre. El mercado no es otra cosa que el mecanismo que los empresarios utilizan para beneficiarse a costa de los trabajadores. En otras palabras, consideran que el mercado es contrario a sus intereses y por eso claman permanentemente que el Estado intervenga para controlarlo.

*Para los sindicatos en general, el orden económico debe estar planificado y organizado desde el Estado con la participación corporativa de las grandes empresas y de los sindicatos. De esta forma los trabajadores lograrán los salarios que aspiran y las empresas, la rentabilidad que planifican de acuerdo con los costos.*

El inconveniente de ese pensamiento arraigado históricamente en los sindicatos argentinos es que se está confundiendo "gato por liebre". Se denomina como mercado a lo que en verdad es un orden económico cerrado. Justamente una economía sin mercado abierto y sin igualdad de oportunidades para los trabajadores. El pensamiento dominante llama *mercado* a un sistema de intercambio cerrado, controlado por el Estado y con empresas corporativas dominantes.

Un mercado –para que pueda cumplir su función de coordinador eficiente de los factores de producción y distribución de los ingresos– debe ser abierto, igualitario y con la posibilidad material de acceder a un espacio para trabajar e invertir. Toda la sociedad debe poder participar en igualdad de condiciones. No deben existir poderes que desvirtúen la voluntad y la igualdad económica de los integrantes de la sociedad. El mercado abierto es aquel que permite la planificación individual, la libertad de optar entre diferentes opciones económicas, la igualdad de oportunidades y la ausencia de condicionamientos de grupos de poder. Todo lo contrario de lo que prevalece en el orden económico argentino.

## EL SINDICALISMO CONTRA LA ECONOMÍA ABIERTA

Los sindicatos de trabajadores, al igual que las empresas dominantes, prefieren un orden económico cerrado a la planificación individual de la economía, al mercado y a la competencia. Prefieren un orden económico planificado centralmente por el Estado con el acuerdo de los representantes corporativos de las empresas hegemónicas y los sindicatos. Parten de la premisa de que el orden económico abierto baja los salarios y elimina la rentabilidad empresarial. El mercado es la gran mentira para explotar a los trabajadores y debilitar la producción nacional.

Los sindicatos argentinos prefieren un orden económico cerrado en donde las corporaciones económicas y los gremios se sienten a una mesa de negociación, con la supervisión del Estado, para definir de manera conjunta los precios, los salarios, las ganancias y los objetivos económicos de la sociedad. No les gusta el mercado abierto porque es incierto y no se puede controlar.

Las empresas hegemónicas son observadas con una mirada complaciente por parte de los sindicatos. Existe la sensación de que las corporaciones empresariales, tanto nacionales como internacionales, son verdaderos modelos a seguir para acordar salarios y fijar políticas económicas para toda la sociedad.

Las corporaciones son altamente valoradas por los sindicatos. Su organización centralizada, respeto por el trabajo en blanco y el pago de todos los impuestos las convierte en un modelo que todas las empresas deberían seguir.

Los funcionarios corporativos no son irascibles como los dueños de las empresas competitivas e independientes del Estado. Los gerentes corporativos son personas afables y no pasionales. Siempre presentan una buena predisposición a ceder a los reclamos salariales. Lo que los sindicatos no aclaran es que esto es posible por la posición dominante de esas empresas. Posición que les permite trasladar los aumentos salariales a los precios.

El pensamiento negativo de los sindicatos sobre el orden económico abierto coordinado por el mercado tiene vieja data, pero se reforzó a partir de la "década de los 90". Etapa que los sindicatos visualizan como la peor de la historia para los trabajadores. Esa visión no deja de ser cierta en el sentido de que muchos trabajadores la pasaron bastante mal durante el período del gobierno de Carlos Menem. Sin embargo, es errónea en cuanto a sostener que el orden económico existente estaba regido por un mercado abierto.

Una vez más se tomaron como verdad las palabras en vez de analizar los hechos presentados objetivamente en la realidad. El discurso "liberal" de los funcionarios del gobierno de Menem y sus aliados políticos dio por sentado que en la Argentina de la década de los 90 se instaló un orden económico abierto y coordinado por el mercado. Todo lo contrario de lo que verdaderamente ocurrió.

Lejos de haber existido un mercado abierto, lo que existió en la década de los 90 fue un orden dominado por monopolios económicos apoyados por políticas públicas intervencionistas sobre la mayoría de los sectores de la producción. Las empresas monopólicas a cargo del Estado pasaron a depender de monopolios y oligopolios privados. Fue un período donde existió un férreo control de la moneda para regular exportaciones e importaciones de acuerdo con los criterios gubernamentales. Se actuó desde las esferas gubernamentales pensando en el beneficio de las inversiones y corporaciones internacionales.

En esa década tampoco se modificó la estructura jurídica que impide el acceso económico al espacio para producir y vivir, ni se limitaron los privilegios de cientos de empresas subsidiadas por el Estado; tampoco se modificó el perverso sistema impositivo que castiga a la producción y los trabajadores. La gente siguió sin poder acceder a viviendas dignas. Lo único cierto de la visión sindical sobre la década de los 90 es que la corporación sindical no tuvo el poder que había tenido con anterioridad y que recobró a partir del año 2003.

Las desigualdades que generan la baja productividad del orden económico argentino son anteriores a la década de los 90 y aún prevalecen con matices diferentes hasta nuestros días. Las fallas estructurales del orden económico son justamente las que determinan en buena medida que el trabajo no alcance los niveles de ingresos que debería tener.

El orden económico argentino, en vez de abrirse a todos los trabajadores para mejorar sus salarios y oportunidades de trabajo, se va cerrando cada vez más en beneficio de pocos. Gobierno tras gobierno otorgan mayores privilegios de hegemonía a grandes corporaciones económicas y las organizaciones sindicales amigas. Se elimina la competencia, se impide el acceso de la gente a espacios físicos para trabajar, aumenta el poder económico de los sindicatos únicos, se cierran las fronteras al comercio exterior, se planifica centralmente la mayoría de las actividades económicas y se limitan las oportunidades para que la población pueda decidir por sí misma.

Los trabajadores no tienen otras opciones para trabajar ni salarios que percibir que aquellos que acuerdan las empresas hegemónicas con los sindicatos. Los que no aceptan estos acuerdos corporativos son excluidos y salen del sistema para ingresar en el mercado negro.

## LA INDUSTRIA DEL JUICIO

Las luchas sindicales libradas en todo el mundo y en nuestro país han dado como resultado importantes conquistas que se han traducido en una vasta legislación laboral. Complementariamente, instituciones nacionales e internacionales, como la Organización Internacional del Trabajo, permanentemente establecen recomendaciones para que los gobiernos implementen políticas en defensa de los trabajadores. Esta normativa es acompañada por un marco teórico y doctrinario que coloca al trabajador en el centro de todo ordenamiento social. La idea vigente en el mundo es que el trabajador debe ser el principal beneficiario de todo orden económico.

La legislación laboral en Argentina es una de las más extensas y amplias del mundo, junto a las de algunos países europeos como Italia y Francia. Cientos de leyes se han dictado en el país desde la Organización Nacional. Esa legislación regulatoria de los derechos de la gente comenzó de manera tibia a principios del siglo XX, para iniciar una carrera vertiginosa a partir de 1945 con el gobierno del general Perón. Si bien desde aquella época ha habido etapas de anulación de leyes o suspensión de otras por diferentes gobiernos autoritarios, la legislación laboral siempre ha sido ascendente en beneficio de los trabajadores y los sindicatos.

No es el objetivo de este libro referirnos a los principios y objetivos que inspiran esas leyes y regulaciones laborales en Argentina. Se ha escrito mucho sobre el tema y seguramente todavía hay mucho que decir sobre los beneficios y perjuicios que la legislación laboral ha generado en los trabajadores argentinos y el orden social.

En este caso sólo nos vamos a referir a algunas de las consecuencias "no queridas" por el legislador. Efectos no previstos. Efectos negativos que la legislación ha generado sobre las empresas y el orden económico argentino. Consecuencias seguramente no buscadas por el legislador al sancionar las normas, ni tenidas en cuenta por la empresa al aplicarlas en su relación con los trabajadores.

La legislación laboral tiene como primer objetivo establecer los derechos y obligaciones de los trabajadores y las empresas al establecer relaciones laborales. De acuerdo con esa normativa cada trabajador y cada empresario sabe correctamente cuáles son sus derechos y sus obligaciones a fin de que no surjan conflictos. Esa normativa da seguridad jurídica a empresarios y trabajadores. Es la guía de sus conductas y responsabilidades.

Sin embargo, la existencia de una norma jurídica no elimina los conflictos humanos. La mala interpretación de los derechos o las obligaciones, la mala fe, el abuso de poder o la simple ignorancia pueden dar lugar a que una de las partes se sienta afectada en sus intereses.

Cuando el trabajador y la empresa no se ponen de acuerdo sobre cómo resolver el conflicto de intereses, en nuestra sociedad tienen la posibilidad de recurrir a un tercero para que medie entre ambos. Ese tercero es el Poder Judicial.

La organización judicial, a través de sus referentes máximos que son los jueces, debe dirimir cuál de las partes tiene la razón en un conflicto de intereses contrapuestos. De acuerdo con las pruebas y fundamentos presentados por cada uno, de manera imparcial y atenida al derecho, los jueces dictan sentencia. En el fuero laboral esa sentencia viene de la mano de resarcimientos económicos.

Hasta aquí no pareciera que hay mucho que agregar. Todo indicaría que el método del poder judicial como tercero responsable de solucionar imparcialmente los conflictos de intereses entre trabajadores y empresarios es el mejor que una sociedad puede darse. Sin embargo, no siempre lo que se planificó idealmente se consigue plasmar correctamente en la realidad. A veces porque tiene fallas de origen, otras porque no se adaptó a los cambios sociales y otras porque *el diablo metió la cola.*

Esto es lo que fue ocurriendo en nuestro país y se ha convertido en un serio problema para las empresas, llegando a ser una importante causa que empuja a cancelar sus actividades. Veamos algunos matices de esta realidad.

*La legislación laboral establece una gran cantidad de derechos y obligaciones para los trabajadores y las empresas. La mayoría son obligaciones a cargo de las empresas, pues la normativa busca proteger al más débil de la relación. Estas normas jurídicas son muchas y variadas. Tantas, que a veces exceden la capacidad material de cumplimiento por parte de las pequeñas y medianas empresas. Dejamos de lado en esta consideración a los empresarios que actúan en la informalidad o no tienen la voluntad de respetar ninguna ley laboral.*

Las empresas, en general, tienen la voluntad de cumplir con toda la legislación laboral a fin de evitar conflictos laborales y sanciones gubernamentales. Sin embargo no siempre esto es materialmente posible. Buena parte de las veces, por las dificultades propias o por las consecuencias del mal funcionamiento del orden económico, las empresas no pueden hacer frente a los compromisos materiales que marca la ley laboral.

La dificultad de afrontar material y económicamente parte de las leyes laborales tiene que ver con el contexto de nuestro orden económico y las dificultades de rentabilidad de las empresas. Gran cantidad de normas laborales fueron ideadas y sancionadas sin tener en cuenta la realidad económica de nuestro país. No tuvieron presente el contexto económico, las crisis permanentes, los desórdenes sociales y la baja rentabilidad empresarial que se refleja en nuestro escaso parque industrial y sus quiebras.

Inspirada en leyes laborales que se aplican en otros países económicamente más desarrollados, o en principios doctrinarios abstractos, la normativa sancionada es difícil de implementar por empresas que carecen de recursos suficientes. Al no poder implementarlas, gran parte de esas empresas quedan al margen de la ley y son demandadas por los trabajadores con el aval de los organismos públicos.

*No hay duda de que nuestra legislación laboral se ha desarrollado como pocas en cuanto a objetivos y derechos a conseguir en defensa de los trabajadores. El problema es que buena parte de esas disposiciones no pueden ser materialmente cumplidas porque en nuestro país no están dadas las condiciones económicas para hacerlo. Argentina sigue siendo un país relativamente pobre en generación de riqueza aunque sea muy rico en leyes laborales, que lo ponen a la vanguardia de muchos países del mundo.*

Esta vocación nacional de abarcar conceptualmente más de lo que materialmente puede darse es una constante desde hace tiempo. La consecuencia es que se han sancionado una gran cantidad de leyes laborales que no pueden ser cumplidas por la mayoría de las empresas. En especial las que no tienen privilegios o no son hegemónicas.

Nuestro país fue precursor de las leyes básicas de defensa de los derechos del trabajador como las que exigen el pago de salarios en contraprestación al trabajo, el pago de horas extras, el descanso dominical o *el famoso sábado inglés*. También ha sido precursor de otras leyes como la obligatoriedad de las indemnizaciones por despido o el aguinaldo. Las unas y las otras han conformado un marco jurídico de protección y obligaciones en beneficio de los trabajadores que no todas las empresas están en condiciones objetivas de cumplir. Con lo cual pareciera que la paradoja argentina es la siguiente: *si se cumplen la totalidad de las leyes laborales vigentes no hay posibilidad de que surjan nuevas empresas y las existentes no son suficientes para cubrir la demanda de trabajo*.

La legislación laboral argentina ha logrado que muchas empresas tengan más obligaciones que rentabilidad. Las obligaciones de proveer ropa de trabajo, viandas alimentarias, viáticos, normas de seguridad, de incendio, de evacuación, de contribuciones por títulos académicos, salario familiar, seguro medico, permisos de mudanza o licencias por estrés laboral, son sólo parte de una pléyade de normas que deben afrontar las empresas y hacerse cargo económicamente. Son disposiciones que –más allá de la solidez de sus fundamentos– requieren una rentabilidad muy superior a la que es posible obtener en el orden económico argentino.

Dentro de estas disposiciones que hacen difícil su cumplimiento material por parte de las empresas tienen un lugar especial las indemnizaciones por despido del trabajador. Los montos normados y regulados para las indemnizaciones alcanzan cifras verdaderamente imposibles de pagar por la mayoría de las empresas. Cifras que se multiplican si el trabajador se siente despedido o discriminado debido a que en estos casos se agregan multas y contribuciones especiales.

No es el propósito cuestionar el contenido de cada ley laboral sancionada en el país, ni es éste el lugar para hacerlo. Pretendemos remarcar que la obligación de cumplir con todas las leyes laborales, más allá de su basamento jurídico y su justificación moral, es materialmente imposible de respetar por parte de la mayoría de las empresas. Este incumplimiento conduce necesariamente a demandas a resolver en los estrados judiciales.

*Para el trabajador afectado en un derecho, no tiene demasiada importancia si la empresa está en condiciones de hacer frente materialmente a sus reclamos. Para los trabajadores, en la medida en que existen disposiciones legales que avalan sus reclamos, los derechos que les corresponden deben ser cumplidos. Por otra parte, como consecuencia del pensamiento dominante, los trabajadores consideran que las empresas tienen más de lo que declaran y pueden afrontar los gastos demandados.*

No hay duda de que el marco jurídico que protege el trabajo y el amplio abanico de leyes sancionadas en Argentina permitió que las condiciones laborales de los trabajadores hayan mejorado de manera notable. Sin embargo ese *gran abanico de leyes y obligaciones empresariales* dio lugar a una gran cantidad de conflictos. La imposibilidad de cumplir con buena parte de las cientos de obligaciones, dio nacimiento a una consecuencia no prevista: la judicialización de las relaciones laborales con las empresas y la consecuente *industria del juicio*.

La posibilidad de obtener dinero de las empresas a través de las demandas judiciales ha movilizado la actividad de los abogados, los trabajadores y los sindicatos de manera exponencial. La razón es clara y sencilla. *La amplia legislación laboral existente pone a toda empresa en contravención permanente. Ninguna está exenta de quedar en contravención en función de la inmensa cantidad y variedad de disposiciones legales sancionadas.*

Esas obligaciones y contravenciones abrieron las puertas a un excelente negocio económico llamado la *industria del juicio*. La cantidad y la estandarización de las demandas laborales es tan grande que tiene las características de un proceso industrial. Al sistematizar las demandas en base a leyes y sentencias que se repiten en los foros judiciales, los abogados han organizado una *industria* en la cual la rentabilidad es el resultado de la cantidad de pleitos existentes.

La *industria del juicio* consiste en demandar a las empresas para lograr compensaciones en dinero por el incumplimiento de una norma laboral. Los trabajadores han descubierto que la inmensa cantidad de leyes laborales y la dificultad de las empresas para cumplir con todas esas disposiciones les permite obtener ingresos en los estrados judiciales. Montos de dinero que no obtendrían con su trabajo si las leyes se cumplieran y no tuvieran nada que reclamar.

Detrás de esa industria están los estudios jurídicos con decenas de abogados para que actúen como en una economía de escala y lleven adelante juicios laborales en grandes cantidades. Al final del año cientos de sentencias favorables generan importantes ingresos para los abogados y los clientes.

Varios factores colaboran para que la industria del juicio crezca. Por un lado, los sindicatos están organizados para dar la voz de alerta a los abogados de confianza cuando no se cumple con algún derecho de los trabajadores de su gremio. Por otro lado, los trabajadores no asumen ni riesgo ni costos por demandar a sus empresas. La justicia argentina libera –en la mayoría de los casos– a los trabajadores de pagar impuestos por iniciar su demanda contra las empresas. Los demandantes no pagan impuestos porque se considera que no tienen recursos y entonces pueden litigar sin costo. Privilegio que no tienen las empresas que deben pagar impuestos si quieren realizar una demanda judicial contra un trabajador.

El trabajador demandante también está liberado del pago de *costas judiciale*s durante el proceso. El trabajador no paga los gastos de peritos o los que se originen por su demanda, aun en el caso de que pierda la demanda que inició contra la empresa. Esos costos los asume la empresa, gane o pierda el juicio.

Los abogados, por su parte, para favorecer el aumento de las demandas, no cobran sus honorarios por adelantado sino que lo hacen contra los resultados del pleito. Además, acuerdan con los trabajadores un porcentaje mayor al autorizado por ley. Los abogados son tan flexibles y generosos con sus clientes porque saben que el poder judicial estadísticamente falla en el 85% de los casos a favor de los trabajadores.

Para lograr mayor rentabilidad, los abogados tienen *modelos estándar de demandas* que repiten cambiando los nombres del demandante. También cuentan siempre con testigos disponibles para acreditar las acusaciones de sus clientes. Saben que ante la gran cantidad de demandas existentes, en los juzgados "leen por arriba" los fundamentos de cada caso. Los abogados saben que lo más importante de una demanda laboral es tener llegada al secretario o juez del Juzgado para soplarle al oído cómo han sido conculcados los derechos de su defendido.

De esta forma, los abogados de la industria del juicio viven en los tribunales y los despachos de los jueces para lograr sentencias favorables. Hay quienes sostienen que esos favores no son gratis, con lo cual se producen intercambios *non sanctos* con los magistrados, dando lugar al llamado "shopping judicial".

*No se puede afirmar con certeza que exista esa comercialización de la Justicia. En cambio, está comprobada la tendencia de que los fallos judiciales son proclives a favorecer a los demandantes trabajadores. Tenden-*

*cia que está justificada porque el Poder Judicial comparte el pensamiento social de que los empresarios son personas abusivas. Explotadores que siempre perjudican al trabajador.*

Los administradores de la Justica no sólo dictan justicia, sino que la dictan a favor de quienes consideran que son las víctimas de las relaciones laborales: los trabajadores. Por otra parte, al Poder Judicial poco le importan el orden económico y la rentabilidad de las empresas. Se atienen a la ley laboral sin tener en cuenta las condiciones económicas de las empresas y el país. Su obligación es hacer cumplir la ley laboral.

La industria del juicio hace tambalear económicamente a las empresas nacionales. No sólo tienen que pagar grandes indemnizaciones cuando se prescinde de un trabajador, sino que hay que afrontar las consecuencias económicas de quienes las demandan por estar deprimidos en el trabajo, porque no le asignan tareas específicas o se les dan funciones que consideran contrarias a sus antecedentes. También crecen las demandas de quienes se sienten discriminados por su condición sexual, por los que se sienten abusados por las órdenes autoritarias de sus jefes o por los que no ascienden cuando otros logran hacerlo. Los empleados saben que el Poder Judicial y los expertos abogados de la industria del juicio les harán ganar importantes sumas de dinero que no lograrían trabajando.

Las empresas han sido superadas por la judicialización de las relaciones laborales y la sangría económica por las demandas perdidas. El consejo que circula entre los empresarios es que no hay que ir a juicio sino arreglar en las escaleras del Palacio de Tribunales. En estos casos, la sangría es menor pero no por eso deja de generar pérdidas irrecuperables.

Muchas empresas terminan contratando a abogados que defiendan sus intereses con los mismos métodos que utilizan los abogados de los trabajadores. Deciden entonces transitar por el camino del *shopping judicial* o el tráfico de influencias. De esta manera las empresas obtienen fallos favorables a mucho menor costo.

Algunas empresas resisten más que otras la industria del juicio. En especial las corporativas o monopólicas, que tienen posibilidades de trasladar su pérdidas a los precios de sus productos. Sin embargo, la mayoría de las empresas medianas o pequeñas no resiste una seguidilla de juicios desfavorables y debe cerrar las puertas de la empresa o vender a corporaciones extranjeras que ignoran el problema que encierran las relaciones laborales en Argentina.

# la economía pública ESTATAL

# 7

# NO HAY ESTADO SIN ECONOMÍA PÚBLICA

La *economía pública* surge de la necesidad que tiene el Estado de desarrollar actividades económicas detrás de la concreción de sus objetivos institucionales, sociales, educativos, culturales y políticos.

Todo Estado necesita contar con recursos materiales para concretar sus fines. Recursos que deben ser administrados y ordenados de manera eficiente para que el Estado pueda proyectar sus funciones hacia el futuro.

La economía pública, como su nombre lo expresa, no resulta de los planes privados que los integrantes de la sociedad ejecutan de manera individual detrás de sus objetivos personales. *La economía pública es administrada y diseñada por los gobiernos que representan al Estado. La economía pública resulta de un plan central establecido por los gobiernos para ordenar económicamente su funcionamiento y su relación con toda la sociedad.*

La economía pública surge del seno del Estado, mientras que la economía privada resulta de cada plan individual de los integrantes de la sociedad.

La economía pública estatal junto a la economía privada forman el *orden económico* que ordena las conductas económicas de todo el orden social de un país. En ese orden económico conviven y se relacionan los planes individuales de las personas y empresas con los planes de dirección central ordenados por el Estado.

Los planes ordenadores de la economía pública se extienden sobre toda la sociedad e inciden en las relaciones y objetivos de todas las actividades individuales, empresariales o sociales. Por tal motivo es necesario que la economía pública se coordine e integre con la economía privada. Deben coexistir de manera que ambas puedan lograr sus objetivos sin conflictos que impidan el funcionamiento pleno de una u otra.

La economía pública estatal debe coexistir y respetar los objetivos de los demás órdenes de convivencia que ocurren en el orden social. En especial con las formas privadas que se dan los integrantes de la sociedad para lograr sus objetivos económicos personales o empresariales. Si no existen una interdependencia y una coexistencia ordenadas entre los objetivos de la economía pública con los que persiguen los privados, se producen desequilibrios en todo el orden económico.

Cuando la economía pública y la economía de los privados tienen objetivos excluyentes o antagónicos, las actividades económicas no pueden desarrollarse de manera plena ni eficiente. Prevalecen entonces el desorden, el caos y las crisis económicas.

*La actividad pública y la economía privada deben ser interdependientes para generar un orden económico que permita la coexistencia de los planes individuales y los planes públicos. Sus respectivos objetivos y formas de funcionamiento deben integrarse para que el orden económico nacional funcione adecuadamente detrás de un objetivo común de convivencia nacional.*

La coexistencia de las economías pública y privada son fundamentales para el desarrollo económico de la sociedad. En el mundo actual, una economía necesita de la otra. Ambas forman parte del orden económico. Ambas economías –privada y pública– no pueden estar enfrentadas. Sus fines no pueden ser antagónicos ni contradictorios. Por lo tanto, las políticas públicas y los planes privados de empresas y trabajadores deben prever la necesidad de la coordinación de los objetivos que se proponen.

## CONVIVIR CON LAS DIVERGENCIAS

La economía privada se ordena a partir de planes individuales que buscan satisfacer sus intereses personales. En cambio, la economía pública tiene finalidades sociales que hacen al conjunto de la sociedad. La economía pública planifica sus actividades en busca del *bien común* que beneficie a toda la sociedad, mientras que la economía privada se moviliza detrás de los *beneficios personales* de trabajadores, consumidores y empresas.

*Los objetivos de la economía pública se establecen y concretan por intermedio de un plan central a cargo del poder ordenador representado por el Estado. Plan que es de cumplimiento obligatorio para toda la sociedad. En cambio, los planes que diseña y ejecuta la economía privada no son obligatorios para los demás integrantes de la sociedad ni para el Estado.*

La economía privada está integrada por infinidad de organizaciones empresariales, millones de trabajadores y millones de consumidores que planifican sus acciones económicas detrás de sus objetivos personales. En la economía privada no hay ningún plan centralizado ni un fin único que ordene todas las actividades individuales. Tampoco existe un poder ordenador centralizado que establezca a toda la sociedad qué producir y consumir o cómo distribuir la riqueza que genera.

En la economía pública ocurre lo contrario. El Estado –a través de los gobiernos– es el único ordenador social y planificador de todas las actividades económicas que emprende. El Estado es el creador de las normas jurídicas que definen los objetivos económicos y la manera de alcanzarlos. Por medio del poder que la sociedad le ha delegado, el Estado establece un plan central obligatorio para los integrantes de la sociedad y para el propio Estado de manera particular. Esto repercute necesariamente sobre los planes económicos de los integrantes de la economía privada. Estos planes individuales deben ordenarse de acuerdo con los establecidos por el Estado. Su incumplimiento genera sanciones punitivas y personales.

La economía pública –salvo algunas puntuales excepciones– no genera sus propios recursos económicos para solventar y financiar sus planes sociales o institucionales. En cambio, en la economía privada son los propios empresarios o trabajadores los que deben generar sus ingresos para proyectar y financiar sus planes económicos.

El Estado necesita proveerse de recursos que otros generan para poder funcionar y cumplir con sus objetivos. Esos ingresos normalmente *provienen de las cargas tributarias –los impuestos y retenciones– que el Estado aplica a las actividades económicas realizadas por la economía privada. Son las empresas, los consumidores y los trabajadores quienes sostienen la economía pública.* Son los actores económicos privados los que ceden parte de la riqueza que han creado con su trabajo para que la economía pública pueda planificar y cumplir con los objetivos sociales e institucionales.

## LOS NUEVOS OBJETIVOS DE LA ECONOMÍA PÚBLICA

En la actualidad es imposible pensar en un orden económico nacional, cualquiera sea el país del que se trate, sin la integración de las economías *pública y privada.* El escenario internacional muestra que las dos economías se complementan con mayor o menor incidencia.

Puede ser que en algunos países la economía privada tenga mayor injerencia en el orden económico nacional o a la inversa, que sea la economía pública la que prevalece sobre los planes privados. Pero más allá de la forma en que se dé esa interdependencia, la economía privada y la pública conviven dentro del orden social contemporáneo.

En la economía privada, la principal razón que moviliza las actividades productivas es la satisfacción de necesidades inmediatas y el deseo de obtener mayor cantidad de riqueza para satisfacer las carencias futuras. Ésta es la razón que moviliza a la gente a trabajar, ahorrar, invertir, comerciar y emprender diferentes actividades económicas.

Cuando las actividades económicas realizadas por los particulares no reportan beneficios, se cancelan. Buscarán nuevas actividades que reporten beneficios y no pérdidas.

*Las razones que movilizan la economía pública son diferentes a las privadas. La economía pública no busca la satisfacción de un interés personal sino que persigue el bien general y público. Son los objetivos sociales –en su amplia gama de acepciones y contenidos– los que movilizan los planes públicos ejecutados por el Estado.*

La necesidad de administrar la justicia para solucionar conflictos, impartir educación para eliminar el analfabetismo, brindar seguridad ante la violencia o proteger la salud de los integrantes de la sociedad son los objetivos básicos e institucionales de todo Estado moderno. Sin embargo, no son los únicos fines que persigue. Los objetivos de solidaridad con los que menos tienen junto a las políticas tendientes a lograr que todos puedan acceder a un trabajo son también razones que ponen en movimiento la economía pública. Fijar el rumbo del desarrollo económico-social, a través de medidas macroeconómicas vinculadas con la moneda, el financiamiento o inversiones de infraestructura, es igualmente parte de los objetivos de la economía pública en la mayoría de los Estados.

Los gobiernos, de manera cada vez más activa, han avanzado en su intento de paliar las necesidades de la gente e igualar las oportunidades dentro del orden social. A través de planes de cumplimiento obligatorio buscan concretar objetivos que consideran valiosos. Detrás de ese propósito los objetivos estatales se han multiplicado a partir del siglo XX.

*El Estado se ha convertido –por decisión propia o a pedido de la gente– en el artífice principal del ordenamiento económico que prevalece en una sociedad. Se ha convertido en el principal responsable de organizar y ejecutar los planes tendientes a cubrir los objetivos sociales y económicos. El Estado se ha convertido en el principal ordenador de la economía na-*

*cional, artífice del crecimiento económico y garante de la justicia social.*

No hay duda de que en las sociedades contemporáneas la gente no se resigna a vivir eternamente con necesidades o carencias económicas. Ninguna persona acepta vivir una vida plagada de insatisfacciones esperando que el orden económico se vuelque a su favor. El pensamiento colectivo y la demanda social exigen que las oportunidades de trabajo y el acceso a los bienes se realicen sin demora.

La gente aspira de manera inmediata a tener un trabajo, una vivienda y un buen nivel de vida. La sociedad exige acceder a la inmensa cantidad de bienes que el hombre ha creado. Nadie está dispuesto a esperar demasiado tiempo. Pocos consideran que la economía privada puede dar respuesta a todas las carencias y necesidades. Existe la convicción de que hay que hacer algo sin demora y el único que lo puede hacer es el Estado.

La mayoría de los sectores sociales rechazan el criterio *evolutivo* en materia económica. No están dispuestos a esperar que el desarrollo económico gradualmente se extienda a todo el conjunto social de la mano de la actividad privada. La gente quiere disfrutar de una mejor calidad de vida, ¡ya! *Para lograr ese objetivo proponen abandonar la idea de evolución progresiva del crecimiento económico y la consolidación de un orden social a partir de la actividad de los planes individuales. Consideran necesario intervenir en las relaciones económicas y apurar el proceso de producción de riqueza. Es necesario que la economía pública entre en acción para que toda la sociedad acceda a los bienes y al trabajo que se requieren para vivir mejor.*

La exigencia social de igualdad de acceso a la riqueza y el desarrollo económico para todos dejó de ser una aspiración de los que menos tienen. Hoy esa necesidad forma parte de las plataformas políticas de todos los partidos que intentan acceder al gobierno. La aspiración social de acabar con las carencias económicas se ha convertido en el objetivo del Estado moderno.

Nuestra Constitución Nacional no ha sido inmune a esa tendencia que exige un mayor compromiso del Estado en garantizar las aspiraciones de los que menos tienen. En sus últimas enmiendas, en especial las reflejadas en el actual artículo 14 bis, se muestra la voluntad de los legisladores de que el Estado brinde los instrumentos jurídicos para que se intervenga en el orden económico. Se consideró necesario ordenar la economía para garantizar derechos a los trabajadores y carenciados. Derechos que la economía privada no garantiza.

El artículo 14 bis de la Constitución establece: "*El trabajo en sus diversas formas gozará de la protección de las leyes, las que aseguran al trabajador: condiciones dignas y equitativas de labor; descanso y vacaciones pagados; retribución justa; salario mínimo, vital y móvil; igual remuneración por igual tarea; participación en las ganancias de las empresas...; protección contra el despido arbitrario; estabilidad del empleado público...*".

Continúa más adelante el 14 bis: "*El Estado otorgará los beneficios de seguridad social, que tendrá carácter integral e irrenunciable. En especial, la ley establece el seguro social obligatorio, que estará a cargo de entidades nacionales o provinciales...; jubilaciones y pensiones móviles; la protección integral de la familia; la defensa del bien de familia; la compensación económica familiar y el acceso a una vivienda digna*".

La letra de la Constitución es clara y precisa. El Estado debe garantizar derechos a la sociedad. La gente exige su intervención. Todos quieren que el Estado intervenga en la economía privada para dirigir las actividades económicas hacia una mayor producción y una distribución igualitaria de la riqueza. La mayoría de la gente quiere que la economía pública se expanda y organice el orden económico en su totalidad.

*De manera cada vez más intensa y diversificada, los Estados extienden los límites tradicionales de la economía pública. No sólo actúan sobre las actividades antes reservadas a la economía privada sino que también han ampliado los objetivos del Estado. Detrás de políticas de solidaridad social y de acciones destinadas a modificar las variantes macroeconómicas, el Estado aumenta de manera sostenida los límites de la economía pública.*

La economía pública crece de manera constante. Es cierto que los gobiernos siempre tuvieron obligaciones que hacen a su existencia y que repercuten sobre sus gastos. Objetivos institucionales y constituyentes que hacen a la razón histórica de la creación del Estado moderno. Fines que deben ser cumplidos para que el orden social funcione. Objetivos vinculados a la seguridad interior y exterior, a la administración del Estado, a la justicia, a la sanción de leyes, a la educación, a la salud y a la asistencia social.

Sin embargo, en su evolución, el Estado ha ampliado sus fines sociales e institucionales. Ha sumado, a sus tradicionales objetivos, otros que apuntan a la solidaridad con los que menos tienen y a los carenciados. Su función de ordenador social lo ha impulsado a actuar sobre las variantes macroeconómicas de todo el orden económico. Amplió su actividad e incrementó sus políticas económicas para impulsar el desarrollo colectivo, sostener el crecimiento, corregir los desequilibrios de la economía privada y acelerar el ritmo de la demanda.

## NO HAY ECONOMÍA PÚBLICA SIN RECURSOS

Las acciones de solidaridad pública para los que menos tienen y la concreción de los objetivos macroeconómicos tienen algo en común. Ambos requieren de recursos económicos para poder cumplir sus objetivos. Ingresos que la economía pública normalmente no genera por sí misma. Recursos que sólo pueden provenir de la economía privada.

*El Estado necesita de recursos e ingresos económicos para existir como organización pública. Cumpla o no de manera eficiente los objetivos que la sociedad le ha encomendado, el Estado necesita de ingresos. Por el solo hecho de ser una institución, con una vasta organización que se extiende por todo el país, tiene gastos para su mantenimiento y funcionamiento.*

El Estado argentino, como toda estructura administrativa estatal, también necesita de insumos materiales para su funcionamiento. Necesita insumos que van desde computadoras hasta edificios para instalar sus dependencias. Pero ninguno de esos gastos se iguala a los egresos que debe afrontar por la creciente cantidad de empleados públicos. Año a año el Estado absorbe gran cantidad de gente que no encuentra trabajo en el sector privado. El resultado de esa política es que tiene empleados a cientos de miles de personas.

Una inmensa cantidad de personas, con diferentes niveles jerárquicos, ocupan un lugar en una vasta red de dependencias administrativas públicas nacionales y provinciales. Todas esas áreas desarrollan diferentes competencias y funciones, pero tienen en común que cada vez incorporan mayor cantidad de empleados aunque estén superpobladas.

En nuestro país, según el Censo de Hogares del año 2011, el promedio nacional de empleados públicos ascendía al 22% de los empleados activos registrados en todo el país. *Cerca de 2,5 millones de personas trabajan en la economía pública de manera directa.* A ese número de empleos públicos hay que sumar otra cifra mayor de personas que dependen indirectamente de los ingresos estatales. Son las personas que dependen del gasto público porque son sus proveedores. Es gente que trabaja en empresas privadas que proveen de insumos o servicios al Estado. Desde el vaso de leche para las escuelas hasta el papel para formularios, pasando por la fabricación del papel moneda que tanta demanda siempre tiene en nuestro país.

Sin embargo, esas personas que reciben un ingreso del Estado no son las únicas. En las últimas décadas un ejército de personas se ha sumado a aquellas que trabajan directa o indirectamente para el Estado. Son cientos de carenciados que mensualmente reciben un ingreso público por el hecho de tener una necesidad. *Es la gente que recibe Planes Trabajar, asignación universal por hijo o una jubilación aunque nunca haya realizado un aporte previsional.*

Sea para cumplir con los objetivos educativos, sociales, o para impartir justicia; sea para absorber a trabajadores sin empleo o para llevar adelante políticas de inversión pública, el Estado necesita de recursos económicos.

El Estado no puede existir como organización administrativa, ni alcanzar fines socialmente valiosos sin recursos. El Estado no puede eliminar las carencias sociales o emprender obras sin ingresos. *Esta es la razón esencial por la que una economía pública debe tener como objetivo prioritario saber cómo se hará de recursos económicos y cómo los gastará. Sin recursos no hay plan económico estatal posible de realizar. Sin recursos no hay objetivo social posible de conseguir. Sin recursos económicos no se concibe la existencia del Estado ni la posibilidad de alcanzar ningún fin social.*

Desde esta perspectiva, en la mayoría de los estados modernos la economía pública debe contemplar cómo conseguirá recursos para poder llevar adelante los siguientes objetivos:

a) Solventar los gastos que demanda organizar y permitir el funcionamiento de toda la estructura estatal en todo el territorio nacional y sus jurisdicciones.

b) Solventar los gastos que demanda la concreción de los objetivos propios del Estado y de los fines valorados como necesarios para el funcionamiento de un orden social (administración de justicia, políticas educativas, acciones culturales, seguridad pública, protección del medio ambiente, etcétera).

c) Solventar los gastos que exigen las políticas sociales destinadas a mejorar la calidad de vida de los integrantes del orden social, aliviar a quienes padecen las consecuencias de sus desórdenes, aliviar los padecimientos de los que menos tienen y sostener a los que no pueden hacerlo por sus propios medios.

d) Solventar los gastos que demandan las inversiones de infraestructura, las políticas financieras, de controles sobre el mercado, las políticas cambiarias, de subsidios y demás acciones que los estados deben tomar en la búsqueda del crecimiento y el progreso social.

## EL ESTADO NO TIENE RECURSOS PROPIOS

La economía pública estatal tiene la responsabilidad de satisfacer las necesidades básicas de orden social como son el ejercicio de la Justicia, la salud, la seguridad o la educación. Conjuntamente, ante las desigualdades y carencias que prevalecen en la sociedad, la economía pública también se fija objetivos tendientes a contrarrestar esas necesidades. Con acciones directas e indirectas realiza diversas políticas macroeconómicas que buscan objetivos que se considera que la economía privada no emprende correctamente en beneficio de toda la sociedad.

Entre los objetivos *institucionales*, los estados normalmente persiguen que el conjunto social tenga acceso a la educación, a un servicio asistencial, a la seguridad personal, a la defensa de los derechos personales, a la protección al trabajo y a la inversión.

En nuestra legislación existe una expresa defensa a los bienes patrimoniales, a la titularidad de los resultados del trabajo, la inversión y el comercio. También se establece la igualdad y la libertad de las personas para actuar y asociarse detrás de objetivos particulares. También existe una importante protección del Estado para que todos puedan acceder a la educación, a un servicio de salud, a la justicia para dirimir conflictos y a la seguridad interior.

Sin embargo, el Estado argentino no sólo tiene objetivos institucionales y de defensa de los derechos individuales. También tiene objetivos *sociales*. Ejecuta planes de solidaridad social con respecto a los que menos tienen o carecen de la posibilidad de superar sus necesidades sin apoyo público. Forman parte de estos objetivos las políticas previsionales, de maternidad, de viviendas y distribución de alimentos, entre otras acciones asistenciales.

Finalmente, el Estado tiene objetivos *macroeconómicos de ordenamiento social.* Ejecuta políticas tendientes a modificar las variables macroeconómicas del orden social. Busca incidir sobre las tendencias de crecimiento o desaceleración de los planes de las empresas. Estas políticas están vinculadas con el cambio de la moneda, el sistema financiero, las exportaciones, el control de precios, o la inversión pública.

Ante esa multiplicidad de objetivos, *el principal problema que debe resolver toda economía pública estatal es cómo obtener los recursos necesarios para cumplir con esos fines*. Es un problema económico porque el Estado no cuenta con recursos propios para mantener su estructura estatal, cumplir con los fines básicos de ordenamiento social y alcanzar los objetivos de solidaridad social.

El Estado normalmente no es una organización productora de bienes y servicios. Si bien existieron muchas experiencias históricas de economías públicas encargadas de organizar todo el proceso productivo y de distribución de sus resultados entre los integrantes de la sociedad, hoy no es lo habitual.

En aquellos órdenes económicos donde el Estado ejercía el control de todas las actividades económicas destinadas a producir bienes, el *problema* de la obtención de recursos para el Estado se solucionaba de manera directa. En diferentes etapas del proceso de producción de bienes o distribución de riqueza, el Estado como ordenador de toda la economía extraía los ingresos que necesitaba para sus fines. El remanente se distribuía entre los empleados del Estado o dependientes de su ayuda asistencial. Estos sistemas políticos existieron en buena parte del mundo hasta la desintegración de la Unión Soviética a finales del siglo XX. En la actualidad pueden verse muy pocos casos, como por ejemplo en Corea del Norte.

En casi todos los países coexiste la economía pública estatal con la actividad privada, que es la proveedora de los ingresos que el Estado necesita para llevar adelante sus objetivos. En la mayoría de las economías del mundo, los Estados no cuentan con recursos propios para solventar sus gastos y cumplir con sus objetivos. Cuando participan de procesos de producción, sus resultados no son suficientes para solventar sus gastos. En todos los países los gobiernos deben recurrir a los aportes de la economía privada para solventar los gastos de la economía pública.

Es cierto que también el Estado moderno se hace de recursos públicos a través de créditos que obtiene de organismos internacionales o en forma bilateral. Sin embargo, esos aportes siguen teniendo la misma fuente. También en esos casos los fondos aportados por organismos internacionales o estados nacionales provienen generalmente de la actividad privada del orden económico. Los organismos internacionales o los estados prestamistas en esos casos sólo son intermediarios de la riqueza generada por la economía privada.

*La economía pública estatal básicamente obtiene los recursos de la economía privada a través de impuestos, gravámenes, contribuciones o retenciones. Con carácter obligatorio, el Estado exige una contribución económica a la sociedad para hacerse de recursos a fin de ejecutar los objetivos que le han encomendado. Todos los trabajadores, comerciantes, consumidores, productores o inversores deben entregar parte de la riqueza producida para que puedan ejecutarse los objetivos públicos del Estado. Esta obligatoriedad tiene carácter normalmente general para toda la sociedad y se sustenta en disposiciones legales avaladas por un consenso social históricamente dado.*

La economía pública depende de la economía privada generada por todos los trabajadores, productores, comerciantes o inversores. De lo cual se desprende que la concreción de los objetivos del Estado depende del nivel productivo que alcance la economía privada a cargo de los particulares.

Una economía privada de baja productividad y con escasa rentabilidad genera escasos recursos para que el Estado cumpla con sus objetivos. Una economía pública con limitados recursos no podrá satisfacer correctamente las necesidades de seguridad o educación que la sociedad demanda para su crecimiento. Mucho menos podrá aspirar a eliminar las carencias sociales de la población.

## DIFERENCIAS ENTRE LA ECONOMÍA PRIVADA Y LA ECONOMÍA PÚBLICA

La relación entre la economía estatal y la privada pone de manifiesto que son órdenes interdependientes que se necesitan mutuamente para alcanzar sus fines. *El Estado necesita de los recursos provenientes de la economía privada para cumplir con sus objetivos institucionales y de ordenamiento social. Los integrantes de la economía privada requieren que el Estado se haga cargo de las actividades que le han sido delegadas, como son la justicia, la seguridad o evitar las desigualdades sociales.* Resulta evidente, en este proceso dialéctico, que ambos órdenes económicos se complementan y necesitan para el buen funcionamiento de todo el orden social.

Sin embargo, reconocer la interdependencia entre los órdenes públicos y privados, no quiere decir que no se produzcan conflictos entre ambos. Conflictos que tienen su raíz en la diferente constitución y los distintos objetivos que persiguen ambos órdenes económicos.

*La economía privada tiene como objetivo central la rentabilidad de sus actividades, para lo cual busca el máximo rendimiento productivo con la utilización mínima de recursos.* Su Norte siempre es *economizar* los recursos para obtener el máximo rendimiento de su actividad, con lo cual si no lo puede lograr abandona la búsqueda de los objetivos inicialmente propuestos. Es decir, si no hay beneficios, abandona la actividad económica emprendida o la realidad le pone coto llevando la empresa a la quiebra.

Los agentes activos de la economía privada actúan en función de la escasez de recursos, de los créditos existentes y la inversión disponible. *Las empresas y los trabajadores saben que los recursos existentes de los que disponen para sus actividades son escasos. Tratan de economizar su uso y buscan generar el máximo rendimiento económico.*

Los partícipes de la economía privada saben y padecen el hecho de que los recursos que necesitan para sus actividades económicas no les vienen dados *gratuitamente* sino que tienen que pagarlos o sacrificarse económicamente para disponer de ellos. Estas variantes los hacen muy cautos en el uso y abuso de los recursos necesarios para la producción. Los errores de cálculo los pagan muy caro: con la quiebra.

Esto no es lo que predomina en la economía pública. Motivada por los fines sociales, el Estado no suele *economizar* demasiado sus gastos ni seguir los mismos criterios de rentabilidad que tienen los particulares en el orden económico privado. *El objetivo central de la economía pública no es la rentabilidad sino el cumplimiento de un objetivo social cargado de motivaciones que están por encima de lo estrictamente económico.*

En las acciones públicas lo importante no es el gasto que esas políticas sociales demandan sino los objetivos que se persiguen. Justamente como sus fines son sociales, asistenciales o de servicio para la comunidad *"no deben ser vistos como un gasto sino como una inversión social a largo plazo"*. Lo importante de la economía pública es lograr que los objetivos sociales se materialicen. La economía pública no busca la rentabilidad que moviliza a las empresas privadas aunque se proponga el uso racional de los recursos.

Tampoco los funcionarios de la economía pública actúan preocupados por la falta de recursos. El Estado les otorga el *poder* como para exigir obligatoriamente a la economía privada los recursos que necesita para sus crecientes objetivos.

Es cierto que el mal manejo de las cuentas públicas y la utilización deficiente de los recursos arrastra a muchos Estados al *default,* con lo cual no pueden cumplir con el pago de sus deudas y conseguir nuevos recursos para cumplir con sus objetivos. Sin embargo, aun en esos casos, lejos están los Estados de entrar en quiebra y desaparecer. No se conoce ningún Estado que haya desaparecido por haber quebrado. Los estados de hecho no quiebran como lo hacen las empresas en la actividad privada. El Estado es *eterno.* Tienen un fusible que son los funcionarios de los gobiernos, que cambian para que el Estado permanezca y pueda renegociar sus deudas.

## LOS RECURSOS PÚBLICOS TAMBIÉN SON ESCASOS

*Detrás de los objetivos sociales, los funcionarios estatales suelen olvidar que los recursos económicos que genera la actividad privada son escasos y limitados.* Preocupados y embanderados en nobles causas públicas dejan de percibir que esos objetivos sólo son posible de alcanzar si existen los recursos necesarios para su realización. *Esta desvinculación del objetivo público con su sustrato material para realizarlo tiene graves consecuencias* para todo el orden social.

Desvincular el objetivo público de los recursos necesarios para su concreción es negativo para el buen funcionamiento de cualquier Estado. Mucho peor es cuando los objetivos sociales se convierten en fines dogmáticos sustentados en pasiones e ideologías que no tienen en cuenta la realidad material y económica.

Los gobiernos dogmáticos se resisten a cancelar sus crecientes y nobles objetivos sociales por falta de recursos económicos. No aceptan que deben limitar sus solidarias actividades públicas a los recursos disponibles en las arcas del Estado. No aceptan que la solución a las carencias sociales deban postergarse por falta de ingresos. No comprenden que el gasto público debe limitarse a los ingresos. Su pasión por lo social los lleva a creer que los fines públicos están separados de los bienes materiales que puede generar un orden económico.

Cuando las partidas presupuestarias no son suficientes para concretar los planes públicos, en vez de economizar o postergar los planes hasta contar con los recursos, los funcionarios tienden a endeudarse o crear nuevos impuestos para hacerse de los ingresos que necesitan. Los funcionarios gubernamentales pierden la perspectiva de que la riqueza no se estira por voluntad política. No comprenden que los recursos del Estado están limitados a la productividad de la actividad privada del orden económico y las garantías que esa actividad puede ofrecer para obtener créditos internacionales.

*Los funcionarios del Estado tampoco perciben que la riqueza que utilizan para sus fines públicos tiene como contracara la imposibilidad de ser utilizada por el sector privado para producir, invertir o comerciar.* Los recursos obtenidos por el Estado vía impositiva no podrán ser utilizados por los trabajadores y productores para generar más bienes y servicios.

La riqueza que se destina a un objetivo público deja de utilizarse en la economía privada. La consecuencia inevitable es un menor nivel de producción privada, con lo cual el Estado en el futuro accederá a menos ingresos tributarios. A menor productividad privada, menor posibilidad de contribuir económicamente con el Estado.

La economía pública no puede perder la perspectiva de que para cumplir con sus objetivos en beneficio de las demandas sociales no puede extraer "sin límite" la riqueza producida por los integrantes de la sociedad. Las políticas tributarias son herramientas útiles para el establecimiento y funcionamiento de un buen orden social. Pero también –y es lo habitual– pueden ser un instrumento que sólo genere efectos negativos para el conjunto de la sociedad. *Por esta razón, la manera de obtener recursos para el Estado y los objetivos que se fije para gastarlos son el tema más importante a resolver en toda política pública.*

Si las políticas tributarias destinadas a obtener recursos económicos para el Estado no son apropiadas para el orden social, la economía pública genera un gran daño a toda la sociedad. *Políticas tributarias erróneas conducen a que el Estado no tenga los recursos suficientes para sus objetivos y que los privados carezcan de excedentes para aumentar los procesos productivos.* Una equivocada política tributaria desorganiza todo el orden económico privado y provoca un clima de inestabilidad social que termina afectando tanto el orden público como el privado.

# EL GASTO PÚBLICO ES EXPANSIVO

La necesidad de mayor cantidad de recursos por parte del Estado no sólo es consecuencia de los nuevos objetivos institucionales, sociales o asistenciales que puedan fijar los gobiernos por propia decisión. El gasto también aumenta y se expande como consecuencia directa de la multiplicación de las demandas sociales, las exigencias de los que menos tienen, el aumento de la población y las expectativas de progreso resultado de la interconectividad del mundo contemporáneo.

El gasto público crece de manera constante a pesar de que los gobiernos no fijen nuevos objetivos sociales y políticos. Sencillamente se expande por la demanda social. La gente exige cada vez más beneficios por parte del Estado. Exige no sólo que los derechos y beneficios económicos obtenidos en el pasado se mantengan sino que se incrementen en el futuro. *A medida que la población crece, las necesidades se multiplican y el reclamo social se expande, el gasto público crece.*

Cada año las exigencias de la gente para que el Estado intervenga para solucionar las carencias sociales crece de manera progresiva. Por el *efecto imitación y de igualdad social*, los carenciados que no fueron beneficiados en el pasado exigen que el Estado los equipare con aquellos que recibieron beneficios. Por su parte, los sectores sociales que obtuvieron un beneficio estatal en el pasado exigen que se incremente porque consideran que es insuficiente lo que reciben.

Unos porque viven en la marginación, otros porque obtienen un beneficio insuficiente para sus necesidades y algunos por "avivados", el hecho es que cada año el gasto estatal se incrementa por las demandas sociales que reclaman beneficios gratuitos al Estado. La "cultura del beneficio" se expande a toda la sociedad.

Para afrontar sus gastos, el Estado cuenta con los impuestos, contribuciones y retenciones aplicados al orden económico privado. En la medida en que la economía privada tenga un crecimiento sostenido, el Estado no tendrá necesidad de aumentar la presión tributaria sobre los contribuyentes. Mientras la economía privada genere mayor riqueza, el Estado recaudará mayores ingresos para hacer frente a la expansión del gasto público.

El problema se presenta cuando el gasto público se expande o crece más rápido que la actividad económica del sector privado. El problema se agrava cuando la economía privada, por razones diversas, decae en su capacidad de producir bienes. Esto se traduce en una caída del Producto Bruto Interno y consecuentemente una caída de la recaudación vía impositiva.

Sea por la causa que fuere, cuando se produce un aumento del gasto con respecto a los ingresos públicos, los estados enfrentan serios problemas. Algunas veces se pueden resolver con endeudamiento para cubrir el faltante de ingresos. Sin embargo, esto no es suficiente cuando los problemas de recaudación y el aumento del gasto se extienden en el tiempo. En esos casos no queda otro remedio que el ajuste de las cuentas. Es necesario ajustar el gasto público a sus ingresos.

Sin embargo, este principio de racionalidad –ajustar el gasto a los ingresos– que priva en la economía privada no es fácil de llevar a la economía pública. Los gobiernos nunca están en condiciones *políticas* para suprimir los beneficios sociales ni bajar el gasto público. Ningún gobierno puede salir airoso de las llamadas "*políticas de ajuste*". Ningún gobierno resiste el rechazo social al suprimir los beneficios otorgados gratuitamente por el Estado.

Los miembros de la sociedad que han sido beneficiados por las políticas estatales –sea la asignación por hijo, la educación gratuita, el seguro de desempleo, los servicios de salud o la entrega de notebooks en las escuelas– no están dispuestos a que esos derechos adquiridos desaparezcan. Poco tienen en cuenta quienes se benefician, que el Estado carezca de recursos. *La sociedad en este punto se parece a los funcionarios estatales. Consideran que los recursos son ilimitados y que pueden disponerse a voluntad.* No evalúan que el Estado puede carecer de recursos para afrontar todos los gastos que se demandan. La mayoría de la gente –carenciada o no– considera que los recursos existen. Sólo es cuestión de direccionarlos en beneficio de los que menos tienen y no en beneficio de intereses contrarios al bien social.

Nadie quiere que se apliquen *políticas de ajuste*. Los gobiernos saben que les traerá conflictos no sólo con los que reciben beneficios sino también con los que aspiran a tenerlos. Buena parte de la sociedad también las rechazará porque quedará privada de los beneficios gratuitos que los gobiernos le asignan como resultado del aporte de la economía privada.

Ningún gobierno está dispuesto a aceptar que no puede aspirar a tener recursos suficientes para los que tienen carencias y necesitan del apoyo público. Mucho menos a considerar que la economía privada está exhausta y no tiene capacidad para *dar un poco más de sus ganancias*. Los gobiernos rechazan ajustar su gasto y economizar. Prefieren crear nuevos impuestos y subir los existentes antes de reducir el gasto público. Tienen la convicción de que la economía privada puede dar más.

Cuando las políticas de aumento de recaudación no son suficientes para afrontar el gasto, los funcionarios prefieren seguir otros caminos antes de ajustar la economía pública. Prefieren endeudarse interna o externamente, apelar a la emisión monetaria, hacerse del dinero de las cajas de jubilaciones o de otras fuentes de financiamiento. Cualquier instrumento es válido antes de economizar los recursos y reducir los gastos.

Los gobiernos tienen la convicción de que las deudas públicas las podrán reintegrar en el futuro, cuando la productividad de la economía privada crezca. Entienden que el aumento de la demanda económica –como consecuencia directa de los préstamos o emisión monetaria– hará reactivar la economía privada. Al reactivarse el monto de la recaudación impositiva crecerá y se podrán devolver las deudas sin haber disminuido los objetivos sociales.

La experiencia reciente muestra que la mayoría de las veces el aumento de la presión impositiva, la inflación monetaria y el endeudamiento no revierten el déficit fiscal. El default estatal aparece en un horizonte más cercano junto a la queja social por la falta de respuesta del Estado a sus reclamos. El gasto sigue expandiéndose y no se logra aumentar los ingresos del Estado. Finalmente, el ajuste a las cuentas públicas debe ser realizado si no se quiere una crisis sin control. Los gobiernos terminan haciendo un *ajuste mayor* al que pudieron haber realizado ante los primeros síntomas de un gasto excesivo.

## NI GRATUITOS NI ILIMITADOS

Las empresas, los trabajadores y todos los integrantes de la sociedad aportan parte de su riqueza al Estado para que cumpla con sus objetivos institucionales y sociales. Lo hacen con la convicción de que esos impuestos volverán en forma de servicios o bienes. Ese es el sustento por el cual la gente contribuye con sus ingresos para que el Estado tenga ingresos para sus gastos. La sociedad siente que sus aportes vuelven en forma de cosas concretas cuando se enciende la luz en la vía pública, transita por caminos asfaltados, tiene cloacas en su casa o concurre a una escuela pública.

Es cierto que la población contribuyente también es consciente de que parte de los recursos que aporta a la economía pública no vuelven a la sociedad. Muchos de sus impuestos engrosan los bolsillos de algunos funcionarios o se destinan a objetivos que no reportan beneficios sociales. Sin embargo, esos hechos de corrupción o mala administración pública no invalidan los fundamentos sobre los cuales la gente siente la obligación de realizar sus aportes. Existe la convicción de que, mal o bien, los impuestos retornan en forma de bienes o servicios sociales.

Si no existiera la presunción de que los impuestos regresan mayoritariamente a la sociedad, la gente no encontraría sustento para aportar recursos al Estado. Cuando esto ocurre, porque la corrupción excede y se extiende por todo el sistema estatal, la sociedad se "indigna" amenazando que dejará de pagar los impuestos o directamente evade su pago ingresando en la economía informal.

Las causas por las que los gobiernos utilizan inadecuadamente los recursos aportados por la sociedad son varias y diferentes. A veces por ideas erróneas, otras por actos de corrupción y muchas por falta de idoneidad de los funcionarios. Existe una larga lista de causales al respecto.

En esa larga lista de ineficaz utilización de los recursos puede citarse la falsa creencia de que los recursos *públicos son gratuitos e ilimitados*. Si bien desde el bolsillo de la sociedad se tiene en claro que la riqueza generada destinada al Estado no es gratuita ni ilimitada, desde el punto de vista fáctico la administración pública tiene un comportamiento diferente.

*En los hechos cotidianos el funcionario púbico utiliza los recursos aportados por la sociedad como si fueran gratuitos e ilimitados.* Son gratuitos porque el funcionario estatal no ha aportado ningún trabajo o inversión en su creación, aunque formalmente realice el trabajo de administrar y gastar esos recursos.

Los funcionarios reciben todos los años remesas de bienes –en forma de dinero– de acuerdo con el presupuesto solicitado. Nada han tenido que hacer para crear esos bienes. Ese esfuerzo estuvo a cargo de la sociedad que los creó con su trabajo y su inversión. El funcionario público sólo los recibe de manera gratuita. No aportó ningún esfuerzo en su creación. Sólo es beneficiario de parte de los recursos creados por la actividad privada. El funcionario público sólo se preocupa de que existan recursos suficientes en las partidas asignadas en el Presupuesto para gastar detrás de los objetivos que se propone.

*Por otra lado, la administración pública llega a creer que los recursos aportados por la gente son en cierta forma ilimitados. Esa creencia se materializa en la medida en que la sociedad produce mayor riqueza con su trabajo y su inversión.* Mientras el crecimiento económico sea constante, el Estado automáticamente recibirá más ingresos de sus contribuyentes. Este constante aumento de la recaudación termina consolidando la idea de que los ingresos públicos son ilimitados.

Esta sensación de que los recursos públicos son gratuitos e ilimitados –aunque conceptualmente todos los funcionarios compartan la premisa de que no es así– genera efectos negativos en el gasto estatal. En la práctica los ingresos públicos se ejecutan sin la debida mesura y control. El funcionario tiende a gastar de una manera diferente a como lo haría si se tratara de su patrimonio personal. En el caso de los ingresos públicos, no economiza ni es mesurado. Cuando se trata de sus bienes personales sabe que debe ser cauto porque son escasos y en el futuro le pueden faltar.

*Al actuar como si los recursos asignados por los presupuestos fueran gratuitos y renovables ilimitadamente, los funcionarios estatales tienden a despilfarrar los ingresos públicos y no economizar en el gasto. La austeridad no existe.*

Es cierto que el gasto público es formalmente acotado por las leyes de Presupuesto. Pero esa limitante es muy genérica. En los hechos, los funcionarios tienden a no ser ahorrativos a la hora de ejecutar las partidas presupuestarias con dinero aportado por la sociedad.

Existe la tendencia a despilfarrar los recursos públicos porque se tiene la falsa sensación de que se renuevan constantemente año a año con cada Presupuesto y nunca faltarán en el futuro. Se dispone de ellos como si no costaran trabajo e inversión. De hecho eso es lo que ocurre. Es dinero o bienes generados por otros, como todos sabemos, es muy fácil dilapidar.

Las normas de la administración pública establecen que los funcionarios del Estado tienen que atenerse a reglamentaciones y controles estrictos. El gasto debe realizarse de acuerdo con pautas precisas que deben tener publicidad para que la sociedad pueda conocerlas. Sin embargo, estos controles de transparencia no son del todo eficientes para evitar la tendencia al despilfarro y la ineficiente utilización de los recursos públicos. Normalmente los controles y la supervisión del gasto deja muchos espacios sin conocer y otros tantos ocultos para dar lugar a una creciente corrupción estatal. Los controles son tan exiguos que hasta los honestos funcionarios no frenan la tendencia al gasto. La expansión del gasto arrastra a todos y sólo tiene un destino seguro: crecer.

*Todo presupuesto público se diseña para ser gastado en su totalidad. Si el gasto ha sido autorizado en el presupuesto existe la obligación de ejecutarlo íntegramente. Está mal visto por la sociedad que los funcionarios no gasten hasta el último centavo del presupuesto. El principio que domina a la administración pública es que todos los recursos públicos deben ser gastados antes que termine el ejercicio fiscal.*

Los funcionarios tienen asignado un monto presupuestado para gastar y se les exige que lo gasten en cada ejercicio. La totalidad cumple exactamente con esa normativa, dejando asentado que el presupuesto asignado fue insuficiente para cumplir con todos los objetivos. Este es el antecedente necesario para requerir mayor cantidad de recursos el año siguiente.

Si algún funcionario no utiliza todos los recursos autorizados en el Presupuesto es cuestionado y criticado porque no gastó lo autorizado. Muchos funcionarios que no ejecutan parte del presupuesto asignado, por evaluar que no se daban las condiciones para hacerlo o para economizar a fin de destinar esos recursos a otros fines, son denunciados por no haber cumplido con las obligaciones del buen funcionario público. Si se tienen los recursos hay que gastarlos todos. Prohibido el ahorro o la mesura.

*Para los funcionarios estatales, la escasez desaparece al momento de autorizarse el Presupuesto.* Durante el año que ejecutan el presupuesto sólo se dedican a gastar las partidas asignadas. La escasez comienza a existir a fin de año, cuando deben elaborar su próximo presupuesto y quieren sumar nuevos objetivos a cumplir el año entrante. Necesitan que sus partidas presupuestarias aumenten para poder gastar más.

*La aparente gratuidad de los recursos determina que en la economía pública estatal impere un principio inverso al de la economía privada.* En el orden económico privado, el principio es economizar recursos y hacerse cargo de los resultados de la actividad económica emprendida. En la economía pública no se economiza y nadie finalmente es responsable por los malos resultados de los planes emprendidos, salvo las sanciones de la sociedad por vía electoral. Pero esta sanción no vuelve atrás el gasto público realizado, su despilfarro y los objetivos no cumplidos.

Para evitar el despilfarro y la falta de mesura en el gasto público es prioritario que la sociedad ejerza un control estricto sobre cómo se utilizan sus recursos. No sólo debe exigir una supervisión parlamentaria de cómo se asignan las partidas presupuestarias sino que debe exigir transparencia y publicidad de todos los actos gubernamentales sobre cómo gastan los recursos. Debe exigir sanciones ejemplares y ejecutivas contra los funcionarios que despilfarren los recursos de la sociedad. Debe eliminar las leyes que los protegen bajo el amparo de que son actos políticos y por lo tanto no pueden ser juzgados.

La sociedad debe evitar el despilfarro y el uso ineficaz de los recursos que aporta al Estado con su trabajo y su inversión. Debe ser exigente en el cumplimiento de los objetivos. No debe ser condescendiente con la ineficacia y la falta de economicidad. Mucho menos debe ser condescendiente con la corrupción aun cuando se trate de justificar con la nefasta consigna de "roban pero hacen cosas".

La sociedad debe soterrar la idea de que los recursos del Estado, que tanto le cuesta generar a la sociedad, son gratuitos y pueden despilfarrarse. Si bien es cierto que a través de la publicación de las actividades estatales por Internet, la realización de licitaciones, las auditorias públicas o los controles de las ONG se ha avanzado mucho en el control público, no se han alcanzado los parámetros de eficiencia que la economía pública debería tener en sus gastos. Por tal motivo, el control de los presupuestos y el uso de los recursos que aporta la sociedad tiene que ser un objetivo que no debe ser abandonado jamás. Mucho menos dejar en mano del propio gobierno su control. Nadie se controla a sí mismo.

Finalmente, cabe recordar siempre que los recursos de toda economía son finitos y no pueden satisfacerse todas las necesidades al mismo tiempo. Lo que priva en el mundo real es la escasez y la limitación de recursos. El Estado no está exento de esta realidad material que rige para todos los órdenes sociales. Por lo tanto, *la sociedad no sólo debe controlar la utilización de los recursos públicos por parte de los gobiernos sino que también debe ser criteriosa en sus reclamos y en sus demandas sociales.*

La sociedad no puede exigir al Estado que satisfaga todas sus carencias sin tener en cuenta que los recursos disponibles son escasos y son el resultado del trabajo y la inversión. A tal fin los gobiernos deben ser claros y precisos al fijar prioridades de gasto. Deben ser claros estableciendo cuáles objetivos se podrán alcanzar y cuáles no podrán ser satisfechos en lo inmediato.

*El Estado debe erradicar la idea social de que sus recursos son ilimitados y gratuitos. No debe ocultar el hecho de que los recursos del Estado provienen del trabajo y la inversión de la sociedad y no de la voluntad de los gobiernos de turno. Debe dejar en claro que no existen recursos para satisfacer todas las necesidades y demandas sociales. Debe evitar promesas sobre lo que no podrá cumplir y no transmitir la sensación de que el Estado todo lo puede en todo momento.*

Los gobiernos deben priorizar la utilización de los pocos recursos de los que dispone, por lo cual debe establecer planes graduales de realización. Justamente por la escasez de recursos y para que los ingresos rindan lo máximo posible, es que los gobiernos deben evitar el despilfarro y la mala utilización de los siempre escasos recursos públicos.

## EL CRECIMIENTO DE LA ECONOMÍA PÚBLICA

La sola existencia del Estado determina la necesidad de una economía pública estatal a fin de poder cumplir materialmente con los objetivos del propio Estado. El Estado necesita de recursos económicos de manera constante para solventar mínimamente la organización y la administración del Estado. Necesita de recursos para mantener la estructura física y de los funcionarios que conforman los poderes Ejecutivo, Legislativo y Judicial. Necesita abastecer de recursos a cientos de áreas administrativas. Áreas que van desde la Dirección Nacional contra el narcotráfico pasando por la Secretaría de Recursos Humanos del Ministerio de Economía hasta los instituto de investigación tecnológica del INTA.

El mantenimiento de la sola estructura estatal –nacional, provincial y municipal– implica contar con importantes recursos para poder solventar sus gastos de funcionamiento. Pero ese mantenimiento de la estructura pública no basta para que el Estado pueda alcanzar sus objetivos. Es necesario que esa organización ejecute las funciones para las cuales fue creada y se trace objetivos que le den sentido.

La estructura Poder Judicial necesita impartir justicia realizando procedimientos, utilizando bienes materiales, creando cárceles y requiriendo el auxilio de la fuerza pública. Hacer justicia demanda de recursos que exceden el solo mantenimiento de la estructura judicial conformada por sus edificios y funcionarios judiciales. El Poder Legislativo también tiene gastos adicionales al mantenimiento de los edificios y salarios de legisladores. Gastos que tienen que ver con los objetivos que surgen del propio Parlamento.

En el Poder Ejecutivo ocurre lo mismo pero incrementado, pues es uno de los poderes que mayor presupuesto tiene y mayor necesidad de recursos requiere. El Ejecutivo es el principal demandante de recursos públicos para ejecutar objetivos de seguridad interna y externa, salubridad, educación, investigación, conservación del medio ambiente e infinidad de acciones de solidaridad social que surgen de políticas instrumentadas desde los ministerios, secretarías y entes autónomos.

Al comienzo de nuestra histórica organización nacional, la estructura burocrática y las funciones específicas de educación, salud, seguridad y administración consumían la mayoría de los recursos de la economía pública. Esta situación cambió con el crecimiento de la población y la expansión de las funciones del Estado. A mediados del siglo XX, la necesidad de recursos por parte del Estado aumentó de manera considerable. Se amplió el horizonte de los objetivos tendientes a mejorar la condición social de los argentinos.

La desnutrición, el hambre, la falta de viviendas, las desigualdades económicas, la falta de puestos de trabajo, la escasez de productos, la concentración poblacional en áreas urbanas, la discriminación laboral, la conservación del medio ambiente, la violencia de género, la falta de agua potable, la insalubridad son parte de una lista interminable de objetivos sociales que el Estado entendió que debía encarar directamente. La sociedad evaluó que, ante la ausencia o demora en la acción de los particulares para solucionar los problemas existentes, el *Estado debía tomar cartas en el asunto*.

La sociedad y los partidos políticos entendieron que debía ser función excluyente del Estado la implementación de políticas tendientes a eliminar las carencias sociales y la desigual distribución de riqueza. Con el tiempo a esos objetivos se les sumaron otros tendientes a impulsar el desarrollo del orden social, las inversiones públicas, las finanzas, el crédito y la expansión de la demanda, entre otros fines macroeconómicos.

Sea por el mal funcionamiento de la economía privada o porque los sectores sociales consideran que se debe hacer algo para cambiar la situación de exclusión y desigualdad, el hecho es que el Estado asumió un papel activo en el orden social. Nuevos objetivos y planes se sumaron a las tradicionales políticas de Estado en justicia o educación.

El Estado requirió de mayor cantidad de recursos para modificar las situaciones de marginalidad a fin de lograr una sociedad más justa, equitativa, y con mayor posibilidad de progreso. Esto implicó la necesidad de ampliar las áreas de influencia de la economía pública, el aumento de funcionarios gubernamentales y una mayor recaudación de ingresos provenientes de la economía privada. A mayores objetivos gubernamentales, mayores cargas impositivas a la sociedad, al trabajo, la inversión o a los cigarrillos.

La sociedad entendió que existían fundamentos objetivos para que el Estado asumiera un papel más activo tendiente a corregir lo que se consideraba que debía ser cambiado. El Estado no podía ser un simple espectador de la miseria o las desigualdades. Tampoco podía permanecer al margen del desarrollo económico de la Nación. No podía dejar bajo responsabilidad del sector privado la evolución de la economía, del mercado, el sistema financiero, la balanza comercial, el control cambiario, las comunicaciones y demás variantes macroeconómicas que influyen de manera importante en la economía nacional.

Los argentinos consideraron que era necesario disminuir la gran cantidad de carencias, desigualdades e injusticias que se presentan en el orden económico.

Se consideró que la intervención directa del Estado en las variables macroeconómicas era necesaria para acelerar el crecimiento y controlar a los grupos de interés que atentaban contra la economía nacional. Era un objetivo impostergable para los argentinos impedir que grandes segmentos de la población fueran excluidos del proceso productivo y distributivo.

*Esta matriz de marginalidad, desigualdad y estancamiento económico de importantes sectores de la sociedad fue una de las razones que gestaron el pensamiento dominante sobre el papel del Estado en el ordenamiento económico. El Estado fue considerado como la herramienta única para lograr erradicar la marginalidad y las carencias a través de planes de cumplimiento obligatorio para todos los integrantes de la sociedad.*

Consecuentemente dejó de concebirse la posibilidad de que los partícipes del orden económico privado pudieran ser capaces de acabar con las desigualdades sociales y fueran el motor del crecimiento económico de la sociedad. Al contrario, el pensamiento dominante considera que las empresas privadas –productoras o financieras– son las responsables de un orden económico con desigualdades, carencias y estancamiento.

Fue en ese momento en que la mayoría de los integrantes de la sociedad se convenció de que el mercado no es un buen sistema para detectar escasez, organizar los comportamientos de los particulares, coordinar planes productivos, distribuir equitativamente la riqueza, establecer un sistema de precios, solucionar las carencias, acabar con las desigualdades o fijar objetivos de solidaridad social.

Ante la incapacidad de los particulares de acabar con las fallas estructurales de un injusto orden económico y por ser considerados los causantes de su mal funcionamiento, el Estado fue percibido como la única institución con capacidad de dictar normas para que el orden económico funcione en beneficio de toda la sociedad.

Detrás de ese pensamiento se habilitó al Estado con los instrumentos jurídicos para llevar adelante sus planes y cumplir sus nuevos objetivos. A tal fin fue necesario aumentar su capacidad de recaudación. Los objetivos eran muchos y las necesidades extremadamente grandes. Era necesario contar con mayor cantidad de recursos y contribuciones por parte de la actividad privada.

Primero se buscó el aporte de los que "más tienen". Al observar que esos recursos no eran suficientes, los impuestos comenzaron a aplicarse a toda la sociedad. Toda actividad económica terminó siendo gravada. A partir de la creación del impuesto a los réditos en 1930 se implementaron infinidad de gravámenes a la producción, el trabajo, el consumo, el comercio y la inversión para financiar los nuevos gastos del Estado destinados a ordenar la economía nacional.

El pensamiento rector de la clase dirigente avaló la dirección económica del Estado. En vez de proponer acciones tendientes a eliminar las causas que permitían la existencia de los grupos monopólicos que distorsionaban el mercado productivo y generaban una injusta distribución de la riqueza, se optó por el camino de la planificación estatal de todo el orden económico. El Estado fue concebido como el reemplazo necesario de la actividad de los particulares y rector de los comportamientos de las empresas. Se descreyó de la efectividad de los planes económicos de la gente y se colocó al Estado en el vértice de la pirámide del orden social. El Estado se convirtió en el responsable casi excluyente del ordenamiento de la actividad económica de toda la sociedad.

La dirigencia social consideró que el Estado no sólo debía organizar y planificar la *economía pública* sino que debía avanzar sobre el *mercado y la regulación de la mayoría de las actividades de los particulares, sean empresas o trabajadores*. Se asumió que sólo el Estado era capaz de lograr un orden económico progresista e igualitario, objetivos imposibles de lograr con la actividad de los particulares. Mientras los particulares buscan el beneficio propio, el Estado fue visto como el benefactor de los intereses sociales.

## ENTRE LO DESEADO Y LO POSIBLE

El Estado ocupa un rol preponderante en el ordenamiento social que regula las conductas de los argentinos. Es responsable de ordenar la mayoría de los objetivos institucionales vinculados con la educación, la salud, la seguridad interior, la defensa exterior, la justicia y las relaciones internacionales. Emprende la mayoría de las acciones de solidaridad social para con los carenciados y distribuye pensiones, asignaciones e ingresos entre millones de personas. Está pendiente de la evolución del sistema financiero o la regulación de los sistemas bancarios donde no sólo supervisa sino que es parte a través de los bancos públicos. El crédito, el comercio exterior, los cupos de exportación, los bienes que se importan, el control de cambio, la moneda o las inversiones están igualmente en su foco de regulación de manera permanente. No son menores sus acciones ordenadoras en cuanto a las actividades económicas que pueden ser habilitadas, los autos que pueden transitar por la vía pública o dónde se pueden construir edificios de más de dos plantas. Se encarga del control ciudadano a través de la emisión obligatoria de los documentos de identidad, las tarjetas Sube o los datos personales exigidos con toda factura de compra.

No hay duda de que el Estado argentino es omnipresente; está en la vida social de los argentinos a través de acciones y normas que regulan el comportamiento de la gente. Pocas son las áreas que no son ordenadas o reguladas por la legislación vigente.

*Sin embargo no puede atribuirse sólo a la vocación ordenadora de los gobiernos este exceso de reglamentaciones y leyes. Hay otro hecho significativo que obliga al Estado a ser partícipe fundamental en el ordenamiento de la vida de los argentinos. El Estado se ha convertido en una gran caja de resonancia de los reclamos de la sociedad y en el instrumento para que esos reclamos se conviertan en políticas públicas que den una solución inmediata.*

Ante todo problema o carencia, la sociedad, de manera parcial o total, se une para que el Estado tome cartas en los asuntos que reclama y ofrezca soluciones concretas. Hechos reales y a veces fatales como el derrumbe de edificios, la asfixia por deficientes instalaciones de gas, la falta de prevención contra incendio, las habilitaciones para el comercio, la venta de alcohol a menores de edad, la discriminación a travestis o la seguridad vial son una pequeña muestra de los reclamos de asistencia que la sociedad exige al Estado. Quedan pocos hechos o actividades sociales en las cuales se excluya al Estado como partícipe necesario. En todo debe intervenir, y de manera especial en aquellos hechos que puedan generar un resarcimiento económico para los reclamantes.

La sociedad exige que el Estado se haga presente y no esté ausente de una realidad sobre la cual debe tener el ojo previsor para que no se produzcan hechos que lamentar en el futuro. La gente le exige al Estado que supervise y controle todas las actividades de las personas, de las organizaciones sociales y las empresas. Ese control debe ser acompañado de normas jurídicas que establezcan claramente qué actividades están autorizadas y qué condiciones deben cumplir las empresas para no incurrir en ninguna contravención. La sociedad clama a diario por normas, sanciones y la aplicación de "justicia" contra los que causan daños a la sociedad, según la visión de quienes reclaman medidas al Estado.

Los gobiernos son muy sensibles a esos reclamos que normalmente tienen el eco de los medios de comunicación y son motivo de conversación en las mesas de los argentinos. Un disgusto social por falta de acción del Estado ante un reclamo se puede traducir negativamente en las urnas, cosa que ningún gobierno quiere afrontar. Por lo tanto, los gobiernos se apresuran a dar respuestas directas y sancionar rápidamente normas ante cada reclamo de la sociedad. Normas que generan nuevos gastos y mayor necesidad de recursos.

No es posible cuestionar los fundamentos éticos y sociales que han inspirado a buena parte de la normativa reguladora de las actividades económicas de las empresas y los trabajadores. Resulta evidente que sus legisladores al sancionarlas tenían un doble objetivo. Por un lado, *buscaron informar a los integrantes de la sociedad sobre sus derechos y obligaciones al momento de realizar una actividad económica. Por el otro lado, pusieron al Estado como garante de que la actividad económica de los particulares no afecte los derechos y los valores que la sociedad quiere preservar.*

La necesidad de construir un orden económico más igualitario, con mayor calidad de vida y que garantice el progreso social, impulsó a nuestra sociedad a colocar al Estado en el vértice del orden económico. Se ha convertido en el órgano responsable y excluyente de ordenar que no existan abusos y desigualdades en el presente y en el futuro. Sin embargo, este reclamo social de ordenar la economía desde el Estado, detrás de objetivos valiosos, no siempre es posible de alcanzar. *Razones culturales, sociales y especialmente el grado de desarrollo económico de cada país determina que muchas normas jurídicas no logren los objetivos buscados al momento de sancionarse.*

A veces las normas jurídicas sancionadas en nuestro país no han tenido en cuenta la realidad económica, los hechos materiales que hacen a la realidad fáctica que quiere modificarse. Son normas que tienen validez legal pero son prácticamente imposibles de materializar.

*Los gobiernos que no tienen en cuenta esta dualidad entre lo deseado y lo materialmente posible de realizar son apresados en una telaraña legislativa que termina afectando el orden económico, limitando la actividad empresarial y no solucionando ninguno de los problemas que se buscó solucionar.*

La voluntad de los funcionarios del Estado argentino de ordenar las actividades económicas de los particulares, a fin de combinar sus necesidades personales con los objetivos sociales, terminó en una telaraña legislativa que traba el desarrollo de muchas actividades económicas. La normativa legislativa se apartó de la realidad material y no tuvo en cuenta los hechos sino sólo las elucubraciones racionales sobre cómo se consigue un mundo mejor. *Se produjo un abismo entro lo deseado y lo materialmente posible.*

*Motivados e inspirados por el reclamo social y por objetivos considerados como valiosos, los funcionarios han dado forma a un sistema regulador de la actividad económica que excede el control razonable de las actividades económicas de los particulares. Excede la supervisión idónea del Estado. Por otra parte, el exceso de exigencias materiales supera la capacidad de cumplimiento efectivo por parte de las empresas y los trabajadores. Son tantas las reglamentaciones, permisos y habilitaciones que deben cumplir quienes desean emprender una actividad que, en los hechos, son de imposible cumplimiento.*

En la actualidad existe una enorme cantidad de leyes, decretos, ordenanzas, reglamentos y disposiciones administrativas que regulan la actividad económica privada. Establecen qué actividad está autorizada, cuáles son las zonas permitidas para determinados negocios, cómo se debe desarrollar la empresa, cuáles son sus obligaciones, qué permisos debe tener o cuáles son las condiciones que debe reunir un emprendimiento para estar autorizado. A esas disposiciones administrativas y fiscales hay que sumarles las que establece el Derecho Civil y el Comercial para las sociedades, junto a las normas vinculadas con las relaciones laborales e impositivas.

Las disposiciones y reglamentaciones son tantas que no hay órgano público que pueda fiscalizarlas y controlarlas. Tampoco existe empresa que materialmente pueda cumplirlas. Superan el conocimiento y el entendimiento de la empresa y del funcionario estatal. Los empresarios deben apelar a profesionales especializados y a gestores ante la administración pública para iniciar cualquier actividad. Todo un batallón de profesionales para intentar superar la cadena de trámites que deben realizar antes de comenzar una actividad económica, durante el desarrollo de su actividad y una vez que la finaliza.

*Según el informe Doing Business 2012 del Banco Mundial, Argentina ocupa el puesto 113 sobre una lista de 180 países que mayores dificultades ofrecen a las empresas para llevar adelante un negocio o empresa. Estos obstáculos se incrementan notablemente en el área de la construcción de viviendas. Dice el informe que nuestro país se caracteriza por una burocracia excesiva en trámites y permisos de todo tipo para poder construir un inmueble o emprender un negocio comercial. Esos obstáculos han puesto a Argentina en el lugar 169 entre los 180 países más complejos y con mayores trabas para realizar una actividad vinculada a la construcción. Hecho curioso en un país que tiene un déficit de viviendas inmensamente grande.*

Las normas jurídicas –cuando exceden su capacidad de cumplimiento por parte de los integrantes de la sociedad– se convierten en un problema pues impiden el progreso y el desarrollo económico sin lograr tampoco su cometido de supervisión y seguridad social a cargo del Estado. Lo que fue una buena idea para controlar los abusos de las empresas contra los derechos sociales se convirtió en una barrera que frena la creación de empresas y el progreso social mientras que alimenta vorazmente la corrupción pública.

En la actualidad, por exceso de control y temor al reclamo social, se sancionan anualmente centenares de leyes de imposible cumplimiento material para los emprendedores económicos. Iniciar una actividad es una verdadera odisea que sólo Ulises podría recorrer con éxito. No es que esas normas carezcan de un sustento conceptual válido o carezcan de sentido social o económico. El problema es que buena parte de ellas son impracticables. La realidad material del país, la falta de recursos, la estructura normativa, el bajo nivel de desarrollo y las pautas culturales que rigen en la sociedad son trabas para cumplir con las disposiciones que sancionan los legisladores detrás de objetivos de control y supervisión.

*Esta dicotomía entre las normas jurídicas vigentes y su incapacidad de materializarlas da lugar a la corrupción.* Los funcionarios públicos conocedores del mundo real ven en esta dicotomía un caldo de cultivo para exigir dinero a los empresarios para otorgar permisos, habilitaciones provisorias o directamente pasar por alto las inspecciones en empresas que no cumplan con los requisitos de la ley.

En nuestro país uno de los negocios más prósperos es la corrupción, que se perfeccionó con gestores, profesionales y con el tráfico de influencia que se extiende en todo el aparato estatal. *Nuestro país, por esas prácticas extendidas por todas las oficinas públicas, ha logrado posicionarse entre los 10 países más corruptos de toda América según los últimos datos del año 2011.*

## UN CÓCTEL EXPLOSIVO

*La existencia del apotegma de que toda actividad económica debe estar expresamente autorizada por el Estado arroja como resultado la necesidad de transitar por cientos de oficinas públicas para lograr los permisos y obtener habilitaciones. Esto genera un cóctel explosivo para el empresario y una traba para el crecimiento de toda la economía.*

El cóctel explosivo se forma con varios ingredientes. Primero, la enorme pérdida de tiempo para el empresario. Con angustia ve pasar la oportunidad de realizar un negocio por no tener las autorizaciones en tiempo y forma. Segundo, el maltrato y la desatención de una burocracia estatal que frena los trámites por desidia o por buscar recompensas económicas por *izquierda*. Tercero, la inseguridad jurídica como consecuencia de las constantes disposiciones legales que modifican reglamentariamente las normas para realizar las actividades económicas.

Ese cóctel explosivo al final estalla y termina desalentando a los emprendedores, que optan por el abandono de sus planes o transitan por el camino de la corrupción administrativa. Una primera visión simple hace presuponer que el perjudicado es el "mal empresario que no quiere cumplir con las leyes". Otra visión más profunda muestra cómo se desalienta la actividad empresarial detrás de normas de imposible cumplimiento o contrarias a la actividad económica productiva.

No es una metáfora sostener que en Argentina la legislación se ha convertido en una traba para crear empresas y generar empleos. Cualquiera puede comprobarlo a diario. Al solicitar los permisos o habilitaciones para una actividad económica, a las empresas se les informa que son trámites rápidos y sistematizados. Trámites que no ofrecen –según las ventanillas de la burocracia– ninguna dificultad si se cuenta con la documentación requerida. Con esa expectativa se inician los trámites de permisos y habilitaciones. Sin embargo, a poco de iniciados, las oficinas públicas se convierten en el calvario del emprendedor. Comienza poco a poco un proceso de desgaste físico, espiritual y económico que pocos logran superar.

Tal como lo representara hace más de 30 años el actor Joe Rígoli en el programa *La tuerca*, los documentos presentados en las oficina públicas siempre son insuficientes y siempre falta un trámite para completar el proceso final. Quienes pueden superar esa larga etapa de presentación de formularios, certificaciones, documentos y papeles requeridos, deben iniciar la etapa de las verificaciones.

Inspectores públicos tienen a cargo la tarea de verificación *in situ* de lo expresado en la documentación presentada en los Centros de Gestión. Aquí comienza un nuevo calvario como consecuencia de la interpretación de los hechos que hace cada inspector. Normalmente, con cara poco afable, los inspectores informan a los solicitantes de permisos que los documentos presentados no coinciden con lo verificado. Como las opiniones nunca son tajantes, los inspectores dejan abierta una puerta para recibir un aporte económico –no a voluntad sino tarifado– para que se agilicen los trámites. Sin embargo, la aprobación final siempre se demora porque aparecen nuevos requerimientos de los jefes superiores de los inspectores que exigen presentar nueva documentación para ser nuevamente verificada. Siguen los gastos adicionales y la presentación de más papeleo.

Es factible que las personas que tienen gran paciencia, poca dignidad y disponen de recursos logren el objetivo buscado. Mejor dicho parte del objetivo, pues normalmente sólo se obtiene la *habilitación o permiso provisorio*. Son muy pocos los que tienen la fortuna de alcanzar un permiso *definitivo para emprender un negocio o empresa.* Los funcionarios estatales siempre dejan la puerta abierta para realizar nuevas exigencias a las empresas y tenerlas sometidas al temor de su control.

*Lograr una habilitación definitiva es un premio a los perseverantes que tienen recursos suficientes para poder afrontar los gastos directos e indirectos que cuesta transitar ese camino. Esto se pone de manifiesto en que más del 50% de los negocios, oficinas comerciales o empresas sólo tienen habilitaciones provisorias desde hace años e incluso décadas. Más del 30% de las restantes actividades económicas ni siquiera han realizado trámite alguno para solicitar autorización y se desarrollan en la clandestinidad, fuera de los ojos del control estatal. Esto es posible porque no hay Estado que pueda supervisar y controlar todas las actividades privadas.*

La experiencia argentina nos dice que es muy bajo el porcentaje de emprendimientos que logra tener todos los permisos y habilitaciones exigidas por los órganos estatales para funcionar. Cuando los pocos afortunados obtienen la totalidad de los permisos, nuevas reglamentaciones y prohibiciones obligan a iniciar nuevos trámites. Por esta razón, el Banco Mundial ubica a nuestro país entre los que mayores obstáculos colocan a los emprendedores privados para desarrollar una actividad económica. Mientras Argentina se ubica en el puesto 113 sobre un total de 180, nuestro vecino Chile se encuentra en el puesto 39 y Colombia en el 43. Ambos, curiosamente, se caracterizan por el fuerte desarrollo empresarial y económico en los últimos años.

El calvario burocrático y de incertidumbre que padecen los que quieren llevar adelante una actividad económica va destruyendo el ánimo de empresarios y comerciantes. En general, la mayoría decide terminar con los trámites y sus sueños empresariales antes de sufrir el calvario de conseguir la autorización estatal. Otros se resisten a cancelar sus expectativas de negocios, y optan por pagar un peaje de corrupción que les permita emprender sus actividades sin ser molestados, por lo menos por cierto tiempo. Otros –y no son pocos– deciden entrar en la economía negra e informal evitando pedir permiso alguno, aunque sepan que por ese camino nunca podrán crecer o desarrollarse de manera sostenida. Siempre serán unos ilegales y perseguidos.

CAPÍTULO 7

# EL ESTADO EMPRESARIO

En cierto momento de nuestra historia nacional, los propulsores de un Estado activo y planificador del orden económico consideraron que el Estado no sólo debía intervenir en el ordenamiento integral de la actividad económica sino que debía abocarse a la producción de bienes de manera directa. El Estado debía realizar actividades empresariales propiamente dichas y no sólo obtener recursos económicos de los privados para sostener su gasto público. Existía la convicción de que el Estado debía ser garante de una economía nacional sólida a partir de asumir un compromiso en la producción de bienes. Sólo el Estado podía garantizar el crecimiento y el desarrollo detrás del bien colectivo.

Este pensamiento que proponía la participación empresarial del Estado en los sectores estratégicos de la economía dominó buena parte de nuestra historia reciente. Como consecuencia de él fueron estatizadas muchas empresas privadas y otras tantas fueron creadas especialmente para desarrollar actividades productivas. En la actualidad, si bien ha mermado la tendencia a la creación de las empresas del Estado y la estatización de otras, se sigue defendiendo la existencia de empresas a cargo del Estado. Las recientes re-estatizaciones de Aerolíneas, Aguas Argentinas, correo y posiblemente el petróleo son muestras de esta tendencia.

Esa tendencia no debe llamar la atención. El pensamiento dominante en Argentina –a pesar de que la experiencia fue mayoritariamente negativa en el país y el mundo– sostiene que hay áreas de la producción de bienes o servicios en que el Estado no puede estar ausente. Mucho menos dejarlo librado al sector privado. También considera que en determinadas situaciones de crisis, el Estado no puede dar la espalda a empresas productivas o bancos, debiendo auxiliarlos para evitar sus quiebras, o directamente nacionalizarlos.

La defensa de las empresas públicas, más allá de las razones ideológicas y el pensamiento dominante contra la actividad privada, normalmente está vinculada con la idea de la defensa de los "intereses nacionales". Se considera que existen ciertas áreas de la producción de bienes o de las finanzas que no pueden estar a cargo de los particulares. Sea por razones estratégicas, por la defensa nacional, para sustentar la gobernabilidad o la independencia económica de otros países, se considera que el Estado debe ser el responsable de la explotación económica y el control de la actividad productiva a través del control de las empresas.

# EMPRESAS PÚBLICAS ESTRATÉGICAS

Una de las razones por las cuales la economía pública asume el rol empresarial es que se considera que el Estado debe ser el único responsable de preservar los recursos naturales del territorio nacional y de la explotación de áreas estratégicas a fin de evitar que detrás de beneficios particulares se perjudique a toda la sociedad. Detrás de ese fin se hace cargo de la producción del petróleo, la minería o el carbón. Por motivos similares interviene en la producción de energía eléctrica u otras actividades consideradas estratégicas para el desarrollo de la sociedad.

Dentro del rubro de empresas estratégicas están igualmente las que el Estado considera esenciales en el desarrollo social y el crecimiento económico. Entre esas empresas encontramos las dedicadas a las telecomunicaciones, las vías de comunicación, el transporte, la aeronavegación, la navegación marítima y las frecuencias de televisión, entre otras.

El Estado considera que los bienes producidos por esas empresas inciden en los objetivos que se estiman fundamentales para lograr fortalecer una Nación independiente y soberana. Por tal motivo el Estado asume el rol de empresario –generalmente monopólico– para preservar esos derechos, evitando que los particulares lucren en su beneficio contra los intereses de la sociedad. Se excluye de esa forma a las empresas que quisieran participar de manera privada en esas áreas, salvo que lo hagan como proveedoras del Estado o bajo su control.

Por tener las empresas estratégicas objetivos tan valiosos vinculados con la esencia misma de la Nación, es normal que sus actividades no sean evaluadas por su productividad, eficiencia, maximización de ingresos, optimización de costos, competencia o precios. Lo relevante es su objetivo social y el control de las áreas consideradas estratégicas para el crecimiento nacional.

Esos han sido algunos de los motivos por los cuales a empresas como Aerolíneas Argentinas, Aysa o los subterráneos no se les exige rentabilidad ni tampoco quiebran. Por la misma razón sustentada en la defensa de los intereses nacionales se solicita la estatización de la minería y del petróleo o se propone que las tierras rurales no puedan ser adquiridas por extranjeros. Lo importante es la "defensa de los intereses estratégicos o de bien público" aunque su costo lo paguen muy caro todos los argentinos con sus impuestos y los malos servicios.

## EMPRESAS PÚBLICAS POR ABSORCIÓN

Una de las razones por las que las empresas se estatizan tiene su raíz en los objetivos de solidaridad social que se les exige a los gobiernos. El Estado debe garantizar el empleo y la producción de las empresas, más allá de su baja rentabilidad. Ante la posible amenaza de cierre o denuncias de vaciamiento empresarial, el Estado absorbe esas empresas que antes estuvieron bajo el ámbito privado.

En la actualidad, la absorción de empresas por parte del Estado se ha extendido a los bancos o entidades financieras. Con el objeto de que la quiebra de los bancos no afecte a cientos de ahorristas e inversores, desatando un efecto en cascada en todos los demás bancos, los estados absorben o nacionalizan esas instituciones. De esta forma los Estados asumen un papel cada vez más intenso en las políticas financieras con la presunción de que esa intervención y la absorción de la banca privada deficiente es el camino correcto para un mejor funcionamiento del orden económico y financiero.

## EMPRESAS SUBSIDIADAS

El Estado puede ejercer su rol empresarial de manera indirecta. Esto ocurre cuando subsidia a empresas privadas a través de recursos del Estado. Esos subsidios pueden ser de financiamiento directo o através de la excepción impositiva. En todos los casos el Estado termina participando en la dirección empresarial o controlando a los empresarios privados para que actúen de acuerdo con sus directivas o planes.

Las empresas privadas subsidiadas no necesariamente deben ser originalmente ineficientes o improductivas. Puede que los subsidios surjan a partir de necesidades políticas de los gobiernos ejecutadas detrás de acciones macroeconómicas. En estos casos el Estado prohíbe a determinadas empresas aumentar los precios de su productos para beneficiar a los consumidores, con lo cual subsidia sus costos para que no aumenten los precios.

También puede ocurrir que el Estado exija a ciertas empresas consumir insumos nacionales más caros que los existentes en el mercado internacional, con lo cual compensa las pérdidas a través de subsidios. Lo mismo sucede cuando el Estado quiere promocionar ciertas industrias para crear un desarrollo de empresas nacionales competitivas.

En todos estos casos, al aplicar subsidios que benefician a las empresas, el Estado asume un rol de empresario con el objeto de influir sobre los precios, controlar el mercado o eliminar a empresas competitivas.

efectos negativos de

# LA ECONOMÍA PÚBLICA

# 8

# EL GASTO SIN LÍMITE

En Argentina, el gasto que demanda la economía pública para cumplir con sus objetivos institucionales y sociales se expande sin cesar desde hace muchas décadas. A medida que crece la población mayores son las carencias socioeconómicas. A medida que aumentan las expectativas sociales de alcanzar un mayor bienestar, los gobiernos necesitan más recursos para paliar las desigualdades e impulsar el crecimiento económico.

Los objetivos que se proponen los gobiernos cada vez son más ambiciosos. Cada vez demandan mayores recursos para la inversión en infraestructura o la solidaridad con los que menos tienen. El presupuesto nacional ha crecido como nunca en su historia.

La economía estatal requiere cada vez mayor volumen de ingresos económicos porque el gasto se expande de manera constante por el incremento de los empleados públicos, los subsidios a empresas, los subsidios a sectores sociales carenciados, la intervención en el sector financiero, la estatización de empresas, el control de cambio y el aumento de las inversiones públicas, entre un amplio abanico de políticas que actualmente se ejecutan.

Los gobiernos y sus funcionarios permanentemente aportan nuevas ideas y proyectos –la mayoría inspirados en buenas intenciones y nobles propósitos– que empujan a un mayor gasto. Cada oficina administrativa u organismo dependiente del erario público es un ente inquieto con iniciativas que requieren de nuevos recursos económicos para ser llevados adelante. El gasto se expande con cada nueva idea o plan.

Los gobiernos no son propensos a economizar ni son mesurados en el gasto. Quieren trascender con obras y proyectos. Quieren dejar una huella en la historia o ganarse el voto de la gente.

La asistencia pública es la bandera de los gobiernos populares. Estas políticas expanden el gasto a través de subsidios directos o encubiertos. La lista de acciones de beneficio de la gente no tiene ni tendrá límites en la medida que las necesidades nunca dejan de crecer. Por lo tanto, si la política de los gobiernos es acabar con las carencias dando subsidios, no puede esperarse otra cosa que su gasto se incremente.

Equilibrar la balanza comercial, sustituir las importaciones y aumentar las exportaciones de productos; controlar las tasas de interés o el tipo de cambio también forman parte de las políticas macroeconómicas de los gobiernos. Esas políticas tampoco son gratuitas sino que generan gastos que también demandan recursos del Tesoro Nacional.

La lista de causas que expanden el gasto público excede la racionalidad y el sentido común. Basta analizar en detalle el Presupuesto Nacional, los provinciales y municipales para darse una idea de la imaginación que puede alcanzar un gobierno a la hora del gasto. El problema en todo caso no es el gasto motivado por fines nobles y solidarios. El problema es de dónde saldrán los recursos para poder alcanzar tantos y tan variados objetivos públicos.

El Estado requiere de recursos para cumplir con todos los fines y proyectos. No sólo resultan de su propia voluntad política sino de los que son consecuencia de los reclamos sociales que exigen soluciones para todos sus problemas. El Estado necesita cada vez más recursos que no puede generar por cuenta propia sino que deben ser aportados por la actividad de los particulares y las empresas.

Las empresas estatales generalmente no son rentables ni generan excedentes económicos para colaborar con los gastos de la economía pública. *El Presupuesto de la Nación pone en evidencia que las empresas del Estado no sólo no aportan recursos al Tesoro Nacional, sino que requieren de su constante auxilio para funcionar. Las empresas públicas a nivel nacional requieren que la Tesorería Nacional les cubra más del 75% de sus gastos según el presupuesto estimado del año 2012.* Esto pone de relevancia que las empresas del Estado –más allá de lo valiosos que puedan ser sus objetivos sociales– no son rentables ni generan ingresos para colaborar con los gastos del Estado. Todo lo contrario, requieren que el Tesoro las auxilie para poder cubrir su déficit.

*El aumento creciente del gasto estatal no tiene en cuenta que los recursos son escasos y limitados. Los ingresos que la economía pública demanda no son infinitos ni se multiplican sin límite. Esos recursos provienen de la economía privada que debe lidiar con procesos de producción que no siempre resultan exitosos. Por lo tanto, no siempre generan riqueza suficiente como para solventar todos los gastos que los funcionarios puedan requerir para llevar adelante sus planes.*

Los funcionarios estatales parten del supuesto en sus proyecciones presupuestarias de que contarán con recursos necesarios para hacer frente a sus objetivos y la ejecución de planes. Muchas veces esto no ocurre porque la economía no responde como estaba previsto.

Los errores de predicción constituyen una de las características más sobresalientes de la economía. Errores de cálculo que se multiplican cuando se tiene como marco de referencia la economía mundial. En este caso la falta de previsibilidad se incrementa por factores exógenos que los gobiernos no pueden controlar. La consecuencia de esos errores de predicción en el Producto Bruto Interno o en la Balanza comercial conducen a menores ingresos para el Estado. No hay dinero para afrontar el gasto previsto. No se contempló que los recursos no son ilimitados ni constantes. No se contempló que la actividad de los particulares puede ser menos productiva por diferentes razones. Sólo se puso el ojo en el gasto como si no dependiera de los recursos de los que se dispone.

## LOS SUBSIDIOS EXPANDEN EL GASTO PÚBLICO

La manera habitual en que los gobiernos tratan de ayudar a los que menos tienen es por medio del subsidio económico a las empresas generadoras de bienes y servicios. El propósito es subsidiar los costos de producción para que mantengan sus productos a precios inferiores a los que realmente deberían tener. El Estado compensa a las empresas la falta de ingresos que no perciben por mantener el precio de sus productos por debajo de sus costos. La diferencia deficitaria entre el costo de producción de un bien y el precio que efectivamente paga el consumidor es subsidiada por el Estado con los recursos de Tesorería.

El objetivo político de los subsidios a las empresas es beneficiar a los consumidores para que obtengan bienes más baratos con lo cual tienen mayor capacidad de consumo. Los subsidios son un "plus" indirecto a los ingresos de la gente para que pueda acceder a bienes o servicios a los que de otra manera no podría acceder.

Sin embargo esas razones no son las únicas que dan origen a los subsidios públicos. Existen otras motivaciones. Una causa es la falta de competitividad de la empresa. En este caso el Estado auxilia a algunas empresas nacionales para que puedan competir con igual precio al existente en el mercado internacional. A través de los subsidios, las empresas cubren sus costos más elevados que les impedirían competir con otras empresas, más eficientes.

El fundamento de este tipo de subsidios se encuentra en la necesidad que tienen los gobiernos de que ciertas empresas no cierren, dejando sin trabajo a sus empleados. Para evitar esos conflictos laborales o para impedir que otras empresas nacionales o internacionales ocupen el lugar de las ineficientes, el Estado otorga subsidios a esas empresas no rentables. Ese subsidio permite a las empresas ineficientes no quebrar ni despedir a sus trabajadores.

Los subsidios a las empresas pueden ser *directos* o *indirectos*. Es directo cuando el Estado aporta un "plus" de dinero para que cubran su déficit que surge del costo real de producción y los precios de los bienes que ofrecen al mercado. Es subsidio indirecto cuando se exime a las empresas del pago de impuestos o se les facilite el acceso a la materia prima a precios por debajo de los existentes en el mercado. En ambos casos la falta de rentabilidad empresarial es cubierta con ingresos provenientes del Estado. Esto permite a las empresas continuar en actividad, aunque oculten a través de los subsidios su ineficiencia y su competitividad con respecto a otras empresas más eficientes.

El Estado argentino, detrás de los principios de *defensa de la empresa nacional, el apoyo a las actividades regionales o el blindaje a la competencia internacional,* auxilia con subsidios directos e indirectos a cientos de emprendimientos industriales y agropecuarios de todo el país. Enriquece a muchos empresarios sin que sus empresas logren ser competitivas y eficientes. Detrás de declaraciones grandilocuentes en defensa de una "supuesta industria nacional" subsidia la industria del juguete, la electrónica, las autopartes y el transporte colectivo hasta los servicios de gas y agua. Todos son subsidios que inicialmente fueron declarados como provisorios. La realidad muestra que terminan siendo subsidios de carácter permanente en beneficio de malos empresarios que se enriquecen de manera grotesca.

El Estado no sólo subsidia empresas industriales. También subsidia muchas actividades agropecuarias como la yerba mate o las papas para defender al agricultor por la caída de los precios internos o externos. Igualmente, los productores de leche son subsidiados para proteger la industria lechera y la "mesa de los argentinos".

No quedan exentas del subsidio aquellas actividades económicas que son consideradas fundamentales para la promoción industrial o el crecimiento regional. Con frecuencia la economía pública subsidia a empresas para promover el desarrollo regional, como recientemente la industria cinematográfica en San Luis o la electricidad de la provincia de Santa Cruz.

Pero el subsidio a las empresas no es el único. Existen otras formas de subsidio con objetivos diferentes. El más común es el subsidio directo a las personas carenciadas o afectadas por situaciones especiales. Son sumas de dinero que la economía pública entrega con cierta regularidad o ante hechos puntuales a personas o grupos sociales. Ante situaciones de injusticia, marginalidad o desigualdad social el Estado aporta dinero o bienes para que ciertos sectores sociales tengan un ingreso.

El fundamento de este tipo de subsidio tiene su explicación en que el Estado no puede estar ausente ante las necesidades de la gente. Los subsidios están destinados a sectores de la población sin trabajo, que tienen bajos ingresos o que viven en situaciones precarias debajo de la línea de pobreza. En Argentina, los subsidios a las personas reciben diferentes nombres, como “Plan trabajar”, “Plan para jefes de familia” o “Asignación universal por hijo”. También hay subsidios a los afectados por inundaciones o a las víctimas de sequías.

La lista de subsidios –los cuales se intenta bajar con muy poco éxito cuando el gasto se expande– es muy larga en nuestro país. A veces excede la capacidad de asombro. Desde hace años los subsidios crecen, sin que ese aporte estatal haya modificado las causas que determinaron el subsidio. Al contrario, lo normal es que las causas del subsidio se hayan agravado a punto tal que su suspensión genere más problemas que al momento de aplicarse. Todos los subsidios que se crearon de manera provisoria, terminaron siendo permanentes.

## LOS SUBSIDIOS TRAEN COLA

Los subsidios que la economía pública estatal distribuye entre personas, empresas, organizaciones sociales e instituciones de bien público son muchísimos. Hay cientos de subsidios que surgen del Parlamento, del Poder Ejecutivo Nacional y el Provincial. Todos intentan fines valiosos en beneficio de la sociedad y de su desarrollo económico. Todos quieren ayudar a personas necesitadas, realizar obras de bien, fortalecer las empresas nacionales o generar polos de desarrollo.

Si bien todos esos subsidios individualmente no requieren de excesivos recursos en comparación de la totalidad del gasto público, al momento de sumarse todos los subsidios la cifra suele ser muy alta. En nuestro país el monto destinado a los subsidios es cada vez mayor. No se conoce con exactitud la cifra porque esos recursos destinados a empresas, personas u organizaciones sociales no están claramente descriptos sino que se incluyen en otros rubros para ocultar su destino final.

Existen razones éticas y valores sociales que movilizan buena parte de los subsidios públicos a los carenciados. Es muy difícil cuestionar los objetivos humanitarios y sociales que persiguen la mayoría de ellos, salvo aquellos que claramente buscan satisfacer intereses personales u ocultan hechos de corrupción. *El problema surge cuando los subsidios se analizan desde el punto de vista económico y desde la perspectiva de los resultados.*

No existe un criterio unánime en cuanto a la utilidad a largo plazo que reportan los subsidios cuando son utilizados para cubrir exclusivamente carencias económicas de las personas necesitadas. Muchos economistas sostienen que ese tipo de subsidios deben evitarse cuando se convierten en permanentes en el tiempo. De no hacerlo, terminan convirtiéndose en "empleos públicos encubiertos".

*Quienes rechazan la idea del subsidio permanente a la gente, sostienen que "en vez de distribuir pescados entre los necesitados para calmar el hambre de un día, es mejor enseñarles a pescar para que aprendan a alimentarse todos los días".*

Esta propuesta es correcta en términos macroeconómicos. Sin embargo, es insuficiente. Quizás esta propuesta podría ser más completa si le agregáramos un dato sumamente importante. *Junto a la enseñanza de cómo pescar también es necesario que los carenciados puedan acceder al río para poder pescar. No basta con capacitar a las personas para que puedan acceder a un trabajo o realizar un emprendimiento si el orden económico impide el acceso a los recursos de la naturaleza y el espacio para producir.* Enseñar a trabajar a la gente carenciada sin habilitar el acceso a los medios de producción es un sofisma. Es una patraña. Es la razón por la que los subsidios no pueden sacarse, ya que si no le damos un pescado a la gente para comer no tiene otra posibilidad de conseguirlo. O sea, se muere de hambre.

La sociedad argentina y la mayoría de los países son proclives a adherirse a medidas paliativas que toman la forma de subsidio a las personas. La carga emotiva, los valores éticos y la solidaridad hacia los que menos tienen invita a los gobiernos a distribuir este tipo de subsidios. Objetivos que son reforzados al sostener que los subsidios aumentan la demanda económica y esto incentiva la producción que requiere de más trabajadores.

Muchos funcionarios consideran que los subsidios revierten la situación negativa del desempleo estructural. Sin embargo, la experiencia enseña otra cosa. *Los necesitados no mejoran sus posibilidades de trabajo. Tampoco logran la justicia social anhelada.* A las personas, los subsidios no les cambian las condiciones estructurales del desempleo.

El precio del subsidio es que, a las personas, las convierte en dependientes de la ayuda estatal. No tienen vida propia ni son libres de ninguna elección diferente. La obtención del subsidio no los habilita a insertarse en la actividad productiva. Sólo son beneficiarios de la ayuda que aportan los que han podido ingresar en una actividad productiva. Esta dependencia los lleva a defender con uñas y dientes el "derecho adquirido del subsidio". Quien intente sacárselos deberá enfrentar serios conflictos con los beneficiados del subsidio.

El intento de eliminar los subsidios sociales es una batalla épica por parte de los gobiernos que lo quieren llevar a cabo. Los sectores sociales beneficiados ofrecen una resistencia absoluta a todo intento de quitarles un derecho que consideran que les corresponde para toda la vida. No importan las razones económicas que justifiquen la posibilidad o no de mantener un subsidio. No importa si existen recursos en el Estado para poder seguir con los subsidios otorgados en el pasado. Sus beneficiarios no cederán ni aceptarán que se los quiten.

Más allá de las razones sociales o económicas que invoquen los gobiernos, los subsidios son privilegios que perjudican directamente a toda la sociedad. En especial a los trabajadores y a los empresarios que son excluidos de esos privilegios en el caso de los subsidios a las empresas.

*Las empresas excluidas de los subsidios deben competir en desigualdad de condiciones con aquellas que reciben un ingreso fijo del Estado para cubrir todos sus costos. Por esta razón muchas empresas no protegidas con subsidios quiebran en Argentina ante semejante competencia desleal de las empresas subsidiadas*. Lo interesante para resaltar es que las empresas que reciben subsidios jamás serán competitivas y eficientes. Quebrarán cuando el Estado deficitario no pueda mantener esas prebendas y les deba quitar esos beneficios. En el tiempo que estuvieron subvencionadas no sólo no habrán mejorado su eficiencia sino que la habrán empeorado.

# EL SISTEMA RECAUDACIÓN ES LA PRINCIPAL POLÍTICA DE ESTADO

El aumento del gasto público es una de las características de los estados modernos. La multiplicidad de objetivos que persiguen los gobiernos y las crecientes demandas sociales hacen que el gasto público se expanda progresivamente. Esto implica que los gobiernos deben prestar debida atención al modo en que obtendrán los recursos para abastecerse de ingresos suficientes para afrontar sus crecientes gastos.

*Los estados necesitan establecer sistemas impositivos eficientes para recaudar con equidad e igualdad. Sistemas que no afecten el desarrollo del orden económico privado sobre el cual recae la obligación de aportar la riqueza que el Estado necesita para los gastos de la economía pública.*

*Todo sistema recaudatorio debe complementarse con una eficaz y racional utilización de los recursos públicos. El Estado no puede tener una política de gastos que despilfarre los recursos o los utilice en objetivos que no benefician a la sociedad.*

La sociedad quiere que los recursos que aporta a la economía pública retornen en bienes y servicios de manera eficiente. Realiza esos aportes porque considera que la economía pública está en mejores condiciones que los particulares para brindar esos servicios, ya que las acciones del Estado están regidas por los principios del bien público y la equidad social.

*La manera en que los gobiernos definan cómo recaudar los recursos generados por el orden económico privado y cómo administrarán esos ingresos constituye la acción más importante del Estado moderno. La recaudación y la administración de los recursos públicos es la política de Estado más importante que debe tener todo país.*

No hay posibilidad de que exista un Estado sin ingresos. Tampoco que funcione eficazmente si no resuelve de manera idónea cómo obtendrá los recursos que necesita para cumplir con sus fines institucionales, sociales y macroeconómicos sin afectar el desarrollo de la economía privada.

El Estado no puede ni debe improvisar en materia de recaudación y gasto. No sólo porque de los recursos que obtenga de la sociedad depende la posibilidad de concretar sus objetivos sino porque una mala política impositiva genera efectos negativos sobre todo el orden económico. El Estado debe tener una eficiente política impositiva y una eficiente política de gasto público.

*No sólo debe contemplar cuántos recursos necesita para cumplir sus objetivos sino cuál es el nivel de contribución que la sociedad puede aportar sin afectar seriamente el patrimonio de cada trabajador o empresa.* Los impuestos no deben ser una mochila llena de piedras que impida el avance de la producción y frene la equitativa distribución de la riqueza. No pueden ser una carga que obligue a la gente a pasarse a la economía informal porque los impuestos exceden su capacidad de contribución.

Según cómo implemente la recaudación impositiva y administre los recursos públicos, se podrá distinguir claramente un buen gobierno de un mal gobierno. Si se resuelven erróneamente la recaudación y la distribución de los recursos públicos, no sólo no se podrán alcanzar los objetivos institucionales y sociales, sino que se desorganizará el orden económico generando el caos social.

Hoy por hoy, nadie cuestiona que el Estado tiene el derecho de crear mecanismos eficientes para recaudar parte de la riqueza producida por los particulares a fin de cumplir con sus objetivos. Esa facultad está avalada por el orden jurídico que le confiere al Estado el poder para aplicar las acciones necesarias para recaudar los recursos que requiere para su gestión.

Ninguna sociedad cuestiona en la actualidad el derecho y la necesidad que tienen los Estados de aplicar un sistema de recaudación para llevar adelante sus objetivos. En todo caso, el debate se presenta en otro ámbito: *¿Cómo debe ser ese sistema de recaudación para que resulte más eficiente al recaudar y distribuir? ¿Cómo debe ser el sistema de recaudación para que no afecte el funcionamiento del orden económico en un marco de igualdad y equidad?*

Esas preguntas requieren respuestas claras que abarquen los siguientes aspectos económicos: 1) cuáles son los factores de producción que deben ser gravados y cuáles deben estar exentos de impuestos; 2) cuál es el porcentaje máximo que el Estado debe extraer de cada factor productivo sin afectar el proceso económico; 3) cuáles instituciones deben fijar el presupuesto y cuáles son las responsables de recaudar; 4) cuál es el límite constitucional del gasto público; 5) los impuestos deben ser igualitarios o diferenciales según la condición social o patrimonial.

La crisis iniciada en el año 2010 por el déficit fiscal de los estados europeos y en buena parte de Occidente volvió a poner sobre el tapete el debate sobre los impuestos y el gasto público. Intelectuales, políticos e *indignados* han puesto nuevamente en debate el análisis sobre los impuestos a la economía privada y cuáles deben ser los gastos públicos en función de los objetivos que se le demandan al Estado.

Establecer cómo debe ser un sistema de recaudación, no es un tema menor. Definir cuáles son las prioridades del Estado para racionalizar su gasto de acuerdo con sus ingresos, tampoco es un tema insignificante. Si la recaudación impositiva y la distribución de los recursos es el eje central de toda política económica del Estado, no pueden cometerse errores o improvisaciones que afecten a la gente y los objetivos públicos.

*Una errónea política impositiva genera desorden social, estancamiento económico e injusticia social. Una ineficiente política impositiva puede acabar con las empresas, las fuentes de trabajo y generar desiguales beneficios entre los factores de producción. Una deficiente política impositiva puede conducir al déficit estatal o a políticas de ajuste que terminan exigiendo mayores sacrificios a la gente.*

## EL RÉGIMEN IMPOSITIVO EN ARGENTINA

En Argentina, el régimen impositivo es históricamente deficiente y produce efectos negativos en todo el orden económico. Promueve la injustica social, el bajo rendimiento productivo, las desigualdades sociales, la evasión, el trabajo en negro y la especulación de los que más tienen a costa de la gente de menores recursos. El sistema de recaudación ha generado un orden económico conflictivo, desigual y plagado de barreras que impiden el crecimiento económico de la sociedad. Es un sistema contrario al federalismo y a la autonomía regional. Es centralista, discrecional y arbitrario, y hace que municipios y gobernaciones dependan del Poder Ejecutivo central.

El régimen impositivo de nuestro país favorece la corrupción pública, el despilfarro y la falta de transparencia en la asignación de recursos. La falta de transparencia de origen y hacia dónde van los fondos públicos favorece intereses personales de los funcionarios y de los grupos económicos dominantes. Muchas veces los impuestos son empleados para desalentar o perjudicar a ciertas empresas. Otras veces para favorecer a empresas amigas del poder o deficientes productivamente.

El régimen impositivo argentino no estimula el progreso individual ni social. No fortalece la cultura del trabajo. Estimula la cultura del ocio y la especulación negativa. Es un castigo a la libre iniciativa de empresas y trabajadores. Es una herramienta para desalentar la importación y controlar la exportación de bienes de acuerdo con los objetivos de los gobiernos de turno. Es una traba a la globalización y al comercio mundial.

Nuestro régimen impositivo desalienta la búsqueda de ganancias productivas por parte de las empresas privadas. Buena parte de las empresas terminan optando por el camino fácil y rentable de ser "socios" del Estado para recibir privilegios económicos o de hegemonía sobre el mercado.

El régimen impositivo argentino es una traba a la igualdad económica para participar en la producción y la inversión. Es un sistema que distorsiona el funcionamiento correcto del mercado y reduce los ingresos que les corresponde a los trabajadores y los empresarios por su aporte a los procesos productivos. Castiga a los que trabajan, a los que tienen ganancias legítimas, producen, invierten, comercian, consumen y exportan. Es un sistema que premia la especulación negativa y a los que viven del trabajo ajeno. Por todo eso es un sistema perverso y contrario al crecimiento económico.

Las erróneas políticas tributarias desordenan nuestra economía nacional. Generan inequidad y desigualdad. Tienen su negativo reflejo en la desacertada y poco transparente utilización de los recursos públicos que realizan los gobiernos. La Ley del Presupuesto es desvirtuada a través de normas, como los *decretos de necesidad y urgencia* o las *leyes de emergencia*, que reasignan recursos de acuerdo con decisiones coyunturales sobre las que finalmente no se rinde cuenta a nadie.

El Parlamento actúa como escribanía pública del Poder Ejecutivo. El Congreso Nacional no cumple con sus obligaciones constitucionales de control y único responsable de crear impuestos. Hace mucho tiempo que ha dejado de cumplir ese rol. La historia reciente muestra que los parlamentarios han delegando en los gobiernos el poder de fijar el gasto público, establecer los impuestos y la manera de ejecutar los presupuestos.

Los parlamentos "*acompañan*" las acciones de gobierno, y es muy mal vista cualquier oposición a los proyectos y gravámenes impulsados por el gobierno. Negarse a sancionar los impuestos solicitados por el Poder Ejecutivo es *poner palos en la rueda* de los que obtuvieron el apoyo del pueblo. *Los parlamentarios deben acompañar al Poder Ejecutivo y deben permitir que los ganadores en las urnas gobiernen sin trabas.* En otras palabras, deben dejar que los gobiernos utilicen los recursos de acuerdo con sus objetivos. Esto incluye la facultad de establecer la política impositiva para hacerse de los ingresos que necesiten, endeudarse cuando esos ingresos no son suficientes y emitir papel moneda sin demasiado control.

El régimen impositivo argentino y la falta de control en el gasto fortalecen y apuntalan la tendencia natural de los gobiernos a gastar más de lo que se recauda. A utilizar el Presupuesto Nacional como si fuera *una caja personal* del Poder Ejecutivo que usa a discreción.

Los gobiernos tienden a despilfarrar los recursos en políticas partidarias, en ayuda a los amigos del poder, y a no priorizar los objetivos que la sociedad reclama para su crecimiento y progreso. El resultado siempre es el mismo: un abultado déficit.

*La presión tributaria sobre el sector privado en nuestro país, es decir la extracción de riqueza que se realiza a los trabajadores, empresarios y consumidores, se encuentra entre las más altas de América Latina. La recaudación impositiva, que se extendió y profundizó en nuestro país a partir de la década de los 90, llega en la actualidad al 37% del producto bruto nacional según lo reflejan los datos oficiales de 2011. Algunos sostienen que llega al 45%. La diferencia porcentual surge de la falta de transparencia gubernamental en datos e informes de la administración pública.*

*Si tomamos como cierta la cifra del 37% de presión tributaria podemos sostener que de cada 100 pesos que los argentinos producen con su trabajo e inversión, el Estado les retiene 37 pesos.* A través de impuestos directos e indirectos el Estado pone la mano en el bolsillo de cada argentino. Se apropia de más de un tercio de la riqueza que genera con su esfuerzo e inversión. Se lleva 37 pesos de cada cien. Lo sorprendente es que esa excesiva recaudación, que nos pone a la cabeza de los estados que más impuestos cobran, no es suficiente para cubrir los gastos públicos.

Cuando los impuestos internos no son suficientes para reducir el déficit público –dado que los gobiernos normalmente se resisten a ajustar los gastos– se apela a otros instrumentos para hacerse de recursos económicos. *El primer camino que los gobiernos apelan para obtener ingresos que les permitan mantener el gasto público es el endeudamiento. A través de la solicitud de créditos internacionales o por medio de la emisión de bonos internos –la mayoría casi obligatorios para bancos y financieras– el Estado se hace de recursos para seguir gastando.*

Cuando los préstamos o la recaudación por venta de bonos no es posible por falta de credibilidad o por escasez de liquidez en los mercados, los gobiernos apelan a otros tipos de financiamiento. Algunos son ortodoxos y otros más originales. Depende de cada circunstancia y momento histórico.

Recientemente el nuevo tipo financiamiento al que apeló el Estado para hacerse de recursos fue la estatización de los servicios jubilatorios (ANSES), que pasaron de la órbita privada a la jurisdicción pública. Esto le permitió al Estado nacional acceder a los ahorros de pensión de los trabajadores. Su destino fueron los subsidios, la obra política-pública y otros objetivos que seguramente no generan ganancias a los trabajadores para tener mejores jubilaciones en el futuro.

Otras formas de financiamiento interno es utilizar las Reservas de la Nación a través de sofisticados registros contables o sencillamente solicitar auxilio a la Casa de la Moneda para aumentar el circulante por encima de la generación de riqueza. En otras palabras, dar inicio a la emisión monetaria inflacionaria.

## LOS IMPUESTOS DISTORSIVOS

Argentina se encuentra a la cabeza del ranking de los países de América Latina con mayor presión tributaria sobre la economía privada formal. Esto hace que la economía informal crezca año a año. Cada vez es mayor la cantidad de gente que decide evadir impuestos. Huye de la desigual e injusta carga tributaria y se pasa a la economía en negro.

*El régimen impositivo argentino ha demostrado que es ineficiente en función de sus resultados económicos. No en función de su capacidad de incrementar la recaudación, pues hace años que crece sin cesar, sino por el daño que ha producido y sigue produciendo sobre la economía privada que sustenta el gasto público. El régimen impositivo argentino reduce el poder adquisitivo de los consumidores, trabajadores e inversores. Merma la capacidad productiva de la Nación, genera conflictos sociales e impide el crecimiento económico sostenido.*

Los *impuestos al consumo* –siendo el más emblemático el Impuesto al Valor Agregado– disminuyen la demanda social de los bienes por la reducción directa de los ingresos de bolsillo de los consumidores. Esa porción de riqueza de la cual podrían disponer los consumidores para ahorrar, gastar o invertir se la lleva el Estado con fines seguramente diferentes a los que hubieran tenido los consumidores.

Los *impuestos al consumo* reducen la demanda efectiva de toda la sociedad que cuenta con menos recursos para demandar bienes de acuerdo con sus necesidades y deseos. Esto incide y distorsiona necesariamente el proceso productivo. Ingresos que podrían destinarse a movilizar la oferta y la producción son sustraídos por el Estado –ante cada acto de consumo– para fines que normalmente no reportan un incremento productivo.

Solamente con el IVA –que en Argentina alcanza uno de los porcentajes más altos del mundo– los consumidores pierden el 21% de sus ingresos en manos del Estado. En cada acto de consumo deben contribuir con el 21% a la economía pública en vez de poder utilizar esos ingresos en demandar bienes o servicios.

Los *impuestos al trabajo* –incluido el mal llamado impuesto a las ganancias– tienen el mismo carácter recesivo que los que se aplican al consumo. Esto también incide sobre el nivel de vida de la gente de trabajo y reduce la demanda general de bienes. Los impuestos al trabajo distorsionan el funcionamiento del proceso productivo y reducen la oferta laboral.

*El principal efecto que tienen los gravámenes sobre el trabajo es que reduce el volumen de ingreso que perciben realmente los trabajadores por su aporte a la producción.* Los trabajadores ven que los salarios acordados al momento de ser empleados no son los que verdaderamente perciben. Esta distorsión ha dado lugar a la categorización salarial conocida popularmente como salarios nominales y el "salario de bolsillo", que son los billetes que efectivamente ingresan en el bolsillo del trabajador.

El segundo efecto de los *impuestos a los trabajadores* es el aumento del trabajo informal. Las contribuciones que son descontadas de los salarios en blanco llegan a ser tan elevadas que empleados y empleadores prefieren acordar salarios en negro. El trabajador obtiene un mayor *sueldo de bolsillo* por no pagar los impuestos que le descuentan en el salario en blanco. Los empresarios evitan pagar las contribuciones que resultan de sus obligaciones patronales.

Los trabajadores –en especial los adultos– que se resisten a trabajar en negro por no tener acceso a una obra social o médica, tampoco aceptan que se les descuenten los *impuestos al trabajo* de sus salarios. Pretenden que las empresas se hagan cargo para que sus *sueldos de bolsillo* no sean afectados por los impuestos. Los trabajadores pretenden un *salario de bolsillo* sin descuentos. Exigen que las empresas se hagan cargo del monto de todas las contribuciones impositivas. Las contribuciones patronales y las propias. Exigencia que es rechazada de plano por las empresas, con lo cual se desatan permanentes conflictos con los ojos puestos en el gobierno para que incline la balanza a favor de uno u otro.

Desde el lado de las empresas la situación generada por el régimen impositivo argentino no es diferente al que padecen consumidores y trabajadores. *Los impuestos a la inversión, la producción y las ganancias* generan los mismos efectos negativos que padece el resto de la gente que trabaja, consume o realiza un acto de comercio.

El régimen impositivo brinda una especial atención y dedicación a la actividad empresarial, sea del campo o la ciudad. *Los impuestos a las ganancias de las empresas* –por sólo citar el más conocido– supera en algunos casos el 30%, causando un serio golpe a la inversión y el mantenimiento de la actividad empresarial. En el caso de la actividad agropecuaria, al impuesto a las ganancias hay que sumar las retenciones a las exportaciones que alcanzan al 35%.

Las empresas contribuyen con el Tesoro Nacional de manera significativa. Los impuestos que aportan las empresas es variada y muchos dependen de la actividad desarrollada. Sin embargo, la mayoría de los impuestos son comunes a todas. Los más conocidos son los impuestos de Ingresos Brutos, a la ganancia presunta, contribuciones patronales, a las transferencias bancarias, a los cheques, a las importaciones o exportaciones, el IVA, el inmobiliario, los impuestos a bienes personales y al capital.

Cuando la rentabilidad empresarial se reduce por las cargas tributarias las empresas tienen que buscar otros mecanismos de subsistencia que no tienen que ver con la producción de bienes. Las empresas tratan de evitar los efectos negativos de los impuestos con acciones contrarias a lo que debería generar un buen orden económico.

Para compensar la presión tributaria, las empresas buscan disminuir los salarios de los trabajadores para abaratar los costos de producción. Cuando les resulta difícil transitar ese camino buscan dominar el mercado para evitar la competencia. De esa manera suben los precios unilateralmente para compensar el incremento de costos generado por los impuestos.

Cuando esas acciones sobre los trabajadores o el mercado fallan, las empresas apelan a buenos contadores para que dibujen su contabilidad. Arreglan sus libros contables para disminuir o evadir impuestos sin que el Estado los detecte.

Cuando la evasión fiscal y la doble contabilidad no puede realizarse por exceso de controles públicos, las empresas ingresan en la economía informal. En ese ámbito evitan pagar impuestos. Es el lugar donde los empresarios emigran en busca de ingresos que no obtienen en el mercado formal.

Nadie está cómodo en la economía informal. Los trabajadores son conscientes que en la economía negra no pueden acceder a sistemas de salud, créditos, coberturas sociales y otros beneficios. Los empresarios, por su parte, no pueden acceder al crédito, a los sistemas bancarios ni exportar sus productos, entre otras tantas limitaciones. Estar fuera de la ley no es nada fácil para emprender y crecer empresarialmente.

Cuando las empresas ingresan en el mercado negro para producir no lo hacen por perversos o estúpidos. No tienen otra forma de realizar una actividad económica lucrativa que no sea estando fuera de la ley y ocultos a la mirada de la AFIP. El sistema económico formal no les permite generar ingresos suficientes por el distorsionado régimen impositivo argentino, que castiga a los que producen y estimula a los que especulan.

Es cierto que dentro de toda economía en negro están los que se aprovechan de las ventajas del sistema informal y lucran con el trabajo ajeno. También están los que se dedican a actividades ilícitas y eligen la ilegalidad como única forma de generar negocios. *Pero estos hechos no deben ser un velo que impida ver una realidad patente y concreta: el perverso régimen impositivo nacional que castiga a toda persona que quiera trabajar y producir. Un sistema que expulsa a cerca del 50% a la economía informal.*

Entre los trabajadores también hay quienes lucran con las ventajas que ofrece la economía en negro. Muchos aprovechan la informalidad para lograr un plus de recursos. Son los que buscan tener dos empleos para mejorar sus ingresos: uno en la economía formal y otro en la informal. En la primera obtienen los beneficios sociales y jurídicos que ofrece la formalidad. Estos empleos generalmente son los que ofrece el Estado, que no demanda mucha rigurosidad horaria ni exceso de horas de trabajo. El segundo empleo se realiza en la economía informal para obtener mayores ingresos de bolsillo. Con estos empleos logran un ingreso extra que no tienen que declarar y por lo tanto no les descuentan cargas sociales ni impuestos a las ganancias.

Quien examina detenidamente la política impositiva aplicada en nuestro país puede fácilmente observar el círculo diabólico que se ha creado a lo largo de muchas décadas. Círculo que encierra por igual a trabajadores, empresarios, consumidores o comerciantes que luchan sin descanso para crecer económicamente sin lograrlo. Los pocos que lo logran son numéricamente insignificantes en comparación con los millones que viven por debajo del estándar de calidad de vida que podrían tener.

La perversa presión impositiva aplicada sobre los factores de producción frena el pleno desarrollo de la economía nacional. Por el otro lado, ese mismo sistema de impuestos expulsa a trabajadores y empresarios a la economía informal.

*El principal efecto negativo del círculo diabólico generado por el régimen impositivo es la reducción de los ingresos de trabajadores, consumidores y empresas. El segundo es la menor demanda global de bienes, y por lo tanto una menor producción de riqueza. Esto genera una sociedad con escaso crecimiento económico y bajos niveles de bienestar. El tercer efecto son la inequidad y la injusticia social, que permite que algunos lucren con el trabajo ajeno y otros no contribuyan a sostener la economía pública. Finalmente, el régimen impositivo vigente priva al Estado de recursos genuinos para cumplir con sus objetivos institucionales y sociales.*

## EL ESTADO GARANTE DEL SISTEMA MONETARIO

Las empresas no pueden planificar correctamente sus actividades y proyectar inversiones hacia el futuro cuando el nivel general de precios dentro del orden económico fluctúa permanentemente como consecuencia de procesos inflacionarios. Lo mismo ocurre cuando las políticas monetarias alteran el valor de la moneda detrás de objetivos macroeconómicos.

Cuando el sistema monetario nacional deja de representar correctamente el valor del producto bruto nacional y es utilizado como un instrumento al servicio de los objetivos gubernamentales se corren serios riesgos. Cuando detrás de políticas públicas tendientes a aumentar la demanda social, mejorar el sistema de intercambio de bienes internacionales o lograr ventajas financieras, se interviene sobre el valor de la moneda, se abre la caja de pandora económica. La moneda deja de ser un medio de cambio confiable, estable y seguro para que la sociedad oriente adecuadamente sus actividades económicas. De esta forma se inician el caos y el desorden económico social.

Las políticas monetarias tendientes a modificar el valor de la moneda siempre son peligrosas y con efectos negativos. Efectos que nadie puede prever ni predecir científicamente. Por lo general la alteración artificial del valor de la moneda es justificada como una medida de excepción para aplicarse en cortos períodos y detrás de objetivos valiosos. Se la justifica sosteniendo que se implementa para mejorar la balanza comercial, aumentar la competitividad del país o defender el salario de los trabajadores. Sin embargo, lo cierto es que esas políticas monetarias terminan quedándose de manera permanente para finalmente desequilibrar todo el sistema monetario y en consecuencia todo el orden económico.

Cuando se altera en forma artificial el valor de la moneda, se llega a un punto en que la moneda nacional deja de cumplir el importantísimo papel que debe desempeñar en una economía moderna. *La moneda deja de ser un dato confiable para la planificación económica y para detectar la escasez. Deja de ser utilizada como unidad de cuenta y para establecer los precios de los bienes. La sociedad deja de utilizar la moneda nacional para ahorrar e invertir. Finalmente, si la degradación del valor del dinero es importante, deja de ser utilizada como medio de pago*. Esto ocurre cuando la inflación monetaria llega a los niveles que existieron en el país durante el gobierno de Raúl Alfonsín.

Las monedas alteradas artificialmente dejan de cumplir la importante función de ser una medida para establecer los precios de los bienes. La consecuencia de no poder medir correctamente lo que las cosas valen genera serias dificultades para establecer, por ejemplo, el monto de los salarios o el precio de los bienes. *De esta forma toda la sociedad y el Estado pierden la brújula para orientar sus decisiones futuras.* Sin una moneda que sirva como unidad de medida y sin precios que reflejen el verdadero valor de lo que representan los bienes es imposible planificar o proyectar, tanto para una empresa, un trabajador o el Estado.

El sistema monetario de un país debe ser confiable para las empresas y los particulares que lo utilizan para proyectar costos, para ahorrar, invertir o comerciar. Es esencial que la moneda sea estable y confiable para representar el verdadero valor de las cosas. Cuando no es estable los trabajadores y las empresas pierden la confianza en su moneda y se refugian en divisas extranjeras. Dejan de utilizarla como medio de cambio, de pago, de ahorro, de intercambio, y para proyectar sus planes. Saben que sus valores son ficticios y serán arbitrariamente modificados detrás de políticas públicas. Prefieren usar confiables monedas extranjeras, como lo hacen en Argentina desde hace décadas.

La desvalorización o alteración de la moneda por políticas públicas no debe ser permitido a ningún gobierno por muy buenas intenciones que las sustenten. Todo lo contario, el Estado debe tener instituciones sólidas que impidan la alteración del valor de la moneda por parte de cualquier gobierno. El Estado debe generar fuertes barreras jurídicas de contención y prevención hacia los gobiernos que quieran alterar el valor de la moneda detrás de políticas macroeconómicas de dudosos resultados.

*El Estado debe ser el garante de un sistema monetario estable, seguro y confiable. La economía moderna depende de la estabilidad del dinero y de la fortaleza de su sistema financiero. Es responsabilidad de todo gobierno no alterar o modificar las estructuras del sistema monetario de manera artificial detrás de objetivos coyunturales*. Esas alteraciones terminan perturbando todas las actividades económicas y no solamente las que se busca modificar. Hay que tener presente que el sistema monetario se entrecruza con todo el orden económico, con lo cual una minúscula modificación artificial repercutirá en todo el orden social.

La responsabilidad de no alterar artificialmente el sistema monetario es tan importante como garantizar la independencia del Poder Judicial. A nadie le debería parecer correcto que el gobierno intervenga en el funcionamiento y ordenamiento del Poder Judicial, aunque se argumentaran valiosos y nobles objetivos. El Poder Judicial debe ser independiente de los poderes políticos aunque forme parte del Estado y se complemente con los otros poderes. Lo mismo debe ocurrir con el sistema monetario de un país. El sistema monetario debe tener sus propias normas de regulación y ser independiente del poder político de los gobiernos. *El sistema monetario tiene un valor constituyente para la sociedad y sólo debería ser modificado cuando tiene el mismo aval parlamentario que requiere una reforma a la Constitución.*

## ALTERAR LA MONEDA ES UN DELITO

Cuando el poder político manipula la moneda afectando su credibilidad y sustentabilidad se está violando una de las premisas básicas del Estado moderno: tener una moneda soberana, fuerte y estable. *La moneda no es patrimonio de los gobiernos ni un instrumento de sus circunstanciales po-*

*líticas públicas. La moneda tiene un rango constituyente y hace al sustento de toda Nación. Debe ser respetada, cuidada y protegida de gobiernos inescrupulosos.*

*Intervenir el valor real de la moneda es meter la mano en el bolsillo a trabajadores, consumidores e inversores. Alterar su valor es violar el patrimonio más importante que la sociedad tiene en la economía moderna. Es un robo al patrimonio de la gente. Es un delito que debería ser sancionado con severas penas a los funcionarios públicos que lo cometen.*

El orden económico requiere de un sistema monetario estable. Un sistema monetario seguro y confiable que promueva el ahorro, la base del crédito y el crecimiento económico. Un orden económico requiere una moneda nacional que sea confiable para contraer obligaciones en el presente sabiendo que su valor permanecerá estable en el futuro.

Toda economía requiere que su moneda sea un instrumento idóneo para proyectar de manera eficiente sobre los costos y los ingresos. Esto permite a las empresas planificar y contraer deudas para invertir en los procesos productivos.

Al alterarse artificialmente la moneda, los primeros efectos suelen ser estimulantes para la actividad económica. Esa ilusión de expansión y crecimiento económico es lo que impulsa a los gobiernos a alterar su valor dando lugar a la inflación monetaria. Sin embargo, esa ilusión con el tiempo deja de serlo para convertirse en un calvario. El desorden económico generado por la inflación termina afectando negativamente a todo el sistema productivo y de manera especial a los trabajadores.

Es cierto que una moneda afectada por procesos inflacionarios no paraliza de manera absoluta toda la actividad económica. A pesar de la desvalorización de la moneda, la mayoría de los sectores económicos la siguen utilizando y buscan infinidad de mecanismos para protegerse de las fluctuaciones de su valor. Pero esa continuidad de la actividad económica no puede llevar a falsas premisas de que la inflación no genera perjuicios mortales a la actividad económica.

A pesar de que las empresas y los trabajadores en los procesos inflacionarios crónicos se las "pueden arreglar" para proseguir con sus actividades económicas, al poco tiempo los efectos negativos son inevitables. A la larga nadie puede "salvarse del tsunami" que significa que la moneda deje de cumplir con sus requisitos de estabilidad. La inflación mata, pero previamente hace que la gente padezca muchos sacrificios.

Cuando la moneda pierde la representación genuina del producto bruto nacional, y se vuelve inestable, insegura y poco confiable, las empresas producen de manera ineficiente, los trabajadores no pueden cuantificar su trabajo, nace la especulación y desaparece el mercado como regulador del orden económico. La economía nacional entra en caos y no hay otra manera de salir de tal desorden que estableciendo un nuevo sistema monetario.

## EL CAPRICHO SOBRE LA CERTEZA

La moneda nacional es el instrumento que las personas tienen para intercambiar sus bienes y servicios de manera fluida. Es el principal medio para realizar cálculos y proyecciones económicas. Su función es esencial para ordenar la producción, el comercio y la distribución de los ingresos.

Modificar el valor de la moneda es como cambiar arbitrariamente el "metro" como unidad de medida. Si eso ocurre se pierde la noción de la longitud que pueden tener las cosas. *Por lo tanto es deber de todo Estado mantener el valor de la moneda y no alterarlo artificialmente.*

El volumen del circulante de moneda debe acompañar la creación o incorporación de riqueza que produce una sociedad. Si se emite más dinero que los bienes producidos o importados, el valor de la moneda se altera artificialmente. Deja de representar el producto bruto que realmente se genera en el país. Se manipula el "metro" que sirve para medir la longitud de las cosas, con lo cual se altera toda la construcción del orden económico. El dinero, cuando es manipulado, genera serios daños a todo el orden social. Por esa razón la inflación ocupa el podio de los efectos negativos más dañinos que puede generar la economía pública estatal.

A pesar de que la experiencia histórica es más que elocuente para mostrar los efectos negativos que ha tenido la manipulación artificial de la moneda, su utilización por parte de los gobiernos para lograr ciertos fines es frecuente en la economía argentina.

Conociendo la importancia que el dinero tiene para el funcionamiento del orden económico, cada vez es más frecuente que los técnicos y políticos consideren que la moneda puede ser utilizada como un instrumento idóneo para generar efectos positivos o reducir los negativos en la actividad económica. *Se considera que se puede utilizar técnicamente para influir en las variantes macroeconómicas, sin generar procesos inflacionarios o recesivos de manera crónica.*

Como aprendices de brujo, desconociendo la dificultad de controlar los efectos de la manipulación del dinero, los gobiernos argentinos usan a la moneda como una varita mágica. A través de políticas monetarias buscan estimular la demanda global que empuje a la mayor producción de bienes. Buscan aumentar las exportaciones o frenar las importaciones. Consideran que el dinero es el mejor instrumento para revertir las etapas recesivas y *apalancar* el crecimiento sostenido de la economía.

La moneda –para buena parte de los políticos– se ha convertido en la herramienta fundamental para modificar las variables macroeconómicas del país. Por esta razón, los gobiernos buscan que los liberen de los controles sobre la moneda. Quieren tener las manos libres para el uso de la moneda detrás de objetivos económicos. No quieren atar el circulante monetario a la producción y la importación de divisas. *Quieren eliminar las trabas jurídicas del Banco Central o que la legislación general establece para el uso discrecional de la moneda.*

No hay duda de que las políticas públicas dirigidas a alterar el sistema monetario generan efectos. No estamos negando el poder que algunas de esas políticas monetarias pueden tener para impulsar el crecimiento o corregir desfasajes coyunturales del orden económico. *Lo que se quiere remarcar es que la experiencia muestra que esas políticas monetarias vienen acompañadas de efectos negativos no previstos que afectan a todo el orden económico.* Efectos que no estaba contemplado que se produjeran y que se expanden por todos los sectores del quehacer económico. Efectos que llegado un punto cobran vida propia y ningún gobierno puede controlar.

La estructura de un orden económico, las variantes que confluyen en la economía y los comportamientos de las personas son muy difíciles de conocer y prever por la ciencia económica. Es así porque la economía es una "*ciencia a medias*". Está sustentada en métodos científicos, pero debe analizar una realidad que justamente no puede conocerse y pronosticarse con certeza. La realidad que debe interpretar está dada por los comportamientos humanos. Conductas que no se ajustan a leyes exactas y a rutinas que permitan predecir con certeza los resultados de las políticas implementadas. Esa realidad impredecible y sus efectos inesperados son descriptos claramente por Nassim Taleb en su libro *El cisne negro*.

*Ante esa realidad imprevisible de la conducta humana, es un capricho o ignorancia obcecada creer que se cuenta con los instrumentos económicos, certeros y precisos, para alcanzar de manera positiva los objetivos buscados. Lo normal es que las políticas económicas, públicas y privadas, no logren sus objetivos tal cual fueron proyectados.* De allí que constantemente las políticas económicas deban rectificarse para lograr su cometido. Muchas no lo logran, con lo cual fracasan y ocasionan la pérdida de valiosos recursos y energías.

La opción de rectificar o modificar las políticas públicas es más difícil mientras mayor sea la realidad que se quiera abarcar. En este caso son más las variantes que esas políticas deben prever. Esto genera efectos inesperados. Esto sucede con las políticas de manipulación de la moneda detrás de objetivos macroeconómicos. Sus efectos colaterales son tantos y tan imprevisibles que técnicamente no hay posibilidad de prever ni controlar los efectos de esa manipulación artificial.

El sistema monetario es algo muy sensible e importante para el orden económico como para ser utilizado discrecionalmente por los gobiernos, alterando el valor del dinero. Es necesario –mal que les pese a los gobiernos– que exista un férreo control sobre quienes ejecutan las políticas monetarias.

El sistema monetario debe ser controlado autárquicamente por órganos que no dependan de los que necesitan utilizar los recursos monetarios para sus fines gubernamentales. Tampoco debe ser objeto de experiencias técnicas, que detrás de certezas inexistentes, proponen usar la moneda como herramienta para generar el desarrollo social. *Aunque el sistema monetario puede estimular y desestimular la economía, jamás podrá ocupar el lugar que ocupan los factores reales de la producción. Sobre esos factores de la economía hay que poner la mirada si se piensa en políticas de crecimiento y expansión económica.*

## MONEDA Y TIPO DE CAMBIO

Dentro del sistema monetario incluyo de manera especial la relación de las monedas extranjeras con respecto a la moneda nacional. En un mundo altamente globalizado y con importante intercambio de bienes y servicios el manejo arbitrario del valor nominal de la moneda para buscar ventajas comparativas con otras monedas es peligroso para las economías pública y privada.

Detrás de ciertas ventajas que puede tener una moneda devaluada o sobrevaluada para incentivar la exportación, se suele terminar en numerosas quiebras empresariales, especulaciones financieras, depósitos de corto plazo, default estatal, corrupción pública y privada y corrientes migratorias que van y vienen detrás de la variabilidad de ingresos que generan las fluctuaciones del valor monetario.

La política monetaria en Argentina con respecto a las otras monedas, detrás de fines nobles de intercambio o para favorecer a ciertos sectores de la industria o del campo, siempre ha terminado con un distorsión del aparato productivo con efectos negativos. Efectos que han dejado en peores condiciones a esos sectores del campo o la industria protegido. Terminan peor de lo que estaban al aplicarse las políticas monetarias para regular el tipo de cambio.

Lo expresado no debe entenderse como que las políticas de tipo de cambio, ante determinadas situaciones y detrás de ciertos objetivos específicos, no pueden ser útiles para la economía pública y privada. Lo que se quiere resaltar es que no existe certeza ni seguridad de que determinada política monetaria arroje resultados positivos. *Cuando se aplica cierta política de cambio con respecto a la moneda, es necesario actuar con mucha cautela porque se está actuando sobre la epidermis de todo el orden económico. Al igual que su aparato circulatorio, afecta a todo el cuerpo social y se expande a todos los sectores que hacen al orden económico.*

La historia reciente de Argentina nos muestra cómo determinada manipulación del tipo de cambio dirigida por el Estado influyó en la creación y destrucción de cientos de empresas. Mientras se beneficiaba a ciertas ramas industriales o del campo con determinadas políticas cambiarias, se hundía a otras sin proponérselo. Cuando esas políticas de manipulación artificial del cambio se modificaban tiempo después, aquellas empresas que habían sido beneficiadas eran afectadas hasta llevarlas a la quiebra.

Los gobiernos argentinos –consecuencia del pensamiento dominante– tienden a fijar políticas cambiarias artificiales con el propósito de defender, proteger y estimular la industria nacional. Detrás de esas políticas cambiarias, cientos de empresarios comienzan actividades e invierten para desarrollar empresas competitivas con respecto al mercado internacional. Con el paso del tiempo llega la catástrofe. Los gobiernos, ante la imposibilidad de sostener la ficción cambiaria, terminan ajustando el valor de su moneda de acuerdo con la realidad. Detrás de ese movimiento cambiario dejan un tendal de quiebras empresariales y trabajadores sin empleos.

*El efecto negativo sobre las empresas que se crearon y fueron protegidas por el tipo de cambio artificial es contundente. Cuando el valor de la moneda se ajusta a la realidad, esas empresas son arrasadas por la competencia exterior porque su existencia y competitividad fueron ficticias como lo era el valor cambiario de la moneda.*

Durante la vigencia de un tipo de cambio artificial que las beneficia, las empresas sobreviven e inclusive crecen rentablemente. Pero abiertas las fronteras como consecuencia del "sinceramiento cambiario" los consumidores naturalmente optan por bienes mejores y más baratos provenientes del exterior. En ese momento las empresas, como castillos de naipes, comienzan a derrumbarse ante la competencia internacional. Aquellas que fueron empresas "exitosas" cierran sus puerta mientras que cientos de trabajadores se quedan sin empleo. Los acreedores se quedan sin cobrar, los sueños empresariales terminan destruidos y la sociedad apuntala su falta de confianza con respecto a nuestra moneda y se *refugia* en el dólar.

Las políticas cambiarias son un instrumento de la economía pública y como tal es normal su utilización para afrontar problemas coyunturales o estimular ciertas bonanzas internas. Como todo instrumento no tiene otro efecto que "apalancar" una actividad para aprovechar una oportunidad o desalentar aquellas que pueden perjudicar el orden económico. *Sin embargo, como todo instrumento de política pública, no deja de ser un medio con relativa idoneidad y poca previsibilidad en cuanto a sus resultados.*

## EL SISTEMA FINANCIERO NO PUEDE SER MANIPULADO

En la actualidad, el orden financiero como regulador del crédito, las inversiones, los ahorros, las cuentas corrientes o las inversiones bursátiles son tan relevantes para el orden económico como lo son los procesos productivos de bienes y servicios. De hecho, el proceso productivo de un país depende en buena medida del funcionamiento efectivo del sistema financiero.

Es tan grande la influencia del área financiera, bancaria o bursátil en el desarrollo o el estancamiento de una economía nacional, que ha dejado de ser el espacio donde los particulares eran sus principales protagonistas. El sistema financiero en la actualidad se ha expandido más allá de los bancos o entidades financieras. Los gobiernos saben de la importancia del sistema financiero en el desarrollo económico de un país y quieren sacar provecho de éste, aunque no siempre con el éxito esperado.

*Los gobiernos, a través de los organismos nacionales e internacionales, cada vez tienen mayor influencia en el sistema financiero. En las economías modernas, el sistema financiero y bancario se ha convertido en la principal herramienta de los gobiernos para intervenir en el proceso económico detrás de los más variados objetivos macroeconómicos.*

Esa intervención gubernamental en el sistema financiero, limitando y regulando la actividad de los privados y expandiendo las acciones de la economía pública, tiene muchas veces efectos positivos. Sirve para contrarrestar tendencias negativas generadas en el mercado o crisis generalizadas por influencia de grupos de poder. Sin embargo, esa creciente intervención del Estado en el sistema financiero en busca de efectos positivos en la economía a veces no tiene los resultados deseados. La crisis en la eurozona iniciada en el año 2010 lo pone de manifiesto en toda su crudeza.

*El sistema financiero y el bancario pueden estimular o desestimular la actividad económica de una sociedad, pero en definitiva la eficiente producción de los factores de producción dados por el trabajo, el capital y los recursos naturales serán determinantes para la mayor generación de riqueza.*

No puede haber dudas de que en última instancia serán las relaciones del trabajo, la inversión y la utilización eficiente de los recursos naturales las que determinarán la estructura funcional del orden económico. Sobre esa estructura de producción debe crecer y actuar un sistema monetario y financiero. Un sistema financiero que apuntale la producción. Un sistema que acelere y estimule los factores de producción y, sobre todo, que los haga más eficientes.

*El sistema financiero puede ayudar de manera extraordinaria para que la producción crezca y se expanda de manera extraordinaria. Sin embargo, un deficiente sistema financiero puede ser la causa de que se entorpezca el crecimiento económico de una sociedad o de que se produzca una crisis terminal del orden económico. La experiencia de muchos países de Occidente lo ponen de manifiesto.*

Querer reemplazar o alterar las condiciones objetivas que se necesitan para la producción de bienes y servicios a través de políticas financieras impulsadas por los gobiernos no suele generar efectos positivos. El sistema financiero de una sociedad y de la economía mundial es un arma muy poderosa para que se juegue con ella sin riesgo de que dispare municiones mortíferas para la actividad productiva.

Cuando el sistema financiero pierde su rumbo y su objetivo, dejando de ser una herramienta de crédito e inversión social para potenciar el aparato productivo, se convierte exclusivamente en un sistema de especulación. Se desvincula de la producción y la inversión a largo plazo. Es allí donde el Estado debe intervenir para corregir los desequilibrios, no para manipularlo sino para encauzarlo como un instrumento de crecimiento para la economía privada y pública.

Cuando el sistema financiero deja de ser confiable, expulsa a los ahorristas genuinos y los inversores responsables. Los primeros atesoran su dinero en dólares o compran propiedades. Los segundos emigran sus capitales al exterior en busca de estabilidad, seguridad y credibilidad. Esa actitud de la sociedad en general y de los inversores en particular no debe ser cuestionada ni atacada como normalmente hacen los gobiernos cuando el sistema entra en crisis. Es natural que la gente quiera proteger los ahorros de toda la vida y desconfíe de los gobernantes que causan sus problemas.

La historia reciente muestra cómo los sistemas financieros y bancarios deficientes diluyen de un día para otro los patrimonios de cientos de ahorristas e inversores. Políticas públicas erróneas y mercados controlados por grandes financistas han llevado a países enteros al *default* y han diluido los recursos de millones de personas que vieron cómo perdían sus ahorros sin compensación alguna. ¿Cómo se puede acusar a los argentinos de buscar seguridad por cuenta propia ante los primeros temblores del sistema financiero que les pueden licuar sus ahorros? La experiencia del año 2001 no se olvidará jamás.

El sistema financiero no puede manipularse antojadizamente por los gobiernos. Tampoco puede estar sometido al control de grupos dominantes del sector privado. El sector financiero, por su gravitación en la economía moderna, debe estar controlado permanentemente para evitar desequilibrios especulativos. Como todo mercado, para que funcione correctamente, debe estar protegido de aquellos que lo quieren usar en su beneficio y en contra de los intereses de la mayoría.

Ese rol de protección y transparencia del mercado financiero lo debe cumplir el Estado. No para distorsionarlo y manipularlo detrás de sus objetivos políticos, sino para abrirlo para que toda la sociedad pueda participar en igualdad de condiciones. El Estado debe lograr que el sistema financiero sea una herramienta idónea para potenciar el crecimiento y el desarrollo económico de la actividad de las empresas y los trabajadores.

## LA INFLACIÓN MONETARIA DESTRUYE EL ORDEN ECONÓMICO

La inflación es consecuencia directa de políticas monetarias tendientes a generar una mayor oferta de dinero con respecto a la producción de riqueza de un país. Sobreviene cuando se aumenta la circulación directa o indirecta de la moneda con respecto a los bienes producidos.

Al introducir mayor cantidad de moneda en el orden económico sin que se haya producido una proporción igual de riqueza, el dinero pierde su capacidad de compra. Con el mismo dinero se puede acceder a menos cantidad de bienes. La moneda pierde parte de su valor como consecuencia del aumento del circulante sin respaldo productivo. Esta pérdida de valor de la moneda se convierte en una *devaluación crónica* cuando el aumento de circulante es superior a la producción de bienes de manera constante. Esto es la inflación.

*La inflación es el peor flagelo que puede padecer un sistema monetario y financiero. La inflación acaba con la moneda como instrumento ordenador de los planes individuales de la economía privada. Termina con el ahorro y la inversión productiva. Impide que el Estado pueda ejecutar sus presupuestos y licua los ingresos de la recaudación impositiva.* La inflación impide el cálculo certero y la proyección precisa por parte de las empresas y el Estado. La inflación licua los ingresos fijos de los trabajadores, por lo que es llamada el *impuesto de los pobres*.

No existe inflación buena, aunque los primeros efectos de la oferta monetaria sean estimulantes para la producción y el consumo. *No hay peor mentira que sostener que un poco de inflación es bueno para el desarrollo y el crecimiento económico. La inflación a la larga destruye el orden económico y la posibilidad de crecer. Una vez que se ha desatado la inflación, difícilmente pueda contenerse sin el sacrificio de toda la sociedad.*

La inflación es el caldo de cultivo de las desigualdades y los privilegios. Es el ámbito para que unos pocos se beneficien y la mayoría de la sociedad reduzca sus ingresos. Es la pérdida de la brújula en medio de alta mar, que da como resultado que el barco naufrague con todos sus tripulantes.

Cuando la inflación es crónica, constante y persistente, las empresas y los particulares comienzan a producir a tientas en medio de la oscuridad económica. Los agentes de la economía no tienen datos ciertos y confiables. Ante la falta de registros y precios estables en el mercado, las empresas tratan de disminuir los riesgos de la incertidumbre inflacionaria con prácticas que expanden la inflación. Actúan de manera preventiva ante futuros aumentos, con lo cual incrementan los precios por encima de la inflación, acelerando el proceso inflacionario.

Con inflación nadie tiene datos certeros sobre cuáles son los bienes escasos y cuáles los que abundan para poder proyectar una actividad económica. Las necesidades de la demanda y la oferta comienzan a ser desconocidas. Ninguna empresa puede saber los costos reales proyectados hacia el futuro ni los ingresos que se habrán de obtener por sus bienes. En los procesos inflacionarios la mayoría de las empresas quiebran porque no pueden cumplir con sus proyecciones ni prever los ingresos que obtendrá en el futuro. La producción y el consumo dejan de ser absolutamente previsibles.

*Con la inflación desaparece la función que deben cumplir los precios en el mercado. Los precios dejan de ser datos ciertos o referentes que señalan dónde existe escasez y dónde abundancia para que la sociedad organice y panifique su actividad económica.*

Los precios son la brújula fundamental de la economía porque orientan a los trabajadores en busca de mejores salarios y a los empresarios para dedicarse a actividades más rentables. Sin un sistema de precios que funcione correctamente es imposible lograr la eficacia de la economía.

El Estado no está exento de los problemas que genera la inflación y que padecen los agentes de la economía privada. El Estado también padece la inflación que ha generado.

Al igual que en la actividad privada, los procesos inflacionarios desorganizan las proyecciones del Estado y aumentan los errores de cálculo. Los presupuestos y los ingresos proyectados son puros dibujos que no pueden cumplirse ni se adaptan a la realidad. Los ingresos reales terminan yendo detrás del gasto, a pesar de que los gobiernos informen que la recaudación crece año a año. Lo único que crece es el déficit fiscal, la desorganización de la economía pública y la mala asignación de los recursos.

Las políticas demagógicas o el olvido de las experiencias del pasado aumentan los efectos negativos de la inflación. Esto ocurre cuando se establecen *precios máximos o administrados* para que los bienes no suban al ritmo inflacionario. La instalación de los precios máximos en procesos inflacionarios desordena aún más los procesos económicos de producción. Los bienes desaparecen del mercado formal porque tienen precios congelados que impiden recuperar los costos del empresario. Nace así el mercado negro, donde los bienes no tienen precios administrados o congelados. En el mercado negro se paga el verdadero precio de los bienes que no es el que los gobiernos dicen que debe prevalecer.

Con los precios administrados, la corrupción pública y la privada se expanden como reguero de pólvora. Como resultado de la existencia de permisos especiales para poder aumentar los precios de algunos productos y para evitar las sanciones gubernamentales por no cumplir con los precios máximos, la corrupción se expande.

La inflación es un virus destructivo. Una vez que se instaló en un orden económico es muy difícil erradicarla sin consecuencias de sacrificio y escasez para toda la sociedad. La inflación desordena todo orden económico y social. La inflación afecta el sistema circulatorio y la epidermis de la sociedad; es decir, afecta directamente el sistema monetario y el financiero. Destruye el orden económico productivo, el comercio, la inversión y la capacidad de consumo. Es caldo de cultivo para la corrupción y la ineficiencia productiva. Es el ámbito de los especuladores del trabajo ajeno.

La inflación acaba con el ahorro, los compromisos jurídicos a plazo y la planificación social. La inflación crónica genera su hijo dilecto: *la indexación*. A partir de este *mecanismo de protección* la inflación se expande como el fuego con gasolina. La indexación hace que las deudas y los compromisos contractuales nunca terminen de cancelarse sino que se incrementan. Los deudores nunca dejan de serlo y el monto de sus deudas crece aunque paguen sin cesar a sus acreedores.

## CRÉDITOS PARA CRECER

Endeudarse es bueno para la economía pública, en la medida que los créditos se utilicen para multiplicar la capacidad productiva. Si los créditos se canalizan a la actividad productiva son muy valiosos para generar mayor cantidad de riqueza. Al aumentar la cantidad de bienes y la capacidad de producción social no habrá inconvenientes en devolver las deudas y contraer nuevos créditos.

Sin embargo, en nuestro país el endeudamiento del Estado tiene muy mala imagen. Esa reacción negativa tiene varias razones. En parte es consecuencia de las negativas experiencias ocurridas en el pasado. Nuestra historia muestra que el Estado, a través de diferentes gobiernos, ha sido proclive a contraer créditos que finalmente no ha podido devolver, en tiempo y forma, generando perjuicios a la sociedad y el Estado. La mayoría de las veces los gobiernos solicitaron créditos internos y externos para utilizarlos en objetivos no productivos. Consecuentemente no generaron ingresos para afrontar los compromisos de devolución.

La deuda pública –como resultado de créditos mal direccionados o utilizados para pagar el despilfarro estatal– repercutió de manera negativa en la sociedad. Fue la gente la que tuvo que hacerse cargo de la deuda estatal con su trabajo. Vía impositiva o licuando los ahorros, los argentinos debieron asumir el compromiso de pago de los créditos contraídos por gobiernos irresponsables y empresarios abusivos en diferentes épocas de nuestra historia. La más reciente nos remite a la primera década de 2000.

No hay duda de que contraer deudas sin tener previsto cómo se habrá de devolver o sin tener un plan para generar un excedente de recursos para reintegrar el préstamo es muy peligroso. Igual de peligroso que endeudarse para cubrir necesidades de consumo y políticas de subsidio no destinadas a procesos productivos.

Cuando no se prevé cómo multiplicar el monto de los créditos contraídos, la deuda pública se convierte en un agobio para los gobiernos y para la gente que debe pagarla con su trabajo. El *prestamista,* llegado este caso, se convierte en el principal enemigo. El acreedor individual agrupado en fondos de inversión o los organismos internacionales que aportaron un crédito al Estado pasan de *inversor amigo* a ser un *detestable usurero buitre.*

Proponer "calificativos y descalificaciones" a las instituciones económicas no es bueno para organizar adecuadamente la economía. Dejar que las pasiones gobiernen en vez de la razón tampoco es bueno. El crédito es una de las mejores instituciones económicas que el hombre ha generado para acelerar su desarrollo y su crecimiento. *En todo caso, no es la institución la que debe ser cuestionada sino los gobiernos que contraen créditos de manera irresponsable y los dilapidan de igual forma.*

Nadie obliga a que un gobierno se endeude. Esto es una mitología sin sustento en la realidad contemporánea. *El endeudamiento en los tiempos actuales es una decisión exclusiva y responsable de los gobiernos*. El problema para las sociedades es que los gobiernos actúan en nombre del Estado. El Estado es el verdadero garante de las deudas contraídas. Los gobiernos pasan, pero las deudas quedan en la cabeza de los Estados.

Los Estados, para poder participar del comercio mundial, acceder a nuevos créditos y formar parte de la comunidad de las naciones, deben cumplir con sus compromisos políticos y económicos. No cumplir con las deudas contraídas por el Estado implica salirse del concierto de convivencia mundial. Los Estados que no honran civilizadamente sus compromisos –y sus deudas económicas– son excluidos de la sociedad de las naciones.

Por lo tanto, una institución como el crédito –tan importante para el crecimiento y el desarrollo de un país– no puede ser un castigo para las sociedades por malas decisiones gubernamentales. Los gobiernos no pueden actuar sin control e irresponsablemente al solicitar créditos. Mucho menos despilfarrarlos al momento de ejecutarlos.

*Tomar un crédito es positivo cuando se invierte en la producción de riqueza o bienes. Los créditos aceleran los procesos productivos porque facilitan al deudor la posibilidad de acceder a un capital para multiplicar su producción. Le permite al deudor acceder a bienes que de otra manera le hubiera costado mucho tiempo obtener. El crédito es una herramienta para el progreso y el crecimiento de un pueblo.*

*Es negativo para una sociedad cuando los gobiernos lo utilizan para cubrir el déficit fiscal producto del despilfarro y la mala administración de la economía pública.*

Los Estados que toman créditos para cubrir políticas de subsidio o destinadas a la distribución gratuita de bienes cometen una seria irresponsabilidad. Lo utilizan sabiendo que esos préstamos no podrán ser devueltos porque no han generado riqueza. Al no utilizar los créditos de manera idónea, no colaboran con el crecimiento del orden económico privado. Si la economía privada no crece, el Estado tampoco podrá recaudar mayores ingresos para afrontar su deuda.

El default y el mal empleo de los préstamos no es culpa del que presta sino del que dilapida o utiliza de manera ineficiente los recursos obtenidos por un crédito. Es cierto que también quien otorga el crédito debe asumir la responsabilidad de conocer las condiciones que tiene un Estado para devolver el préstamo y dónde se aplicarán los recursos. Esta responsabilidad no es un tema menor. Sin embargo en esta sección hemos querido concentrarnos en las obligaciones del Estado y los efectos negativos que produce su mal desempeño.

## EL CRÉDITO DEBE GENERAR MÁS RIQUEZA

*El deudor no está obligado a tomar los préstamos. Mucho más si las condiciones y los intereses superan las utilidades que prevé que obtendrá por su trabajo o empresa. Si acepta es porque le conviene tomar ese préstamo para los objetivos que persigue y porque tiene la certeza de que podrá devolverlo.*

Ojalá que existan millones de instituciones dispuestas a ofrecer créditos para empresarios, trabajadores y gobiernos. Esto impulsaría notablemente la economía privada y la pública. Pero atención, los préstamos deben ser invertidos en actividades rentables que garanticen aumento de riqueza para poder devolver los préstamos. Si los créditos no se invierten en actividades productivas, las deudas serán la antesala de la quiebra de las empresas o el default de las naciones.

Cuando los gobiernos se endeudan para satisfacer necesidades sociales no generadoras de riqueza o para obras públicas que no estimulan las actividades productivas, están actuando de manera equivocada. Se está actuando sin prever de dónde saldrán los recursos para devolver los créditos.

Es cierto que muchos gobernantes malgastan los créditos obtenidos, pensando que la *fiesta* la pagarán los gobiernos que los sucedan. No saben que las malas políticas públicas las paga siempre la gente con su trabajo y su inversión.

Cuando los gobiernos no invierten productivamente los créditos, la economía privada debe desembolsar más ingresos para pagar esos desaciertos. Las empresas y los trabajadores verán reducidos sus ingresos y la producción nacional se verá igualmente mermada.

*Las "deudas económicas" deben ser devueltas con "recursos económicos". Por lo tanto, los préstamos solicitados por el Estado deben tener incidencia en lo económico. Los créditos deben ser invertidos en actividades productivas, ya que es la única manera de poder devolverlos en el futuro. Es la única forma de poder acceder a nuevos créditos con menores tasas de interés para acelerar el desarrollo social.*

Cuando los préstamos se gastan en objetivos sociales, deportivos o de entretenimiento, por más que se llamen "inversiones sociales", son un gasto sin retorno económico. Los créditos no podrán ser devueltos porque no generan riqueza adicional.

El Estado debe endeudarse para crecer más rápidamente, pero al hacerlo debe concentrarse en los resultados económicos que habrá de generar la inversión del crédito. Un error o una deficiente aplicación de esos recursos crediticios perjudicará a las nuevas generaciones que no tendrán la capacidad de devolver el gasto ineficiente que realizaron los gobiernos anteriores.

# producción y distribución

# DE LA RIQUEZA

# 9

## NECESIDADES Y CARENCIAS

Todas las personas que quieran satisfacer sus necesidades y las de otros requieren de bienes y servicios. Estos pueden ser desde los bienes básicos que se necesitan para alimentarse o cubrirse de las inclemencias del tiempo hasta los bienes más sofisticados, como los teléfonos celulares. Son justamente esas necesidades el gran movilizador de la actividad económica.

Los bienes que la gente necesita para satisfacer sus necesidades se han incrementado a lo largo de la historia y seguramente habrán de multiplicarse en el futuro por el crecimiento exponencial de las comunicaciones y la globalización. La razón de que aparezcan nuevas necesidades y se diversifiquen sin cesar tiene su fundamento en la propia condición humana.

El hombre se diferencia en muchos aspectos de los otros seres vivos del planeta. Una de esas diferenciaciones radica en que es un ser *insatisfecho y nunca está definitivamente saciado*. Siempre está buscando nuevos objetivos para satisfacer sus renovados deseos de ser feliz. En un momento se pensó que cuando tuviera vestimenta para cubrirse, un plato de comida para alimentarse y una casa para cobijarse, sus carencias estarían básicamente satisfechas. Pero la realidad mostró rápidamente lo contrario. Sus sensaciones de carencia superan largamente las necesidades estrictamente naturales.

El hombre no logra satisfacer sus necesidades de alimento con una porción de comida, como ocurre en la mayoría de los seres vivos. Por su búsqueda constante de nuevas sensaciones no queda satisfecho con un plato de comida. Normalmente se aburre y quiere conocer otros alimentos que lo satisfagan totalmente. Eso lo moviliza a buscar nuevos sabores y otros ingredientes a los que habitualmente ingiere para saciar su hambre. Todos los días busca renovadas propuestas para satisfacer *algo más* que su apetito natural.

Esos deseos insatisfechos lo pueden impulsar, como a Marco Polo o a Cristóbal Colón, a recorrer miles de kilómetros en busca de nuevos ingredientes y especias. En nuestra época, el hombre urbano repite las mismas conductas. Cambia de restaurantes todas las semanas en busca de nuevos sabores y sensaciones.

En ese largo recorrido que la humanidad ha realizado desde Marco Polo hasta los actuales residentes urbanos, el hombre nunca quedó satisfecho con un pedazo de pan y un buen guiso de lentejas. Nunca se detuvo en la búsqueda incesante de nuevos sabores y placeres gustativos.

El mono de hoy sigue comiendo las mismas bananas para saciar su hambre como lo hicieron sus ancestros. El hombre, por el contrario, no se detiene en su búsqueda y creación de nuevas propuestas gastronómicas a través de cada generación.

*Pero las necesidades humanas no se limitan a las estrictamente materiales y básicas como la alimentación o el abrigo. Las necesidades humanas no están dadas exclusivamente por su condición natural que lo obliga a comer y cubrirse del frío. Las personas tienen mente, alma y espíritu. El hombre –a diferencia de cualquier ser vivo sobre el planeta– tiene la capacidad de crear sus propias necesidades a partir de su psiquis y su condición espiritual. Las personas tienen necesidades que van mucho más allá de las necesidades básicas que tienen otras especies de nuestro planeta.*

Esos dones maravillosos dados por la mente y el espíritu, que porta toda persona desde su creación, le permiten proyectar nuevos objetivos que posiblemente sus antepasados no tenían. Esos objetivos implican la aparición de nuevas necesidades antes inexistentes que lo obligan a crear nuevos satisfactores que no vienen dados naturalmente.

La mente humana es maravillosa. Es el gran motor del progreso. A través de la mente es posible crear, pensar, amar, sufrir y soñar con objetivos que no tienen más límite que la capacidad imaginativa. Eso le genera nuevas necesidades por doquier y lo obliga a crear sastisfactores para saciarlas. Quiere volar a pesar de que es naturalmente un ser terrestre y para eso inventa el avión. Quiere comunicarse a la distancia y crea desde las señales de humo hasta los satélites. Quiere divertirse y genera sus propios juegos.

El hombre también es portador de un espíritu que le genera necesidades de otro tipo, como la religión, el arte y la estética, para citar sólo algunos. Esta condición espiritual es un motor que estimula y potencia nuevas necesidades que requieren ser satisfechas para sentir paz interior, renovar la fe, reír o llorar.

La condición humana de generar constantemente nuevas necesidades trae consigo la exigencia de contar con bienes o cosas para satisfacerlas. A simple vista podemos observar que esos bienes no vienen dados naturalmente. Hace falta crearlos. Puede ser que algunos bienes sean brindados espontáneamente por la naturaleza, como el aire, la tierra, el agua y los frutos silvestres. Sin embargo, la mayoría de los bienes que el hombre necesita han sido creados con su propio ingenio y no cuelgan de ningún árbol como un fruto silvestre.

El hombre, desde el comienzo de su propia existencia, requirió de otros bienes que no venían dados naturalmente en el mundo circundante. Necesitó bienes que no estaban dados en su hábitat de manera natural, como el aire o el agua. El hombre tuvo necesidades materiales o espirituales que le exigieron emprender una *acción* para lograr satisfacerlas. Esa *acción* desde el punto de vista económico se denomina *proceso de producción* y tiene como finalidad generar un bien o riqueza.

La palabra riqueza tiene muchas acepciones en la vida cotidiana. Se puede decir que un hombre es rico en amores o en salud cuando tiene muchos afectos o está en perfecta condición física. Que un país es rico porque tiene yacimientos de gas bajo su superficie terrestre y pobre porque tiene desiertos infértiles. Sin embargo, para la ciencia económica la riqueza es otra cosa diferente. *La riqueza es definida como los bienes que el hombre ha creado a través de un proceso de producción en los que participa con su trabajo aplicado a los recursos naturales.*

La riqueza económica está constituida por los bienes que el hombre tuvo que crear con su esfuerzo físico o intelectual actuando sobre los recursos existentes en nuestro planeta. *La "riqueza económica" de una persona o un país no está constituida por las cosas dadas gratuitamente por la naturaleza, como el agua, el aire o la tierra. Es cierto que para generar riqueza el hombre necesita afanosamente de esos recursos naturales. Sin embargo, la "riqueza económica" requiere que el hombre actúe sobre esos recursos con su trabajo para generar un bien que no existía.*

## El TRABAJO Y LA MATRIZ PRODUCTIVA

Para comprender acabadamente cómo está constituida la *matriz de un proceso económico de producción*, es decir, la actividad y los recursos imprescindibles para generar bienes, es necesario simplificar algunos conceptos de la ciencia económica. Esto despeja muchas dudas que a veces los complejos procesos de producción no permiten visualizar con claridad.

La *matriz básica del proceso productivo* se presenta en todas las actividades económicas emprendidas individual o empresarialmente. También está presente en la economía pública a cargo del Estado. A partir de la matriz se puede desarrollar desde un simple hasta un sofisticado y complejo proceso de producción.

*Toda actividad económica parte de la existencia de los recursos dados por la naturaleza y sobre los que el hombre no tuvo participación alguna en su existencia. Son recursos que existen desde antes que las personas aparecieran sobre la faz del planeta. Recursos que se encuentran debajo de la superficie terrestre o por encima de ella. Sin esos recursos no sería posible la existencia de nuestra especie ni de ninguna otra como las conocemos en la actualidad.*

Los recursos naturales se transforman en "*riqueza*" cuando el hombre interviene con su trabajo generando bienes antes inexistentes. A través de un proceso de producción, sea simple o complejo, los recursos de la naturaleza son transformados, cambiados o procesados para convertirse en bienes económicos. Bienes que sólo pueden concebirse a partir de la acción humana.

Para obtener algún tipo de riqueza el hombre necesita aplicar su trabajo, físico o intelectual, sobre los recursos que brinda la naturaleza. Sólo con su participación laboriosa podrá transformar o cambiar los recursos naturales a un estado diferente del que naturalmente tenían.

El agua es un recurso natural cuando fluye por los ríos y es riqueza cuando se embotella para saciar la sed. Un mineral incrustado en las entrañas de la tierra es un recurso natural que se transforma en riqueza cuando se convierte en acero para la carrocería de un automóvil. Un roble se transforma en riqueza cuando sirve para construir una mesa para el comedor de nuestra casa.

Esta matriz básica del proceso productivo para generar riqueza comenzó cuando nuestros antepasados aplicaron rudimentariamente su esfuerzo físico sobre los recursos de su hábitat. Esto ocurrió hace millones de años cuando transformó una piedra en un hacha o sembró semillas donde ciertos frutos naturalmente no se daban.

Ese proceso ancestral de transformación y cambio de la naturaleza sigue exactamente igual hasta el día de hoy. Posiblemente los chips de los celulares parecen no tener nada que ver con el hacha de piedra del *homo sapiens*, pero básicamente son resultados de misma *matriz productiva*. En el caso del chip, el esfuerzo intelectual que demanda su construcción tecnológica es diametralmente mayor al utilizado en la construcción del hacha. Pero en ambos casos se da la misma matriz económica: la combinación de trabajo y de recursos naturales.

Para la ciencia económica, la actividad humana aplicada a los recursos de la naturaleza para generar riqueza se denomina "trabajo". No tiene importancia que ese trabajo sea realizado por obreros, empleados administrativos, intelectuales, funcionarios públicos o cuentapropistas. El trabajo no es patrimonio de los trabajadores de cuello azul o de obreros. El trabajo es la actividad que deben realizar *todas* las personas que emprendan una actividad económica destinada a generar riqueza. Poco importa que sea un esfuerzo físico, intelectual, en equipo o realizado de manera individual.

*Es importante aclarar, llegado este punto, que tampoco puede ser considerado como "trabajo" cualquier esfuerzo físico o intelectual que realicen las personas. Para la economía, sólo se considera trabajo la actividad humana destinada a generar riqueza. Es decir, que intente transformar los recursos naturales en bienes.* Por más intenso que resulte el esfuerzo humano que no esté destinado a generar riqueza, puede ser considerado trabajo para la economía.

El tremendo esfuerzo y desgaste que exige cavar un hoyo de 5 metros de profundidad, un día de sol intenso, y luego volverlo a tapar no es trabajo desde la perspectiva económica. Aunque quienes presenciaron ese esfuerzo sostengan que la persona "trabajó sin descanso bajo el rayo del sol", desde el punto de vista económico no es trabajo. Poco importa que esa actividad se haya realizado para fortalecer los músculos, sacarse el estrés o cumplir con las abusivas órdenes de un militar. Esas actividades no pueden ser definidas como trabajo en la medida que no se destinaron a generar bienes económicos y de hecho no lo hicieron.

Lo mismo podría decirse del esfuerzo intelectual que puede demandar a una persona descifrar un juego que lo entretiene durante horas. Se puede afirmar en este caso que la persona "trabajó sin descanso" hasta que pudo descifrar el juego, pero lo que no puede sostenerse es que esa actividad generó algún tipo de riqueza económica.

Distinto es el caso del trabajo económico que no genera riqueza por diversos factores vinculados con errores de cálculo o ineficiente combinación de los factores productivos. *En esos casos estamos ante la presencia de trabajos económicos, pero con la característica de que fueron "trabajos improductivos". Son esfuerzos intelectuales o físicos puestos al servi-*

*cio de la producción de un bien, pero que por errores de producción o falta de idoneidad no generaron ningún tipo de riqueza.*

Los trabajos improductivos teóricamente no deberían obtener ningún tipo de recompensa o ingreso porque no generaron riqueza para distribuir. *Sin embargo, en la economía moderna hasta los trabajos improductivos son beneficiados con una recompensa por su participación en un proceso económico. La complejidad de los sistemas de producción, la división del trabajo, los derechos laborales logrados por los sindicatos, el sistema de adelanto de salarios y el papel del dinero, entre otras razones, permiten en la actualidad que todo trabajador que forme parte de un proceso económico obtenga una recompensa o salario más allá de los resultados*.

La falta de recompensa al trabajo improductivo sólo se presenta en las personas que trabajan por cuenta propia. En estos casos "el trabajo improductivo no paga". Cuando un trabajador tiene que generar de manera directa sus propios ingresos desarrollando una actividad económica, la incapacidad para obtener un resultado o riqueza hace que su trabajo finalmente no tenga recompensa alguna. Si no generó bienes, no hay nada que distribuir.

La situación del trabajador por cuenta propia no es la misma que la de los trabajadores en relación de dependencia. Es muy difícil que los trabajadores dependientes no perciban una recompensa de quienes los contrata. Lógicamente que esta situación no puede extenderse en el tiempo. Si la empresa no genera riqueza de manera permanente, deberá indefectiblemente cancelar sus actividades. Si se resiste, terminará quebrada. *Toda actividad económica necesita generar riqueza para distribuirla entre quienes participan en el proceso de producción. En otras palabras, el trabajo improductivo no puede sostenerse en el tiempo, salvo que lo subsidie la economía pública o un filántropo privado.*

## EL CAPITAL Y LA PRODUCCIÓN DE RIQUEZA

Los factores determinantes de la matriz de todo proceso económico son el trabajo y los recursos de la naturaleza. Desde hace miles de años hasta la actualidad la participación de esos *factores* se ha mantenido inalterable. Esto permite ensayar una primera fórmula de cómo está constituida la matriz de un proceso productivo: $R= T+N$. O sea, la Riqueza (R) es resultado del Trabajo (T) aplicado a los Recursos Naturales (N).

Esa riqueza (R) generada por el trabajo aplicado a los recursos naturales puede tener destinos diferentes al finalizar un proceso de producción. Puede ser consumida de manera inmediata o bien puede ser invertida en nuevos procesos productivos. En el primer caso, el creador de riqueza prefiere consumir los bienes obtenidos con su trabajo. Prefiere satisfacer sus necesidades aquí y ahora. La riqueza se convierte en un *bien de consumo*.

En caso de que la riqueza no se consuma, su creador puede destinarla a generar mayor cantidad de riqueza. *La invierte en nuevos procesos productivos en vez de consumirla.* Se abstiene de satisfacer ciertas necesidades del presente con la presunción de que si la invierte en nuevos procesos productivos podrá *generar más riqueza*. En este caso, la riqueza se convierte en *bienes de capital*.

Cuando la riqueza genera por el esfuerzo humano no se destina al consumo ni se destina a la inversión, puede tener un destino menos frecuente: *el atesoramiento o ahorro*. Sin embargo, el ahorro termina normalmente en el consumo de los bienes o su inversión en nuevos procesos productivos.

El consumo de la riqueza implica que los bienes desaparecen al momento que son consumidos. Esto no ocurre cuando se opta por la inversión. En este caso la riqueza se incorpora en un nuevo proceso productivo para multiplicar la cantidad de bienes.

Con la inversión de los bienes de capital se busca –entre otras razones– que el trabajo rinda más. Se intenta que la riqueza se multiplique. El capital se convierte en un auxiliar del trabajo. Le permite generar mucho más bienes con menos esfuerzo.

La opción de invertir parte de la riqueza obtenida por el trabajo es casi tan antigua como el hombre mismo. La abstención de consumir ciertos bienes para ponerlos al servicio de nuevos procesos de producción fue la palanca que cambió la historia económica. Cuando el hombre dejó de consumir todo lo que producía e invirtió parte de esos bienes para generar más riqueza comenzó su progreso social más significativo. *El capital se convirtió en el motor de las economías individuales y el desarrollo social. El trabajo se convirtió en el principal beneficiario del capital al tener que realizar menos esfuerzo para lograr mayor cantidad de bienes.*

El capital es el tercer factor básico de la *matriz del proceso económico.* Continuando con la fórmula anterior, la matriz queda constituida de la siguiente forma: *R= T+N+K*. O sea, que la Riqueza (R) resulta del Trabajo (T) aplicado a los Recursos Naturales (N) con el auxilio del Capital (k).

La matriz del proceso de producción, vigente tanto en las primitivas comunidades de la antigüedad como en los procesos sofisticados y complejos de las empresas con alta tecnología, es exactamente una *matriz*. Un molde que condiciona y sirve de cimiento a toda actividad económica. Sin los factores que la componen (trabajo, recursos naturales y capital) no es imaginable ninguna actividad destinada a generar riqueza.

Esa categórica afirmación debe ser acompañada con otra igualmente contundente. A partir de esa *matriz* y sólo a partir de esa *matriz* es posible la incorporación de docenas de factores e instituciones económicas que hacen que los procesos económicos sean más productivos y complejos.

Una de las instituciones que creó el hombre para potenciar y expandir la matriz del proceso de producción de riqueza fue la "organización empresarial". En la medida que pudo establecer un orden y organizar de manera más eficiente los factores de producción multiplicó la capacidad de generar riqueza.

La *organización económica empresarial* vino acompañada de otros factores que potenciaron mucho más la generación de bienes. La división del trabajo, la producción en escala, la especialización profesional o la investigación son sólo algunos de los hitos que cambiaron la producción de bienes.

El *dinero* fue el otro gran invento humano que favoreció el comercio, la organización de la producción, la división del trabajo, el crédito, el fortalecimiento del sistema de precios y el intercambio internacional de bienes, entre otros beneficios. El dinero es una institución que marcó un antes y un después en la producción de bienes. Multiplicó y expandió la potencia productiva de la *matriz de producción*.

El dinero revolucionó el proceso productivo y permitió cientos de beneficios económicos y sociales. Pero también es causa de muchos problemas y desaciertos. Su utilización para lograr los más disímiles objetivos genera frecuentes crisis globales en los órdenes económicos nacionales e internacionales.

Al ser un bien que representa a "todos los bienes" impide muchas veces comprender el funcionamiento de los factores económicos que forman la matriz de los procesos productivos. Al representar por igual al capital, al trabajo y a los recursos naturales –entre otras cosas– impide que se visualicen las diferencias de esos en la generación de riqueza. Impide detectar las ineficiencias y los desequilibrios existentes en un orden económico.

El dinero actúa como un velo que no deja conocer la realidad económica.

Por otra parte, la función del dinero evolucionó y mutó con el tiempo. El dinero tomo vida propia y muchos le asignan un rol desmesurado en cuanto a su capacidad para estimular los procesos económicos privados y públicos. Como un bien independiente a lo que debe representar, se lo toma como un factor autónomo al capital genuino, al trabajo o a los recursos naturales. Se considera que con su sola presencia se puede generar riqueza y esto es un grave error.

Juntamente con el dinero, existen cientos de instrumentos e instituciones económicas que posibilitan la eficiencia de los procesos de producción de riqueza. Los bancos, el crédito, el derecho, los estados nacionales, el comercio nacional y el internacional, los sistemas financieros, la bolsa, las empresas por acciones y los fondos de inversión no son más que algunos hitos que el hombre fue creando para multiplicar su riqueza.

*Sin embargo, toda esa sofisticación y complejidad institucional que ha alcanzado la economía a través del tiempo no puede eludir una realidad. La constitución de un orden económico sólo es posible de alcanzar a partir de aquella matriz básica de producción dada por el trabajo, los recursos naturales y el capital. Sin la concurrencia de los factores constitutivos de esa matriz no hay posibilidad de generar riqueza alguna por más dinero, bancos u organizaciones empresariales que puedan crearse.*

## LA TIERRA NO SÓLO ES PARA SEMBRAR SOJA

La industrialización, el dinero, las tarjetas de crédito, el dinero virtual, los sistemas financieros, la concentración urbana, el desarrollo cibernético, el trabajo conectado desde casa, la especialización, la interconectividad, las redes sociales y la globalización del planeta son algunas de las características de nuestro tiempo. Esto ha cambiado nuestra forma de vivir, entretenernos y de producir bienes.

Todos esos cambios y nuevos instrumentos de vinculación social han modificado nuestra perspectiva sobre la vida. Siempre los cambios generacionales produjeron modificaciones en la conducta humana. Pero nunca antes esos cambios han sido tantos y tan rápidos. A diario se producen cambios tecnológicos y nuevas instituciones económicas que generan un vértigo con importantes efectos sobre la conducta de la gente. Sería largo enumerar todos esos efectos. Sin embargo, es necesario resaltar un fenómeno que incide de manera especial en la economía.

La sofisticación y la complejidad que ha alcanzado el orden económico es tan grande que muchas veces deja de percibirse la realidad tal como es. Enfrascados en teorías, conceptualizaciones o elucubraciones virtuales –muy útiles para muchos fines– se suele pasar por alto la *realidad material* a la cual toda actividad económica debe someterse para producir.

Una mala percepción de la realidad conduce necesariamente a errores de cálculo y mala planificación. Deja abiertas las puertas a previsibles efectos negativos, más allá de los imprevistos que surgen con todo plan.

Es frecuente escuchar que los "niños de hoy creen que la leche viene del supermercado y no de la vaca". Esto resulta de que los niños urbanos jamás han visto ordeñar una vaca o ni siquiera conocen qué es una vaca. Su desconocimiento no es porque no estudian. Lo que sucede es que la información ha crecido de manera exponencial. La capacidad de retener toda la información y los conocimientos existentes es imposible. Cada persona sólo puede aspirar a conocer muy poco de la realidad.

Esto explica que los niños urbanos en la actualidad puedan tener esa *falsa percepción* que haría reír a los niños de hace 100 años. El problema es que si la información errónea no se corrige, lo normal es que ese saber equivocado se mantenga durante su adultez. Si por alguna razón ese adulto debe tomar decisiones sobre la leche, al desconocer sus orígenes, es factible que tome decisiones incorrectas creyendo que la leche viene del supermercado.

A simple vista se puede pensar que ese ejemplo no se dará en la realidad. Se puede sostener que esa situación no habrá de ocurrir porque los niños son niños y los adultos tienen la facultad de aprender o ser asesorados. Afirmación que no puedo desmentir. *Aunque tampoco se puede desmentir el hecho de que los adultos no tenemos la capacidad de aprender y conocer toda la realidad del mundo*. Mucho menos poseer todo el conocimiento acuñado a través de la historia y el pendiente de aparecer en el futuro.

Cualquiera puede comprobar *las enormes lagunas de ignorancia* que tenemos. Lagunas que son llenadas con presunciones o creencias acuñadas durante la vida. Creencias que finalmente nos ayudan a dar una respuesta a un problema. Si no hay conocimientos certeros, lo frecuente es que las lagunas se llenen con creencias o información errónea.

Pocas personas se quedan paralizadas ante un problema. En general se responde de acuerdo con el conocimiento o las creencias que hemos incorporado a través de nuestra vida. Creencias que buena parte de las veces son compartidas por nuestro entorno, con lo cual no hay asesores que nos corrijan. *No hay quien nos informe que la leche no proviene del supermercado.*

La falta de conocimiento cabal y certero del mundo exterior, incluido especialmente el conocimiento sobre el comportamiento de la gente, es muchas veces reemplazado con creencias carentes de rigor científico. Creencias que se sustentan en ideas que posiblemente se forjaron en algún momento por la opinión de un amigo, en la escuela, en los cursos universitarios, en una tertulia o en un programa de televisión. Son ideas que finalmente se consideran ciertas, aunque no lo sean. Son ideas que, aunque no estén corroboradas, guiarán nuestras decisiones políticas, empresariales o sociales.

Aunque la primera reacción es rechazar esa afirmación, la realidad pone de manifiesto que la mayoría de los comportamientos humanos se realizan sin un conocimiento certero sobre lo que se está haciendo. Se actúa en base a *creencias* que carecen de fundamentos que las avalen. Para muestra, basta un botón. Veamos un caso específico *en donde la creencia prevalece sobre la realidad objetiva. Donde las creencias hacen percibir cosas que no son. Donde las lagunas de ignorancia se llenan con suposiciones erróneas.*

En las sociedades urbanas gran parte de la gente –incluidos los economistas– creen que el desarrollo y el crecimiento industrial no dependen de la tierra. Para la mayoría de la gente, la tierra no es relevante para el progreso tecnológico que distingue a los países desarrollados de los subdesarrollados. La riqueza económica depende de los trabajadores y el capital. La tierra es un tema del campo. Es una preocupación para la producción de soja o de los movimientos ecológicos que luchan contra la producción minera a cielo abierto. Para las empresas industriales y urbanas, según la opinión dominante, la tierra no incide para nada en sus actividades económicas. El capital y el trabajo son los factores de producción necesarios para iniciar una actividad económica.

Esta perspectiva es un claro ejemplo de las creencias que llenan los vacíos de ignorancia. Surge de malas percepciones de la realidad, de ideas difundidas en universidades y del desconocimiento de la *matriz básica de todo proceso de producción.* Son creencias que conducen inexorablemente a concepciones erróneas con serias consecuencias para los planes empresariales y las políticas públicas.

En el caso específico de la tierra, la creencia de que no es factor determinante en la producción industrial es de vieja data. Es una creencia que comienza a forjarse en el siglo XVIII a partir de la gran Revolución Industrial y la migración de la gente a los centros urbanos. Es una creencia que lleva a sostener que las hortalizas vienen del campo mientras que los chips electrónicos provienen del capital.

La visión errónea de *creer* que las hortalizas necesitan de la tierra mientras que los chips necesitan del capital se ha expandido entre hombres de empresa e intelectuales. Existe la creencia de que el factor tierra no forma parte de la matriz productiva cuando la actividad se dirige a la fabricación de satélites espaciales o la construcción de usinas eléctricas. Cuando se fabrican televisores o muñecas Barbie, la gente piensa que la tierra no es necesaria.

*Ante semejante creencia errónea, es necesario enfatizar que todo bien, simple o sofisticado, necesita de la tierra y sus recursos naturales. Que todo proceso de producción debe realizarse a partir de una matriz básica constituida por los recursos naturales, el capital y el trabajo. Con el agravante, que no se concibe la existencia del ser humano sin un palmo de tierra para vivir, invertir o soñar.*

Que transitemos por calles asfaltadas, vivamos en el piso 30 de lujosos condominios, compremos la leche en los supermercados, viajemos en avión, enviemos mensajes virtuales, utilicemos la tarjeta de crédito o utilicemos celulares inteligentes no puede llevar a pensar que la tierra es un tema de los sojeros o un problema de las ama de casa que deben limpiar el polvo de su hogar.

La totalidad de nuestro planeta, con sus espacios terrestres, lagos, mares, montañas y minerales, constituye la fuente de recursos naturales de los cuales el hombre depende inexorablemente. Éste es su hábitat natural, y por el momento no se puede evadir. Sin ese hábitat no podría existir, vivir o multiplicarse. Son las condiciones que tienen los recursos naturales de nuestro planeta las que nos brindan la posibilidad de crear todos y cada uno de los bienes existentes. Los que disfrutaron nuestros antepasados, los que utilizamos en la actualidad y aquellos de los que dependen –si no los destruimos– nuestros descendientes. *Sin los recursos naturales, sustento de nuestra existencia, no podríamos generar ningún tipo de bien o riqueza, sea un pedazo de pan o una computadora que nos lleve a la Luna.*

La tierra no sólo ofrece la posibilidad de crear bienes para satisfacer las necesidades humanas. *La naturaleza también es el único lugar en el que los seres humanos pueden asentarse. Es el espacio donde el hombre puede apoyar sus pies para vivir, comerciar, producir, multiplicarse y existir.* Es el único lugar donde los aviones pueden despegar o aterrizar, donde las familias pueden crecer y las parejas procrear. Sin ese espacio terrestre para asentarse no se concibe la vida humana. Se podrá vivir como linyera o como un magnate en la ribera francesa, pero unos y otros necesitan del espacio para apoyar sus pies, pensar, amar o producir bienes. Sin tierra no hay vida.

Es impensable la existencia del hombre sin un palmo de tierra, sea como propietario o usurpador. Es impensable imaginar una producción económica de automóviles, la industria pesquera o la producción de notebooks sin la tierra como factor necesario de la producción de bienes.

*De tal manera que la posibilidad de acceder a la tierra y sus recursos para generar bienes no es un tema de los hombres de campo dedicados al cultivo de la soja. El acceso, la utilización y el uso de los recursos naturales de la tierra es una cuestión que incumbe a todos. Incumbe a los hombres de campo y de ciudad, a los niños y los ancianos, a los granjeros y los industriales. Incumbe a los que realizan sus actividades de manera privada o pública. Sean propietarios o inquilinos. Sean trabajadores manuales, intelectuales o programadores cibernéticos.*

El espacio terrestre y los recursos naturales son esenciales para la generación de cualquier tipo de riqueza, sea industrial, tecnológica, armamentista o espacial. Tampoco se debe confundir la tierra con el capital. *Que el dinero pueda representar a la tierra como representa al capital no puede llevar a la confusión –habitual en áreas académicas y empresariales– de considerar a la tierra como un bien de capital.* Hemos visto que la naturaleza viene dada gratuitamente sin esfuerzo humano mientras que el capital es riqueza generada por el hombre y puesta al servicio de la producción.

La identificación de los *recursos naturales* con el *capital* no es una creencia irrelevante a la hora de las políticas públicas y las actividades empresariales. Esta asociación es tan negativa como llamar capital al trabajo. Confundir los recursos de la naturaleza con el capital ha llevado a plasmar erróneos artículos en el Código Civil y a sancionar leyes que han repercutido negativamente en el orden económico argentino.

Un caso de los efectos de esta creencia es el conocido *impuesto inmobiliario* que se aplica en todos los centros urbanos del país. En este impuesto se unifica bajo el nombre de inmueble a la tierra con los bienes construidos por el hombre. Se unifica bajo un mismo concepto (inmueble) a los recursos naturales dados al hombre con los creados con su trabajo e inversión de capital.

Confundir a la tierra con otros factores de producción ha sido y es causa de buena parte de los desajustes estructurales del orden económico argentino. Identificar a la tierra con el capital es grave para las políticas públicas, para los planes empresariales y para el progreso social.

## LOS SALARIOS Y LA DISTRIBUCIÓN DE LA RIQUEZA

En un Estado de derecho sustentado en la propiedad privada de los factores de producción y cuyo orden normativo tiene como referentes la consolidación de la igualdad de posibilidades, la justicia y la libertad de los integrantes de la sociedad, *el trabajador es el dueño del resultado económico de su trabajo. Es el titular de la porción de riqueza que le corresponde por su participación en un proceso productivo.*

Sin embargo, ese principio que garantiza la titularidad del producto del trabajo a quienes lo han producido no siempre estuvo vigente en las relaciones humanas. Más bien durante un largo tiempo ocurrió lo contrario. Hubo épocas en que los sistemas esclavistas ignoraban o rechazaban ese principio. Los esclavos ni siquiera eran considerados como personas y no tenían derecho a recompensa alguna, salvo un pedazo de pan para sobrevivir. Nuestra historia reciente muestra que en muchas regiones del país a los trabajadores se los recompensaba con "vales de compra" que debían utilizar en los almacenes de los patrones. Vales que por otra parte no representaban un salario equivalente al esfuerzo realizado y los limitaba en su libertad de elección.

Mucho ha cambiado la situación en el mundo. Los regímenes esclavistas casi no existen, los sistemas de explotación no son los dominantes y los regímenes de comunismo extremo han desaparecido. Sin embargo, la gran mayoría de los trabajadores de los países menos desarrollados no reciben la totalidad de la recompensa que les corresponde de acuerdo con el trabajo realizado. En los países más avanzados la situación no es tampoco ciento por ciento perfecta. Gran parte de los sectores del trabajo tampoco obtienen la totalidad de los ingresos correspondientes por su aporte a la producción de riqueza.

Este cuadro no pretende desvirtuar la realidad mostrándola como una realidad de explotación y marginación hacia la gente de trabajo. Es evidente que junto a esas situaciones de injusta distribución de la riqueza o malas condiciones de trabajo también existe una amplia legislación de protección laboral. En la actualidad, por normas jurídicas o presiones sindicales, los trabajadores reciben los ingresos que les corresponden, tienen importantes coberturas sociales y son protegidos por una amplia legislación.

Es cierto que existe una dificultad manifiesta para establecer de manera certera cuál es la parte de la riqueza que le corresponde al trabajador por su aporte a la creación de riqueza. La división del trabajo, la producción en escala, el desdoblamiento de las actividades y la utilización del dinero para adelantar los salarios –entre otras variantes– hace difícil determinar cuál es el porcentaje exacto de riqueza que le corresponde a cada trabajador.

Hubo una época en que relación entre el trabajo y su recompensa fue muy clara. Esto ocurrió cuando el hombre trabajaba por cuenta propia. Era la época en que la totalidad de riqueza creada le correspondía a su creador.

Con el empleo del dinero como medio de cambio, la especialización profesional, la división del trabajo y los trabajadores en relación de dependencia, se hizo difícil visualizar la relación directa entre el trabajo y sus resultados. Las diferentes etapas de los actuales procesos de producción impiden establecer con precisión cuál es la participación exacta de cada trabajador en la generación de riqueza. La utilización del dinero y el adelanto de los salarios diluye aún más la posibilidad de establecer con precisión qué porción de riqueza le corresponde a cada trabajador.

Con la consolidación de la empresa industrial, que adoptó la forma de producción sistematizada, la recompensa al trabajador ni siquiera debe esperar la obtención de riqueza. El empresario adelanta los ingresos correspondientes a los trabajadores en función de la riqueza que piensa obtener en el futuro.

Este complejo sistema de producción impide conocer con certeza, como ocurría en la producción por cuenta propia, cuál es la recompensa correcta que le corresponde a un trabajador en la generación de riqueza. Esta situación es la que motiva el constante enfrentamiento entre las empresas y los trabajadores sobre cuál es el *salario justo* que deben recibir por su aporte a la producción.

*Para disminuir esta puja entre trabajadores y dadores de empleo, la tendencia en todos los países es fijar los ingresos por escalas salariales.*

*Esas escalas son predeterminadas en base a diferentes datos acordados entre las empresas y los sindicatos como referentes para fijar los salarios.*

Los dadores de empleo, según volúmenes de inversión, rentabilidad, financiamiento, los precios del mercado y la duración del proyecto productivo, entre otras docenas de variantes, proponen los montos salariales que están dispuestos a ofrecer a los trabajadores.

Por su parte, las organizaciones laborales pretenden que las escalas salariales se construyan a partir de otras variantes adicionales. Éstas tienen en cuenta el costo de la canasta familiar, la inflación, las diferentes categorías de trabajo, la igualdad de salarios con respecto al mismo empleo, el nivel educativo del trabajador o la antigüedad en el empleo.

Lo positivo de los *mecanismos sistematizados en escalas laborales para la fijación de los salarios* es que favorece la organización empresarial, la previsibilidad y el costeo de la producción. Al trabajador le permite defender mejor sus ingresos y conocer más acabadamente los niveles de salario que existen en el mercado. Este método de escala salarial permite sistematizar los procesos productivos. Conduce a la uniformidad de la actividad laboral sin tener en cuenta las particularidades que inducen a sistemas subjetivos de valoración laboral y de fijación de salarios.

Las consecuencias negativas al acordar los ingresos de los trabajadores por escalas y categorías predeterminadas pueden ser que los salarios acordados resulten excesivos o bien insuficientes en función de la riqueza producida.

En el primer caso, cuando la rentabilidad es insuficiente, la empresa no puede cubrir los salarios acordados. Esto lleva a la quiebra, al endeudamiento y a las demandas laborales que exigen que se cumpla con las escalas salariales y el mantenimiento de la fuente de trabajo.

Problemas de igual intensidad se producen cuando los salarios acordados son inferiores a la rentabilidad de la empresa. Esto ocurre cuando las previsiones empresariales no son acertadas, y al final de los procesos de producción los resultados son superiores en cantidad de bienes o en ganancias. Cuanto esto sucede, los sindicatos normalmente exigen mayores retribuciones: aumentos de sueldos, aportes retroactivos o bonos especiales. Algunos reclaman directamente el reparto de utilidades de manera institucional.

Los reclamos sindicales para obtener una retribución fija para los trabajadores cuando se producen ganancias en las empresas –avalados por el artículo 14 de la Constitución Nacional– no son compartidos por la dirigencia empresarial. Las organizaciones empresariales se niegan a aceptar la hipótesis de reparto de utilidades por diferentes razones. La principal es que *los trabajadores no son socios en las pérdidas, pero quieren serlo en las ganancias.* Cuando la empresa no tiene utilidades o debe endeudarse porque le fue mal, igualmente debe pagar los salarios acordados. Ésa es la mejor garantía que tiene el trabajador.

La dirigencia empresarial agrega que la rentabilidad y las utilidades extraordinarias resultan de la habilidad gerencial en la mayoría de los casos. Sus buenas inversiones o aprovechar las oportunidades no tiene que ver con el trabajo sino con la idoneidad del empresario. Con lo cual las ganancias corresponden a la empresa.

En la economía pública estatal es más fácil establecer categorías laborales y salarios predeterminados para sus empleados porque no rige el principio de que los ingresos de los trabajadores deben fijarse de acuerdo con la rentabilidad o riqueza producida. En la economía pública, los salarios se fijan de acuerdo con los presupuestos existentes y la recaudación impositiva. Al no existir como objetivo la rentabilidad, los costos salariales no se ajustan a la capacidad de producir riqueza. Los salarios del sector público se acuerdan siguiendo el presupuesto, los objetivos de cada gobierno y la contribución de la economía privada con sus impuestos.

## REDUCCIÓN DE LOS SALARIOS

En un orden económico privado existen diversas razones que dificultan que los trabajadores obtengan el producto íntegro de su trabajo, más allá de los acuerdos laborales y las escalas salariales que puedan exigir los sindicatos. Una razón determinante de la merma de los salarios surge del control del mercado por grupos hegemónicos y dominantes.

Los grupos económicos dominantes, *sean monopolios, gobiernos o sindicatos,* controlan el mercado del trabajo para establecer pautas salariales de acuerdo con sus particulares intereses o bien para fijar límites a la oferta laboral. No permiten la existencia de un *mercado abierto* donde los trabajadores puedan encontrar mejores ofertas laborales en base a una competencia efectiva entre los dadores de trabajo.

Al tener dificultad de acceder al mercado bajo premisas de igualdad de oportunidades y libertad de decisiones, los trabajadores deben aceptar las condiciones que les establecen los grupos dominantes. Al no existir un mercado abierto, no pueden elegir trabajos ni salarios. Deben aceptar las condiciones que establecen los grupos hegemónicos. Tampoco pueden trabajar por cuenta propia por la dificultad de acceder a un espacio y un capital.

Otra razón de la merma de los salarios en nuestro país tiene su raíz en el orden jurídico existente. El derecho positivo que regula el acceso a la tierra tiene una importante responsabilidad en que el mercado de trabajo sea cerrado. Al no poder acceder a un espacio para trabajar o vivir, los trabajadores están acorralados y sujetos a las pautas que acuerden los grupos dominantes para fijar sus salarios. *Ese mismo sistema jurídico –como veremos más adelante– es la principal causa de que los asalariados perciban menores ingresos de los que les corresponden por su aporte a la producción de riqueza.*

Finalmente, otra de las razones determinantes de los bajos salarios en Argentina está dada por el perverso *sistema impositivo*. Un sistema que castiga al trabajo de forma directa e indirecta. Le quita una parte de sus ingresos que le corresponde. La existencia de un salario de bolsillo, que es el que efectivamente recibe el trabajador, y un salario nominal que establece los ingresos antes del impuesto marca claramente que existe una merma directa de los ingresos al momento de efectivizarse el cobro de salarios. A estos impuestos hay que sumar otros no menos importantes como el IVA o el Impuesto a las Ganancias, que también reducen los ingresos que legítimamente corresponden a los trabajadores.

## EL CAPITAL Y LOS INTERESES

El capital es un factor importante en la matriz del proceso generador de riqueza. El capital debe ser catalogado como el *principal motor del crecimiento y de la expansión de las empresas, los trabajadores y la economía pública*. El capital permite contar con recursos auxiliares para acelerar y expandir cualquier proceso de producción.

Para las empresas, el capital es esencial para planificar sus actividades, adelantar salarios y acceder a los recursos naturales o la materia prima que necesitan para iniciar un proceso productivo. Para el trabajador es muy importante porque le permite mejorar su calidad de vida o emprender su propia empresa o negocio. Para el Estado, el capital es la herramienta de inversión para generar infraestructura y servicios.

Durante buena parte de la historia de la humanidad, el aporte de capital a las actividades económicas era realizado por quienes ahorraban y se abstenían de consumir la totalidad de los bienes que producían. De esta forma buscaban mejorar sus procesos productivos o bien disminuir el trabajo que esos procesos demandaban. Sin embargo, en cierto estadio de desarrollo, quienes ahorraban vieron la posibilidad de obtener un beneficio adicional por su ahorro si lo prestaban a otros carentes de capital. Descubrieron que no era necesario que lo invirtieran en actividades económicas bajo su dirección. Había gente o empresas que necesitaban de esos bienes de capital y estaban dispuestos a pagar por disponer de ellos.

Los productores de riqueza percibieron que en vez de consumir todos sus bienes a favor de su disfrute, atesorarlos o invertirlos en su propia actividad, era una buena idea prestar a otros esa riqueza y cobrar un ingreso en contraprestación. *El prestamista se beneficiaba con un ingreso por el préstamo efectuado y el que lo recibía se beneficiaba con un bien de capital que no tenía.* Ambos recibían un beneficio.

En la actualidad, el cobro de un *interés* o recompensa por el préstamo de bienes de capital se ha extendido por todo el mundo. Si bien hubo épocas en la historia de la humanidad en las cuales se prohibió el cobro de intereses por principios religiosos o políticos, estas prohibiciones han dejado de existir en la mayoría de las naciones. Lo que no ha desaparecido y cada vez concita una mayor intervención pública o de grupos hegemónicos es el nivel de las tasas de interés. Los gobiernos intervienen sobre las tasas de interés para generar políticas de estímulo o desestimular los movimientos financieros que puedan darse en el mercado. Los grupos financieros privados también suelen intervenir en la fijación de las tasas de interés para lograr mayores beneficios y garantizar mayor seguridad en la devolución de los préstamos.

La limitación en la disponibilidad de los bienes de capital, su capacidad de movilidad y las características del dinero –su principal representante– hacen que el mercado de capitales sea constantemente controlado por grupos privados o públicos. Hace del mercado de capitales un *mercado cerrado y sujeto a las presiones del poder del Estado o de grupos financieros que distorsionan la tasa de interés y exigen garantías* que suelen exceder la capacidad de quienes lo necesitan para emprender actividades económicas.

Ante el control del mercado por grupos dominantes, el Estado tiene la posibilidad de optar por dos caminos que generan efectos diferentes. Puede intervenir en el mercado de capitales para manipular las tasas de interés y el flujo de capitales, o bien puede intervenir para que el mercado sea *abierto*. Si sigue este camino, tiene que generar básicamente un sistema de derecho que garantice seguridad jurídica a los que invierten capital y a los que lo reciben. Debe eliminar los impuestos y regulaciones que castigan a los que ahorran y prestan capital. Debe facilitar el flujo de capitales nacionales e internacionales. Debe implementar políticas para estimular un mercado abierto de capitales. Debe ejercer el control o supervisión permanente para evitar la especulación financiera y la dominación del mercado.

## LOS PRIVILEGIOS DEL CAPITAL

Mientras las empresas y los gobiernos requieren capital de manera constante para desarrollar sus procesos de producción, la mayoría de la población mundial no está en condiciones de ahorrar por sus apremiantes necesidades. Las carencias existentes en gran parte de las naciones son superiores a los ingresos de la gente, con lo cual existe muy baja capacidad de ahorro. Y si no hay ahorro, tampoco hay inversión de capital.

Ante la poca capacidad de ahorro y la gran demanda social para progresar, la economía mundial siempre está demandando capitales. Los países se caracterizan más por la escasez de bienes de capital que por su abundancia. Consecuentemente, los poseedores de capital tienen una posición de privilegio sobre los otros factores de producción.

*La gran demanda de capitales en el mundo –sea de manera privada o pública– permite a los tenedores de capital una mejor "capacidad de negociación" para obtener mayores beneficios. La imperiosa necesidad de acceder al capital para mejorar los procesos productivos ubica a los inversores de capital en una situación de privilegio a la hora de negociar sus intereses económicos y jurídicos. Esta situación también les permite ejercer –cuando no hay controles públicos y no existe un mercado abierto– acciones para dominar el mercado de capitales, el sistema financiero, influir en las relaciones laborales y corromper las políticas públicas.*

El inversor de capital tiene la posibilidad de acordar sus intereses con mucha libertad y puede evitar los efectos negativos que se producen cuando el mercado le es hostil. Si el mercado está cerrado al flujo libre de capitales o está intervenida la fluctuación de las tasas de interés, *el capital no está acorralado*. Los inversores tienen la posibilidad de emigrar hacia otros mercados abiertos con mejores tasas de interés. Esta posibilidad de movilidad hacia otras regiones económicamente más rentables es imposible de lograr en el caso de la superficie terrestre y muy complicada para los trabajadores.

*La libertad, la autonomía y la capacidad de negociación que tienen los tenedores de capital no es la misma que tienen las empresas necesitadas de capital o los trabajadores al negociar sus salarios.* La escasez de capitales nacionales e internacionales pone a la oferta de capitales en una situación dominante con respecto a los otros factores de producción. Mucho más cuando esos factores no tienen capacidad de ahorro y necesitan del capital para mejorar su proceso productivo.

Los tenedores de capital en la actualidad se concentran cada vez más y manejan grandes volúmenes de capital, controlando el mercado de la oferta. Si bien siguen existiendo muchos prestamistas particulares –gente común con capacidad de ahorro– que aportan capitales para pequeños emprendedores, lo cierto es que la oferta de capitales proviene de instituciones bancarias o financieras de gran envergadura. Los prestamistas particulares tienden a desaparecer y a canalizar sus ahorros en bancos o fondos de inversión. Estos, si bien no les ofrecen mejores intereses a los que podrían lograr de forma particular, les ofrecen mayores garantías ante posibles riesgos.

## NO SIEMPRE SE DEBE GANAR

El riesgo de recuperar el capital es un factor determinante en los niveles de las tasas de interés. A mayor riesgo de recuperar el capital y cobrar los intereses, mayor será la tasa que pretenderá cobrar el inversionista. Mientras los riesgos sean menores, las tasas de interés también lo serán.

Lo que no puede evitarse es la existencia del riesgo en cualquier actividad económica. El riesgo siempre existe y es más frecuente de lo que la gente supone. Toda actividad económica implica la fuerte posibilidad de que los planes previstos no se cumplan y la rentabilidad sea cero. Esta es la razón, entre otras, de que el 80% de los emprendimientos que se inician en nuestro país fracasen antes del segundo año.

Todos los que emprenden una actividad, sean trabajadores, empresarios o comerciantes, enfrentan riesgos y la posibilidad del fracaso económico. Riesgo del que no debería excluirse a los ahorristas e inversores por "*la importancia que tiene el capital en el proceso de producción y la posición de poder que ocupan dentro de un orden social*".

Es cierto que en el actual sistema financiero la mayoría de las instituciones bancarias minimizan los riesgos. Tampoco los ahorristas se quedan atrás en sus exigencias. Exigen a los bancos que sus ahorros cuenten con garantías públicas y jurídicas que les aseguren que su capital no se habrá de diluir por malos negocios o erróneas inversiones. *Los ahorristas y los inversores no quieren asumir ningún riesgo y nunca quieren perder sus ahorros, fruto del trabajo de toda la vida.*

Los tenedores de capital no quieren perder bajo ninguna circunstancia. No quieren estar ligados a la suerte de los procesos de producción en donde se ha invertido su capital. Exigen todas las garantías para que sus inversiones estén protegidas por el Estado ante cualquier riesgo de perderlas. No se hacen cargo de los resultados de la actividad económica donde se ha invertido su capital.

No aceptan que las inversiones pueden dar resultados negativos. No aceptan que los fracasos económicos son inevitables y que cuando eso ocurre pierden los trabajadores, los empresarios y los inversores de capital. *No importa cuántas garantías y contratos jurídicos logre firmar el inversor con la empresa deudora o la institución bancaria. Los resultados positivos o negativos de la actividad económica determinan la capacidad de recuperar el capital y cobrar sus intereses.* Salvo que otros paguen los platos rotos.

*El sistema financiero es tan complejo –y la mentira de los banqueros o agentes de inversión tan frecuente– que impide visualizar que la inversión de todo capital finalmente depende de los procesos productivos. No existe garantía que asegure que los ahorristas e inversores no sufrirán pérdidas si esos procesos entran en crisis. No existe garantía que "garantice" una inversión de capital ciento por ciento.*

Para evitar esos riesgos, los inversores de capital y las instituciones financieras o bancarias intentan permanentemente *lograr posiciones de privilegio de las* que carecen los otros factores de producción. Por la incidencia que tienen en el orden económico, exigen garantías a los Estados de que sus inversiones serán respetadas ante cualquier crisis individual o colectiva. Exigen a los gobiernos que garanticen sus depósitos e inversiones, aunque no ocurra lo mismo con los que trabajan o realizan actos de comercio. Piden garantías que los otros factores de producción no tienen si una actividad económica quiebra.

Al garantizar a los ahorristas e inversores de capital –a través del derecho y las políticas públicas– que su capital no corre riesgos y sus intereses serán pagados, se está desvirtuando la esencia de un orden económico abierto e igualitario.

*Un orden económico abierto es un sistema de riesgos. A veces se gana y a veces se pierde. Si se establece que algunos siempre ganan, se está proponiendo un orden económico injusto y desequilibrado en el cual algunos tienen privilegios. Se está proponiendo que un sector de la sociedad se haga cargo de los errores de otros y pague con su esfuerzo las consecuencias de los errores que no le corresponden.*

Cuando gobiernos y jueces garantizan el pago de inversiones o intereses a ahorristas que invirtieron en negocios no rentables o en instituciones que invirtieron en actividades no productivas se está obligando a la sociedad a pagar una carga que no le corresponde. Esas garantías de pago por parte del Estado no se efectivizan con recursos que aparecen espontáneamente o caen del cielo. Son erogaciones que deberá pagar la economía privada con su trabajo y su inversión productiva. Se premia a los que tomaron malas decisiones y se castiga a quienes actuaron eficientemente. Un Estado no puede garantizar semejante desigualdad social e inequidad.

## LA RENTA PRODUCTIVA

Los órdenes sociales que se organizan económicamente a través de la coordinación de los planes individuales de los integrantes de la sociedad, generalmente tienen un orden jurídico que garantiza la propiedad privada de los recursos dados por la naturaleza. De esta forma el derecho positivo permite a los miembros de la sociedad usufructuar la tierra y sus recursos en su propio beneficio. El orden jurídico garantiza la propiedad de los recursos naturales para que las personas puedan vivir, producir y comercializar el espacio terrestre.

En Argentina, el orden jurídico vigente garantiza la propiedad privada sobre todo el espacio terrestre del territorio nacional para su uso, usufructo y comercialización en beneficio de sus propietarios. Ese derecho de propiedad tiene algunas restricciones para ciertos tipos de recursos naturales, como el petróleo, los ríos o las costas marítimas. Por otra parte el Estado tiene garantizados algunos derechos para expropiar territorios para objetivos de bien público. Además, es propietario de importantes superficies rurales y urbanas. Algunos son espacios de uso público y otros están a la guarda para objetivos no prefijados.

*Nuestra Constitución Nacional, a pesar de algunas limitaciones al derecho de propiedad –que incluye límites al acceso a la tierra a extranjeros– garantiza un derecho amplio para que las personas puedan ser titulares de la tierra y sus recursos. Como contrapartida, no exige a sus titulares retribuciones económicas relevantes por el goce de ese derecho de propiedad sobre el suelo de la República.*

Al igual que el trabajo y el capital, los recursos naturales son una parte esencial de la matriz del proceso de producción de bienes. Los recursos de la naturaleza dados en nuestro planeta son necesarios para producir cualquier bien, sea como resultado de una actividad individual, empresarial o pública. Son necesarios tanto para las empresas del campo como para las industrias afincadas en las ciudades. Es impensable la existencia de cualquier bien económico sin la concurrencia de los recursos naturales para su creación.

*Cuando los recursos naturales son puestos al servicio de la producción económica, sus propietarios o titulares reciben una recompensa por su aporte a la producción de riqueza*, del mismo modo que los trabajadores o inversores de capital reciben una retribución por su participación en la generación de bienes. Ese ingreso, como contraprestación al aporte de la tierra a la generación de riqueza, se llama *renta productiva.*

La *renta productiva*, como todos los ingresos vinculados con la actividad económica, depende de la capacidad de generar bienes o servicios. Si el aporte de la tierra al proceso productivo no genera ninguna riqueza –por una sequía no prevista por ejemplo–, la renta productiva no se hace efectiva. Esto es válido para la tierra del campo o la ciudad.

El uso de la tierra y sus recursos puede tomar cientos de formas en la economía contemporánea. Las más comunes resultan de la utilización de la superficie terrestre para explotar la ganadería, la agricultura o asentar una actividad económica empresarial en el centro de la ciudad. No menos frecuente es la utilización de las materias primas existentes bajo la superficie terrestre, como ocurre con la explotación minera, el petróleo o el agua. En todos los casos, los titulares del derecho de propiedad –sean privados o públicos– obtienen una renta productiva como consecuencia del aporte de la tierra para generar bienes industriales, ganaderos, forestales o petroleros.

*La renta productiva depende de las condiciones que la tierra y sus recursos naturales pueden aportar a la generación de riqueza en cierto momento de su historia y de acuerdo con su incidencia en cada proceso de producción.*

La diversidad de objetivos económicos que una sociedad pueda darse en cierto momento de su historia hace que la renta productiva de las parcelas pueda variar. Si los objetivos son la agricultura, seguramente las tierras más fértiles tendrán mayor renta productiva que las desérticas. Distinto será cuando los objetivos sean la ganadería, la pesca, el turismo o la producción industrial.

En nuestro país, la recompensa que reciben los titulares de la tierra no sólo proviene del aporte efectivo de los recursos naturales al proceso de producción de riqueza.

*El derecho de propiedad argentino, además de la renta productiva, permite al poseedor de la tierra obtener "otro tipo de ingreso" en su propio beneficio. Mientras que la renta productiva sólo se percibe si el titular del espacio incorpora la tierra al proceso de producción, el "otro ingreso" no requiere de esfuerzo alguno por parte del titular del espacio. Es un ingreso que beneficiará a su titular más allá de que realice o se abstenga de realizar una actividad económica sobre sus dominios. Es un ingreso que tiene su origen en la inversión social y el Estado.*

De acuerdo con el Derecho Civil, los titulares del espacio terrestre en Argentina reciben un *ingreso adicional* que no resulta de la incorporación de sus dominios al proceso de producción de bienes. Es un ingreso resultado del *accionar social* –privado y público– que beneficia directamente al titular del espacio de tierra. *Es un ingreso que el derecho positivo le confiere gratuitamente al titular de un espacio terrestre. Es un ingreso que no exige contraprestación del titular del espacio. No importa que la tierra se haya utilizado para crear riqueza.*

Ese ingreso que percibe el propietario o poseedor de un espacio por el solo hecho de ejercer un dominio sobre la tierra se llama *renta social.* Es un ingreso que recibe como consecuencia *del trabajo y la inversión que la comunidad realiza junto con el Estado* sobre todo el territorio nacional.

La renta social y la renta productiva tienen en común la existencia de la tierra y la existencia de un derecho de propiedad para usufructo. La diferencia entre ambas radica en su origen, su formación y las consecuencias que generan en el orden económico.

*La renta productiva sólo existe si la tierra y sus recursos se incorporan al proceso de producción. La recompensa o monto de ingresos que recibe su titular depende de la incidencia de la tierra en la generación de riqueza.*

*La renta social, en cambio, es el ingreso que obtiene el propietario sólo por ser titular o poseedor de un espacio y sus recursos. El incremento o disminución del ingreso percibido no depende de su esfuerzo, trabajo, inversión o inclusión de la tierra en una actividad productiva. La renta social es consecuencia de la inversión y la demanda social sobre el espacio terrestre para trabajar o vivir.*

## LA RENTA SOCIAL

De acuerdo a nuestro derecho positivo, juntamente con la renta productiva, el titular del derecho de propiedad del espacio terrestre obtiene un ingreso llamado *renta social*. Este ingreso no tiene nada que ver con la renta productiva. Son ingresos que surgen por razones diferentes y que tienen consecuencias igualmente distintas en el orden económico.

La renta social, a diferencia de la renta productiva, no surge como consecuencia del aporte de los recursos naturales al proceso de producción de riqueza. *La renta social es un ingreso que el propietario obtiene como resultado de la demanda social y la inversión pública. Es un ingreso que resulta de la escasez de la tierra y de sus recursos naturales. Es una renta que obtiene el propietario como resultado de la demanda de la tierra para trabajar, invertir y reproducirse.*

La población se expande constantemente a medida que evoluciona y se desarrolla económicamente. Mientras más crece la inversión pública y privada, mayor cantidad de espacios urbanos y rurales son demandados para vivir o producir. Esta demanda de nuevos espacios y sus recursos por parte de las personas, empresas y la economía pública, determina que aumente el valor de la tierra por su condición finita, irreproducible y escasa.

La finitud del espacio terrestre y el constante aumento de la población junto a la necesidad de mayores recursos para generar riqueza hace que el valor de la tierra se incremente. Permite que los propietarios de la tierra obtengan una llamada renta social. Un ingreso sobre el cual el propietario no ha tenido nada que ver ni ha participado en su creación. Es una renta que no depende de que la tierra bajo su dominio esté produciendo bienes o servicios. Es un ingreso que surge de la demanda social y de la inversión generada alrededor de la parcela.

*Cualquiera sea el orden jurídico que se establezca para que los hombres accedan a los recursos naturales existentes en un territorio nacional, en la medida que la población crezca, la inversión de capital se incremente, el trabajo se multiplique y el desarrollo social se expanda en calidad y cantidad, el valor del espacio y sus recursos naturales aumentará en proporción directa a esos crecimientos.*

Con cada nacimiento crece la demanda de viviendas, vestimenta y alimentación. Cada pareja demanda nuevos bienes para poder hacer efectivo su amor. Cada población que se asienta, cada negocio que se construye, cada teatro que se inaugura, cada avenida que se ensancha, cada semáforo que se instala, cada fábrica que se abre y cada plaza que se crea hacen crecer el valor de los espacios adyacentes a esos lugares.

El desarrollo social demanda más espacios urbanos y rurales haciendo crecer la renta social de las parcelas que se encuentren en su camino de expansión. No importa que las parcelas estén deshabitadas o no estén insertas en ningún proceso de producción. La renta social igualmente se acumula sobre el espacio y es recogida por su titular en beneficio propio.

A cada instante surgen nuevas necesidades y carencias que se esparcen a una rapidez nunca vista. Cientos de necesidades demandan cientos de bienes en una carrera sin fin. Cada uno de esos bienes requiere de una porción de los recursos del planeta o de un espacio para producirlos. Cada necesidad humana demanda recursos naturales que son finitos. Esa presión crece a diario y de manera permanente. Esa demanda determina el aumento del valor de la tierra como consecuencia del aumento de la renta social.

*Los propietarios de la tierra ven crecer sus ingresos a medida que la sociedad crece. Observan complacientes cómo aumenta el precio de sus dominios con cada inversión que realiza la sociedad. Sólo esperan hacerse de ese ingreso o renta social al momento de la venta o locación de su propiedad.*

*El aumento de valor de la tierra y los recursos naturales es constante en un mundo que crece y se expande. Los valores económicos del suelo crecen sin cesar. Cualquier persona puede comprobarlo sin necesidad de estudiar economía. Lo que quizá no se conozca es que ese mayor valor del espacio no depende del trabajo de su propietario, inquilino o usurpador. Tampoco depende de que el espacio participe en un proceso de producción de riqueza. Ese incremento del valor de la tierra está dado por el incremento de la renta social. Renta que crece de manera independiente a lo que haga el titular del espacio. Es un valor originado por el aumento de la población, la demanda social, el trabajo y la inversión de la gente.*

El derecho de propiedad que nuestros constituyentes plasmaron en nuestras leyes buscó garantizar que todos los argentinos y extranjeros fueran los dueños del producto de su trabajo. Sin embargo, al no diferenciar los dos tipos diferentes de ingresos o rentas que percibe el titular del derecho de propiedad de la tierra, permitió que sus titulares se quedaran con un ingreso que no les corresponde. Que se apropiaran de una renta social que le corresponde a la sociedad que lo ha creado con su demanda y esfuerzo.

Así como la renta productiva le corresponde al propietario de la tierra por su aporte a la producción, la renta social es un ingreso que debería corresponde a su creador: la sociedad. Al quedarse el titular de un espacio con la renta social se está apropiando de un producto que otros han generado.

# la renta SOCIAL

10

# CONSTITUCIÓN DEL ORDEN ECONÓMICO ARGENTINO

La totalidad de los Estados nacionales tiene un orden jurídico que regula las relaciones humanas a fin de lograr el eficiente funcionamiento del orden social. Ese orden jurídico tiene al *derecho positivo* como principal instrumento para lograr sus fines.

El derecho positivo tiene normas específicas para ordenar las actividades económicas dentro del territorio nacional. *Esa normativa es buscar y ordenar, regular, moldear y guiar los comportamientos económicos entre las personas, las empresas, las instituciones y el Estado.*

El derecho positivo se extiende como un manto sobre todo el orden económico nacional. Ordena las relaciones económicas de las personas entre sí y de las personas con los bienes materiales de producción. Regula las actividades de las empresas y las políticas de la economía pública estatal. Lo mismo hace con el consumo, los procesos de distribución de los ingresos, las finanzas y la comercialización de bienes. Finalmente coordina sus normas nacionales con las existentes en los convenios internacionales y ordena las relaciones de comercio internacional.

Ese plexo jurídico, que cubre y da forma a todo el orden económico, es tan intenso y extenso en las sociedades contemporáneas que hay quienes se atreven a afirmar que "*lo que no está expresamente prohibido está expresamente permitido*". Es decir que tanto lo permitido como lo prohibido tienen una norma jurídica que regula cómo deben ser las actividades económicas que se den en la sociedad.

Quizás esta afirmación sobre los alcances del derecho como ordenador de la economía no sea cierta en un ciento por ciento. Sin embargo, está muy cerca de describir la realidad. Por lo menos describe buena parte del orden económico argentino. En nuestro país son muy pocos los ámbitos o actividades económicos privados que no están ordenados por normas jurídicas. El derecho positivo tiene omnipresencia en materia económica. Establece lo que se puede hacer y cómo hacerlo. Pocas son las relaciones y las actividades que escapan al ordenamiento legal nacional, provincial y municipal.

En los albores de la civilización contemporánea el derecho positivo fue un reflejo de conductas y costumbres sociales que ordenaron la convivencia económica a través del tiempo. En esas instancias históricas, el derecho sólo daba forma jurídica a las conductas sociales forjadas en los usos y costumbres.

*Sin embargo, hubo un momento en el que las sociedades entendieron que podían liberarse de las tradiciones, las costumbres y las normas de convivencia que provenían del pasado. Se dieron cuenta de que podían ser artífices de su propio destino y no estar atadas a las costumbres. A través del derecho positivo, podían establecer nuevos objetivos sociales. Exigir a la gente nuevos comportamientos antes inexistentes.*

A partir de ese punto de inflexión, las normas jurídicas dejaron de representar los usos y las costumbres. Se convirtieron en el principal instrumento de ordenamiento económico en vista de objetivos a lograr en el futuro.

El pasado dejó de ser gravitante para establecer las pautas de convivencia del presente. Ya no era relevante repetir las conductas económicas que se habían dado naturalmente entre las personas. Era mucho más valioso establecer pautas de ordenamiento que permitieran construir un futuro visualizado como más valioso y mejor. Lo importante no era lo que se había hecho sino hacia dónde debía ir la sociedad. *El derecho se convirtió en el instrumento activo para fijar medios y objetivos económicos. Se convirtió en el ordenador de las conductas económicas de la sociedad.*

Nuestra Constitución Nacional y el Código Civil argentino, si bien tuvieron en cuenta el orden social dado en el pasado –basado en las costumbres, la legislación de la Colonia y las leyes de los gobiernos patrios–, decidieron establecer nuevas pautas jurídicas de ordenamiento económico. En base a objetivos considerados positivos establecieron normas de convivencia antes inexistentes. Buscaron ordenar las conductas sobre las cuales debían organizarse las personas de manera individual o colectiva para llevar adelante sus actividades económicas.

Los principios que inspiraron a nuestros constituyentes para ordenar la actividad económica estaban basados en la libertad de acción y la propiedad privada de los medios de producción. Al Estado se le asignó la función de garante de las actividades económicas de los particulares y se le asignó el papel institucional de representar el conjunto social para brindar los servicios de educación, salud, seguridad, defensa nacional, justicia y administración general del Estado.

# LOS FACTORES DE PRODUCCIÓN EN EL CÓDIGO CIVIL

Con respecto al trabajo y a los bienes de capital como factores esenciales de producción, las normas fijadas inicialmente por el Código Civil y nuestra Constitución Nacional reflejan principios sustentados en la libertad. Estimulan y protegen la libertad a todas las personas que quieran trabajar, comerciar e invertir en una actividad económica. Asimismo garantizan que cada trabajador e inversor pueda ser dueño de los resultados obtenidos por su participación en la creación de riqueza.

El *trabajo* fue considerado como el principal recurso que las personas tienen para hacerse de un ingreso para vivir y desarrollarse. La gente que aporta su trabajo a la producción de riqueza era la única beneficiaria de sus ingresos. Las personas físicas o jurídicas –como las empresas– tenían garantizada su libertad para planificar, trabajar, producir y comercializar en todo el territorio nacional sin más límite que su capacidad y el respeto a las leyes.

En el Código Civil, si bien se consagra el derecho a la libertad a trabajar, no incluye demasiadas disposiciones en defensa de los derechos laborales y sociales de los trabajadores, tal como los conocemos en la actualidad. Tampoco se hace referencia a las situaciones de marginalidad, desigualdad e inequidad en la distribución de los ingresos. Debieron pasar algunos años para la sanción del Código de Trabajo, que incluyó las primeras normas con protección para el trabajador. Tiempo después se sancionó una amplia legislación donde se establecen los principales derechos y garantías que rigen hasta el día de hoy.

En las normas constituyentes, el *capital* es aceptado por el ordenamiento jurídico como parte importante de la actividad productiva, garantizando beneficios y la titularidad sobre esas utilidades. Se establece la libertad para invertir y la propiedad privada sobre el capital. El Código Civil promueve y garantiza la libre planificación de la actividad económica de las empresas y la propiedad privada de los factores de producción.

La *tierra* en el Código Civil es considerada un factor de producción sujeto a apropiación privada, y se otorga a sus titulares el derecho a su uso, explotación y comercialización. La mayoría del espacio territorial de Argentina fue puesto a disposición de las personas. Quedaron excluidos algunos espacios territoriales, los límites de los ríos, mares o espacios estratégicos por sus recursos naturales. También se establecieron disposiciones para aquellos territorios que quedaron bajo la jurisdicción de la economía pública estatal nacional y provincial.

El *Estado* –según los principios constituyentes– era el principal responsable de garantizar el funcionamiento del orden económico a cargo de los integrantes de la sociedad. Al Estado le asignaron responsabilidades económicas como el cobro de impuestos, generación de instituciones bancarias, participación en actividades económicas o la administración de los puertos. Era el responsable del control de la moneda y podía endeudarse para realizar obras públicas. Se le asignaron responsabilidades administrativas, judiciales, políticas, de seguridad, de defensa, en las relaciones exteriores y de servicios públicos como educación y salud. A tal fin se establecieron normas para que la economía pública tuviera la posibilidad de obtener recursos de la economía privada y ejercer su presupuesto que debía ser aprobado por el Congreso Nacional.

## EL ORDENAMIENTO ECONÓMICO ARGENTINO

A partir de la sanción en 1853/60 de la Constitución Nacional, el ordenamiento social no quedó acotado estrictamente a los principios doctrinarios que inspiraron la redacción de la Carta Magna. El Parlamento y los ejecutivos que se sucedieron rectificaron y reformularon legislativamente los principios constituyentes. Las leyes progresivamente fueron corrigiendo y ampliando la normativa reguladora del orden económico.

Los legisladores consideraron que la organización económica imaginada por los padres fundadores de la República no generaba todos los efectos esperados. *Entendieron que la libertad de los particulares para organizar la actividad económica y la limitada intervención del Estado para controlar desequilibrios e injusticias sociales había dado lugar a un orden económico contrario al progreso y la igualdad.*

La libertad para planificar de manera individual una actividad económica y de acceder sin obstáculos a los factores de producción no existía de la manera que se establecía en la Constitución. Tampoco los nativos e inmigrantes accedían libremente a un trabajo digno ni a salarios suficientes para satisfacer sus necesidades. La posibilidad de competir en igualdad de condiciones por parte de los trabajadores y las empresas no era lo habitual ni se había extendido como imaginaron los constituyentes.

Los monopolios empresariales y la concentración de tierras en poder de pocos terratenientes era tan frecuente como la ausencia de oportunidades de empleo. Lo mismo ocurría con la explotación laboral y la dificultad de acceder al espacio para vivir y trabajar. La marginación social y la inequitativa distribución de los ingresos emergieron con toda intensidad al poco tiempo de comenzar la Organización Nacional.

*No pasaron más de unas décadas desde la sanción de la Constitución Nacional y su reforma de 1860 para que el orden económico argentino mostrara que tenía algunas fallas estructurales que generaban resultados negativos en cuanto a la producción y la distribución de los ingresos.*

Es cierto que la Organización Nacional permitió un nivel de desarrollo industrial que acompañó a la producción de las materias primas generadas en el campo. También se trazaron importantes vías de comunicación en caminos y ramales ferroviarios por todo un país que necesitaba integrarse debido a su amplia extensión y sus pocos habitantes. Ese importante crecimiento atrajo a capitales internacionales y a millones de inmigrantes de todo el mundo.

Nuestro país fue un atractivo para la inmigración por los altos salarios existentes y las posibilidades de crear empresas sin demasiadas restricciones. La falta de clases aristocráticas o de nobleza permitió que todos los inmigrantes tuvieran en su momento una oportunidad para "*hacerse la América*". Argentina se mostraba como una tierra promisoria y llena de oportunidades. Su crecimiento fue tan vertiginoso que en tres décadas se ubicó entre los países más pujantes a nivel mundial.

Sin embargo, por debajo de ese desarrollo económico se incubó un desequilibrio económico estructural con efectos negativos para el orden social. Efectos negativos que con los años salieron a la superficie y mostraron grandes desigualdades sociales y terminaron frenando el crecimiento económico.

A principios del siglo XX los conflictos obreros, las crisis políticas y el estancamiento económico fueron las características del país. Eran el reflejo de que el orden económico existente no generaba empleo, igualdad de oportunidades y crecimiento.

La dificultad para lograr un proceso económico articulado con igualdad de oportunidades y equitativa distribución de los ingresos fue determinante para que los gobiernos decidieran cambiar el derecho positivo establecido en la etapa constituyente. Nuevas leyes fueron sancionadas para construir un orden económico de acuerdo con nuevos objetivos sociales que se expandían por el mundo. En ese momento comenzaron a forjarse los cimientos de los principios que constituyen el actual *pensamiento dominante*.

El derecho positivo una vez más fue el instrumento utilizado para ordenar la economía y las actividades de la gente. Progresivamente se fueron sancionando normas que buscaban corregir lo que se consideraba que debía ser corregido para lograr un orden económico más eficiente y más justo. Cada gobierno sancionó leyes para enfrentar los problemas coyunturales y estructurales que surgían en el seno de la sociedad. Cada gobierno intentó moldear el orden económico de acuerdo con su ideología.

El efecto no querido fue que muchas de las normas sancionadas por los diferentes gobiernos –según su signo ideológico– terminaron siendo contradictorias entre sí. Además, buena parte de ellas eran contrarias a los principios sobre los que se sustentó la Constitución.

*La sanción de normas con objetivos ideológicos diferentes y ordenamientos sociales contradictorios ayudaron a incrementar la desarticulación del precario orden económico argentino.* Se desordenó aún más la desequilibrada economía. En vez de ordenarla, las normas jurídicas instalaron un desorden económico crónico. No sustentable para el crecimiento y la justa distribución de los ingresos.

Ese desorden crónico y el descalabro normativo, con leyes que no producían los efectos positivos esperados, terminó desorientando más a las personas, a las empresas y al propio Estado. Ese desorden incrementó la desigualdad, los privilegios y la falta de progreso.

*Los gobiernos de origen democrático y los dictatoriales que se dieron en Argentina en el siglo XX tenían bastantes diferencias ideológicas. Sin embargo, en su accionar tuvieron características que los asemejan en su manera de ordenar la sociedad. Por un lado, utilizaron el derecho como el instrumento fundamental para moldear y regular el orden económico detrás de sus objetivos. Por el otro, ambas clases de gobiernos desconfiaban de la capacidad de las empresas y de la planificación individual para lograr un orden económico generador de mayor producción y equidad social.*

Más allá de los matices que diferenciaban a los gobiernos democráticos y los surgidos del poder de la fuerza, ambos tipos de gobiernos sostenían que la economía, la justicia social y el crecimiento económico eran temas muy importantes como para dejarlos librados a la voluntad y la decisión de la gente. El Estado debía intervenir ocupando los espacios de las personas y de las empresas. El Estado debía ser el que fijara los objetivos económicos y ordenara la sociedad detrás de éstos.

Las razones de esa intervención pública en la economía tenía fundamentos diferentes según el signo ideológico de cada gobierno. Los conservadores consideraban que la gente trabajadora no tenía la cultura suficiente para decidir por su propia cuenta las actividades económicas que hacían al progreso nacional. Los gobiernos populares consideraban que los grupos económicos dominaban a los trabajadores para su propio beneficio. Beneficios que, por otra parte, eran contrarios al interés nacional. Esto debía ser corregido con la intervención del Estado.

Con cada gobierno, según su signo ideológico, los actores y beneficiarios del orden económico fueron distintos. Pero el ordenador de la economía siempre fue el mismo: el Estado. El eje del ordenamiento económico, en ambos tipos de gobierno, se trasladó de los planes individuales de los integrantes de la sociedad a los planes gubernamentales surgidos del seno del Estado.

*A partir del siglo XX, todos los gobiernos compartieron la idea de que el Estado era el único "garante imparcial" que podía organizar un orden económico productivo. El único que tenía la capacidad de fijar los objetivos económicos que hicieran grande a la Nación.*

Las políticas públicas se convirtieron en el eje y el norte de la actividad económica nacional. Los planes individuales debieron organizarse de acuerdo con los objetivos y las normas fijadas por los gobiernos. La economía pública estatal comenzó a influir en todo el orden económico.

La regulación y el ordenamiento estatal de la actividad de las empresas, el comercio, el consumo y el trabajo fueron acompañados por una expansión de las actividades y el gasto de la economía pública. Consecuentemente el Estado tuvo necesidad de acceder a mayor cantidad de recursos de la economía privada para financiar sus proyectos. Cuando esos recursos fueron insuficientes, en la medida en que la economía pública tenía cada vez más objetivos, se apeló al endeudamiento y a la inflación.

Cuando el orden económico entraba en crisis y era necesario realizar *ajustes* desde el Estado, el sistema político institucional fue arrastrado por la crisis. Los gobiernos eran sustituidos –por la fuerza o las urnas– por otros gobiernos de diferente ideología. Cambiaban los gobiernos y las ideologías, pero el pensamiento dominante que guiaba a las políticas económicas públicas seguía siendo el mismo.

En Argentina, a mediados del siglo pasado se consolidó el pensamiento económico dominante que aún perdura. Ese pensamiento sostiene que la economía pública estatal –en especial la que surge del Ejecutivo Nacional– debe ser el actor protagónico y el organizador del orden económico argentino. Las personas, individualmente, las empresas, las instituciones y toda la sociedad deben regular sus actividades a partir del ordenamiento económico que establezca el Estado. *El Estado es el ordenador del proceso productivo y de distribución nacional. Los planes económicos del Estado y sus representantes, los gobiernos, siempre están sobre los planes que puedan libremente diseñar las personas y las empresas.*

La supremacía de los gobiernos sobre las decisiones y los planes individuales se observa en todo el orden económico argentino. Su intervención directa en los mercados, las limitaciones al comercio exterior, el control de cambios, las estatización de las empresas, la fijación de salarios, el establecimiento de precios administrados, el otorgamiento de licencias para poder emprender una actividad, la regulación de las empresas, los gravámenes y retenciones, la presión de la AFIP para que acompañen las políticas gubernamentales, la emisión monetaria, los subsidios y el control de la demanda global son sólo algunas muestras que permiten ver claramente que el orden económico argentino es resultado del ordenamiento estatal.

## HACIA DÓNDE DEBEMOS IR

Ha pasado más de una centuria y el orden económico argentino no logra encontrar un sendero estable y de crecimiento autosostenido. Un camino duradero que permita que toda la sociedad tenga el mismo nivel de oportunidades para producir y acceder a un ingreso suficiente para satisfacer sus necesidades. De manera permanente y cíclica la economía argentina rueda hacia ajustes públicos o crisis sociales que la hacen retroceder lo poco que avanza en momentos de bonanza.

Pareciera que el "*paciente Argentina*" no logra recuperarse para caminar por sí solo detrás de un objetivo de grandeza. Necesita desde hace mucho tiempo *muletas* para caminar. No confía en sus propias piernas ni en su capacidad mental. No confía en sí mismo para crecer y desarrollarse. La sociedad se ha acostumbrado a solicitar la ayuda del Estado para solucionar sus problemas económicos. La gente se ha convencido de que no es capaz de trabajar y producir sin las *muletas estatales*.

El 90% de la gente que votó en las elecciones de 2011 lo hizo por partidos que promueven diferentes tipos de muletas estatales. Pocos fueron los que votaron para que los dejen trabajar y producir sin interferencias de los gobiernos.

*Las muletas estatales pueden ser diferentes según los gobiernos o partidos políticos. Pero todas ellas reflejan un pensamiento dominante: la sociedad argentina considera que la única manera de caminar económicamente es a través de la intervención ordenadora del Estado en la economía. De ninguna manera piensa que la gente y las empresas puedan ser el motor para que la economía camine y trote hacia un crecimiento ordenado y pujante.*

El destino de bonanza que muchos auguraron para los argentinos en los comienzos de la organización nacional todavía no se ha alcanzado y parece estar muy distante. Algunos datos de nuestra historia muestran que no sólo el orden económico padece de crisis convulsivas de manera periódica, sino que la injusticia social, la falta de igualdad de oportunidades, la inseguridad jurídica y la ausencia de inclusión de muchos sectores sociales siguen tan vigentes como hace una centuria.

Tampoco pretendemos negar otras realidades venturosas y positivas. No queremos ser ciegos y negar que la economía argentina comparativamente ha mejorado en los últimos cincuenta años. En muchos aspectos, diferentes sectores sociales han alcanzado mejores niveles de desarrollo económico, que en algunos casos nos llenan de orgullo. La globalización y las ventajas comparativas, resultantes de nuestro extraordinario territorio para la producción, han permitido que sectores de la población hayan mejorado notablemente su condición económica.

*Sin embargo, ese crecimiento es bastante inferior al que lograron otros países de la región en iguales períodos de tiempo. Ese crecimiento es muy inferior de lo que podría aspirarse de acuerdo con los recursos naturales y humanos que tiene Argentina. Ese desarrollo no ha podido eliminar muchas desigualdades existentes y la falta de oportunidades para construir una vida digna. Tampoco ha podido evitar la creación de nuevos bolsones de pobreza a lo largo de todo el país.*

Es necesario agregar que en Argentina también ha habido otros avances muy importantes que superan lo estrictamente económico. El principal ha sido el establecimiento definitivo de la democracia como forma de gobierno y la continuidad de las instituciones políticas, que parecía que habíamos perdido para siempre bajo nefastas dictaduras. Tampoco pueden negarse los logros obtenidos en el área de la cultura, la ciencia o el deporte. No sólo se han expandido para beneficiar a buena parte de la sociedad sino que en algunos casos brillan para felicidad de todos.

Sin embargo también en esas áreas que hacen al orden social todavía quedan muchas asignaturas pendientes y existen otras tantas en las cuales estamos en peores condiciones que décadas atrás. Me refiero concretamente al área de la educación, la seguridad, el transporte, la salud pública, el medio ambiente, las viviendas y la defensa nacional. Todos padecemos su falta de crecimiento cuantitativo y cualitativo.

El limitado crecimiento económico argentino en comparación de lo que tendría que ser y los retrocesos evidentes en áreas que hacen al orden social tienen muchas causas. No compartimos ideas deterministas o monocausales. Sin embargo, creemos que existen causas que, sin ser únicas, son determinantes en cuanto a limitantes del progreso. Son causas que se originan en la constitución de nuestro orden económico, las erróneas políticas de la economía pública estatal y en el pensamiento dominante que impide ver otras opciones superadoras.

*La incapacidad de realizar un buen diagnóstico de nuestros problemas por tener los ojos nublados por ideas anticuadas e ineficientes es en parte responsable de los padecimientos existentes. La sobrevaloración del Estado como artífice inobjetable y único para lograr el desarrollo económico parece excesivo. Desconfiar de la capacidad de la gente para organizar sus actividades económicas es un error que no se compadece con la democracia y una sociedad más justa.*

La falta de confianza en la gente, constituida por emprendedores, trabajadores, comerciantes, consumidores y empresarios independientes es una de las causas de nuestro limitado desarrollo económico y progreso social. *No confiar en la gente por considerarla incapaz de forjar su propio destino es tan negativo como creer que sólo el Estado puede encauzar el desarrollo y lograr la justicia social.*

Nuestro orden económico-social refleja muchos aspectos negativos que deben ser analizados para descubrir las razones de las cíclicas crisis económicas que suceden desde 1890. Esos hechos negativos no implican negar la existencia de innumerables hechos positivos o valiosos que deben ser destacados. Hechos que conocemos por la publicidad de los gobiernos, por la expresión de los sectores sociales que se han beneficiado o por quienes defienden sus banderas partidarias.

Los hechos positivos –más allá de quien los haya realizado– deben ser mantenidos y en lo posible mejorados. No pueden desconocerse por razones ideológicas. Pero esos hechos no deben tampoco ser usados para ocultar situaciones que merecen ser solucionadas. No pueden justificar las enormes injusticias prevalecientes y el desorden económico que periódicamente termina en profundas crisis sociales y ajustes a los ingresos de los que menos tienen.

*El objetivo de este libro es poner de relieve algunas de las causas –que no son las únicas– que inciden negativamente para que la gente pueda crecer y progresar económicamente. Nuestro propósito es evaluar cuáles son las deficiencias del orden económico argentino. Cuáles son las barreras que impiden que las empresas quiebren y no puedan permanecer en actividad por más de dos años. Cuáles son las barreras que impiden que los trabajadores accedan a un empleo y sean dueños íntegros de su salario.*

*El objetivo complementario del libro es mostrar que las mismas razones que afectan la rentabilidad de las empresas también inciden negativamente en los ingresos de los trabajadores, los consumidores y los comerciantes. Las mismas razones que afectan a todo el orden económico para que alcance su máxima expresión, tanto productiva como distributiva.*

*Finalmente, el libro intenta mostrar los resultados alcanzados por las políticas destinadas a reemplazar la economía privada por la economía pública estatal. Los efectos sociales que resultaron de que el Estado asumiera el rol exclusivo de ordenar las actividades económicas de los argentinos. Se busca evaluar si esas políticas públicas de ordenamiento fueron efectivas para encontrar el sendero que conduce al progreso de la gente, la equidad social y la inclusión de todos los argentinos en el proceso productivo.*

## DATOS QUE HABLAN POR SÍ SOLOS

No es necesario un exhaustivo análisis de la realidad económica y social argentina para reconocer que no es de lo mejor. Ciertos datos son ejemplificadores. Ponen en evidencia que el orden económico presenta desequilibrios que afectan seriamente su funcionamiento productivo. Muestran que la desigualdad social no ha disminuido, la productividad es deficiente, la marginalidad se incrementa y el país se encuentra lejos de lograr un progreso estable, autosostenido e inclusivo para todos los sectores sociales. Son datos que ponen de relieve que las políticas económicas implementadas no reflejan que se están haciendo las cosas bien para alcanzar un aceptable nivel de progreso y bienestar de toda la sociedad.

La productividad en nuestro país está seriamente dañada. Su dato más significativo se refleja en el hecho de que la actividad empresarial no logra consolidarse ni expandirse. Mucho menos cruzar las fronteras nacionales para generar divisas. De cada 100 empresas que se emprenden por año sólo dos permanecen en actividad después del décimo año, no sin antes ir a los tumbos dejando deudas, trabajadores con bajos salarios y proyectos inconclusos.

La mitad de la población no tiene vivienda propia. Sobre una población de 40 millones de personas, sólo existen aproximadamente 10 millones de viviendas según el último censo. *De esas viviendas, 2.145.000 son casas con piso de tierra o ladrillo suelto. Más del 15% de esas viviendas son precarias, con carencias elementales en razón de ser ranchos o casillas de chapa ubicadas en villas de emergencia o zonas rurales.* Villas que han crecido cerca del 30% en la última década según revelan datos de ONG no vinculadas a los gobiernos que son renuentes a dar esos datos.

Uno de cada cinco argentinos vive en hogares precarios. A ese dato hay que agregar otro dato igualmente significativo que arroja el censo de 2010. De tres a cuatro personas, sobre un total aproximado de 2 millones, viven en el mismo cuarto, dando lugar a un "hacinamiento crítico".

Entre los argentinos que tienen vivienda propia o alquilada, sólo la mitad tiene cloacas o gas natural. Esto pone de relieve que buena parte de la población vive en un contexto de insalubridad y padeciendo el frío invernal. La misma carencia ocurre con el agua potable. Más del 50% de la población no tiene agua corriente que el Estado debería garantizar desde hace más de 100 años, cuando Pellegrini nacionalizó Obras sanitarias de la Nación.

El censo de 2010 refleja que cerca del 15% de las viviendas no cuenta con heladera para conservar sus alimentos y tener una vida acorde con el siglo que vivimos. El 22% de las zonas urbanas está rodeado de basurales contaminantes y generadores de cientos de enfermedades. En un país de más de 3 millones de kilómetros cuadrados de superficie, la mayoría de la población vive hacinada en centros urbanos con viviendas que no superan los 40 metros cuadrados.

*El mercado negro o informal alcanza el 45% de la población que trabaja y cerca del 35% de los que realizan una actividad empresarial.* El grado de evasión fiscal y la doble contabilidad no han sido medidos, pero se estima que deben ser superiores al 80% sobre la totalidad del comercio y los emprendimientos empresariales.

Los trabajadores que forman parte de la economía informal carecen de seguro social o no pueden acceder a la medicina prepaga. Tienen que padecer la asistencia de los hospitales públicos, que hace décadas dejaron de ser centros de excelencia a pesar del esfuerzo de muchos médicos y auxiliares con vocación de servicio. Todos sabemos de la importancia del factor humano en la salud, pero también sabemos que en la actualidad es casi irrelevante si no se complementa con la tecnología y los medicamentos que la medicina requiere.

En 2011 el 85% de los trabajadores asalariados tenían un ingreso inferior a los 4500 pesos. Salarios que en términos reales se diluyen por la inflación existente. Salarios que no alcanzan para satisfacer todas las necesidades de quienes los perciben.

*La presión impositiva alcanza el 37% de los ingresos de la gente que trabaja, produce y consume.* De cada 10 pesos, el Estado se lleva aproximadamente 4 pesos, dejando sólo 6 a los que trabajan para satisfacer sus necesidades. El Estado argentino, como nunca en su historia, recauda anualmente a moneda constante el 100% más de lo que recaudaba hace 10 años.

La recaudación en 2011 alcanzó una cifra cercana a 400.000 millones de pesos. Sin embargo, esa recaudación no se distribuyó de manera igualitaria, racional, ni se invirtió en la infraestructura que el país requiere. A diario se conocen aportes públicos a empresas crónicamente deficitarias. Aerolíneas Argentinas y Ferrocarriles son casos emblemáticos. Es un gasto sin fin ni criterio para abastecer intereses gremiales, políticos y económicos. La sociedad es un espectador que paga con sus impuestos para no beneficiarse con ningún servicio óptimo.

La corrupción a partir del otorgamiento de concesiones a los amigos del poder y el despilfarro del gasto público se ha extendido en toda la administración pública. *El resultado de tanta irracionalidad y corrupción es conocido: a pesar del aumento de la recaudación, los recursos son insuficientes para afrontar el gasto público. Mientras que cientos de funcionarios se convierten en "super millonarios".*

La presión impositiva sumada al exceso de reglamentaciones habilitantes e innumerables normas sancionadas por gobiernos nacionales o provinciales se han convertido en una telaraña que atrapa a todo emprendedor que quiera llevar adelante una actividad económica. Lo atrapa y finalmente lo devora. *Según los datos de 2011 del Banco Mundial, nuestro país se encuentra en el puesto 113 sobre los 180 países que más trabas y obstáculos administrativos ponen a las empresas para que inicien sus actividades. Puesto que llega al 169 si se trata de la actividad de la construcción en un país que tiene un déficit de más de 6 millones de viviendas.*

La inversión de capitales internacionales en Argentina ha sido poco significativo en la última década. Los datos del Banco Mundial nos ubica en el sexto lugar en la escala de países que recibieron porcentualmente más inversiones en América Latina. Por ser Argentina el segundo país en extensión de la región y tener un potencial extraordinario por sus recursos naturales, resulta *curioso* que los capitales prefieran invertir en otros países. Las razones que trascienden suelen ser las mismas de siempre: la falta de seguridad jurídica, la falta de transparencia en los permisos públicos y la hostilidad a las inversiones extranjeras. El caso más reciente fue el que surgió en YPF y los inversores españoles.

Lo mismo ocurre con los trabajadores del mundo. La mayoría no busca a nuestro país como el lugar apropiado para emigrar, trabajar y desarrollarse. La dificultad de acceder a puestos formales de trabajo, la baja rentabilidad de los salarios y la xenofobia implícita contra los inmigrantes de países vecinos, hace que la inmigración cada vez sea menor. Hace tiempo que las corrientes migratorias europeas, asiáticas, árabes o judías se cancelaron. Lo mismo está ocurriendo actualmente con las corrientes migratorias de Latinoamérica que perciben que los salarios no rinden e incluso son inferiores a los de sus países de origen.

La concentración monopólica de los grupos económicos privados sigue su línea ascendente desde hace tiempo. Cambian solamente sus titulares circunstanciales de acuerdo con las *relaciones de amigos* que impulse el gobierno de turno. La concentración económica crece a la par de la corrupción. *Nuestro país se ubica entre los países con mayor nivel de corrupción gubernamental. Complementariamente, ocupa los últimos lugares de los estados analizados por su transparencia de la administración pública.*

Con respecto a la concentración económica por parte de empresas privadas no existen demasiados datos. Normalmente esa información no toma estado público, salvo algunas denuncias sectoriales cuando los gobiernos se enfrentan a un grupo de interés por razones políticas o porque quieren transferir los monopolios a otros amigos como en el caso Clarín o Telecom. Sin embargo, la concentración monopólica es alta y se extiende por todo el territorio con el beneplácito de los gobiernos. Como muestra de esa concentración podemos dar un dato relevante. *Según los últimos informes de 2010 sobre las empresas registradas y autorizadas por el Estado para comercializar internacionalmente, sólo 30 empresas dominan el 62% de las exportaciones nacionales.*

Cuando se pone la mirada sobre el campo, la concentración no es menor. La gran cantidad de tierras en poder de pocos titulares es muy importante. Grandes extensiones de territorio se encuentran bajo la titularidad de pocos propietarios. Los pequeños agricultores y pymes del campo han disminuido en número y su capacidad productiva con respecto a la década del 90. Según el último censo se produjo una merma de empresas agrarias con respecto al censo anterior. *De aproximadamente 300.000 emprendimientos agrarios existentes en 1990, la cantidad se redujo a 150.000 en 2010.*

El desempleo –que ha sido el objetivo a superar de todos los gobiernos y contra el cual el Estado ha emprendido la mayor cantidad de acciones– se resiste a desaparecer. En la actualidad el desempleo prevalece sin variaciones significativas. Tomando como referencia a los últimos 30 años, sacando la crisis del 2000-20001. Ante el fracaso de las políticas económicas para erradicarlo estructuralmente los gobiernos terminan otorgando desde cajas PAN hasta subsidios a los desempleados. Todo acompañado con el constante aumento de empleados públicos con el fin de absorber a los desempleados que crecen a igual ritmo.

*La cifras del último censo muestran que el 22% de la gente que trabaja es empleada para el Estado de manera directa.* Los edificios públicos están abarrotados de personal que no tiene tareas específicas ni objetivos claros que cumplir; sin embargo, como es propio del comportamiento humano no dejan de reclamar mejores condiciones laborales y mayores salarios. Estas demandas laborales incrementan el gasto público y llevan a los gobiernos a la emisión de moneda cuando los ingresos no son suficientes.

Los subsidios que distribuye la economía pública buscan ayudar a los que menos tienen para que al cabo de un tiempo puedan ingresar en el proceso productivo. Sin embargo, eso no ha ocurrido en las últimas décadas. Los subsidios no lograron los objetivos de inclusión al proceso productivo ni la eliminación de la indigencia. Tampoco mejoraron la actividad de las empresas subsidiadas.

En nuestro país los subsidios no sólo han sido destinados a los que menos tienen; se han extendido de igual forma a las empresas que por ineficiencia y falta de rentabilidad deberían haber cancelado sus actividades. Cada vez son más las empresas privadas que se encuentran beneficiadas por subsidios que les permiten seguir sus actividades evitando la competencia del mercado y obteniendo beneficios incalculables. Desde las empresas de transporte colectivo hasta decenas de medios de comunicación deberían haber cesado su actividad por ineficientes e improductivos. Su lugar debería ser ocupado por empresas rentables y eficientes.

La lista de hechos negativos que frenan el crecimiento y el progreso de Argentina es mucho más extensa que la de los éxitos que los gobiernos declaman. Los hechos negativos muestran problemas estructurales que con el tiempo se convierten en una barrera del crecimiento económico. Los éxitos anunciados por los gobiernos en general son paliativos que no solucionan los problemas de fondo que padece el orden económico desde hace tiempo. Son sólo muletas que permiten, en algunos casos, que el paciente avance unos pasos. La enfermedad sigue igual. Teniendo en cuenta cómo se presenta el orden económico nacional, el *paciente Argentina* nunca podrá alcanzar la plenitud y potenciar sus capacidades.

Detenernos en cada problema o hecho negativo haría muy extenso el trabajo. Se ha tratado de no profundizar con el fin de mostrar el panorama general del orden económico argentino. *Se buscó mostrar que la situación de los trabajadores y las empresas no se ha modificado de manera significativa en las últimas décadas en comparación con el desarrollo de la economía mundial y el potencial de nuestro país. Los problemas estructurales, que hacen a una vida más digna, siguen vigentes. La falta de vivienda, de servicios de salubridad, de seguridad, de empleo y posibilidades de un desarrollo personal no ha mejorado o por lo menos se mantiene por debajo de lo que el país podría lograr.*

En este trabajo se han dado algunas razones que explican la existencia en Argentina de lo que podría denominarse un *dinamismo-estático. El país parece moverse hacia el crecimiento pero pasan los años y se mantiene en el mismo lugar.* Parte de este estancamiento se debe a que los gobiernos y los políticos no confían en la gente ni en su capacidad de acción económica. Consideran que la gran mayoría es débil para enfrentar a los grupos de poder. Por otra parte, creen que las personas, al dejarlas en libertad de acción, se encaminan detrás de intereses individuales que normalmente son contrarios al interés social. Por esta razón, el Estado ha asumido el papel de ordenador social y se ha puesto sobre las espaldas una actividad que le corresponde emprender a los 40 millones de argentinos. Ha emprendido cientos de políticas que no han arrojado los resultados prometidos.

## LO QUE NO CAMBIÓ

No hay duda de que la economía pública estatal es absolutamente importante en la actualidad. Es necesaria para apuntalar la actividad de las empresas, asegurar el derecho de los trabajadores y controlar que no prevalezcan los privilegios que atenten sobre la justicia social y la igualdad de todos los sectores sociales. Su participación en el ordenamiento social y económico está fuera de toda discusión en un mundo altamente complejo y de intereses que afectan al conjunto social.

*Lo que merece un debate es otro tema: definir cuáles son los alcances de la participación del Estado como ordenador de la economía nacional y cuáles son los límites de la presión impositiva que castiga a los que trabajan, invierten o consumen.*

Reconocer la importancia que tiene el Estado en el apuntalamiento de la economía moderna no implica desconocer la importancia de las empresas y los trabajadores en el crecimiento económico y el progreso social. El Estado no debe ocupar el lugar de las empresas y su función en el orden económico. No debe limitar o entorpecer la actividad de la economía privada. El Estado debe intervenir para eliminar barreras que impidan que las empresas y los trabajadores alcancen su máximo potencial de ingreso. Debe ser el custodio de la igualdad de oportunidades, impidiendo acciones destinadas a ejercer un dominio sobre el mercado o los trabajadores.

Las empresas son el motor que impulsa, junto a los trabajadores, el progreso de una sociedad. *Sin la existencia de empresas privadas que generen empleo, aumenten la productividad y potencien el consumo es poco imaginable una sociedad próspera. Sin trabajadores con la posibilidad de elegir un trabajo y obtener un ingreso de acuerdo con su participación en la creación de riqueza no es posible una sociedad justa. Empresas y trabajadores empujan de manera conjunta la expansión económica cuando existe un orden económico que no los castiga o les pone barreras para lograr sus objetivos.*

Empresas y trabajadores son los pilares de una economía moderna. Por lo tanto sus actividades y planes deben ser estimulados para que se expandan con libertad en un marco social de igualdad de oportunidades. El Estado no sólo debe garantizar sus derechos sino que debe proteger que no sean cercenados. Debe recurrir en auxilio de los trabajadores y las empresas cuando sus derechos son conculcados.

*El Estado debe garantizar un orden económico que permita una actividad económica plena, igualitaria, retributiva y competitiva, donde los trabajadores sean los dueños íntegros del producto de su trabajo y las empresas alcancen una rentabilidad que les permita generar empleos y eficiencia productiva.*

En el orden económico argentino no es posible alcanzar estos objetivos de manera plena. En parte porque las normas constituyentes y el posterior ordenamiento económico no ha sido certero para impedir la existencia de privilegios. Hay innumerables barreras que frenan la igualdad de oportunidades para el trabajo, la inversión y el desarrollo empresarial.

Los objetivos de progreso no se alcanzan con plenitud porque no se advierte que la intervención del Estado en la economía ha sido equivocada. Interviene en áreas que no debe hacerlo y está ausente en el ordenamiento de otras que hay que corregir porque son fuente de desequilibrios e injusticias sociales. Esta errónea participación estatal termina generando un sistema convulsivo y conflictivo que de manera recurrente aflora en nuestro país. No se aprende de las experiencias. Reiteradamente se insiste en políticas públicas que no generan los efectos deseados.

*Es un buen momento para cambiar paradigmas y revisar los idearios del pensamiento dominante*. Es necesario tener una visión crítica sobre el ordenamiento jurídico vigente –regulador del orden económico– para tratar de entender por qué las políticas públicas no han generado los resultados prometidos. Es un buen momento para analizar por qué los ingresos de los trabajadores son escasos. Por qué fracasan las empresas en su actividad económica. Es necesario romper dogmas para poder ver la realidad desde una perspectiva diferente a la que habitualmente se tiene.

Esa visión crítica debe comenzar con el análisis del derecho positivo argentino, que regula y ordena conductas económicas que generan efectos negativos y contrarios a los buscados. Normas que causan graves inconvenientes en el crecimiento económico, la distribución de la riqueza y la igualdad de oportunidades. Normas que directa e indirectamente castigan a las empresas y los trabajadores.

El Código Civil de Vélez Sarsfield tiene una gran incidencia en el ordenamiento económico argentino. Es el referente obligado de toda la legislación que lo ha sucedido. Por lo tanto, conocer sus fallas conceptuales sobre ciertos aspectos del funcionamiento del orden económico argentino es dar inicio a la recomposición del pensamiento dominante. Es dar un primer paso para levantar las barreras que impiden nuestro crecimiento y nuestra justicia social.

El Código Civil tiene un enfoque erróneo sobre el factor más importante de la producción: *el espacio terrestre*. Esta errónea percepción genera barreras para impulsar el crecimiento económico y conseguir mayor justicia social.

*El Código Civil no distingue que el titular de una parcela de nuestro territorio nacional recibe dos ingresos diferentes al disponer de la tierra y sus recursos naturales para su uso o usufructo. No distingue que el propietario, inquilino o usurpador de una parcela es beneficiario de una renta productiva y de una renta social.*

El titular de un espacio de suelo, como consecuencia del derecho de propiedad, tiene la posibilidad de obtener una renta por el aporte de sus dominios a la producción de la riqueza. De esa manera accede legítimamente a la llamada renta productiva.

No hay duda de que al titular del espacio terrestre le corresponde la *renta productiva.* Ese ingreso le corresponde por el aporte de los recursos naturales a la generación de bienes. Esa *renta productiva* normalmente está determinada en proporción a la riqueza obtenida en el proceso productivo. A mayor generación de riqueza por el aporte del espacio terrestre, más elevada será la renta productiva a distribuir entre los titulares del espacio. Sin embargo, el Código Civil también permite que el propietario del suelo se quede con otro ingreso que no es fruto de su trabajo ni resultado de la inversión de la tierra en la producción de riqueza. Es un ingreso que tiene otro origen. Es la llamada renta social que surge de la inversión de la sociedad en conjunto con la inversión del Estado. El resultado de la demanda social sobre la tierra y sus recursos.

Este ingreso no es producto del trabajo individual del titular del espacio o fruto de la incorporación de los recursos naturales a un proceso productivo. La renta social que se acumula sobre un espacio a consecuencia de la demanda sobre un bien escaso como es la tierra.

Muchas y diferentes son las razones por las que la gente –en un momento dado– puede demandar ciertas parcelas en lugar de otras. Sin embargo, lo relevante para un orden económico es que la existencia de la demanda social sobre la tierra y sus recursos genera una renta o ingreso al tenedor de un espacio. Poca importancia tienen las razones objetivas o subjetivas que hayan generado la demanda social, que por otra parte son siempre difíciles de determinar y certificar.

Cuando el trabajo y la inversión social se expanden sobre una región benefician a todas las parcelas que se encuentran incluidas en la zona. Eso permite a sus titulares hacerse de un ingreso. Poca relevancia tiene que el poseedor del espacio haya realizado una actividad económica sobre su parcela o construido un edificio sobre ella. La renta social se genera más allá de lo que cada propietario realice sobre sus dominios.

*El derecho real de propiedad establecido por el Código Civil –entendido como el derecho de su titular a acceder, usar, disponer y comercializar los espacios físicos terrestres– permite a su propietario apropiarse de la renta productiva y la renta social. La primera es legítima y empuja a la actividad productiva. La segunda es todo lo contrario. No existe legitimidad que justifique su apropiación por el propietario del suelo y las consecuencias de esa apropiación son muy negativas. Es una de las principales causas de la mala distribución de los ingresos, el estancamiento nacional, la quiebra de las empresas y los conflictos sociales.*

## POR VENTA O LOCACIÓN SE HACE LA DIFERENCIA

La apropiación privada de la renta social, de acuerdo con nuestro Código Civil, se logra a través de dos vías: *venta o locación*. En el caso de venta el propietario del inmueble transfiere el título del derecho real de propiedad al entregar la parcela al comprador, que en contraprestación entrega al vendedor un monto de dinero igual al precio de venta. *Ese precio de venta es resultado de toda la renta social acumulada sobre el espacio.*

En el caso de la locación de parcelas sucede exactamente lo mismo. El propietario constituye sobre el inquilino un derecho personal de uso del espacio contra el cual recibe un alquiler. *Ese alquiler es un porcentaje proporcional a la renta social acumulada sobre la parcela.*

*En un mercado abierto con sistema de precios, los valores de venta o alquiler de las parcelas están determinados por la renta social.* La renta social generada por la demanda de tierras y la inversión social es la que determina el valor a las parcelas. Es la renta social acumulada sobre las parcelas de nuestro territorio lo que marca el valor de cada metro cuadrado de tierra libre de mejoras.

La renta social y las mejoras aplicadas a la tierra son dos cosas diferentes. Que el titular del espacio, en el precio final de venta o alquiler, unifique los dos valores no debe llevar a confusión. La renta social se cuantifica sobre las parcelas libres de mejoras.

## LA DEMANDA SOCIAL HACE CRECER LA RENTA SOCIAL

La renta social es un importante termómetro para medir el grado de desarrollo social existente en una región o todo un país. En la medida que mayor sea el crecimiento y el progreso social en un territorio, mayores serán los precios que alcance la renta social acumulada sobre el espacio. Mientras más crece la población y económicamente se expande la sociedad, mayor es la demanda de las tierras y sus recursos. *Sin embargo, esos valores pueden crecer por encima de lo que deberían alcanzar si todo el territorio está ocupado. En este caso, la renta social se incrementa y se expande por encima de lo normal.*

Cuando todo el territorio nacional está ocupado, a medida que el trabajo privado o público siga aumentando, mayores serán los precios que tengan los terrenos. *No importa que el poseedor del espacio no haya realizado ninguna mejora sobre el terreno o haya construido un palacio. La renta social crecerá exclusivamente por la demanda de la sociedad. Esa renta será uniforme y sin ninguna variación entre aquellas que tienen un edificio y las que están prácticamente abandonadas. Esto es así porque la renta social acumulada sobre todas las parcelas libres de mejoras surge de la relación existente entre la demanda social y la escasez de la tierra.*

Cualquiera puede acercarse a una inmobiliaria para solicitar los precios de las parcelas libres de mejoras en el centro de la ciudad de Buenos Aires y recibirá un precio exacto por metro cuadrado. Cualquiera puede comprobar las diferencias de precios entre aquellos lugares densamente poblados con los que están deshabitados. La demanda sobre las tierras hace variar el monto de la renta social.

El precio de nuestro territorio es resultado de la renta social acumulada sobre cada espacio terrestre. Todos los argentinos tienen la posibilidad de conocer la evolución de la renta social y sus valores a través de la información del mercado inmobiliario. Cuando ese mercado es alterado, por ejemplo, por una ley de congelamiento de alquileres, la renta social verdadera se distorsiona. Aparecen los precios oficiales regulados y, por otro lado, un mercado negro que refleja el verdadero valor de la renta social.

Mientras exista más inversión social e infraestructura de servicios públicos, mucho más valdrán las parcelas de terreno ubicadas en las zonas adyacentes. Por esta razón las parcelas ubicadas en los centros urbanos con importantes mejoras públicas y privadas aumentan año a año sus precios. Todo el mundo quiere beneficiarse con esos servicios y demanda esos limitados lugares haciendo que la renta social crezca de manera permanente.

El valor que tienen los terrenos urbanos, por la gran demanda social para vivir en esas zonas, es tan elevado que se mide por metro cuadrado. Diferente es el caso de los espacios terrestres ubicados en el campo, que al tener una demanda social inferior se cuantifica por hectárea o kilómetro cuadrado.

Por las mismas razones, en una misma ciudad, parcelas intrínsecamente semejantes tienen valores diferentes. Las ubicadas en lugares de mayor demanda social valen más que las que tienen menor demanda de la gente. Un metro cuadrado ubicado en la calle Corrientes en el centro de Buenos Aires es notablemente más caro que otro semejante ubicado en el barrio de Almagro. Esos precios diferenciados surgen de la renta social acumulada sobre las parcelas. Renta que no tiene nada que ver con la actividad productiva realizada en la parcela o por la edificación existente sobre su superficie. El metro cuadrado de la tierra libre de mejoras es diferente porque la renta social acumulada es distinta como consecuencia de la variación de la demanda social.

La renta social acumulada sobre las parcelas no tiene que ver con los edificios o las mejoras materiales que se realizan sobre una parcela. La renta social acumulada sobre las parcelas no varía por las mejoras que se hayan construido sobre un espacio. Esas mejoras son capital, y como tal, al momento de su venta o locación, tendrán un valor adicional que se sumará al valor dado por la renta social.

Quien construya un palacio podrá cobrar un valor superior por esa edificación que quien construya una modesta casa. Sin embargo, si existen dos palacios similares ubicados en lugares diferentes, el precio final de cada uno será distinto si la demanda social es diferente. Esto explica que muchas veces la gente con viviendas en los suburbios diga –con su saber popular– que "*si esta casa estuviera en el centro valdría mucho más*".

Lo que el saber popular no distingue es que ese mayor valor de su casa resulta de la renta social y no de su construcción. La misma confusión tuvieron Vélez Sarsfield y los legisladores que sancionaron cientos de normas vinculantes.

La normativa jurídica vigente en nuestro país unifica equivocadamente bajo el concepto de *inmuebles* a dos cosas totalmente diferentes desde la perspectiva económica. Incluye bajo la denominación de inmuebles a la tierra y al capital constituido por los bienes materiales edificados o adheridos a las parcelas de tierra. *Confunde erróneamente a los recursos naturales sobre los cuales el hombre no tuvo ninguna participación en su creación con el capital, que es un bien creado por el esfuerzo del trabajo humano.*

Esa confusión y ese error establecidos en la normativa del Código Civil tienen consecuencias importantes cuando se establecen políticas impositivas y cuando se define cómo se distribuyen los ingresos entre los factores de producción.

Al incluir bajo el mismo concepto de inmuebles a la tierra y el capital se deja de percibir que la renta social sólo existe como consecuencia de las características particulares de la tierra por ser finita y escasa. El capital no genera renta social ni incrementa necesariamente su valor con el paso del tiempo. Al contrario, el capital físico, al sufrir desgaste con el correr de los años determina que su valor disminuya. A diferencia de la tierra cuyo valor aumenta con el paso del tiempo.

## LA OCUPACIÓN TERRITORIAL HACE CRECER LA RENTA SOCIAL

En un régimen jurídico como el argentino, donde rige la propiedad privada del espacio terrestre, lo que ocurre habitualmente es que al cabo de unos años todo el territorio nacional está jurídicamente ocupado. Esto ocurrió en nuestro país al finalizar el período de reorganización nacional y las campañas de colonización. La totalidad de las tierras dejó de ser libre. Todas fueron ocupadas jurídicamente por propietarios privados o el Estado. De esta forma, a mediados del siglo XX el territorio nacional estaba íntegramente ocupado aunque estuviera poblacionalmente vacío.

*Argentina es un país demográficamente vacío en relación con su extensión geográfica. Si tuviéramos la misma densidad demográfica que tiene Italia con respecto a su territorio, Argentina debería tener 600 millones de habitantes.* Italia, un territorio de 300.000 kilómetros cuadrados, alberga a 60 millones de personas, mientras que nosotros, con 3 millones de kilómetros cuadrados, somos solamente 40 millones de habitantes. No hay duda de que Argentina está vacía en comparación con la gente que podría albergar de acuerdo a la extensión de su territorio. Sin embargo, dado su desequilibrado orden económico, es un país donde sobra gente o falta espacio.

*Resulta evidente que Argentina es un país que no utiliza todo su potencial económico. Es un país que no emplea, no explota y no deja que la gente utilice los extensos territorios y los recursos naturales.*

Es un país que explota un mínimo de sus tierras agrícolas y recursos naturales que generosamente se extienden por nuestro vasto territorio nacional. Es un país con muy pocos centros urbanos o polos de desarrollo industrial. Hace décadas que no se generan nuevas ciudades y pueblos. Más bien lo contrario, cada vez son más los pueblos abandonados por su pobladores originarios.

Los argentinos vivimos hacinados en pocos centros urbanos rodeados de villas de emergencia. Paralelamente, al recorrer las ciudades argentinas, se puede apreciar que existen cientos de terrenos con edificación de una sola planta, cuando en esos lugares podrían albergar a cientos de personas en edificios de más de 50 pisos como todas las ciudades del mundo.

En las ciudades es normal ver espacios baldíos. Espacios desaprovechados que no siempre son resultado de obsoletos Códigos de Planificación que obligan a su abandono. La mayoría de esos espacios no se incorporan a la construcción de casas o negocios porque el orden jurídico instalado por el Código Civil alienta la especulación de la tierra. Sus tenedores saben que su mejor negocio es esperar que la demanda social les haga llenar sus bolsillos con altos ingresos. La renta social habrá de crecer y aquellos espacios que no valían nada pasarán a valer millones.

La ocupación jurídica de todo el territorio de un país hace crecer la renta social y por lo tanto el valor de la tierra y de sus recursos. Al ser la tierra un bien finito, la demanda social determina que las tierras suban su valor de manera constante si todo el territorio está ocupado. Si no hay tierras desocupadas jurídicamente, la demanda hace subir el precio de las parcelas.

Nuestros antepasados accedieron a la tierra en forma casi gratuita o por muy poco dinero porque la renta social era casi inexistente. Con el correr del tiempo, las nuevas generaciones y las corrientes migratorias tardías no tuvieron esa suerte. La ocupación jurídica de todo el país había hecho subir el precio de la tierra con lo cual no fue fácil acceder a ella para vivir o producir.

Esa es la descripción de lo que ocurrió en nuestro país entre finales del siglo XIX y principios del XX. Al comienzo de la organización nacional, el país estaba demográficamente vacío. La inversión pública era escasa, como lo era la inversión privada. Había grandes extensiones de tierra sin ocupar jurídicamente para aquellos que se aventuraban a abandonar la ciudad de Buenos Aires, la renta social era baja.

*La existencia de tierra barata y accesible atrajo a más de 6 millones de inmigrantes de todo el mundo. Tierras libres, parcelas con precios bajos y salarios altos fue un atractivo más que suficiente para que la gente llegara de a millones de todos los rincones del mundo. Sin embargo, al poco tiempo todas las tierras fueron ocupadas jurídicamente. La consecuencia directa fue el aumento del valor de las tierras.* La falta de espacios libres para afincarse, sumada al crecimiento demográfico producido por las corrientes migratorias, la inversión pública y la producción privada hizo subir exponencialmente la renta social.

Las últimas oleadas migratorias, ante esos precios del valor de la tierra, ya no pudieron constituir colonias agrícolas en todo el país, establecer empresas y obtener grandes ingresos con su trabajo. Al estar todos los territorios ocupados jurídicamente y ser inaccesibles económicamente por el crecimiento de la renta social acumulada sobre las parcelas, el sueño de Sarmiento de fundar 100 ciudades no se pudo concretar. Millones de inmigrantes quedaron varados en los suburbios de Buenos Aires, en conventillos insalubres y con salarios insignificantes. Otros millones alertados por esta situación cambiaron de destino, emigrando a otros países con más oportunidades.

## LA APROPIACIÓN PRIVADA DE LA RENTA SOCIAL

La normativa jurídica del Código Civil argentino que establece que los espacios de nuestro territorio están a disposición de sus habitantes para que puedan usarlos o usufructuarlos no es un mal sistema de organización social y económica. La historia muestra ejemplos por doquier, en el pasado y en el presente, de que cuando se limita o excluye la posibilidad de que los habitantes de una sociedad puedan ser propietarios del espacio para vivir o producir, los resultados sociales y económicos no son muy buenos.

Cuando la tierra no está disponible para la gente sino que es el Estado quien la administra, distribuye y otorga los derechos de uso, los resultado socioeconómicos son siempre malos. En lo político nacen la corrupción, los privilegios y las arbitrariedades. En lo económico, el rendimiento es bajo, la inequidad no desaparece, la desigualdad subsiste y las expectativas de mejor calidad de vida son un sueño incumplido.

No existen demasiadas dudas de que la propiedad privada sobre el espacio de un territorio es una manera de ordenar mejor la sociedad y aumentar las expectativas de progreso y calidad de vida de sus habitantes. Sin embargo, la apropiación de la renta productiva y la renta social por parte del propietario del espacio genera importantes inconvenientes. Es una barrera para el crecimiento económico, la igualdad, la competencia y la libertad. Es un obstáculo para alcanzar buena parte de los objetivos sociales y personales de sus habitantes.

*Esos desequilibrios y desigualdades sociales resultan de la apropiación privada de la renta social por parte de los tenedores o propietarios de la tierra y sus recursos. Los titulares del espacio argentino se benefician de la renta social que no han creado con su esfuerzo e inversión.*

La posibilidad que ofrece el Código Civil a las personas y las empresas para ser propietarios del espacio terrestre es importante para la construcción de una economía moderna y abierta. Sin embargo, permitir que ese uso y ese usufructo incluyan la apropiación de la renta social es un error que genera efectos negativos para el orden económico en general, en especial una barrera para el crecimiento empresarial y la justa distribución de los ingresos a los trabajadores.

## LA APROPIACIÓN DE LA RENTA SOCIAL DISMINUYE LOS INGRESOS DE TRABAJADORES E INVERSORES

Al acumularse la renta social sobre las parcelas de todo el territorio nacional, su propietario –en el momento de alquilar o vender– obtiene un ingreso que no es resultado de su esfuerzo. Es un ingreso que no resulta de la inclusión de su propiedad en un proceso productivo para generar riqueza. No es una renta productiva. *Es un ingreso a favor del propietario como consecuencia de la apropiación privada de la renta social, que termina afectando directamente los ingresos correspondientes a los trabajadores e inversores de capital.*

La finitud del espacio y el constante crecimiento poblacional impulsan la demanda social para acceder a parcelas para vivir o producir. Eso determina que el valor de los espacios crezca. Valor que se multiplica si el crecimiento de la población es acompañado por inversiones privadas y públicas. En ese caso, la renta social empuja exponencialmente los precios de la tierras. Es un crecimiento que aumenta en progresión geométrica al incremento de la demanda social.

*El crecimiento exponencial de la renta social, a medida que la sociedad trabaja e invierte, tiene una consecuencia negativa para los ingresos de los trabajadores e inversores. La necesidad de acceder a un espacio de tierra para vivir o producir determina que los inversores y los trabajadores deben disponer de parte de sus ingresos para pagar la renta social al propietario.*

*Sea por compra o locación, trabajadores o inversores deben abonar a los titulares de la tierra el valor de la renta social acumulada; único camino posible de transitar si quieren acceder a un lugar donde vivir, trabajar, comerciar o producir.*

*Ese pago al titular de un espacio al momento de comprar o alquilar es una merma a los ingresos de la gente de trabajo y de los inversores. Recursos económicos que les debieran corresponder íntegramente deben ser canalizados a alquileres o compras de un espacio para vivir o producir.*

Esa disminución de los ingresos puede ser de una sola vez, en el caso de la venta, o gradual en el caso de los alquileres. Lo sobresaliente es que en ambos casos, esa disminución de ingresos se incrementará con el transcurso del tiempo. La explicación es sencilla: en la medida en que la sociedad crezca y la población se multiplique, la renta social crece exponencialmente por la finitud del espacio.

Al crecer la renta social, se produce una mayor merma de salarios e inversiones a través del tiempo. Trabajadores y empresarios tendrán que disponer de más recurso para comprar o alquilar. De allí que pueda afirmarse que *a medida que la renta social aumente, por el crecimiento social y poblacional, los ingresos de los trabajadores e inversores serán proporcionalmente inferiores a los que deberían obtener en caso de no tener que pagar la renta social.*

Para una mejor comprensión de esta afirmación, es importante recordar algunos conceptos básicos sobre la matriz del proceso productivo. Esa matriz permite visualizar con mayor claridad cómo el pago de la renta social disminuye los ingresos de trabajadores e inversores de capital.

Dijimos que la producción de *riqueza (R)* –más allá de las complejidades que imponen la división del trabajo, el sistema financiero, el orden monetario, la tecnología y la globalización– es resultado del *trabajo humano (T)* auxiliado por el *capital (K)* y aplicado a los *recursos naturales (N)*. Es decir, $R=T+K+N$.

Esa *Riqueza (R)* generada en un proceso productivo es *distribuida* esencialmente entre quienes participaron en su creación. De esta forma, si observamos la riqueza desde la perspectiva de la distribución, debemos decir que la riqueza se distribuye de la siguiente manera: *los salarios (s) para quienes aportaron trabajo; los intereses (i) a quienes aportaron el capital y la renta productiva (rp) a los que aportaron los recursos naturales a la generación de riqueza. O sea,* $R = s+i+rp$.

En nuestro país, como consecuencia de la normativa del Código Civil, el titular de la tierra se apropia también de la *renta social (rs)* resultado de la demanda social y la inversión pública. Por lo tanto la *RIQUEZA (R),* se distribuye en forma de *salario (s)* para los trabajadores, en *intereses (i)* para los inversores de capitales, en *renta productiva (rp)* para los inversores de recursos naturales *y como renta social (rs) para* el tenedor de la tierra. O *sea la matriz de la distribución es:* $R = s+i+rp+rs$.

Si llamamos *Ingresos por producción (Ig)* solamente a los *salarios*, a los *intereses* y a la *renta productiva*, dejando por separado a la *renta social* que no resulta de ninguna actividad productiva, tenemos que la distribución de la Riqueza será la siguiente: $R = Ig + rs$. *Es decir que la riqueza se distribuye entre los generadores de bienes y el titular de la renta social.*

Si invertimos los términos de la fórmula de distribución de los ingresos expresada arriba, se puede observar cómo la apropiación de la *renta social (rs)* por parte del tenedor o propietario de la tierra hará disminuir los ingresos que les corresponden a los factores que han participado en la creación genuina de *Riqueza (R)*, es decir que: $Ig = R - rs$.

*Esa fórmula permite visualizar cómo los ingresos de los trabajadores y los inversores de tierra y capital sólo pueden acceder a un remanente de la riqueza producida. Sólo pueden acceder a la riqueza que queda una vez que el titular o poseedor del espacio se apropia de la renta social vía alquiler o venta.*

La expresión "remanente" no es casual. Siendo la tierra el único sustento para asentar nuestra existencia y el recurso imprescindible para producir bienes, no hay otra alternativa que acceder a ella para vivir y producir. Al estar la tierra jurídicamente ocupada, la única forma de acceder a un espacio es a través del pago de alquileres o compra con los ingresos generados por el trabajo y la inversión.

Al permitir el orden jurídico argentino la apropiación privada de la renta social –por venta o locación– se genera un desequilibrio en la distribución de los ingresos entre los partícipes en la producción de riqueza. La fórmula $R = Ig\text{-}rs$ muestra que los ingresos que perciben inversores y trabajadores dependen de la porción de riqueza que quede una vez apropiada de la renta social por los titulares del suelo. Esto es posible porque el titular del espacio tiene una posición de dominio real que le otorga un privilegio sobre aquellos que necesitan de su dominio para trabajar o producir.

*Cuando la renta social es apropiada por los tenedores del espacio territorial inexorablemente los salarios y las utilidades de las empresas disminuyen con respecto a lo que podrían percibir. No tener presente la causa real de esa disminución en los ingresos ha enfrentado y sigue enfrentando a los trabajadores y los empresarios a la hora de distribuir sus ingresos*. Los primeros claman por mayores salarios mientras que los segundos se lamentan de los pocos beneficios que arroja la actividad empresarial. Mientras tanto el tenedor del suelo ve incrementar sus ingresos como consecuencia del aumento permanente de la renta social.

Los trabajadores asalariados son los que más padecen la merma de sus ingresos por la apropiación privada de la renta social. Esto es consecuencia de que los trabajadores normalmente son inquilinos de las parcelas donde viven, y deben abonar a los propietarios siempre mayores alquileres a medida que la demanda hace subir la renta social.

Los comerciantes también padecen el suplicio del pago de alquileres de sus negocios. Ven desesperados cómo mes a mes los propietarios de los locales se llevan una buena porción de sus ingresos y son los causantes principales de la quiebra de sus emprendimientos. De esta forma los alquileres, fundados principalmente en la renta social, suben de manera permanente y disminuyen los ingresos de los inquilinos.

Según el censo de 2010, más de dos millones de hogares están ocupados por inquilinos en Argentina, mientras que cerca de un millón vive a "*préstamo*" en casas precarias en villas de emergencia. O sea que también alquilan de manera irregular. En el año 2001, los inquilinos registrados –sin los ocupantes a *préstamo*– eran sólo 1,1 millón. Dato significativo. En especial al comparar que en 10 años la cantidad de viviendas creció el 20%, mientras la cantidad de inquilinos creció aproximadamente el 75%.

La situación no es distinta para quienes tratan de evitar el pago de alquileres y deciden comprar una vivienda o negocio. En estos casos la merma de los ingresos se produce de una sola vez. Todos los ahorros, fruto del trabajo de años, desaparecen en un instante para pasar al patrimonio del titular de un espacio o parcela. Ahorros que podrían haberse destinado a mejorar la calidad de vida o invertir en actividades productivas de quienes los generaron con su trabajo.

Los trabajadores saben que sus salarios son insuficientes para afrontar el alquiler de sus viviendas y necesidades para vivir. El pago del alquiler les reduce su capacidad de vivir con holgura. Sin embargo, no perciben la raíz del problema. Por lo tanto enfocan su atención a los salarios que perciben. Consideran que el problema de que no puedan satisfacer sus necesidades radica en los magros salarios que perciben.

Los trabajadores entienden que los salarios no les alcanzan por culpa de los empresarios que no pagan lo que les corresponde. Consideran que la empresa es la única responsable de que sus salarios sean insuficientes para cubrir sus necesidades. Esta percepción los lleva a estar enfrentados con quienes les dan trabajo y a estar en permanente conflicto con las empresas. Mientras esto ocurre los titulares del espacio miran para el costado porque no se consideran parte del problema siendo los principales responsables de que los salarios no alcancen.

Los inversores de capital y los comerciantes tienen mayor poder dentro de un orden económico si lo comparamos con el que tienen los trabajadores. Pueden aumentar sus ingresos subiendo los precios. Circunstancias que no pueden transitar los trabajadores asalariados.

Las empresas y los comerciantes ante la baja rentabilidad de sus emprendimientos, resultantes en buena medida de la apropiación privada de la renta social, asumen posiciones hegemónicas. Con el apoyo o la tolerancia del Estado, terminan dominando el mercado a través de acciones monopólicas a fin de que los precios no sean resultado de la competencia.

Otro recurso al que apelan los empresarios para neutralizar los efectos negativos que genera la apropiación privada de la renta social es ir directamente a la fuente de sus males. Buscan que lo negativo se convierta en una ventaja.

Conocedores de los efectos que produce el aumento constante del valor de la tierra sobre sus planes económicos compran las parcelas que necesitan para producir, asentarse o extraer materias primas. De esta forma tratan de evitar la descapitalización creciente que significa el pago de una renta social. Saben que comprar tierras es la mejor inversión. Con el paso del tiempo no sólo recuperarán su inversión sino que aumentarán considerablemente sus ganancias por el aumento de la renta social sobre las parcelas adquiridas.

Esas acciones de protección que asumen algunas empresas tienen resultados parciales. No evitan los efectos generales que la apropiación privada de la renta social genera en todo el orden económico. Si bien los empresarios y los inversores evitarán pagar en el futuro un alquiler sobre las parcelas que han comprado –más allá de la descapitalización que significó la compra– seguirán pagando indirectamente la renta social. Cada bien que demanden o requieran para su actividad tendrá incluido su correspondiente renta social en el precio.

Es necesario reiterar que la baja rentabilidad empresarial y los escasos salarios no son sólo consecuencia de la apropiación privada de la renta social. *No existe una única causa que sea determinante de todos los efectos negativos que se presenten en un orden económico. Esto sería tener una posición determinista y monocausal que no comparto intelectualmente ni se presenta jamás en la realidad.*

Siempre he negado todo tipo de determinismo que conduce inexorablemente a teorías conspirativas y a políticas que limitan todos sus males a la existencia de un enemigo único. A lo largo del trabajo se ha puesto de manifiesto como la falta de idoneidad empresarial o la ausencia de un mercado competitivo son causantes de la baja rentabilidad empresarial y los bajos salarios. También nos hemos referido a los impuestos y a la inflación, entre otras causas que merman el poder adquisitivo. La apropiación privada de la renta social se suma, de manera relevante, a esa lista de motivos que producen resultados negativos en el orden económico. Pero a pesar de su importancia y gravitación no es la única causa, como hemos señalado.

## LA APROPIACIÓN DE LA RENTA SOCIAL OBSTACULIZA LA PRODUCCIÓN

La tierra y sus recursos es el principal factor para la producción de bienes, sean granos de trigo, chips para celulares o viviendas. Si este factor es escaso o la totalidad de sus recursos naturales no son puestos al servicio de la producción, se está condicionando seriamente la creación de riqueza de un país. Se está limitando el progreso social. Se impide el acceso al principal factor de la producción de riqueza: la tierra y sus recursos naturales.

*Cuando parte del espacio geográfico de un país no es puesto al servicio de la producción, las empresas tendrán importantes limitaciones para lograr el abastecimiento de materias primas para su actividad. No poner al servicio de la producción todos los recursos naturales disponibles conduce necesariamente a una disminución en la producción de riqueza. En el mejor de los casos se logran índices inferiores de producción de los que podrían obtenerse si todos los recursos fueran puestos al servicio de la creación de bienes. Esto es lo que ocurre en Argentina.*

*En nuestro país, la tierra y sus recursos no son colocados al servicio de actividades productivas porque su régimen jurídico de propiedad permite la apropiación privada de la renta social. Esta apropiación permite obtener grandes beneficios sin sacrificio ni inversión. Permite obtener ganancias sin producir ni trabajar. Permite especular con el trabajo y la inversión ajena.*

La economía es clara en el punto de describir cómo la gente actúa económicamente en su vida diaria. *Las personas buscan desarrollar las actividades económicas que les reportan el máximo beneficio con el mínimo esfuerzo.* Este principio básico es el que aplican los titulares del espacio territorial en nuestro país.

Los titulares del espacio de nuestro territorio saben que no hay mejor negocio que la especulación con la tierra. *Sin esfuerzo ni inversión, el valor de la tierra crece minuto a minuto. El trabajo social y el aumento de la población hacen que los ingresos de los propietarios de la tierra crezcan sin esfuerzo, ingresos que se obtienen al momento de alquilar o vender. Como dice la publicidad de una empresa inmobiliaria, "el mejor negocio de la tierra es la tierra misma".*

Todo titular de un espacio de tierra se pregunta en algún momento: ¿Para qué emprender actividades económicas intentando superar la maraña legislativa, evitar los controles arbitrarios de funcionarios públicos, lidiar con los trabajadores, pagar impuestos excesivos y arriesgar capital para ser catalogado finalmente como un empresario explotador? ¿Para qué enfrascarse en esa lucha sin cuartel, si tengo el mejor negocio bajo mis pies? Sólo tengo que esperar que el tiempo pase, la gente trabaje y la inversión pública se expanda para que mis ingresos crezcan. No hay que hacer nada. No tengo obligaciones y nadie me lo reprocha.

No hay negocio más seguro que la especulación con la tierra, esperando que crezca su valor por efecto de la renta social. En todo caso, la única preocupación del titular de una parcela es deshacerse de aquellas tierras alejadas de los centros de crecimiento o donde se sancionarán normas que impiden su construcción o utilización económica. Mejor invertir en los centros urbanos libres de limitaciones de los Códigos de Planeamiento. Espacios cuyos precios subirán rápido y de manera firme por la demanda social.

No hay duda de que en Argentina es mejor especular con el aumento del valor de la tierra que dedicarse a la producción industrial o agropecuaria. Las utilidades de las empresas son relativamente bajas y la actividad está llena de conflictos laborales que agotan a los empresarios más valientes. Emprender un negocio es batallar contra los organismos públicos que entorpecen cualquier oportunidad económica. Mucho más fácil es la especulación con el aumento de la renta social. Las ganancias pueden alcanzar cifras que no lograrían jamás con el trabajo y la inversión de capital.

Cualquier proceso de producción empresarial es riesgoso. En nuestro país, es diez veces más peligroso. No sólo hay que poseer condiciones empresariales fuera de lo normal para alcanzar cierto éxito; también hay que sortear infinidad de barreras que entorpecen todo intento de producir. Hay que lidiar con un orden económico caracterizado por la inseguridad jurídica, leyes regulatorias sobre la actividad privada, permanentes conflictos laborales, justicia parcializada contra los empleadores, control de los mercados, control de cambios, precios administrados y numerosos impuestos a la producción. Las barreras son innumerables.

Es mucho mejor especular con el aumento de la renta social. Nuestro orden económico castiga a los que trabajan, producen, comercian o consumen. Premia, en cambio, a los titulares de la tierra con seguridad jurídica y grandes ganancias económicas sin obligación de trabajar o invertir.

Es evidente que la comercialización por venta o locación del espacio urbano o rural genera mejores ingresos que trabajar e invertir. Esto no quiere decir que los titulares de los espacios urbanos y rurales sean unos conspiradores o caprichosos que no quieran participar en el proceso de producción por maldad o capricho. Hemos visto que la gente actúa económicamente de acuerdo con el principio*: máximo resultado con el mínimo esfuerzo*. Esto es lo que hacen los propietarios de la tierra, como lo haría cualquier persona.

*La responsabilidad de la especulación con la tierra lo tiene el régimen jurídico y no la gente que lo cumple a rajatabla. Nuestro orden económico desalienta la actividad productiva y ofrece instrumentos jurídicos que permiten ganar dinero sin trabajar.*

En Argentina no se incentiva la producción y se castiga a quien trabaja o invierte. Quizás esa no sea su intención, pero es lo que ocurre en los hechos. Las trabas jurídicas a la actividad económica de los particulares son cientos. La corrupción es el paso obligado de los que quieren obtener un permiso para emprender un negocio. Los impuestos al trabajo y la inversión son agobiantes y los conflictos laborales no cesan detrás de reivindicaciones de imposible cumplimiento. Producir y trabajar, en vez de ser un estímulo, es un castigo que sólo los valientes deciden emprender.

## LA APROPIACIÓN DE LA RENTA SOCIAL ESTIMULA LA CONCENTRACIÓN DE TIERRAS

Las estadísticas de las últimas décadas en Argentina muestran una creciente tendencia hacia la concentración de parcelas urbanas por parte de empresas, sociedades y personas. Concentración que se multiplica 10 veces cuando se analizan las tierras rurales. Lo mismo ocurre con la explotación minera que se encuentra altamente concentrada en un número de empresas que pueden ser contadas con los dedos de la mano.

La concentración de tierras rurales y urbanas tiene diferentes motivos en nuestro país. Uno de esos motivos es el aumento de la renta social. Es cierto afirmar que también existen razones culturales, históricas, políticas o económicas que inducen a la compra de tierras para preservar el valor de la moneda o por prestigio social.

*La tierra permite conservar el valor del patrimonio que la moneda nacional no garantiza como consecuencia de la inflación que periódicamente se instala en nuestro sistema monetario.*

Esa tendencia a adquirir tierras para preservar el valor se agrava cuando por políticas de Estado se impide acceder a la compraventa de monedas extranjeras para conservar el valor de la riqueza que se ha logrado con trabajo e inversión. Lo mismo ocurre cuando por políticas públicas existen obstáculos legales a la transferencia de divisas al exterior.

Sin embargo, más allá de la necesidad de conservar el valor del patrimonio por la inflación u otras causas culturales o políticas, la razón principal de la adquisición de tierras está motivada por el incremento de su valor de manera permanente por el crecimiento de la renta social.

Sin embargo, aunque adquirir tierra es un gran negocio y todos los miembros de la sociedad lo saben, no todos pueden efectivizarlo. Mucho menos acceder a grandes extensiones rurales o a gran cantidad de parcelas urbanas. Para acceder a cualquier terreno es necesario contar con altos ingresos o un capital ahorrado del que la mayoría de la gente no dispone. Acceder a grandes extensiones de territorio es un privilegio que muy pocos tienen.

Por esa razón la concentración de tierras rurales y urbanas es una posibilidad que aprovechan los que más tienen. Los que han logrado amasar grandes fortunas trabajando o por otros medios. A través del acceso a extensas superficies logran aumentar sus ganancias a través de la apropiación de la renta social. De esta forma la brecha entre pobres y ricos se incrementa.

El desequilibrado orden social argentino muestra –según los datos del censo de 2011– que la brecha entre muy pobres y muy ricos ha crecido. El sector social que obtiene mayores ingresos es cada vez más pequeño mientras que el de menores ingresos es cada vez mayor.

Los sectores beneficiarios de un orden económico que premia a empresas monopólicas, a funcionarios corruptos y a especuladores financieros se han dado cuenta que la adquisición de tierras es un recurso para obtener mayores ganancias. Saben que la tierra es un excelente negocio y sobre el cual no hay riesgo. Sólo hay que esperar el paso del tiempo. El crecimiento de la renta social permitirá obtener grandes beneficios. Ganancias que se multiplican cuando parte de las tierras son fraccionadas o loteadas para hacer desarrollos urbanísticos. Mucho más cuando logran que el Estado invierta en infraestructura –autopistas, luz, agua– cerca de sus propiedades.

*El sistema de apropiación privada sobre la renta del suelo es como la miel para los inversores nacionales e internacionales que quieren especular con el incremento del valor de la tierra.* Nuestro territorio tiene ciertas particularidades que determinan que no sea cualquier territorio, y eso lo hace más atractivo para las inversiones especulativas.

## LA APROPIACIÓN DE LA RENTA SOCIAL GENERA CONFLICTOS SOCIALES

La renta social y el consecuente aumento del precio de las tierras rurales, urbanas y suburbanas en todo el territorio nacional actúa como una *barrera económica* virtualmente infranqueable para quienes quieren producir o vivir con dignidad. Las nuevas generaciones de trabajadores, los inmigrantes y los inversores empresariales saben que Argentina es un país geográficamente inmenso y jurídicamente accesible de acuerdo con el derecho de propiedad. *Sin embargo, existe un problema para todas esas voluntades que quieran trabajar e invertir. En nuestro país no es nada fácil acceder a la tierra. Existe una barrera económica que torna casi imposible para la gente de trabajo acceder a una parcela.*

Los precios de la tierra en nuestro país son tan elevados que impiden a la mayoría de la gente el acceso a un espacio para vivir o producir. Aunque el orden jurídico formalmente establezca la posibilidad de alquilar o comprar, la barrera económica lo torna difícil. El Preámbulo de nuestra Constitución *que invita a todos los hombres de buena voluntad del mundo a habitar en nuestro territorio* dejó de tener sentido. Las barreras económicas de la renta social no lo permiten.

Los trabajadores asalariados no tienen la posibilidad de acceder económicamente a un espacio para construir una vivienda digna. Mucho menos la posibilidad de acceder a un espacio para producir o hacer un negocio por cuenta propia. Según el censo de 2010, el crecimiento de las villas de emergencia en los últimos 10 años fue de más del 15% en todo el país y el 50% en las villas que están radicadas en los suburbios de la ciudad de Buenos Aires. El déficit de viviendas supera los 5 millones de unidades y el hacinamiento es crítico en algunos asentamientos.

El malestar entre la gente por no tener recursos para acceder a una vivienda crece diariamente. Los desocupados, al perder todas las esperanzas, optan por invadir tierras para construir viviendas precarias e insalubres. Casillas mal hechas donde habitan de manera infrahumana familias numerosas sin agua, luz o cloacas. Sin embargo, es mejor que andar errantes por las calles y durmiendo a la intemperie, como se observa en las principales ciudades del país.

La invasión de tierras urbanas o rurales se esparcen por todo el territorio, desde Jujuy a Santa Cruz. Algunas invasiones logran sus objetivos y de esta forma surgen nuevos asentamientos de "emergencia" plagados de insalubridad y pobreza. Los ruralistas, conocidos como los "sin tierra", pagan con sus vidas la posibilidad de acceder a un espacio para sembrar. Mientras esto ocurre a lo largo y ancho del país, los grandes propietarios se arman con ejércitos personales para defender sus extensos territorios. Las fuerzas de seguridad miran para otro lado. En muchos casos porque sus familiares forman parte de los *invasores de tierras.*

Algunos gobiernos, ignorantes de la causa de esos problemas, consideran que repartiendo escrituras o cediendo algunas parcelas a los "sin tierra o sin viviendas" podrán resolver el problema que aqueja a la Argentina desde hace tiempo. Seguramente los que obtengan esas parcelas por parte de los gobiernos tendrán en cierta manera resuelto su problema. Sin embargo, millones de argentinos continuarán sin techo. Lo mismo ocurrirá con las nuevas generaciones que se sumarán a ese ejército de gente sin vivienda que crece año a año.

El problema de la falta de tierra para construir una vivienda o producir no se resuelve repartiendo tierras entre los necesitados. *Al contrario, por el sistema de propiedad vigente, esos necesitados de ayer se convierten en propietarios que se benefician de una renta social que perjudica a los necesitados de mañana.* Esto se puede ver de manera palpable en los asentamientos precarios. Los primeros ocupantes de las villas de emergencia se convierten en *locatarios* que alquilan sus maltrechas casillas a los nuevos necesitados. Los recién llegados deben pagar altísimos alquileres y ven así disminuidos sus magros ingresos en inhumanos asentamientos.

*También en los asentamientos precarios o villas la renta social crece por la demanda de espacio. Esto les permite a sus poseedores y usurpadores originarios, vivir de un ingreso sin trabajar. Viven a costa del trabajo de sus inquilinos. En la villa también se especula con el aumento del valor del suelo.*

No es diferente la situación para los emprendedores empresariales que deben buscar espacios para asentar sus empresas. Como la renta social es una barrera económicamente infranqueable para alcanzar rentabilidad, las empresas deben optar por instalarse en lugares muy alejados de los centros de consumo. Lo que se ahorran por la disminución de la renta social deben sumarlo en costos de logística, transporte y acceso a una menor cantidad de personal capacitado. Todos conocemos lo deficiente que es nuestro sistema vial, la destrucción de los ferrocarriles y la falta de polos de desarrollo fuera de Buenos Aires. La renta social también afecta a empresarios y emprendedores por cuenta propia.

## LA APROPIACIÓN DE LA RENTA SOCIAL AUMENTA EL DÉFICIT DE VIVIENDAS

Con una extensión de 3 millones de kilómetros cuadrados, Argentina es uno de los territorios geográficamente más extensos del planeta y con la ventaja de tener climas totalmente amigables para el desarrollo humano. Sin embargo, de sus escasos 40 millones de habitantes, cerca de 16 millones no tienen vivienda propia y más de 15 millones viven hacinados en centros urbanos con viviendas de 50 metros cuadrados. Las villas de emergencia se expanden más que el crecimiento demográfico nacional. La mayoría de las viviendas que se construyen son de mala calidad, con mala ventilación y escasos espacios para que una familia viva con decoro y sin promiscuidad.

Tener una vivienda propia es el sueño de todo argentino. Sueño que muy pocos llegan a convertir en realidad. Tener una casa propia es el drama que invade a jóvenes y ancianos, consumiendo sus energías y aumentando sus frustraciones durante casi toda la vida. Para los que logran acceder a una vivienda, construir una nueva habitación u otro baño será un nuevo desafío. Ese modesto objetivo les demandará buena parte de los años que tienen por delante y les consumirá los pocos ingresos que puedan ahorrar.

Un importante porcentaje de la población ni siquiera tiene la prioridad de ampliar su vivienda. Sólo añoran tener cloacas, agua corriente y gas para no morir helados en el invierno o tener que recorrer kilómetros por una garrafa de gas. Parece mentira describir esta realidad en un país como Argentina. Mucho peor cuando sabemos que esto es sólo un bosquejo de la realidad que vive gran parte de nuestra población.

¿Cuál puede ser la razón económica para que haya millones de argentinos que demandan viviendas y no exista oferta que las satisfaga? ¿Cuál es la razón por la cual desde hace 100 años se implementan políticas de todo tipo para bajar el déficit de viviendas y se gastan millones de pesos sin lograr cumplir con sus objetivos? ¿Cuál es la razón para que el déficit de viviendas crezca en vez de bajar, a pesar de tener el crecimiento demográfico más bajo de América?

A lo largo y ancho del país en los últimos 50 años –y sólo por tomar arbitrariamente ese período, que podría extenderse a 100 años– se han creado cientos de organismos públicos para la construcción de viviendas. Se destinan anualmente presupuestos millonarios para planes de urbanización y viviendas. Las casas se construyen cada vez más pequeñas y de peor calidad para disminuir el gasto, sin embargo, el déficit habitacional crece.

La mayoría de los planes gubernamentales no han sido cumplidos como fueron diseñados. Algunos por corrupción, como recientemente conocimos con el caso de la Fundación Madres. Otros porque los presupuestos fueron insuficientes a la hora de tener que ejecutarlos por la inflación, y otros porque fueron encargados a funcionarios incompetentes. Los planes de viviendas que finalizan con éxito, que también los hay, no alcanzan para cubrir el déficit habitacional de los necesitados que suman millones.

Ante semejante fracaso de los planes de viviendas y la gran cantidad de gente sin vivienda, quizás haya llegado el momento de buscar otra explicación a ese creciente déficit habitacional.

Seguramente existen innumerables razones. Pero ninguna de ellas es válida si no se tiene presente el efecto de la apropiación privada de la renta social acumulada sobre todo el territorio nacional. Si no se analiza cómo la renta social se convierte en una barrera económica para que los que menos tienen puedan acceder a una parcela de tierra, el problema del déficit habitacional continuará de manera constante.

La ocupación jurídica de todo el territorio repercute directamente en el aumento de las parcelas destinadas a viviendas. De esta forma, muy pocos argentinos pueden acceder a un espacio de terreno para proyectar un techo digno. También son pocos los que tienen ingresos suficientes para afrontar los altos alquileres de viviendas o ahorrar para acceder a un espacio para vivir. Sólo los que tienen ingresos muy elevados o tienen padres muy generosos, tienen la posibilidad de pagar los precios que ha alcanzado la tierra en los centros urbanos del país.

Igualmente difícil es construir una vivienda aunque se haya podido acceder a una parcela de tierra. Los precios de los materiales de construcción son muy elevados y suben constantemente. *Esto se debe a que los materiales para construir provienen de las "entrañas de la tierra" y requieren de grandes superficies para su extracción. Para construir una vivienda se requieren importantes cantidades de recursos que provienen de la tierra.* Esto determina que la incidencia de la renta social sobre esos materiales sea superior que en otros bienes más sofisticados como los chips de los celulares. La arena, la cal, los ladrillos, los hierros, los vidrios y demás materiales de construcción se encarecen de manera directa por la demanda de tierras para su extracción. La renta social debe ser pagada y por lo tanto los empresarios trasladan sus costos a los precios de los materiales de construcción. El efecto final es que las tierras y las viviendas son inalcanzables para la gente.

## LA APROPIACIÓN DE LA RENTA SOCIAL INCREMENTA LOS COSTOS DE LA CONSTRUCCIÓN

Desde la perspectiva de las empresas de construcción de viviendas, los efectos del aumento de la renta social no es muy diferente a lo que ocurre con los consumidores de viviendas. Estas empresas deben afrontar los costos directos que genera la adquisición de espacios físicos para construir, cuyo valor depende de la renta social acumulada sobre las parcelas. Luego debe hacerse cargo de los costos de los insumos de materia prima para la construcción. Costos que son muy sensibles a la variación de la renta social.

Junto a esos costos, que dependen de los valores y fluctuaciones de la renta social acumulada sobre las parcelas, empresarios de la construcción deben sumar los costos resultantes de la contribución impositiva. Luego vienen los gastos de habilitación y permisos, que no son pocos. No sólo por los gastos propiamente dichos, sino por los pagos informales producto de la corrupción. Los funcionarios estatales son verdaderos cobradores de peajes para quienes buscan una habilitación o un permiso de construcción. Recordemos que Argentina ocupa el puesto 169 dentro de los 180 países que mayor grado de dificultad ofrecen a las empresas privadas para construir.

Finalmente, el empresario de la construcción que llega a contar con los recursos necesarios para construir y superar todas las barreras burocráticas de la administración pública, debe contemplar los costos salariales, de inversión de capital y el pago de intereses por los créditos. En nuestro país debe incorporar los costos inflacionarios y el tiempo que demandará recuperar su capital hasta el momento en que efectivamente venda y transfiera la propiedad.

Como hemos señalado, la matriz que impide construir viviendas a precios baratos se encuentra en la apropiación de la renta social por los tenedores del suelo y su incremento de valor de manera permanente. Pero es evidente que en nuestro país confluyen otras razones para que el metro cuadrado de la vivienda se encuentre entre uno de los más altos del mundo. La inflación, la falta de créditos, las especulación con los valores de los inmuebles o la falta de oferta ayudan a que los precios de las viviendas siempre estén por encima de las posibilidades de la gente.

La influencia de la renta social y de algunos de los factores señalados permite entender los elevados precios que las viviendas alcanzan en nuestro país. Al momento de escribir este trabajo, el precio de construcción rondaba los 3000 dólares por metro cuadrado en varios lugares de Buenos Aires, mientras que el salario de un trabajador promedio era de mil dólares mensuales. En otras palabras, un trabajador debe trabajar un año sin consumir nada para acceder a 4 metros cuadrados de vivienda. En 10 años sin consumir nada podrá aspirar a 40 metros. Lamentablemente si llega a ahorrar lo suficiente no podrá disfrutar de su pequeña vivienda porque murió de hambre.

Quizás al publicar este libro esos precios de la construcción hayan bajado como consecuencia de las políticas monetarias y el control del tipo de cambio. Pero aunque en dólares existan modificaciones, el precio de construcción de viviendas seguirá siendo uno de los más altos del mundo en comparación con los ingresos medios de los trabajadores argentinos. La comparación porcentual entre salarios y metro cuadrado de construcción se mantendrá similar aunque hayan cambiado los parámetros de la moneda con respecto al dólar.

es hora de cambiar

# LOS IMPUESTOS

11

# EL MARATÓN EMPRESARIAL

Los emprendedores que deciden arriesgar su patrimonio o consiguen un préstamo para iniciar una actividad empresarial necesitan y requieren de un bagaje de conocimientos previos antes de iniciar un proceso de producción. No es posible ni conveniente que se lancen a invertir tiempo y dinero en un negocio sin la debida preparación y la correcta información sobre la actividad que emprenderán. Tampoco es prudente limitar sus conocimientos solamente a la propia empresa. Es aconsejable tener un conocimiento más amplio. Tener información precisa de las condiciones que rigen en el orden económico y jurídico.

*No tener el conocimiento apropiado de la empresa y del contexto macroeconómico es como intentar correr un maratón sin un entrenamiento previo.* Todo emprendedor que busque concretar un proyecto económico debe prepararse, formarse e informarse de manera idónea. Debe contar con una buena formación para evitar decisiones equivocadas. Con una preparación adecuada estará en mejores condiciones de iniciar *su maratón empresarial* y de tener mayores probabilidades de éxito.

El soporte profesional y la formación académica en la actualidad son sumamente importantes en función de la alta competitividad y la complejidad alcanzada en todas las actividades económicas. Contar con esa formación genera confianza y fortalece el carácter del empresario. Da seguridad para enfrentar adversidades y tomar decisiones mesuradas en los momentos de máxima presión. Sin embargo, la preparación académica, aunque necesaria, no es suficiente para garantizar los resultados empresariales exitosos. La formación académica no garantiza tener el saber correcto. Los dogmas cerrados y la teorías erróneas son tan abundantes en economía como en la mayoría de las ciencias sociales.

*Emprender una actividad económica requiere que el empresario posea un saber que supera el académico. Requiere que tenga información, experiencia y talentos personales para resolver la infinidad de problemas que surgen en los procesos productivos. Es necesario que los empresarios tengan una cierta experiencia para descubrir las oportunidades de negocio.*

La actividad económica empresarial no puede desarrollarse dentro de una campana de cristal. No puede ignorar la existencia de un orden social y un contexto externo. La complejidad normativa existente en todo orden económico penetra y condiciona las actividades de las empresas. El orden jurídico, el tributario, el laboral, el cultural y el social influyen profundamente en toda actividad económica. Esto exige que el empresario posea *información y conocimientos que exceden los de su formación profesional.* Desconocer ese contexto externo es sumamente peligroso para no decir letal.

El responsable de una empresa debe *conocer el negocio*. La experiencia propia y la ajena –que también es muy valiosa– evitan que se cometan muchos errores. *Constituyen la memoria activa del empresario,* permiten desarrollar un *olfato especial* para descubrir oportunidades y aprovechar ventajas comparativas. Evitan no cometer los mismos errores.

El responsable de una empresa también debe potenciar sus *condiciones subjetivas o personales*. Ninguna persona es igual a otra. Cada uno tiene condiciones naturales que puede desarrollar y potenciar. Cada persona tiene un ADN que la hace única. Aprovechar esas condiciones subjetivas puede hacer la diferencia a la hora de emprender un negocio.

Las condiciones subjetivas tienen que ver con la intuición, la pasión, el talento, la capacidad de arriesgar o de soñar en grande. Son características que hacen a la personalidad, y no todos los emprendedores las tienen de manera semejante. Conocer las propias y potenciarlas es tarea de todo empresario. Muchas veces son esas condiciones subjetivas las que permiten revertir problemas o encarar actividades que otros no hubieran realizado de igual manera ante iguales circunstancias.

## LOS IMPREVISTOS ECONÓMICOS

Acceder a una mayor cantidad de conocimientos, fortalecer las condiciones que cada uno tiene incorporado en su ADN y aprender de las experiencias son instrumentos que todo emprendedor debe incorporar a su *mochila* personal.

Los comportamientos de la gente son tan complejos y versátiles que ningún conocimiento es suficiente para predecir el éxito de un emprendimiento. A pesar del desarrollo logrado por la humanidad y los conocimientos adquiridos, todavía no se ha podido prever certeramente los resultados de una actividad económica.

La dificultad de conocer cabalmente cómo será el comportamiento económico de la gente y pronosticar con certeza sus resultados es muy difícil. Esta dificultad se encuentra en la condición humana y en su libertad para relacionarse detrás de cientos de objetivos. La conducta de las personas es bastante impredecible, como lo son los fenómenos naturales.

El orden económico es un entretejido de procesos difícil de conocer y entender.

La gente normalmente no sigue pautas regulares en sus conductas económicas. La consecuencia de esa versatilidad y esa falta de regularidad repercute directamente en la planificación económica de una empresa. Al emprender una actividad, no existen garantías de que los objetivos se cumplan a pesar de tener una buena organización y un buen equipo empresarial. *Los imprevistos y los errores de cálculo, consecuencias del cambio en las conductas sociales, hacen que muchos planes empresariales fracasen o no puedan ser cumplidos.*

Todo puede alterarse dentro del ámbito de las relaciones sociales. Esta razón hace de la *planificación económica algo relativo. No garantiza que se cumplan los objetivos económicos como fueron proyectados*. La gente y su tendencia a cambiar constantemente impide que los planes se cumplan ciento por ciento.

La dificultad de una predicción certera sobre la efectividad de los planes económicos, por hechos no previstos o cambios en la conducta de las personas, se multiplica cuando las variantes incorporadas a los planes se multiplican. Esto es lo que ocurre con los planes ejecutados por las grandes corporaciones multinacionales o con los planes nacionales que llevan adelante los gobiernos. Al tener que contemplar decenas de variantes económicas, factores físicos y multiplicidad de conductas sociales, *resulta poco frecuente* que los objetivos económicos se logren como fueron planeados.

Lo bueno es que el grado de imprevistos se puede reducir. Hemos sostenido que el conocimiento y la idoneidad de los que tienen la responsabilidad de planificar una actividad económica ayuda a que estos puedan aminorarse. La capacidad de organización, las condiciones personales y los conocimientos adquiridos suelen ser determinantes para disminuir los imprevistos y los errores de cálculo en la empresa. En la medida en que el empresario tenga mayores conocimientos y asesores idóneos, es factible que el margen de error en la planificación sea inferior y se reduzcan los imprevistos.

Sin embargo*, la mayor parte de los imprevistos no pueden controlarse, porque no dependen directamente de las empresas y de su manera de organizar su actividad productiva. La mayoría de los imprevistos son resultado del orden económico o del contexto exterior.*

Las empresas tienen poco margen de control sobre el mundo exterior. El contexto externo es muy amplio e incontrolable para cualquier empresa, incluidas las monopólicas. Sus efectos condicionan de manera gravitante la actividad empresarial y es una fuente inagotable de hechos inesperados que afectan el cumplimiento de los planes.

Un orden económico normado por un sistema jurídico estable y seguro es más favorable para alcanzar los objetivos empresariales y evitar un aluvión de imprevistos. Las economías ordenadas por un mercado abierto, con un sistema de precios y con igualdad de oportunidades ayudan a una mayor previsibilidad. A la inversa, un orden económico desequilibrado y caracterizado por la inseguridad jurídica es muy negativo para la planificación empresarial. En esos casos los imprevistos abundan. Los fracasos económicos de las empresas y las personas también.

*El orden económico argentino debe ser incluido entre aquellos que presentan características de imprevisibilidad, desequilibrios periódicos y de manifiesta inseguridad jurídica. Es un orden económico donde predominan los imprevistos negativos externos a la actividad empresarial.*

## UN CAMINO DE OBSTÁCULOS

El orden económico argentino tiene altos niveles de imprevisibilidad. Es un orden incierto y con alto índice de imprevistos, superiores a los que normalmente tiene una economía ordenada. La inseguridad jurídica y la intervención de los gobiernos son las principales razones que empujan a la imprevisibilidad y al desorden económico.

El orden jurídico y las políticas públicas son contrarias al estímulo de las empresas privadas. Es un orden jurídico contrario a la organización y la coordinación de las relaciones económicas por medio de los planes individuales de las personas o empresas. Apoya la dirección central de la economía y su ordenamiento a través del Estado. Descree del mercado abierto.

Busca constantemente manipularlo y controlarlo detrás de objetivos que los gobiernos consideran valiosos.

Las empresas, los consumidores o los trabajadores no pueden tomar como referencia los datos del mercado para sus actividades. El sistema de precios y los datos que muestra el mercado argentino no son ciertos ni certeros. Carecen de absoluta previsibilidad por su manipulación y permanente intervención monopólica y gubernamental. El mercado no es un referente confiable para ordenar las relaciones económicas entre las personas. Su lugar para coordinar ordenadamente las relaciones económicas de la gente es ocupado por la discrecionalidad arbitraria del poder público.

El mercado en nuestro país es cerrado. No existe igualdad de oportunidades para trabajar, invertir, comerciar, producir o acceder a un espacio para vivir. Los medios de producción están concentrados en poderes monopólicos o discrecionales amparados por la ley.

El sistema de precios está distorsionado. La planificación gubernamental y la dirección central de la economía aportan su grano de arena a la fuente inagotable de imprevistos que resultan de la falta de un mercado transparente.

Guiado por demandas coyunturales, el Estado –como brazo ejecutor de las políticas gubernamentales– actúa directamente sobre el orden económico y los planes individuales de la gente. De manera progresiva y constante modifica su normativa y cambia las relaciones económicas, las distorsiona y las hace imprevisible. En vez de aminorar los riesgos a las empresas, los trabajadores o consumidores les suman obstáculos a sus actividades, incrementando la incertidumbre y la imprevisibilidad.

*El Estado, a través de los gobiernos, tira la piedra y esconde la mano. Distorsiona el mercado y lo manipula con infinidad de políticas públicas. Cuando sus efectos negativos atentan contra trabajadores y productores, esconde la mano. Con inocencia levanta la voz para acusar al mercado y a la actividad privada de los efectos negativos que ha generado con su acción distorsionadora.*

De manera recurrente el derecho positivo –con leyes y decretos– es utilizado por los gobiernos para intervenir en la actividad privada y los planes individuales de la gente. A través de la economía pública, el gobierno intenta ordenar el sistema económico y condiciona la casi totalidad de la actividad privada. Siempre encuentra una razón para una mayor intervención.

Cada hecho circunstancial, que a los ojos del legislador debe ser contrarrestado, termina con la sanción de una nueva norma que intenta cambiar esa realidad. Leyes que olvidan que todo orden jurídico debe ser básicamente seguro, estable, objetivo y con la menor variación posible en su contenido. Un orden jurídico –referente fundamental de la actividad económica– no puede estar sujeto a los vaivenes coyunturales de la política y de los gobiernos.

*Esas leyes de coyuntura*, que buscan eliminar efectos negativos o impulsar efectos positivos, aumentan la incertidumbre de la impredecible actividad económica.

La inseguridad jurídica impide saber si las normas del presente serán mantenidas en el futuro. Impide a las empresas organizarse con eficacia y rentabilidad. Es letal para el desarrollo económico, la inversión y la planificación productiva.

*El orden jurídico argentino no cumple con la función esencial que debe tener todo orden social: ofrecer una normativa ordenada para sus integrantes. Que sea estable y coherente. Que garantice seguridad y ofrezca la previsibilidad de que las normas serán respetadas en el futuro.*

La vasta cantidad de normas –muchas de ellas contradictorias– que regulan el orden económico argentino se han convertido en un inconveniente para los empresarios, los consumidores, los trabajadores y los comerciantes que aspiran a tener un marco jurídico seguro y ordenado.

El orden jurídico ha construido un distorsionado corsé alrededor de la actividad económica de la gente. Un corsé que impide respirar o moverse con soltura a empresarios, comerciantes o inversores. Un corsé difícil de conocer –aunque más no sea– para adaptarse a su rigidez. Es un corsé jurídico inestable e inseguro. Esto obliga a los actores económicos privados a vivir en "*estado de alerta*". A estar pendientes de las *intenciones* de los gobiernos. A su humor y a las leyes que dictan a diario. Deben tener un ojo puesto en la producción de la empresa y otro en las decisiones de los gobiernos que controlan el orden económico nacional de manera arbitraria e irregular.

Cada variación, eliminación o creación de nuevas normas jurídicas exige a las empresas una reestructuración interna de su organización y un cambio externo de sus políticas hacia el mercado. No se trata solamente de "*tener cintura*" para ir esquivando los obstáculos que surgen por los cambios de rumbo que se fija el Estado. A veces los obstáculos o cambios normativos son tan grandes e inesperados que no existe posibilidad de continuar con la actividad empresarial.

*La incertidumbre jurídica argentina y la vigencia de normas jurídicas contradictorias ha generado un orden económico convulsivo, inseguro e imprevisible.*

El derecho positivo argentino más que una guía para ordenar la economía y las empresas es un laberinto sin salida. Es un laberinto discrecional hecho a medida de la coyuntura de los gobiernos, del cual nadie puede salir airoso. Todos intentan encontrar una salida previsible y lo único que encuentran son barreras e imprevistos. El orden económico argentino es un laberinto improductivo.

Ante la falta de salida del laberinto, todos los actores económicos elevan la vista a los gobiernos para que les den la solución para poder abrirse camino. *Poco a poco la economía privada se convierte en dependiente del poder de los gobiernos.*

A pesar de la inseguridad jurídica generada por el cambio de leyes de manera constante, la *inflación legislativa* argentina no se detiene. Legisladores, grupos de intereses, partidos políticos, corporaciones, asociaciones civiles, ONG y todos los integrantes de la sociedad claman a diario que se dicten leyes a favor o en contra de algo. El malestar social se incrementa cuando los legisladores no se reúnen en el Congreso para dictar leyes. Se los acusa de "no hacer nada" cuando no sancionan algún tipo de norma.

Si existe una ley se tiene la falsa sensación de que los problemas serán resueltos. La ley ha sido colocada en el podio de las soluciones y por lo tanto para cualquier fin la sociedad clama la sanción de una ley.

*Esta idea ha dado nacimiento a un paradigma dominante en la sociedad: si hay una ley se consiguen los objetivos propuestos y se puede acabar con las carencias existentes. Resultado de esa idea es el reclamo de que se dicten leyes para los más diversos objetivos. Leyes para evitar la violencia urbana, limpiar el riachuelo o mejorar la condición económica de los argentinos. Sin embargo, la realidad es otra. Cientos de leyes quedan en el olvido por su incapacidad de haber logrado los objetivos que motivaron su sanción. Moraleja: para cambiar la realidad, los actos de voluntad no son suficientes.*

## LA BARRERA IMPOSITIVA

Los obstáculos para lograr un crecimiento sostenido y un progreso sustentable del orden económico argentino son numerosos. Nos hemos referido a buena parte de ellos a lo largo del libro. *La privatización de la renta social, la manipulación del mercado, las empresas monopólicas, las presiones sindicales, la industria del juicio, la inflación monetaria, la ausencia de un sistema de precios, el control cambiario, las limitaciones al comercio exterior, la dirección central de la economía, el descontrolado gasto público, la inflación legislativa, el descrédito de las empresas y las desigualdad de oportunidades para los trabajadores, son sólo alguno de los obstáculos a los cuales nos hemos referido.* Todos contribuyen al funcionamiento deficiente y poco productivo del orden económico nacional.

Cada una de los obstáculos que generan los monopolios, el orden jurídico y los gobiernos se convierten en barreras difíciles de atravesar por parte de las empresas, los trabajadores, los consumidores y los comerciantes.

*Sin embargo, hay un obstáculo que por su importancia merece una atención especial. En la economía moderna se ha desarrollado una institución jurídica que adquirió una dimensión y una gravitación como nunca antes se vio en la historia. Esa institución jurídica, más allá de las razones que la justifican, se ha convertido en una barrera que impide que la mayoría de la sociedad pueda progresar. Se ha convertido no sólo en un obstáculo, sino que es una piedra que hunde a empresas, consumidores y trabajadores. Esa institución es el régimen impositivo.*

El sistema impositivo en una sociedad moderna cumple con una *doble función* para que sea eficiente y ayude al funcionamiento del orden social. Por un lado, es el *sostén económico de la economía pública estatal* para que los gobiernos puedan concretar sus objetivos. Al mismo tiempo *colabora para que el orden económico sea más justo y eficiente* para alcanzar un desarrollo económico más pleno.

En nuestro país, el régimen impositivo no cumple con esa doble función. Todo lo contrario. El régimen impositivo argentino sólo tiene como propósito recaudar la mayor cantidad de recursos para gobiernos despilfarradores. Su recaudación desordena a todo el orden económico productivo, perjudicando a empresas, consumidores, inversores y trabajadores. Su recaudación tampoco es igualitaria y equitativa, siendo insuficiente para solventar los gastos del Estado. En otras palabras, el régimen impositivo argentino está lejos de ser un sistema eficiente de recaudación y de orden para alentar la actividad económica. Más bien es una barrera para el progreso y el crecimiento económico de la gente.

## NO HAY RECURSOS PÚBLICOS SIN IMPUESTOS

No existe economía pública sin recursos. Los necesita para organizar la vasta estructura del Estado, que incluye desde la salud hasta la Justicia, pasando por educación. Sin recursos, el Estado tampoco puede llevar adelante políticas sociales para beneficiar a los que menos tienen o están excluidos del orden económico.

*Para cumplir con todos los objetivos institucionales y sociales, el Estado necesita recursos económicos. Recursos que el Estado no genera por sí mismo sino que provienen de la economía privada en su amplia mayoría.*

Los recursos que la economía pública requiere para su funcionamiento y la concreción de objetivos sociales provienen sustancialmente de la actividad económica que despliegan los miembros de la sociedad de manera individual u organizada. Son los trabajadores, los comerciantes, los inversores, las empresas y los consumidores quienes aportan los recursos que el Estado necesita. La economía privada es el principal proveedor de los recursos que la economía pública estatal necesita para funcionar y concretar los objetivos.

*El Estado argentino obtiene los recursos de la economía privada a través de un régimen impositivo constituido por una compleja red de gravámenes que toman forma de impuestos directos o indirectos, contribuciones o retenciones.* La mayoría de los gravámenes tienen carácter nacional –en cantidad y monto de recaudación– y la minoría son recaudados por provincias o municipios.

De acuerdo con el derecho positivo argentino, los impuestos tienen un carácter obligatorio y pueden cobrarse de manera compulsiva a las empresas y las personas. Sólo es posible eludir el pago de ciertos impuestos si la gente o los emprendimientos forman parte de la economía "negra". Las actividades no registradas y que actúan en la clandestinidad quedan excluídas del sistema económico formal. Sin embargo, aun en esos casos, estamos ante una *marginalidad parcial*. Normalmente los actores y actividades del *mercado negro* también –de una u otra forma– tienen un pie en la economía formal y pagan impuestos.

*Nuestro sistema impositivo se sustenta en que todas las personas o empresas que realizan una actividad económica deben destinar parte de sus ingresos al Tesoro Nacional para que el Estado pueda funcionar y existir.* Fuertes sanciones aplica el Estado a quienes no pagan sus impuestos o intentan evadirlos. Sanciones que van desde los embargos de bienes patrimoniales hasta la cárcel.

El Estado es cada vez menos propenso a establecer moratorias para los contribuyentes que no han pagado sus impuestos en tiempo y forma. Prefiere apelar a medidas preventivas. Cuenta con el apoyo de la tecnología para recordar los vencimientos y enviar una amenaza de sanción ante la primera mora de pago del contribuyente. También cuenta con disposiciones jurídicas que le permiten aplicar severas sanciones económicas y sociales a los infractores. Los embargos preventivos, la difusión de los nombres de los morosos, la privación de la libertad hasta la inhabilitación política o económica son algunas de las acciones que el Estado aplica para que nadie deje de pagar los impuestos.

La cibernética y la tecnología permiten que toda la información de los contribuyentes pueda ser cruzada y comparada para determinar la veracidad de lo declarado: los gastos realizados, los depósitos existentes o la cantidad de cheques emitidos. La bancarización de los salarios, la facturación ineludible y la obligatoriedad de registrar los datos de las personas al utilizar las tarjetas de crédito son otras de las decenas de medidas que gradualmente el Estado ha implementado para detectar evasores.

En los últimos años, con la excusa real o ficticia de acorralar a terroristas o narcotraficantes, el Estado se ha organizado para detectar *el lavado de dinero.* Con ese propósito controla los depósitos bancarios o las extracciones sospechosas. Exige declarar procedencia del dinero al momento de comprar una casa, hacer una transferencia bancaria o comprar un auto. Se debe demostrar de dónde provienen los gastos realizados en el exterior o por qué se quiere comprar dólares. Toda la sociedad es sospechosa de *lavar dinero*, aunque en verdad al Estado le importa más recaudar dinero que encarcelar narcotraficantes. Quiere que todos declaren lo que tienen y en qué gastan para aumentar sus recaudaciones.

# TODOS SOMOS SOSPECHOSOS

*A través del derecho positivo, el Estado ha logrado tener un poder de policía, de investigación, de control y de intromisión en la actividad privada de personas y empresas nunca antes lograda. Todo está bajo "el ojo del Gran Hermano Estatal" para verificar que los integrantes de la sociedad contribuyan con la economía pública.*

Toda la actividad económica privada está *bajo sospecha de evasión* y vigilada de manera permanente por el Estado recaudador. Toda la sociedad en actividad tiene la obligación de contribuir con los gravámenes que establecen los recaudadores públicos.

Los responsables de la recaudación de impuestos, como parte del Estado, están vinculados a los funcionarios que realizan el Presupuesto del Gasto Público y disponen cómo se gastarán los recursos aportados por la economía privada. *Son los mismos funcionarios del Estado los que deciden cuánto recaudar, cómo hacerlo y a dónde destinar los recursos que ingresan en el Tesoro Público. Se diría que los funcionarios del Estado "son juez y parte" del régimen de recaudación y gasto público.*

Los gobiernos *dependen* de lo que recaudan de los integrantes de la sociedad. Por eso no delegan esa función a ningún organismo que no puedan controlar. Además, cuentan con el apoyo de decenas de organismos públicos para controlar, supervisar y castigar a los evasores. Esa colaboración es incondicional porque todos esos organismos públicos dependen de la recaudación.

Los recaudadores también tienen el apoyo incondicional del Poder Judicial para embargar cuentas bancarias, secuestrar bienes o detener preventivamente a una persona ante la aparente falta de pago de cualquier impuesto. La Justicia hace causa común con el Poder Ejecutivo y el Legislativo, porque como parte integrante del aparato estatal también depende de la contribución impositiva.

Mientras mayor sea la recaudación y más se extienda la base imponible, mayores serán los recursos que disponen todos los funcionarios del Estado. Todos los Poderes –Ejecutivo, Legislativo y Judicial– se benefician de una mayor recaudación. Mientras más impuestos existan, más recursos tendrán para gastar en sus objetivos. Además sus integrantes podrán cobrar mejores salarios. Por lo tanto, aumentar los impuestos y que todos paguen es fundamental para todos los funcionarios del Estado.

Las actividades de fiscalización y control impositivo a los particulares ya no requieren la autorización previa de la Justicia. *Las libertades y los derechos consagrados por la Constitución han quedado relegados cuando se trata de evasión impositiva y de favorecer la acción del Estado para aumentar la recaudación.* El Poder Judicial y los legisladores han delegado a los recaudadores públicos facultades que antes no tenían. Todos hacen causa común para lograr los ingresos que necesitan para ejercer sus actividades, mejorar sus salarios y concretar sus objetivos públicos.

Esa dureza para combatir la evasión y la tolerancia judicial para que los órganos recaudadores tengan gran poder y autonomía para perseguir a los evasores tiene su principal razón en que los gastos de los gobiernos son cada vez mayores. No se puede permitir que los contribuyentes no cumplan con las obligaciones que los recaudadores del Estado han creado para su subsistencia. La falta de pago implica la falta de recursos para cumplir con los crecientes objetivos sociales y pagar los gastos de la administración pública.

"Para los evasores sólo *el traje a rayas de la prisión"* es el clamor de los funcionarios públicos que quieren aumentar sus presupuestos para llevar adelante sus objetivos. La evasión o el lavado de dinero se encuentra entre los peores delitos jurídicos y morales que una persona puede cometer según la mirada de los recaudadores.

Recientemente el principal distrito económico y poblacional de Argentina, la provincia de Buenos Aires, ha dado un paso más en su *caza de evasores*. Este paso se suma al camino iniciado por la Ciudad Autónoma de Buenos Aires con respecto a las infracciones de tránsito. Ambos distritos muestran a esta nueva metodología como algo sumamente positivo para la comunidad, cuando en verdad es avasallamiento a los derechos y las garantías constitucionales.

Esa nueva metodología de recaudación que quiere imprimir el gobierno de la provincia de Buenos Aires estimula la denuncia anónima de la gente bajo el nombre de "*informante tributario*". De esta forma todo miembro de la sociedad se encuentra *bajo sospecha de ser evasor y sujeto a ser acusado ante el Estado por cualquier persona de nuestra comunidad.* Ante esa denuncia, el Estado tiene la facultad de investigar de oficio el patrimonio y los bienes de las personas señaladas por el informante tributario.

En el articulo 186 del proyecto de reforma fiscal de Buenos Aires –pendiente de aprobación legislativa– "*habilita a cualquier ciudadano a delatar infracciones o maniobras de infracción fiscal"*. Para que esta medida se expanda rápidamente entre los miembros de la sociedad, el gobierno ha previsto premios al denunciante o informante tributario. Una vez que el órgano recaudador constate que la denuncia es veraz, el informante tributario podrá percibir “hasta un máximo de 10.000 pesos de recompensa”.

Esta medida proyectada por el gobierno de Buenos Aires es semejante en su filosofía tributaria a la implementada por la Ciudad Autónoma. En este caso ya no es un proyecto, sino que es ley. En la norma se estimula y promueve que la gente saque fotos sobre los infractores de tránsito que detecta de manera personal en la vía pública. Piden que esas fotos se envíen a la municipalidad para que pueda justificar el cobro de multas por las infracciones fotografiadas por la gente.

Estas normas de los respectivos gobiernos de Buenos Aires muestran que poco a poco las normas constitucionales y los derechos humanos son relegados y degradados. La razón es absolutamente cuestionable. No parece sustentable el principio de recaudar a cualquier precio y sin respetar ni siquiera la dignidad de las personas.

## NO TODOS LOS IMPUESTOS SON BUENOS

La recaudación de impuestos se ha convertido en la cuestión de Estado más importante para cualquier gobierno. Es la *principal política pública* que debe definir todo Estado moderno que quiera proyectar y concretar sus objetivos.

Sin embargo, la imperiosa necesidad de tener un sistema impositivo que permita vertebrar el Estado detrás de diferentes objetivos no implica que cualquier régimen impositivo es válido, justo y eficiente para lograr un mejor orden social.

Un régimen impositivo pueden ser abusivo y nefasto para la sociedad. Puede estar diseñado y ejecutado de manera tal que resulte un sistema institucional deficiente, injusto, desigual e inequitativo. Que beneficie a unos ciudadanos y perjudique a otros. Un karma para la actividad productiva y el crecimiento económico. Un régimen que finalmente perjudique a la sociedad y no genere recursos para el Estado a través de un sistema nacional.

Es cierto que sin política recaudatoria no hay posibilidad de llevar adelante los objetivos de la economía pública. Sin embargo, esa afirmación no quiere decir que *todo vale* en materia de recudación. *Los impuestos no son buenos por sí mismos. Los impuestos pueden ser un castigo para la gente.*

Todo impuesto es una carga para el contribuyente. Es una extracción compulsiva de una parte de sus ingresos que ha generado con su trabajo e inversión. Acepta históricamente esa carga, entre otras razones, porque quiere que los aportes retornen en forma de bienes y servicios que sólo el Estado está en condiciones de realizar. Servicios que a la vez necesita para su vida o actividades que desarrolla.

La sociedad acepta la existencia de los impuestos pero se indigna cuando son abusivos o no vuelven a la gente. Por eso todo sistema impositivo debe tener un sustento ético, económico, político y social que lo avale. Que garantice su justicia, su equidad y eficiencia desde la perspectiva de la recaudación y la distribución en servicios. De esta forma el ciudadano sentirá que ese sacrificio se traduce en un beneficio para toda la sociedad que lo incluye.

En Argentina, como en buena parte de los países del mundo, la existencia de un sistema impositivo es asumido como natural y necesario. Está tan internalizado en la conciencia ciudadana. El aumento de los impuestos no encuentra *demasiada resistencia* por parte de la población, como pudo haber ocurrido en otras etapas de nuestra historia.

Existen varias razones por las que la sociedad no ofrece demasiada resistencia al pago y a la creación de nuevos gravámenes. Una razón es la comprensión ciudadana de que sin aportes privados no hay Estado. Sin Estado no hay servicios fundamentales para la construcción de una Nación independiente y soberana.

Esa pasividad ante el aumento de los impuestos también tiene otra explicación: la publicidad de los gobiernos. Con sofisticadas campañas publicitarias, financiadas por los impuestos de la sociedad, los gobiernos difunden sus obras y *machacan* que esos logros son resultado de los aportes impositivos. Igualan el pago de los impuestos a una gesta patriótica. En el caso de Argentina, el gobierno nacional es el principal inversor en publicidad de promoción de sus actos. Nadie concentra en el país tanta inversión en publicidad como el gobierno nacional. En 2011 ocupó el primer puesto de inversión publicitaria, llegando al 10% de toda la inversión nacional en publicidad.

La publicidad gubernamental sirve y demuestra que tiene resultados muy exitosos. Gracias a esa publicidad gubernamental, en la actualidad, el *evasor* es considerado un enemigo para la sociedad y la Patria. A los que no pagan los impuestos se los vincula con *"el lavado de dinero" o se los tilda de explotadores que quieren ocultar sus ganancias para no distribuirlas con los que trabajan o producen.* Para los gobiernos, el evasor ocupa el podio de las personas más repudiables y antisociales. *Poco a poco la publicidad gubernamental ha colocado a los evasores impositivos en un lugar más detestable que los asesinos, traficantes o violadores.*

Es cierto que los trabajadores, inversores y empresarios se quejan periódicamente de que los excesivos impuestos les quitan la posibilidad de utilizar todos sus ingresos. Todos coinciden en que algunos impuestos los perjudican, a pesar de la publicidad del gobierno. Sin embargo, esas quejas no son contra los impuestos en general o su utilización discrecional por parte del Estado. Saben que el Estado, al cual le reclaman mayores servicios, beneficios o subsidios, necesita de ingresos para cumplir con sus demandas.

Por esa razón, los diferentes sectores o grupos sociales evitan oponerse frontalmente al aumento de los impuestos y a su aplicación sobre toda actividad económica. Prefieren ir por la tangente. Solicitan que el Estado sea inflexible en su recaudación con los que "*más tienen*" y al mismo tiempo sea indulgente con las personas de menores ingresos. Solicitan que *impositivamente no todos deben ser iguales ante la ley*. Esa desigualdad exige que se excluya el pago de ciertos impuestos a los que se *supone que menos ganan* y se incrementen los impuestos de los que se *supone que más ganan* con su actividad económica.

## EL ESTADO DE BIENESTAR

Los gobiernos, más que reducir la base imponible de contribuyentes, buscan permanentemente aumentarla para ampliar sus objetivos y profundizar sus políticas. Necesitan extender la recaudación a todos los integrantes de la sociedad que produzcan, trabajen, comercien, exporten o consuman. Nunca son suficientes los recursos disponibles para llevar adelante los objetivos gubernamentales. La voracidad por hacerse de recursos económicos es una característica de la mayoría de los estados modernos, incluido el argentino.

Desde hace décadas el gasto público en todos los países se caracteriza por su permanente ascenso. Consecuentemente, la recaudación impositiva sigue el mismo camino. Cada vez es mayor la presión tributaria sobre la economía privada. *El problema es que en la carrera dada entre el gasto estatal y la recaudación tributaria, siempre gana el gasto público.* Son muy pocos los países que gastan menos de lo que recaudan. Lo normal es que las cuentas públicas se encuentren en déficit, el endeudamiento estatal se incremente y la inflación –leve o intensa– se expanda en la mayoría de los países.

En la última década el gasto público se ha *desbocado* como pocas veces. No porque no haya ocurrido con anterioridad en algunos Estados, sino porque ahora es la característica de la casi totalidad de las naciones del mundo. Complementariamente la presión impositiva sobre la economía privada crece a ritmo constante. Nunca antes los Estados han recaudados tanto dinero.

Al escribir estas líneas, buena parte de los gobiernos occidentales se encuentran abocados a realizar ajustes a sus presupuestos. El gasto ha llegado a límites tan elevados que hacen ingobernables a los países, que crujen y se desestabilizan. Todos los gobiernos coinciden en que hay que ordenar las cuentas del Estado. Ordenar sus tambaleantes economías públicas y no entrar en default. Lo sobresaliente es que ninguno propone bajar los impuestos para reactivar la economía. En todo caso, para salir de la crisis, muchos sugieren que los impuestos deben incrementarse. En especial para aquellos que más tienen.

Es cierto que el sistema financiero vigente en todo el mundo ha hecho mucho para que los gobiernos se encuentren endeudados y sin salida. Ha sido en buena parte responsable de haber llevado a los Estados a construir órdenes económicos *sobre pies de barro.* Sin embargo, no podemos tener una visión parcial. El sistema financiero y especulativo se expandió gracias a las políticas públicas y a gobiernos irresponsables. Gobiernos que no dudaron en solicitar préstamos para llevar adelante sus multiobjetivos sin saber cómo afrontarían sus deudas. Motivados por objetivos propios de un *Estado de Bienestar*, despilfarraron los recursos públicos y terminaron dependiendo de los grupos financieros que se aprovecharon de tanta irresponsabilidad.

El resultado de esas políticas públicas explotó a la vista de todos y en las narices de los gobiernos que las promovieron. No hubo tiempo de pasar el *paquete* a otros gobiernos de signos ideológicos diferentes. De buenas a primeras el *Estado de Bienestar* comenzó a derrumbarse. Las ideas que lo sustentaban dejaron de tener validez ante la dura e insobornable realidad.

La premisa actual en occidente parece ser clara: hay que pagar los años de despilfarro gubernamental. El precio lo tendrá que asumir la gente que trabaja e invierte. La fiesta del gasto público sin control y del endeudamiento financiero no terminó bien. El reemplazo de un orden económico productivo por otro especulativo y subsidiado con recursos públicos no arrojó el crecimiento sustentable que muchos vaticinaron. Haber instalado un *Estado de Bienestar*, sostenido con la demanda agregada y el endeudamiento financiero, trajo consigo consecuencias que no serán fáciles de revertir.

Es muy difícil sostener un proceso económico productivo a partir del gasto público como principal palanca de crecimiento económico. Con el tiempo la estructura productiva de la economía privada se resiente y deja de ser eficiente. Para rematarla, los impuestos terminan agobiando a quienes producen y trabajan.

En un *Estado de Bienestar* se llega a un punto de inflexión en que el gasto público deja de ser la palanca que empuja hacia arriba los índices de crecimiento económico. Se convierte en un peso muerto que hunde en un pantano a todo el orden económico y al propio Estado. La actividad privada es la que se resiente de manera especial. Es la que debe hacerse cargo de los errores de los gobiernos y del aumento de las cargas tributarias.

No será nada fácil para los países de Occidente pasar del consumo desmedido a la abstinencia obligada. Sufrirán los mismos síntomas de dolor y angustia que padece cualquier persona adicta cuando le cortan abruptamente el consumo de droga. Las *economías de bienestar* generadas y sustentadas por el gasto público son una *adicción social* que cuesta mucho revertir.

No existen perspectivas de que los países occidentales, que actualmente intentan bajar el gasto público, puedan evitar los conflictos sociales y los quiebres en varios sectores del orden económico. Por su parte, los sectores sociales beneficiados por el anterior derrame del gasto público harán sentir sus voces de protesta pues se han acostumbrado a esa forma de adicción. No les interesa ni están dispuestos a la abstinencia. Lo que no saben es que no hay otro camino, pues los recursos públicos se agotaron. Los que se consigan en el futuro están comprometidos por el despilfarro realizado en el pasado.

Aunque el grito de los *indignados* se escuche por todo el mundo, la realidad económica es implacable. *Un orden económico sustentado en el gasto público termina distorsionando sus objetivo de bienestar y crecimiento. El gasto público sin control ni límites termina sin recursos genuinos que lo sustente. Termina generando nuevos privilegios sin evitar la marginación de amplios segmentos sociales. Transforma el orden económico de productivo en especulativo. Ahoga impositivamente a los contribuyentes. Genera masas de gente que vive del trabajo ajeno como resultado de los subsidios del Estado.*

Todo orden económico requiere un sistema productivo eficiente y rentable que genere bienes y servicios para crecer. *Requiere que todos los factores de producción estén al servicio de la generación de riqueza y no de la especulación. Necesita una economía privada que, a través de un sistema impositivo eficiente y equitativo, genere recursos para el Estado. Pero también requiere que el Estado no despilfarre los recursos, no gaste más de lo que genuinamente puede recaudar y no utilice parte de sus ingresos en beneficio de los funcionarios.*

Un Estado necesita de recursos que hagan sustentable sus funciones. Sin embargo los recursos que puede aportar la economía privada tiene un límite marcado por su propio crecimiento y desarrollo. El Estado no puede gastar lo que no tiene o gastar porque especula que la economía privada crecerá y le reportará mayor cantidad de recursos. No existe una línea ascendente de crecimiento en ninguna sociedad.

*Como principio rector del buen gobierno, los estados no deben gastar más de lo que recaudan de la economía privada.* Esos ingresos son la base de sustentabilidad y el límite de su gasto. Si el Estado no pone límites razonables a sus gastos ni a su endeudamiento de acuerdo con los recursos que le genera el sistema productivo, seguramente está en camino a una adicción mortal. Su gasto se tornará incontrolable.

Cuando el principio rector del buen gobierno se abandona para alentar el gasto público, se entra en caminos poco alentadores para la sociedad. Detrás de teorías, como la generación de una *demanda agregada* para estimular la producción de bienes, los gobiernos inician el camino del endeudamiento financiero. Algunos no sólo se endeudan sino que destruyen la moneda nacional con procesos inflacionarios. Después de la excitación inicial generada por la demanda agregada *–y artificial–* aparecen las consecuencias. La adicción al gasto no se puede parar y los efectos estimulantes de la demanda agregada desaparecen con el correr del tiempo.

Nuestro país siempre se ha caracterizado por priorizar el gasto como política de Estado para el crecimiento y el desarrollo económicos. Salvo en algunas etapas excepcionales, siempre el Estado ha sido estructuralmente deficitario y ha terminado con deudas difíciles de cancelar. Desde principios del siglo XX todos los gobiernos de una u otra forma consideraron que a través del gasto público –sea en obras o subsidios– se podía lograr el desarrollo económico.

Esas políticas del gasto público han sido en buena medida causa de las crisis económicas que el país atraviesa periódicamente. Igual de nefasta ha sido la política de aplicar impuestos de manera indiscriminada a la actividad productiva. Tan nefasta como gastar por encima de los recursos genuinos generados por el trabajo de la sociedad.

Cuando en nuestro país los recursos impositivos fueron insuficientes –a pesar de dejar un tendal de empresas destruidas– la inflación se instaló y las deudas financieras internas e internacionales se expandieron. La consecuencia ha sido ajustes cada vez más dolorosos. Esas políticas de gastos y altos impuestos sobre la actividad económica han terminado en fuertes ajustes programados o en una gran explosión social.

## LOS OJOS PUESTOS EN EL GASTO PÚBLICO

Para evitar el déficit fiscal y aumentar la capacidad del gasto público, los gobiernos apelan a una mayor presión tributaria sobre la actividad económica privada. Con ese objetivo y con un cuestionable régimen impositivo, la presión tributaria en nuestro país actualmente alcanza casi al 40%. De cada 10 pesos producidos por los argentinos, 4 pesos son destinados al Tesoro Nacional.

Todo recorte al gasto público es considerado negativo porque afecta de manera sustancial la posibilidad de realizar los objetivos que cada gobierno tiene.

Pero el gasto público no sólo se incrementa por responsabilidad de los funcionarios gubernamentales. La sociedad también es responsable en que el gasto se expanda sin cesar. La gente no deja de reclamar al Estado que se haga cargo económicamente de sus problemas y carencias. Si el gobierno no ofrece servicios, distribuye subsidios o no responde a las demandas, la sociedad le retira inmediatamente su apoyo en las urnas, no sin previamente haber cortado calles e incendiado llantas de automóviles.

El pensamiento dominante argentino –gobierno y sociedad– está convencido de que sólo la dirección central de la economía a manos del Estado garantiza el crecimiento del país. Sólo a través del gasto público y el control de las variables macroeconómicas es posible el progreso social. Para eso el Estado necesita recursos y contar con todos los instrumentos para disponer de esos recursos.

*Detrás de esa idea, los gobiernos ponen su atención exclusivamente en el gasto como motor del crecimiento y el desarrollo social. No perciben los efectos negativos del sistema impositivo argentino sobre el aparato productivo. Quieren estimular con el gasto público lo que desalientan con sus políticas tributarias: la producción.*

Desde ya que esa visión de los gobiernos no pretende ser absoluta. Al contrario; sería *parcial e injusto sostener que el aumento del gasto público y la creciente presión impositiva solamente están inspirados por funcionarios que despilfarran los recursos públicos sin otro objetivo que lograr el voto ciudadano.*

Todos sabemos de las carencias de la población, la marginación de amplios sectores sociales y la importancia que tiene el Estado en la búsqueda de soluciones a esos problemas. No es necesario volver a reiterar la cantidad de necesidades que tiene nuestra gente y las carencias que existen en educación, salud, justicia y seguridad. Por otra parte, en un orden mundial tan complejo y globalizado, el Estado es una pieza indispensable para colaborar en el ordenamiento de las variables macroeconómicas del país. Sin embargo, ninguna de estas razones es excusa para gastar más de lo que recauda ni para *aplastar a la gente* con cargas tributarias.

## VAIVENES DESPUÉS DE LA CRISIS

Nuestro país atravesó una gran crisis económica en el año 2001. Todos la recordamos y sabemos de su magnitud. A partir de 2002 comenzó el proceso de recuperación económica y en eso tuvo mucho que ver el aumento del gasto público.

La licuación de la deuda externa por el default, la importante disminución de la deuda interna por la *pesificación*, la baja de los salarios de los empleados públicos, el incremento de la presión impositiva y los mayores ingresos provenientes del aumento del precio de las materias primas –entre otras causales– permitieron al Estado obtener un superávit fiscal excepcional. Tenía recursos genuinos como hacia mucho tiempo no contaba.

El superávit del Estado rápidamente fue utilizado para impulsar la demanda social. Los recursos fueron inyectados –vía subsidios y obra pública– al orden económico. Se fijó como política de Estado impulsar la demanda agregada como método para revertir la crisis económica tal como lo aconsejara el pensamiento keynesiano.

En un par de años esa política generó una recuperación del aparato productivo del país. Los ingresos de los trabajadores comenzaron a recuperar su capacidad adquisitiva, la expansión del comercio internacional se hizo evidente y se produjo una explosión en el consumo de bienes nacionales e internacionales. Esto ocasionó un crecimiento anual del orden económico cercano al 7% anual a partir de 2005, que se tradujo en triunfos electorales del partido gobernante.

Esos índices macroeconómicos obtenidos en los primeros cuatro años del gobierno de Néstor Kirchner fueron un estímulo y un fuerte respaldo para quienes propusieron continuar con el gasto público de manera indefinida. Los que pidieron moderación y no gastar con exceso fueron desplazados de la toma de decisiones. El gobierno consideró que la demanda agregada generada por el gasto público era la palanca del desarrollo y la inclusión social. De esta forma la política económica iniciada en 2003 prosiguió a pesar de haberse revertido la recesión e iniciado un camino de crecimiento.

A partir del año 2007 el gasto público comenzó a expandirse a un ritmo acelerado y se necesitaron mayor cantidad de recursos para no "*dejar enfriar*" la economía. Era necesario seguir inyectando más recursos públicos en el orden económico para incrementar el ritmo de la demanda agregada. El problema era que los ingresos impositivos no alcanzaban para cubrir el gasto. La recaudación no era suficiente para cubrir el gasto público. Además el Estado no podía acceder a los créditos internacionales por el incumplimiento de las deudas contraídas en el pasado. Por esta razón se buscaron otras fuentes de financiamiento para el gasto público. La más notoria y conocida fue la estatización del sistema jubilatorio (ANSES) para acceder a los aportes de los trabajadores al sistema provisional. Pero hubo otras acciones que complementaron las nuevas fuentes de financiamiento.

Cuando los recursos de los jubilados tampoco fueron suficientes para bajar el déficit fiscal y temiendo que *"se enfriara la economía"* se buscaron otros mecanismos de financiamiento menos ortodoxos. Fue cuando comenzó la emisión monetaria sin respaldo. De esta forma la inflación a partir de 2008 se expandió de manera acelerada junto a un incremento del endeudamiento público. Para el año 2010 el país había alcanzado una deuda de 175.000 millones de dólares. Para finales de 2011 la inflación era superior al 28% anual, generando serias distorsiones en todo el orden económico.

Ante el desborde del gasto público y su expansión desenfrenada, el gobierno nacional en el año 2011 decidió que era el momento de aplicar un freno. Ya no era fácil seguir subiendo la presión tributaria, que era la más alta de América. Tampoco podía acceder a créditos financieros internacionales. Era necesario disminuir el gasto público. Con tal propósito comenzó con la idea de recortar subsidios, desprenderse de empresas subsidiadas como los subterráneos de Buenos Aires y racionalizar el gasto de la administración pública.

Al escribir este trabajo, las políticas de ajuste o *sintonía fina,* como ha sido denominado el ajuste fiscal por el gobierno, todavía no han podido ser ejecutadas. Se han anunciado recortes a subsidios y otras políticas de racionalización fiscal, pero la resistencia social ha empezado a vertebrarse. Seguramente los problemas seguirán y no puedo pronosticar con optimismo cuál será el futuro. Mientras tanto, el Estado sigue necesitando recursos y para tal fin ha eliminado las barreras que le impedían tomar las reservas del Banco Central. También ha nacionalizado YPF para acceder a divisas y tener otras formas de financiar su gasto público.

## UN RÉGIMEN IMPOSITIVO INEFICIENTE

Desde principios del siglo pasado los gobiernos en Argentina han desconocido la gravedad que tiene –para el orden económico y el progreso social– aplicar indiscriminadamente impuestos al trabajo, el consumo y la producción. Ignoran no sólo los efectos negativos que produce gravar la actividad económica sino que tampoco han imaginado que un sistema impositivo pueda tener otras fuentes de recaudación.

*Los gobiernos no han considerado que los impuestos pueden tener otros fines. Desconocen que los impuestos, además de ser el instrumento de recaudación para solventar los gastos del Estado, pueden generar efectos positivos sobre la producción. No los negativos que resultan de aplicarlos sobre la actividad económica.*

En nuestro país, desde hace muchas décadas los impuestos solamente son vistos desde la óptica recaudatoria. Sólo se aplican impuestos donde hay una actividad económica que puede generar ingresos al Estado. Lo preocupante de evaluar al impuesto únicamente como un instrumento de recaudación, sin otro límite que las necesidades de cada gobierno, es ignorar los efectos negativos que vienen causando desde hace una centuria. Efectos que resultan de castigar la actividad económica en vez de estimularla.

Con el propósito de recaudar lo máximo posible para cumplir con los objetivos públicos, el régimen impositivo argentino se ha convertido en una barrera para el crecimiento económico. Al tener como único objetivo la recaudación, terminó creando un injusto régimen tributario que genera un desequilibrio social y económico. Se convirtió en un régimen perverso que premia a la especulación y castiga a la producción.

*Nuestro régimen impositivo se construyó a partir de la concepción –dominante en buena parte del mundo– de que los únicos objetos punibles deben ser el trabajo, el capital, el consumo y el comercio. En otras palabras, todo lo que genere un bien económico a partir de una actividad destinada a ese fin.*

Si se analizan los Ingresos Públicos de la Nación Argentina a mayo de 2011 se puede apreciar que el 58% de la recaudación proviene de los impuestos al *trabajo, el consumo, las ganancias y el patrimonio*. Otro 12% proviene de las retenciones o impuestos al *comercio* internacional. El 30% restante son extracciones a los ingresos de los trabajadores y empresas *–llamadas cargas sociales–* para mantener básicamente los sistemas de salud y jubilaciones. Al respecto de las cargas sociales, recordemos que la mayoría se dirigen al ANSES para que sean posteriormente utilizadas como recursos del Gasto Público.

Estas cifras ponen de manifiesto que los recursos de la economía pública provienen sustantivamente del trabajo, el capital, el consumo, el comercio y las ganancias de los argentinos, sean trabajadores o empresarios.

El régimen impositivo argentino grava esencialmente la actividad económica. Todo el que realiza una actividad destinada a producir, consumir o intercambiar bienes es punible de impuestos. Si no hay actividad económica, no hay impuesto alguno. El que no realiza ningún trabajo, produce o invierte no es punible con ningún tipo de impuesto relevante. *Por eso es un régimen perverso. Castiga a quien trabaja y produce, mientras que estimula a los que especulan o no trabajan.*

El impuesto llamado IVA, el impuesto a las ganancias personales, a las ganancias empresariales, los gravámenes a bienes inmuebles, a los ingresos brutos, al cheque, a los depósitos, a la herencia o a las retenciones a las exportaciones y las importaciones, son un claro reflejo de que en nuestro país solamente se grava la actividad económica. Nadie paga un solo impuesto relevante en Argentina si no desarrolla una actividad destinada a generar riqueza.

Nuestro régimen impositivo es malo. Al tener solamente una política de recaudación no valora que los aportes privados pueden tener otros objetivos más nobles y valiosos. Pueden ser la política estatal más importante de un país para estimular la producción y el trabajo. El sistema impositivo podría castigar la especulación y premiar la producción. Podría gravar la especulación con la tierra y desgravar las inversiones o el trabajo.

Un sistema impositivo diferente al régimen vigente podría ayudar al equilibrio social y colaborar con el ordenamiento económico. Podría canalizarse a los servicios que la gente reclama, en especial a la seguridad, la educación, la salud y el transporte. Finalmente, el sistema impositivo debería marcar el límite del gasto público. Todo esto sería posible si se abre la mente y no sólo se piensa en los impuestos como única fuente de recursos del Estado.

## EL CONTROL SOCIAL DE LOS RECURSOS PÚBLICOS

Un sistema impositivo no sólo debe tener como fin recaudar recursos para solventar los gastos de la economía pública. *Además, debe ser un instrumento idóneo para mejorar el funcionamiento del orden económico, favorecer el progreso y apuntalar la justicia social. Detrás de esos objetivos, un sistema tributario debe tener una respuesta correcta a los siguientes interrogantes: ¿cuánto recaudar? y ¿qué bienes gravar?*

1. La primera pregunta sobre *cuánto recaudar* trata de indagar cuáles son los límites que debe tener la presión tributaria sobre la sociedad. *No es aceptable que el aporte de los contribuyentes no tenga más límite que las necesidades de los gobiernos.* Los gobiernos no deberían tener la posibilidad de aumentar las contribuciones privadas sin límite. En nuestro país el régimen impositivo no tiene límite alguno, por lo que la presión impositiva alcanza al 40% de los ingresos de los trabajadores, consumidores e inversores.

*El límite de la presión tributaria –o sea, cuánto deben aportar los contribuyentes al Estado– debe ser una potestad excluyente de la sociedad. Es la sociedad la que demanda el cumplimiento de objetivos al Estado. Por lo tanto, es la que debería decidir cuánto quiere aportar para satisfacer esas necesidades. Ese límite debería ser establecido con claridad en función del crecimiento económico de la sociedad y su capacidad para aportar recursos al Estado.*

La presión tributaria que la sociedad está dispuesta a aceptar debería tener estatus constitucional. Debería fijarse el límite de la presión tributaria en la Constitución Nacional, en la medida que afecta a los ingresos de las personas y sus derechos personales.

*Tampoco es aceptable que el establecimiento de los impuestos y los límites de la presión tributaria sobre la sociedad sea una atribución excluyente de los que gastan esos recursos.* La cantidad de riqueza que debe aportar la sociedad no debería estar bajo la responsabilidad exclusiva de quienes realizan el Presupuesto del Gasto Público y, al mismo tiempo, son los responsables de gastarlo.

La experiencia histórica de nuestro Parlamento pone en evidencia que los legisladores normalmente no se oponen al establecimiento de nuevos impuesto o al aumento de otros. Aceptan las propuestas que les envía el Ejecutivo y sólo cumplen con las formalidades de la Constitución para su aprobación. En los hechos, los legisladores no crean los impuestos sino que lo hace el Ejecutivo. Los parlamentarios acompañan estos pedidos del Ejecutivo.

Los legisladores de nuestros país consideran que frenar la sanción de un impuesto solicitado por el Ejecutivo es poner un palo en la rueda a la gestión de gobierno. Y como todos pueden llegar a ser gobierno –oficialistas y opositores– hacen causa común en este punto. El día de mañana los opositores de hoy también necesitarán recursos para gastar y quieren que en el Parlamento no les frenen esa posibilidad. Los legisladores y funcionarios del ejecutivo dependen de los impuestos y de su nivel de recaudación, por lo cual no tienen demasiadas razones para frenar aumentos impositivos ni crear nuevos gravámenes.

Nuestra historia reciente pone de manifiesto que esa *triple función* –crear impuestos, recaudar y gastarlos– bajo la responsabilidad de un mismo poder es negativa para los contribuyentes. *La sociedad debe establecer nuevos mecanismos autárquicos y de representación especial para los responsables de establecer impuestos. Nuestro sistema constitucional es obsoleto sobre este punto.*

2. Un sistema tributario debe responder adecuadamente sobre *quiénes serán sus contribuyentes y cuáles serán los bienes o actividades a gravar.* De ello depende en buena medida los resultados de eficiencia y justicia social del orden económico. Según qué bienes o personas grave el sistema impositivo se pueden construir diferentes modelos económicos y obtener resultados muy distintos.

Los impuestos en nuestro país se aplican a los bienes y actividades que resultan del trabajo, el consumo, la producción, la inversión de capital y el comercio. Las personas y las organizaciones que no participan en actividades económicas, conjuntamente con la economía pública estatal, no están sujetas a carga impositiva. Existen algunas excepciones que no tienen relevancia en el porcentaje de recaudación.

## EL RÉGIMEN IMPOSITIVO ARGENTINO

Nuestro régimen impositivo tiene claros fines recaudatorios. Desde esa perspectiva los resultados no son deficientes. Al contrario, en los últimos años, a pesar de la existencia de una importantísima actividad informal, la recaudación ha alcanzado un nivel récord. Nunca antes en nuestra historia se había llegado a los niveles de recaudación con respecto al Producto Bruto Interno como los alcanzados en 2011.

Sin embargo, si analizamos el régimen vigente en cuanto al objetivo que debería cumplir para ayudar y fortalecer la productividad del orden económico no podemos decir lo mismo. *Su calificación no sólo es deficiente sino que resulta contraria a la constitución de un orden económico productivo y rentable. La misma calificación se aplica si lo analizamos desde su aporte a una justa distribución de la riqueza.*

El régimen impositivo se ha convertido en un importante obstáculo para el crecimiento económico y también para lograr una mayor justicia distributiva. Sin proponérselo, se ha convertido en el principal estímulo para la especulación y para la generación de una economía en negro. Economía informal que crece tanto o más que la formal. La razón de ese crecimiento se debe al sistema impositivo vigente.

Al definir los objetos, actividades o personas punibles de impuestos, el Estado argentino toma como *base de contribución* a los trabajadores, los consumidores, el comercio, la inversión y la producción. *De esta forma esta malogrando el funcionamiento eficaz de las empresas, reduciendo los ingresos a los trabajadores, desalentando la inversión, incentivando la especulación con la tierra y creando un desequilibrio económico conjuntamente con una fuerte injusticia social.*

Los impuestos en nuestro país se organizaron a partir de la visión excluyente del gasto y la recaudación. Esa concepción excluyente de colocar al Estado sólo como un ente *recaudador-gastador* se sustenta en una idea muy primitiva sobre cómo debe actuar la economía pública con respecto a la economía privada. Es una idea que ignora que las políticas tributarias tienen otro fin superior al de recaudar. Hace tiempo que los contribuyentes dejaron de ser súbitos que deben pagar un diezmo a sus príncipes.

La contribución privada, además de ser la fuente de recursos para el funcionamiento del Estado, debe colaborar en la constitución de un orden económico que potencie la producción y genere una eficiente distribución de la riqueza.

Detrás de la exclusiva búsqueda de recursos económicos para gastar en los fines más diversos, el Estado argentino –como lo hicieron los recaudadores medievales– van detrás de cualquier actividad económica, trabajador o empresa que produzca riqueza. Esto ha sido un error que resulta inentendible que perdure hasta nuestros días. No se repara en los efectos negativos que tienen los impuestos aplicados a la producción.

*El régimen impositivo argentino es un castigo y no un estímulo a la producción. En vez de incentivar al que produce, se lo castiga con impuestos que limitan su inversión y su expansión. En vez de permitir que el trabajador tenga para sí el producto íntegro de su trabajo, se le quita una importante porción de su salario.*

Un régimen impositivo con fundamento exclusivamente recaudador pierde la perspectiva de su papel como custodio y ordenador del buen funcionamiento del orden económico. Embelesado por los recursos que puede obtener de la riqueza generada por la actividad de la economía privada termina paralizando la actividad económica que le da sustento. En vez de estimular las actividades productivas y corregir las que desequilibran su funcionamiento, castiga justamente a quien debe proteger.

# EL 40% DE LOS INGRESOS

En nuestro país ocurren hechos incomprensibles. Mientras los empresarios y trabajadores se pelean por las exiguos remanentes de riqueza que les quedan una vez que el propietario del suelo se apropia de la renta social, el Estado les da otro golpe de gracia. A sus disminuidos ingresos, sean salarios o ganancias, les aplica una importante carga impositiva. Con lo cual se disminuye aún más la capacidad adquisitiva de los ingresos.

*En el año 2010-2011, el Estado argentino, a nivel nacional y provincial, se quedó con aproximadamente el 40% de la riqueza generada por las empresas, los trabajadores, el comercio y el consumo.* Esa recaudación fue lograda en algún momento de la producción de bienes. El 39% de la recaudación fue resultado del IVA que pagan los consumidores. El 26% resultado de impuesto a las ganancias que pagan los trabajadores y empresas. El 13% proviene de los impuestos a las exportaciones e importaciones y un 8% de la recaudación provino del impuesto directo a las transacciones económicas o impuesto al cheque.

De esos datos se desprende que sólo el 60% de la riqueza producida por la sociedad durante el año 2011 quedó a disposición de los trabajadores, comerciantes o inversores. Aunque tampoco ese dato es totalmente cierto. En todo caso, es un *dato relativo* a tener en cuenta al analizar el proceso de distribución de ingresos.

En la realidad argentina, ese 60% que el Estado no recaudó por vía impositiva debe ser considerado como una "riqueza potencial" a ser distribuída. Un remanente –descontando los impuestos– que debería ser distribuido entre los trabajadores, empresas, comerciantes y exportadores. Sin embargo, eso no ocurre.

Es una "riqueza potencial" porque en los hechos –y dado nuestro sistema jurídico– alguien se queda con otra tajada de esa riqueza. Antes de distribuirse el *remanente de riqueza*, el titular del suelo –vía venta o alquiler– se lleva otra tajada de los ingresos producidos por trabajadores y empresarios.

Sin embargo, los impuestos y la apropiación privada de la renta social no son la única *merma a los ingresos* de los actores de la producción. Existe otro zarpazo al bolsillo de los trabajadores y empresarios, consumidores y comerciantes, antes de que puedan acceder a los ingresos que han producido. Es una merma como consecuencia de otra acción del Estado. *Es una disminución de los ingresos como resultado del impuesto "inflacionario" ocasionado por la emisión monetaria.*

Si bien no existen cálculos exactos por falta de mediciones y estadísticas, podría sostenerse –sin temor a errar por mucho– que los trabajadores, los inversores y los comerciantes finalmente acceden aproximadamente al 45% de los ingresos que les corresponden. El 65% restante queda en manos de otros destinatarios que no fueron partícipes en la generación de riqueza.

Ante esta situación es comprensible que los trabajadores y empresarios argentinos vivan de conflicto en conflicto disputándose mayores ingresos. Los trabajadores claman por mejores salarios para satisfacer sus necesidades y mejorar la calidad de vida. Los empresarios quieren contar con mayores ganancias para reinvertir, capitalizar y aumentar sus condiciones competitivas. Ninguno de los dos sectores puede lograr sus objetivos porque el remanente de riqueza a distribuir es muy escaso por los impuestos, la apropiación privada de la renta social y el impuesto inflacionario. La mayoría de las empresas –si no logran posiciones hegemónicas– quiebran al poco tiempo por falta de rentabilidad. Por el lado de los trabajadores la situación no es mejor. Muchos no tienen empleo, no pueden reinsertarse cuando son despedidos o viven en la marginalidad.

El distorsivo régimen impositivo argentino extrae de manera compulsiva, a los miembros de la sociedad de la economía formal, cerca del 40% de la riqueza que producen. La privatización de la renta social y el impuesto inflacionario hace lo suyo para disminuir los ingresos. Lógicamente, los principales afectados son los que menos ganan pues no tienen posibilidades de cubrirse. Su único camino de sobrevivencia es ingresar en la economía en negro para evadir la carga tributaria, aunque no puedan evitar el pago de la renta social ni la inflación. Hemos visto que hasta en las villas de emergencia se pagan alquileres y se sienten los efectos inflacionarios.

## LOS IMPUESTOS IMPIDEN LA EXPANSIÓN DE LA DEMANDA

La aplicación de impuestos a los salarios de los trabajadores y a los actos de consumo reduce el *mercado interno* de un país. Al disminuir la capacidad de demanda, por menor volumen de ingresos, se afecta directamente la producción de bienes y servicios. Los impuestos quitan capacidad de demanda a los trabajadores y los consumidores.

*Al reducirse los ingresos de los trabajadores y las empresas por la extracción de los impuestos, la demanda global de la sociedad se retrae. El mismo efecto ocurre con la aplicación del Impuesto al Valor Agregado (IVA) que disminuye el 21% la capacidad de consumo de la gente. La consecuencia directa de esta disminución de la demanda –por la extracción impositiva– es la retracción de la oferta y por ende del proceso productivo.*

En nuestro país, ante el mercado interno retraído y con poco nivel de crecimiento, el Estado suele asumir un rol activo. Actúa como un estimulante de la demanda social. A tal fin incrementa el gasto público para generar una demanda agregada a la demanda real del sistema productivo. El objetivo es que la oferta no decrezca y el mercado interno se expanda.

Detrás de ese objetivo, los gobiernos utilizan los recursos impositivos que han obtenido de los trabajadores y empresas, volviéndolos a inyectar en el orden económico privado con el propósito de estimular el consumo. *Por medio de subsidios, aumentos de salarios o por intermedio de ayuda financiera a determinadas empresas, el Estado redistribuye los ingresos impositivos extraídos a la economía privada a fin de estimular la demanda.*

La razón de este doble circuito de distribución de la riqueza producida parece un poco incomprensible. ¿Cuál es la razón de recaudar una importante parte de los ingresos a trabajadores, consumidores y empresas generando una caída de la demanda, para luego redistribuirlos a través del gasto público para contrarrestar esa caída de la demanda? ¿Cuál es el propósito de retraer la demanda genuina del proceso productivo por otra demanda agregada y artificial que no surge del proceso genuino de producción? *La respuesta es sencilla: no existe confianza en el orden económico que ha constituido la gente para organizar sus actividades.*

No se confía en el mercado como el vehículo apropiado para lograr una equitativa y justa distribución de la riqueza. No se confía en que las empresas habrán de invertir sus utilidades en áreas productivas. No se confía en que el orden económico privado tenga la capacidad de recuperar la actividad productiva ante una recesión y una caída de la demanda de bienes. No se confía en que las personas y las empresas dejen sus ahorros en el país y en moneda nacional. En definitiva, no se confía en la gente, sus empresas y sus decisiones. Estas razones llevan a los gobiernos a considerar que a través del gasto público lograrán un justa distribución de la riqueza e impulsaran una demanda que de otra forma no tendría lugar.

Existe la convicción de que los gobiernos, detrás de objetivos de imparcialidad y justicia, son los que tienen los instrumentos técnicos y la voluntad política de realizar una "redistribución racional de los ingresos" que beneficie a los que menos tienen. De esta forma el Estado equilibra la distribución de los ingresos entre todos los integrantes de la sociedad tratando de alcanzar un nivel de justicia social que no existe cuando el orden económico es planificado por la gente de manera individual a través del mercado.

Los gobiernos y el pensamiento dominante consideran que la *redistribución estatal de la riqueza* tiene otras ventajas. Permite al Estado una inversión más eficiente y productiva del producto bruto. Permite invertir en infraestructura y en proyectos sociales que los particulares no realizarían. Los particulares y las empresas no reinvierten sus ingresos y utilidades en en el país como deberían hacerlo. Ahorran o atesoran sus ingresos privando a la sociedad de importantes bienes de capital. Las empresas, por su parte, giran sus utilidades al exterior en vez de reinsertarlas en el proceso productivo argentino.

Sin embargo, *las políticas de redistribución pública de los ingresos* –que generan socialmente una sensación de justicia y orden– no han logrado los resultados esperados. El crecimiento de la pobreza, la multiplicación de las villas de emergencia, la falta de competitividad de los productos argentinos en el mercado internacional, la escasez de viviendas, el desempleo o el nivel de quiebras de las empresas son algunos datos que dan cuenta de que aquellas políticas de redistribución no han logrado los objetivos propuestos.

La redistribución estatal de los recursos obtenidos por los impuestos no asegura la expansión de la demanda global. La demanda artificial no siempre termina traduciéndose en un orden económico más eficiente. Tampoco se observa que la justicia social se expanda por todos los sectores sociales ni que se hayan reducido los grandes bolsones de pobreza del conurbano bonaerense o el gran Rosario. Más bien esas políticas públicas de redistribución terminan distorsionando el mercado de la oferta de bienes, los precios, las expectativas de consumo y la rentabilidad productiva de ciertos sectores de la producción.

Para peor, cuando las políticas redistributivas y de gasto público se extienden en el tiempo, normalmente terminan en procesos inflacionarios y de endeudamiento de la economía pública por falta de recursos suficientes para solventar el gasto creciente y la redistribución cada vez mayor. Todo esto sin mencionar los actos de corrupción pública, el clientelismo político y el enriquecimiento de los empresarios amigos del gobierno.

## LOS IMPUESTOS EMPUJAN A LA EVASIÓN

Los empresarios tratan de evitar o aminorar el impacto de las cargas impositivas que gravan su actividad económica. A tal fin recurren a contadores y expertos tratando de contrarrestar la incidencia de los impuestos, en especial los vinculados a ganancias, bienes patrimoniales, el IVA e ingresos brutos. Si los impuestos no se pueden evitar o no es posible que sean absorbidos en los costos empresariales, se intenta trasladarlos al consumidor final.

*Las empresas frecuentemente incorporan a los precios las cargas impositivas de manera que queden incorporados al precio final que abonará el consumidor. Este traslado de los impuestos a los precios permite que la empresa no tenga una disminución en sus ingresos por los gravámenes a la producción y las ganancias.*

Sin embargo, no todas las empresas pueden trasladar los impuestos a los precios de sus productos. En mercados medianamente competitivos, les resulta difícil hacerlo. Esto las pone en situaciones de riesgo ante sus competidores, en especial con las empresas que existen en un mercado informal tan grande como el argentino.

Otras veces las empresas no pueden trasladar los impuestos a los precios en un ciento por ciento, porque el aumento de los precios –aunque sean empresas monopólicas– puede generar una menor demanda de sus bienes. El ingreso de los consumidores no es tan elástico como para aguantar el impacto de mayores precios.

Cuando las empresas, por diferentes razones, no pueden trasladar los impuestos a los precios buscan otros mecanismos para evitar la disminución de sus ingresos por los impuestos. *La baja rentabilidad las lleva inexorablemente al camino de la evasión o a la doble contabilidad.*

El mecanismo que las empresas utilizan para evitar el pago de la totalidad de los impuestos es la doble contabilidad y la alteración de los números de los balances. Tratan de mostrar ingresos escasos, egresos elevados o directamente no contabilizar los movimientos económicos. Con al apoyo de contadores y especialistas, los empresarios evitan no facturar sus ventas e inflan contablemente los gastos. Gracias a ejércitos de profesionales que se multiplican por la demanda existente, las empresas pueden maquillar su contabilidad evitando que los impuestos las lleven a la quiebra.

La doble contabilidad o la evasión no son un dato excepcional en nuestra economía. Dada la baja rentabilidad de las empresas, lo normal es que la mayoría de ellas recurra a estas prácticas. *Me atrevo a afirmar que –a excepción de algunas corporaciones monopólicas que pueden trasladar sin problemas los impuestos a los precios– la mayoría de las empresas en Argentina quebrarían si tuvieran que pagar todos los gravámenes. Esta es la razón de que casi la totalidad de las empresas, en menor grado, llevan una doble contabilidad.*

La evasión de los impuestos es posible porque no sólo existen profesionales del lado de las empresas que ayudan a esos objetivos sin pasar la línea delgada que conduce a la ilegalidad, sino que existe otro ejército de funcionarios públicos que colaboran para alcanzar los mismos objetivos.

De lado del economía pública estatal hay cientos de gestores que, en colaboración con funcionarios públicos, están dispuestos a ayudar a las empresas a evitar el pago de impuestos. Gestión que cobran muy bien.

Estos gestores y funcionarios existen en todos los niveles porque ayudar a la evasión es un *negocio próspero*. Esos auxiliares paraoficiales saben que con la presión impositiva vigente muchas empresas no pueden funcionar. Por lo tanto "*más que un hecho de corrupción es una acción de solidaridad en la medida que ayudan a las empresas a mantener su actividad y seguir dando empleos*".

Sin embargo, este mecanismo evasivo no evita que los empresarios desarrollen su actividad con intranquilidad y temor. Saben que están en el ojo de la tormenta y que en cualquier momento pueden ser descubiertos por funcionarios más implacables. Saben que al realizar doble contabilidad son enemigos del Estado que necesita de sus recursos. Poco importa lo que produzcan y cómo lo hagan. La evasión impositiva es considerada el peor flagelo que puede ocurrir para el Estado, y por eso no pueden permitir que nadie evite el pago de los impuestos.

## EL IMPUESTO INFLACIONARIO

Un gobierno criterioso no debe asfixiar a la economía privada con un ineficiente sistema tributario. Debe evitar los impuestos. No debe castigar a los factores que sostienen la actividad económica ni gastar más de lo que recauda.

Cuando el gobierno gasta por encima de su capacidad de recaudación y realiza una gestión sin control racional de los recursos se convierte finalmente en un *gobierno despilfarrador*. No percibe el sacrificio que significa para la sociedad su contribución para con el Estado. No tiene en cuenta que los recursos públicos deben gastarse e invertirse de acuerdo con la capacidad real que tiene un país en generarlos. El gobierno despilfarrador no evalúa la capacidad de la economía privada para producir ingresos genuinos. Tampoco la capacidad para devolver los créditos y cumplir los compromisos con los acreedores en el futuro.

El gobierno despilfarrador perjudica al Estado a pesar de lo valiosos que sean los objetivos que intente conseguir. *Perjudica al Estado porque instala instituciones que finalmente se consolidan dando lugar a un Estado despilfarrador.* La consolidación de un *Estado despilfarrador* condiciona a los gobiernos que se suceden. Condiciona la gestión, los proyectos y las obras del futuro.

El gobierno despilfarrador no tiene en cuenta lo importante que es la racionalidad en el uso de los recursos públicos. Tiene su mira puesta en el gasto y en los *efectos mediáticos* que cada acción pública produce sobre su electorado. Considera que el gasto es la llave de su permanencia en el poder. No asume la responsabilidad de dejar un Estado ordenado en sus cuentas para los gobiernos que lo sucedan.

Cuando los impuestos y el endeudamiento financiero no son suficientes para proseguir con el gasto público, los gobiernos despilfarradores inician otros caminos en búsqueda de *recursos frescos*. No están dispuestos a correr el telón y mostrar la realidad de su gestión. No están dispuestos a frenar el gasto y, en caso de ser necesario, aplicar políticas de recorte o ajuste presupuestario.

Antes de reconocer que el gasto se ha expandido y está fuera de control, los gobiernos propensos al despilfarro buscan diferentes alternativas de financiamiento para seguir gastando. Cuando se acaban todas las opciones posibles dentro del mercado local o internacional, se inicia el recorrido que mayor daño hace a un orden económico. *Se inicia el camino de la inflación monetaria.*

La inflación es el aumento generalizado y constante del precio de todos los bienes existentes en un orden económico.

*Este fenómeno de aumento permanente, crónico y generalizado de todos los precios del orden económico tiene una sola razón que lo justifique. Esa razón es el aumento del circulante monetario. Circulante que crece por emisión monetaria o políticas financieras que no reflejan el crecimiento de la producción real de bienes.*

El dinero circulante en un orden económico representa la cantidad de bienes que la sociedad ha creado con su esfuerzo o importado desde el exterior para cambiarlos por los bienes generados en el mercado interno. Si la riqueza generada por la sociedad (Producto Bruto Interno) se encuentra estable y se aumenta el circulante de moneda, los precios de todos los bienes se incrementan de manera inexorable. Lo mismo ocurre si el PBI aumenta al 5% anual y el circulante monetario lo hace al 20%.

La inflación no tiene nada que ver con el aumento de ciertos precios asociados a situaciones estacionales como ocurre con ciertas verduras en algunas épocas del año. Esto no es inflación, sino reacomodamiento de la oferta y la demanda dentro de un sector específico del mercado.

Tampoco se puede llamar inflación a los efectos que sobre importantes sectores de la economía se producen por el incremento de los precios de ciertos bienes estratégicos como el petróleo o la electricidad. Aunque esos efectos de aumento de precios influyan en sectores más amplios de la sociedad –que el que genera un aumento de las verduras de estación–, tampoco estamos ante un hecho inflacionario. En este caso también nos encontramos ante los efectos propios de un reacomodamiento sectorial de la oferta y la demanda.

*La inflación es otra cosa. La inflación es el aumento generalizado de precios en todos los bienes y servicios existentes en un orden económico. En este caso, ese aumento generalizado de precios tiene un solo origen: la emisión del circulante monetario en mayor proporción que el aumento del producto bruto interno.*

Las causas que determinan que los gobiernos apelen a la emisión de mayor cantidad de billetes que los bienes producidos puede deberse a diversas razones. Muchas de esas causas tienen que ver con condiciones de desequilibrio en el orden económico. Algunas con coyunturas internacionales negativas que tratan de evitarse. No obstante, la mayoría de las veces, la causa hay que buscarla en las políticas destinadas a aumentar la *demanda agregada.*

Sin embargo, todas esas razones suelen rondar detrás de una misma *causa madre* que las comprende. Se debe apelar a la emisión monetaria ante la escasez de recursos públicos para afrontar los gastos que los gobiernos quieren realizar. Su deseo de hacer obras, mejorar los ingresos de quienes menos tienen, evitar las desigualdades que genera el orden económico o lograr adhesión de la sociedad no es posible de alcanzar sin recursos. Cuando no se tienen esos medios, se apela a la emisión del circulante.

Esa falta de ingresos suficientes es la principal razón por la cual los gobiernos apelan a la emisión monetaria para afrontar sus gastos. En la actualidad los gobiernos quieren gastar y figurar como los mayores hacedores. *La austeridad los espanta.* Pero no están solos en esta posición. La sociedad les exige que gasten y distribuyan beneficios y servicios. Tampoco a la sociedad en general le preocupa que existan recursos para afrontar esos gastos. Si el precio a pagar es la inflación, no consideran que sea un costo demasiado alto.

Hay quienes sostienen –para apoyar la emisión monetaria destinada a impulsar una demanda agregada– que un poco de inflación no es negativo. Todo lo contrario. La demanda agregada estimula la producción de bienes y el crecimiento sostenido de la economía. Esta hipótesis es lo mismo que sostener que un poco de cáncer no es malo porque estimula la producción de medicamentos.

Los efectos de la inflación son negativos –muy negativos– para un orden económico. Se lo mire por donde se lo mire. Lo que comienza como un estímulo para la economía se convierte rápidamente en un calvario para la gente que trabaja y produce. Al final, después de haber destruido trabajos y actividades productivas, termina con todo el orden social dando lugar a conflictos y a la desorganización de la sociedad.

Quienes sólo ven los primeros efectos "estimulantes" de la inflación sobre la economía, deben prestar atención a lo que ocurre al final de esa aparente reactivación de los procesos productivos.

El final de un proceso inflacionario es siempre el mismo. Puede cambiar el grado de intensidad y la magnitud de sus efectos negativos, pero el final es semejante en todos los casos. Los procesos inflacionarios terminan inexorablemente en la crisis integral del orden económico que pierde todos los referentes para planificar, proyectar y vincularse económicamente.

La inflación termina en una recesión, con mínima rentabilidad empresarial y con salarios insuficientes para cubrir las necesidades básicas de los trabajadores. Desaparece el sistema de precios, el crédito y la inversión. La inflación estimula la fuga de capitales, la evasión impositiva y la ausencia de ahorro. Produce el incremento de la renta social porque la tierra se utiliza como bien para conservar el valor de los ingresos. Todo este negativo marco económico finalmente es atravesado por conflictos sociales y enfrentamientos violentos entre los integrantes sectoriales de la sociedad.

*La inflación es absolutamente negativa para un orden económico en cuanto distorsiona los procesos de producción y estimula la especulación financiera. Hace desaparecer la inversión y liquida los salarios de los trabajadores*. Toda la gente de trabajo quiere más ingresos porque la *inflación les come* los salarios y los que tienen que pagar esos salarios no tienen lo suficiente porque la inflación *les comió* las utilidades.

La inflación es mala para todos. Es un enemigo para las empresas que no pueden proyectar ni calcular sus costos. Esto las obliga a planificar "a tientas" y aumentar constantemente los precios de sus bienes por encima de la variación inflacionaria. De esta forma se cubren de futuros aumentos de costos.

Desaparece el crédito y en su lugar aparecen los préstamos usureros con intereses que superan la rentabilidad de las empresas. Todas las empresas se endeudan sin garantía de que podrán devolver esos créditos. En vez de dedicarse de lleno a la producción, las empresas buscan mecanismos especulativos en los mercados financieros. Internamente deben lidiar con los trabajadores *alterados* porque los salarios les son insuficientes por el alza de los precios.

La inflación genera una puja incesante en el interior de las empresas. Los trabajadores reclaman mayores salarios. Los empresarios resisten a esos aumentos porque quieren frenar el aumento de sus costos. Todos pierden la brújula que guíe los reclamos y el equilibrio de los intereses de las partes.

Las posibles ganancias empresariales que podrían obtenerse en un proceso de producción estable desaparecen con la inflación. Son sólo un espejismo que puede empujar a algunos crédulos a emprender una actividad económica. El *impuesto inflacionario* acaba con toda ganancia empresarial. Las empresas mejor posicionadas descubren que es más seguro jugar a la especulación financiera que dedicarse a la producción.

En épocas inflacionarias, quienes peor la pasan son los trabajadores asalariados. En estos casos se produce la sentencia popular de que en tiempos de inflación los salarios van por la escalera y los precios por el ascensor.

*No importa el porcentaje de aumento y la cantidad de veces que los asalariados logren aumentos en el transcurso del año. La inflación siempre se adelanta y se lleva una parte mayor de sus ingresos. El impuesto inflacionario se lleva parte de la riqueza que les corresponde por su trabajo.*

El impuesto inflacionario no está impreso en el recibo de sueldo como el impuesto a las ganancias. Sin embargo, es igual de real y tiene los mismos efectos. Se lleva parte de los ingresos de los trabajadores antes de que el asalariado se gaste su salario.

El trabajador, a diferencia de empresarios o inversores, no tiene ningún recurso de evitar los peores efectos del impuesto inflacionario. La inflación siempre golpea más duramente y con mayor rapidez sobre los bienes de la canasta familiar y los salarios. Sostener lo contrario y proponer "*un poco de demanda agregada a partir de la emisión monetaria*" es un crimen para los trabajadores. Quienes lo proponen y lo instrumentan deberían estar presos.

hacia una economía

# SIN BARRERAS

12

# EL ORDEN SOCIAL Y EL ESTADO

Un orden social debe procurar que los integrantes de la sociedad tengan la posibilidad de desarrollar una actividad económica plena y en igualdad de condiciones. Debe asegurar que los que producen obtengan íntegramente la porción de riqueza que les corresponde. Que los trabajadores puedan acceder a los medios de producción para generar bienes y servicios.

Un orden social debe evitar que existan privilegios que permitan vivir del trabajo ajeno. Debe garantizar la seguridad jurídica y el cumplimiento de la igualdad de todos ante la Ley. Debe establecer un marco jurídico que permita vincular y ordenar los planes económicos que individual o colectivamente emprendan tanto los trabajadores como las empresas. Un orden social debe establecer las condiciones que permitan progresar a la gente y satisfacer sus necesidades.

El orden social debe asegurar un orden económico que estimule la producción y garantice la distribución equitativa de la riqueza. Un orden económico en el cual las empresas, los trabajadores, los consumidores y la economía pública estatal puedan ejecutar sus planes individuales o colectivos.

Debe evitar y eliminar las *barreras* que frenan la iniciativa económica y la igualdad de oportunidades. El orden social debe impedir los abusos, las arbitrariedades y las hegemonías, sean públicas o privadas, políticas o económicas. El trabajo, la inversión, el comercio y el consumo deben tener todas las seguridades para que la gente pueda actuar económicamente en un marco de igualdad y libertad.

Esos objetivos sólo son posibles de alcanzar si existen la presencia y el control activo del Estado para que el orden económico pueda desarrollarse sin presiones, intereses dominantes, injusticia y desigualdad de oportunidades. Para que el orden económico no se distorsione en beneficio de unos pocos o en contra de todos los que trabajan o producen de manera individual.

El Estado –como representante de la voluntad colectiva de la sociedad– es el responsable de establecer las normas jurídicas que serán la referencia obligada para ordenar las actividades económicas de la gente. El Estado debe ser el garante de la igualdad y la libertad de los integrantes de la sociedad. Debe asegurar que la gente pueda planificar y ejecutar sus planes de forma ordenada. Que toda la sociedad pueda participar libremente en los procesos de producción y ser dueña del producto de su trabajo e inversión.

*El Estado tiene importantes responsabilidades en un orden económico estructurado productivamente a partir de los planes individuales de los integrantes de la sociedad.* Lejos de tener un papel pasivo o ausente, el Estado debe tener un papel *activo* en un orden económico coordinado por la actividad privada. Debe ocupar los espacios que le son propios y defender que no existan obstáculos ni privilegios que traben la actividad económica de la gente. El Estado debe impedir que existan *barreras* o intereses sectoriales que desordenen la economía generando caos e inestabilidad.

*El Estado debe ser el soporte y el garante de un orden económico pleno, democrático, igualitario y sustentado en la actividad de los particulares.* El Estado debe tomar todos los recaudos para que se respeten los derechos de las personas y las empresas. Debe intervenir ante los privilegios o los grupos dominantes para restablecer el mercado y la igualdad de oportunidades para trabajar y producir.

El Estado debe garantizar la justa distribución de los ingresos y combatir los privilegios que lo impidan. Debe abrir las fronteras de la economía al mundo, tratando de incentivar la competencia eficiente. Debe garantizar la seguridad y la estabilidad jurídicas para que la gente ordene y planifique sus actividades. No puede cambiar el derecho positivo de manera constante de acuerdo a la coyuntura.

*El Estado moderno debe tener objetivos políticos, económicos y sociales. Estos objetivos tienen que ver con la seguridad, la justicia, la educación, la salud, la estabilidad monetaria, la unidad nacional y las políticas de solidaridad social para los que menos tienen. Objetivos que sólo puede llevar adelante con los recursos que la sociedad le aporta a través del sistema impositivo.*

No son pocas las responsabilidades del Estado. Cada vez son más las demandas sociales hacia el Estado para que concrete objetivos de manera eficaz y eficiente. La seguridad interna y externa, la prevención y el cuidado de la salud, la educación para todos y la justicia plena son algunos de esos objetivos prioritarios para la gente. Sin embargo, están lejos de ser los únicos. También lo son los servicios de agua potable, las vías de comunicación, el transporte, el acceso a la vivienda, las cloacas, la luz y la calefacción.

Sin embargo esos objetivos, parte de una larga lista, suelen estar lejos de su concreción. La mayoría social carece de esos servicios que el Estado debería abastecer con los recursos que aporta la economía privada.

Presiones de grupos de poder, falta de idoneidad, estrategias económicas erróneas, desequilibrios estructurales, excesiva centralización de la economía, estatización de la empresa privada, corrupción o despilfarro del gasto público son algunas de las circunstancias que impiden a los gobiernos-estado alcanzar los objetivos que demanda la sociedad.

La consecuencia manifiesta de las erróneas políticas públicas –o su ausencia– repercute directamente sobre empresas, trabajadores, inversores o consumidores. Repercute sobre todo el orden social y el orden económico. Por un lado el Estado no cumple con las funciones que la sociedad le ha delegado y por el otro presiona impositivamente de manera creciente a la actividad privada.

Es necesario que el Estado establezca sus prioridades y ordene su gasto a fin de no malgastar sus recursos. Es aconsejable que tenga un rol activo en aquellas funciones que la sociedad le demanda como contraprestación de su aporte impositivo. Debe ser activo en lo que la gente quiere y no en lo que los gobiernos quieren. No puede desviar sus recursos a fines de dudosos beneficios. No debe descuidar los servicios públicos y las funciones básicas de todo estado moderno.

Los gobiernos no pueden convertir a la sociedad en *tubos de ensayo* para experimentar teorías o políticas públicas que estiman que redundarán en beneficio de la gente. Esos ensayos suelen terminar en fracasos y es la gente la que los padece. El Estado debe tener criterio científico y no creer que puede *dirigir centralmente el orden económico mejor que la gente lo hace de manera individual.* Debe permitir que la gente sea el artífice del proceso económico y no generar *barreras* que distorsionen la actividad económica. Debe dejar que los trabajadores y empresarios se ordenen económicamente de acuerdo con sus planes. No debe ocupar el lugar de la gente en la dirección de la economía nacional ni actuar como una empresa.

## EL ORDEN SOCIAL ARGENTINO

El desequilibrado orden social argentino es un fiel reflejo de malos diagnósticos y erróneas políticas públicas. *Nuestro orden se caracteriza por convulsiones periódicas que lo desestabilizan política y económicamente. La gente siempre tiene la sensación de que toda etapa de estabilidad es provisoria.* Por eso siempre atesora dólares y mantiene renovado el pasaporte. El orden social no logra garantizar la permanencia de los buenos objetivos alcanzados en el pasado ni erradicar definitivamente los que le causan su desequilibrio presente.

El orden social argentino tampoco puede generar que la sociedad comparta objetivos en común y políticas a largo plazo. No logra consolidar la unidad nacional. En su seno están latentes conflictos y divisiones irreconciliables que son sacados a la superficie de acuerdo con las necesidades coyunturales de gobiernos u opositores.

La incertidumbre económica es constante. Resulta tema obligado de conversación en reuniones privadas y debates nacionales. La economía ha calado hondo en el corazón y el bolsillo de los argentinos. *Cada argentino tiene la convicción de que cualquier progreso que pueda lograr es provisorio.* Cuando hay bonanza, aprovecha sus beneficios. Cuando hay crisis, la sufre. Vive al día y le resulta muy difícil planificar a largo tiempo.

Los argentinos tenemos curtida en la memoria que en nuestro país no existe un orden económico estable y con progresivo crecimiento. La inseguridad jurídica y el cambio abrupto de políticas económicas públicas es lo habitual. La discrecional y arbitraria dirección central de la economía nacional por parte de los gobiernos es constante. Empresarios e inversores siempre actúan con cautela. Con temor de que en poco tiempo la economía se desmorone o cambien las reglas económicas.

Existen muchas razones que explican ese cambio constante de las políticas públicas y la inestabilidad del orden económico argentino. Sin embargo, cualesquiera sean esas razones, no se puede excluir la influencia del pensamiento dominante en nuestro país. *Los idearios sociales están penetrados por ideologías contrarias a un sistema económico abierto a la participación de la gente. Pensamiento que tiene la convicción de que las empresas son negativas para la igualdad y el crecimiento social.* Las opiniones divergentes y contrarias a ese pensamiento son denostadas y tildadas de *reaccionarias*.

Existen fuertes prejuicios con respecto a considerar a las empresas como el motor del desarrollo y el progreso económico. Se considera que el mercado es lo peor que puede elegir una economía nacional para ordenarse. La actividad privada es sospechada como negativa para el bien social. La libertad, enaltecida en lo político, es cuestionada –cuando no prohibida– en lo económico.

Existe una sobrevaloración del Estado como único artífice del progreso social y el bienestar económico. Se depositan en el Estado todas las expectativas para eliminar las carencias y lograr el bienestar social. Existe unanimidad de criterio acerca de que son los gobiernos –a través de la economía estatal– los únicos que deben dirigir y ordenar la economía. A esos planes de dirección estatal deben acoplarse los particulares para actuar económicamente. Los que se resisten a las directivas estatales deben ingresar en el mercado negro o la clandestinidad económica de La Salada*, las Saladitas o los manteros sobre la vía pública.*

*El orden jurídico y las políticas públicas en Argentina son contrarias a las empresas privadas. Contrario a la organización y la coordinación de las relaciones económicas por medio de los planes individuales de las personas o empresas. El derecho positivo convalida la dirección central de la economía y su ordenamiento a través del Estado. Las políticas públicas descreen del mercado abierto. Buscan constantemente manipularlo y controlarlo detrás de objetivos que los gobiernos consideran valiosos.*

Sin embargo, a pesar del escenario negativo, Argentina tiene la oportunidad de lograr un orden social y económico que le permita ser una Nación maravillosa en lo social y potente en lo económico. Un país donde todos sus habitantes puedan encontrar paz, bienestar, felicidad, progreso y futuro, donde la economía sea el tema central de la vida de los argentinos.

Ese país puede lograrse si los argentinos comienzan a confiar en su capacidad y su talento individual para construir su propio destino económico y social. *La grandeza de Argentina está en su gente y su magnífico territorio*. Su grandeza no depende de estadistas *iluminados* o *Estados omnipresentes. Gobiernos que se caracterizan por su arbitrariedad y discrecionalidad*. La sociedad debe liberarse de las barreras ideológicas y materiales que impiden su desarrollo. *Lo importante es desarrollar un orden social construido por la gente y para la gente.*

## EL ESTADO OMNIPRESENTE

Argentina debe volver a creer en las empresas y en los trabajadores. Debe confiar en la capacidad y la idoneidad de su gente para trabajar y planificar sin que el Estado o grupos hegemónicos le diga cómo hacerlo. *Hay que confiar en la empresa como el mejor instrumento para impulsar la producción y la distribución de la riqueza. Hay que confiar en los trabajadores, en los comerciantes y en los inversores. Hay que acabar con dividir a la sociedad en víctimas y victimarios.*

Es necesario un diagnóstico sobre los verdaderos problemas estructurales de Argentina evitando caer en el facilismo de sostener que nuestra fatalidad económica es consecuencia de "*intereses que conspiran contra el progreso de los argentinos*". Se debe reflexionar un poco más sobre las creencias, las experiencias y los objetivos nacionales, abriendo la mente con la mirada crítica en la realidad.

Dentro de esa perspectiva es necesario redefinir el rol del Estado. Deben abandonarse los conceptos que han colocado al Estado a la diestra de Dios, cuando no en su lugar. Ideologías que han hecho del Estado una *deidad* que no puede ser cuestionada. Una deidad que ha ocupado el lugar de la gente. Los que se atreven a criticarlo son acusados de herejes que están en contra de los intereses de los argentinos y la patria. Son reaccionarios y opuestos al progreso social. No se puede tener ese pensamiento dogmático y excluyente.

El Estado tiene fines más nobles que debe cumplir. El Estado debe ser garante de la libertad y la igualdad de oportunidades para todos los sectores de la sociedad. Puede y debe ser inflexible contra los que intentan dominar el orden económico en contra de los intereses de un sector o de toda la sociedad. El Estado tiene la obligación prioritaria de generar un sistema igualitario y de alto nivel en educación, salud y seguridad.

El Estado no puede asumir el papel *de planificador integral* del orden económico. Esas políticas de centralización han demostrado su ineficiencia para el progreso. El Estado debe permitir que la gente sea la responsable de planificar y ordenar su destino económico. Para eso no debe ocupar el lugar de las empresas o los consumidores. Su obligación es garantizar que la sociedad tenga lo opción de llevar adelante sus planes individuales y obtener los ingresos que le corresponden. El Estado debe generar un orden social en donde cada persona se desarrolle plenamente y ningún interés sectorial atente contra la gente.

Hay que tener confianza en que la gente sabe cómo alcanzar su propio progreso y su bienestar. No necesita tutores que le digan qué hacer. Argentina necesita un orden jurídico y un Estado que haga cumplir las normas de convivencia social. Tiene que generar las condiciones jurídicas y económicas para que la sociedad pueda desarrollar plenamente sus objetivos individuales y colectivos sin que nadie se lo impida o establezca arbitrariamente cómo hacerlo. Un orden económico que no esté organizado por funcionarios iluminados que actúan en nombre de los argentinos.

*Es cierto que un orden social no se construye solamente con la confianza ciega en la gente. La libertad, la igualdad de oportunidades, la fraternidad y la solidaridad no son condiciones que se dan alegremente y sin esfuerzo dentro de una sociedad. Todo lo contrario. Lo habitual es que si no se acciona desde el Estado y desde las organizaciones sociales, esa igualdad para trabajar y producir nunca se alcance.* Mucho menos se logrará la justicia en la distribución de riqueza y la solidaridad social. Por eso el *Estado y su economía pública tienen un papel fundamental en la organización del orden económico más justo, equitativo, solidario y fraterno.*

## LA INSEGURIDAD JURÍDICA

No hay duda de que el *derecho positivo* se ha convertido en el principal instrumento para ordenar el Estado y la sociedad moderna. Toda actividad, en especial la económica, está directa o indirectamente normada por el derecho. Son esas normas los *datos o referentes que las empresas* tienen en cuenta para invertir y planificar sus actividades. Cualquier alteración o modificación de las normas jurídicas repercute sobre la actividad económica.

*Saber que las normas jurídicas no serán alteradas arbitrariamente por los gobiernos debe ser una política de Estado*. Lo contrario de lo que ocurre en nuestro país donde, guiado por objetivos coyunturales, los gobiernos constantemente manipulan el Derecho detrás de sus proyectos.

Lo habitual en Argentina es que los gobiernos actúen sobre el orden económico sancionando normas que afectan los planes individuales de la gente y de manera especial de las empresas. *Cambian las reglas jurídicas de manera permanente*. Constantemente modifican la normativa jurídica y las relaciones económicas. Distorsionan el orden económico. Lo hacen imprevisible e inseguro para las empresas y la sociedad. En vez de aminorar los riesgos de las empresas, los trabajadores o los consumidores, les suma obstáculos, incrementando la incertidumbre y la imprevisibilidad que de por sí tiene toda actividad económica.

En nuestro país las empresas no saben si las normas del presente serán mantenidas en el futuro inmediato. Si las nuevas normas jurídicas gozarán de buena salud o serán reemplazadas al poco tiempo. Esa inseguridad jurídica impide a las empresas planificar con eficacia y rentabilidad. Frena las inversiones internacionales y aleja al país del concierto de las naciones.

A pesar de la inseguridad jurídica que genera el cambio de leyes de manera constante, la *inflación legislativa* argentina no se detiene.

Para la mayoría de los integrantes de la sociedad los problemas o carencias se solucionan con la sanción de una norma jurídica que altera o cambia las anteriores. Si existe una ley se tiene la falsa sensación de que los problemas serán resueltos. La ley ha sido colocada en el podio de las soluciones y por lo tanto para cualquier fin la sociedad clama la sanción de una ley.

El precio de ese pensamiento es que a la hora de sancionar leyes manda la coyuntura y no el sentido común. Desaparecen la estabilidad y la coherencia jurídica. Las normas van y vienen detrás de la coyuntura política. La inseguridad jurídica es lo único estable. *Argentina no es confiable para invertir y producir porque se ignora cuál será el orden jurídico que los gobiernos propondrán la semana entrante.*

## CAMBIAR EL SISTEMA DE RECAUDACIÓN

*El régimen impositivo argentino no considera la doble finalidad que deben tener los impuestos. Detrás del exclusivo objetivo de recaudación, el régimen impositivo nacional genera efectos negativos para el buen funcionamiento del orden económico. El régimen impositivo perjudica a las empresas para desarrollar actividades económicas plenas. Castiga a los trabajadores reduciendo su capacidad de ingreso para satisfacer sus necesidades. Priva a los consumidores de acceder a bienes o servicios por los altos precios generados por el IVA y otros impuestos.*

Si se analizan los Ingresos Públicos de la Nación Argentina a mayo de 2011 se puede apreciar que el 58% de la recaudación proviene de los impuestos al *trabajo, el consumo, las ganancias y el patrimonio*. Otro 12% proviene de las retenciones de la Aduana por el *comercio* internacional.

El otro 30% restante son extracciones a los ingresos de los trabajadores y empresas para mantener básicamente los sistemas de salud y jubilaciones.

El régimen impositivo argentino grava esencialmente la actividad económica. Todo el que realiza una actividad destinada a producir, consumir o intercambiar bienes es penado con un impuesto. Si no hay actividad económica no hay impuesto alguno. El que no realiza ningún trabajo, produce o invierte no es punible con ningún tipo de tributo relevante. *Por eso es un régimen perverso. Perjudica a quien trabaja y produce, mientras que estimula a los que especulan o no trabajan.*

Al aplicarse la presión impositiva de manera casi excluyente sobre el trabajo, la inversión empresarial, el comercio y el consumo, se generan efectos perversos en todo el orden económico argentino. *El régimen impositivo vigente reduce la capacidad adquisitiva de los creadores de riqueza, achica el mercado interno, impide la expansión de la demanda y frena la actividad empresarial.* El peor efecto es el psicológico: traumatiza a los emprendedores. Los hace inseguros y excesivamente mesurados.

*El régimen impositivo vigente desordena la actividad productiva de las empresas y empuja a los empresarios al mercado negro. Estimula la evasión y la especulación. La "delincuencia impositiva" pasa a ser la clave del éxito empresarial. Acaba con el federalismo político y hace que el país resulte poco atractivo para las inversiones internacionales.*

La única forma de evitar esta situación negativa es cambiar la estructura del régimen impositivo vigente en la Argentina. Hay que de evitar que siga castigando a los que producen, invierten y consumen reduciendo sus ingresos y su capacidad de crecimiento. Se debe generar un *sistema de ingresos públicos* que suministre recursos suficientes al Estado y a la vez estimule la producción. Un *sistema* que esté fundado en la Justicia, la igualdad, la solidaridad y en la rentabilidad económica de todos los integrantes de la sociedad.

La manera de lograr esos objetivos es cambiar el paradigma sobre el cual se construyó el régimen impositivo vigente. El Estado no debe seguir castigando a los que producen y trabajan. Debe abandonar la persecución a los que realizan una actividad económica. Para eso debe cambiar su mirada sobre cómo funciona la economía y cuáles son los resortes de la actividad productiva. Debe tener un diagnóstico correcto sobre las *barreras* que en Argentina impiden acceder a los factores de producción y frenan una equitativa distribución de los ingresos.

*La sociedad debe comprender que mientras el principal factor de la producción –constituido por la tierra y sus recursos naturales– no ingrese en plenitud en el proceso de creación de bienes, no habrá crecimiento económico sustentable para las empresas y los trabajadores*. Los titulares de la tierra seguirán especulando con el aumento del valor de la *renta social,* negando la posibilidad de que la tierra de la República se ponga al servicio de la producción y distribución equitativa de la riqueza.

La privatización de la renta social –habilitada por el Código Civil– disminuye aún más los alicaídos ingresos de las empresas y trabajadores. Se suma a la merma de los ingresos que generan los impuestos aplicados a las empresas y los trabajadores. *A través de la venta o locación de inmuebles, autorizada por nuestro derecho positivo, la privatización de la renta social reduce los ingresos de empresarios, comerciantes o trabajadores.*

Es necesario que la sociedad argentina cambie su paradigma mental y conceptual. Debe animarse a considerar que ha llegado el momento de fijarse como objetivo *la eliminación gradual de los impuestos a la producción, la inversión y el consumo que absorbe el 40% de los ingresos.* Debe terminar con los impuestos actuales que perjudican a todos los que intentan realizar una actividad productiva. Debe acabar con la *barrera impositiva* que frena el desarrollo social argentino, que impide el crecimiento y la consolidación de las empresas.

En lugar del perverso esquema de recaudación existente se debe implementar otro sistema de recursos para el gobierno, que al mismo tiempo sirva para ordenar la economía de una manera productiva y justa. Un sistema que recaude los recursos que el Estado requiere para cumplir con sus objetivos y que sea un instrumento idóneo para mejorar el funcionamiento del orden económico nacional.

El nuevo *sistema de ingresos públicos* debe terminar con la vasta, compleja e inequitativa imposición a los contribuyentes que trabajan y producen. *El nuevo sistema debe sustentarse básicamente en una redistribución a la renta social acumulada sobre la tierra de la República. Esta contribución social debe ser el principal y casi excluyente gravamen que debe imponerse en Argentina para solventar el gasto público.* Debe ser la columna vertebral del sistema de ingresos públicos y la clave para ordenar de manera eficiente las actividades económicas de la sociedad.

# LA CONTRIBUCIÓN UNIVERSAL

La columna vertebral del nuevo *sistema de ingresos públicos* deberá sustentarse en la *contribución universal a la renta social*. De manera casi excluyente, la *contribución universal* cumple con los objetivos recaudatorios para solventar los gastos de un Estado moderno. Pero tiene un *plus* muy importante. *Permite ordenar el desequilibrado orden económico nacional. Facilita que las empresas, trabajadores y consumidores dispongan de la totalidad de los ingresos que les corresponden por su aporte a la producción.*

La *contribución universal* es exigible a todos los titulares o poseedores de un espacio de nuestro territorio nacional. Para su cuantificación se tendrá en cuenta el valor de la renta social acumulada sobre todo el espacio nacional. Valor fácilmente *evaluable* por obra del mercado.

La *contribución universal* aplicada sobre todo el territorio no diferencia la tierra urbana de la rural. Tampoco tiene en cuenta quién es el titular de una parcela. Sus tenedores, sean propietarios de pleno derecho o poseedores de hecho, deberán pagar su *contribución universal. Todos deben pagar la porción de la renta social de la que se benefician por encima de su voluntad o trabajo. No debe haber excepciones ni diferenciaciones según las tierras estén ubicadas en el barrio de Recoleta o en la villa de emergencia 1-11-14.*

Todos los poseedores de una parcela de tierra del territorio nacional, sean usurpadores o propietarios, gozan de un privilegio especial. Disponer de un espacio para vivir y producir. Privilegio que tiene, como contrapartida, algunas obligaciones sociales. Los poseedores de un espacio deben devolver a la sociedad *un porcentaje* de la renta social que se acumula sobre sus dominios por la inversión social y el Estado.

*Las parcelas de tierra pertenecen a sus tenedores para su disfrute, uso o usufructo. En cambio, la renta social pertenece a la sociedad que la ha creado con su trabajo e inversión. Al Estado le corresponde recaudarla y redistribuirla para cumplir con los objetivos públicos.*

La *contribución universal sólo tiene en cuenta el valor de la renta social* acumulada sobre un territorio. *No tiene en cuenta las mejoras realizadas por el trabajo o la inversión de capital por parte de sus poseedores*. La *contribución universal* tampoco diferencia las tierras de campo o la ciudad. La renta social se acumula indistintamente sobre unas y otras sin diferencia alguna.

La *contribución universal a la renta social* se diferencia claramente de los actuales *impuestos inmobiliarios* que se aplican en la mayoría de las provincias y en especial en las ciudades. En nuestro país los *impuestos inmobiliarios* –tanto urbanos como rurales– se aplican a las propiedades inmuebles de acuerdo con el valor fiscal que arbitrariamente establece el Estado, gravando especialmente las mejoras.

El Estado asigna de manera discrecional –no como resultado del mercado– un valor fiscal a las tierras de acuerdo con las mejoras de capital o trabajo realizadas sobre el predio. Valor que tiene en cuenta los edificios construidos o la inversión realizada sobre las parcelas rurales.

En el caso de las tierras rurales, el fisco fija el impuesto inmobiliario de acuerdo con la inversión de capital y la *renta productiva* que la soja o producidos similares generan a sus tenedores.

El impuesto inmobiliario es lo opuesto a la contribución universal a la renta social. *Por un lado, el impuesto inmobiliario no grava la renta social acumulada sobre el espacio. No grava la tierra libre de mejoras. Al contrario, lo que se tiene en cuenta son sus mejoras, su productividad o la inversión de capital.*

El precio fiscal de las propiedades o inmuebles en nuestro país surge del valor que el Estado técnicamente estima que tienen las edificaciones, las mejoras o la productividad que el titular ha realizado sobre las propiedades. Excepcionalmente, en algunos impuestos inmobiliarios provinciales se tiene en cuenta el precio de venta de la tierra. En estos casos, los impuestos inmobiliarios son insignificantes porque las parcelas no tienen mejoras o inversión.

El impuesto inmobiliario en Argentina está vinculado al valor de la inversión de capital y el trabajo realizado sobre una parcela. Su monto no varía de acuerdo con la renta social sino con la inversión de capital realizada por sus tenedores. Por esta razón sus efectos sobre el orden económico son totalmente distintos a los que genera la *contribución universal.*

*Al gravar el trabajo, la producción y la inversión de capital, el impuesto inmobiliario genera efectos negativos sobre la actividad económica. Perjudica a la actividad empresarial y a las inversiones en la construcción de viviendas. Es contrario al desarrollo productivo. Castiga a los que invierten.*

El impuesto inmobiliario premia la especulación de los que no hacen nada sobre sus parcelas o tienen edificaciones antiguas y vetustas. Forma parte de las causas que hacen que en nuestro país exista un déficit de millones de viviendas.

El que construye un edificio de 50 pisos para albergar a un millar de personas es castigado con un alto impuesto inmobiliario mientras que el que tiene un espacio vacío o con un edificio en ruinas no paga casi nada.

La *contribución universal* exigible a los titulares de un espacio de tierra libre de mejoras *permite: 1) Obtener los recursos necesarios para solventar la economía pública nacional, provincial y municipal.* 2) *Sirve para fijar el tope que debe tener la recaudación pública sobre la actividad privada. 3) Pone límites objetivos al gasto del Estado. 4) Establece un sistema de ingresos públicos ordenado y no perverso como el régimen impositivo actual. 5) Organiza el orden económico de manera productiva y equitativa permitiendo que todos los factores de producción estén al servicio de la generación de riqueza.*

La *contribución universal* termina con la especulación de la tierra que permite a sus titulares apropiarse de un ingreso que no les corresponde. Asegura que la renta social se *redistribuya* entre sus creadores y vuelva a la sociedad que la ha creado con su trabajo, inversión y políticas públicas. Termina con la especulación que impide que cientos de familias no tengan un lugar para construir su vivienda y que los trabajadores no puedan acceder a un espacio para generar un trabajo por cuenta propia. Que las empresas no inviertan o quiebren en corto tiempo.

La contribución universal logra que los precios de los terrenos de toda la Nación disminuyan de manera considerable y obliga a que todos los recursos naturales de la República se pongan al servicio de la gente. Al servicio de la actividad productiva. Permite que el espacio de la República esté económicamente accesible para quienes lo necesitan para vivir, trabajar y producir.

La *redistribución de la renta social* permite a las empresas acceder a las materias primas que necesitan para la producción y abarata sus costos de toda la actividad productiva. Aumenta la capacidad de demanda de toda la sociedad haciendo crecer la producción porque aumenta los ingresos de los trabajadores y consumidores. Las empresas logran mayor competitividad al reducirse sus costos, con lo cual se estimula la exportación y decae la importación de productos a precios mayores. Los trabajadores incrementan sus ingresos y la gente tiene verdaderas opciones de acceder materialmente a un espacio para vivir o producir.

*La renta social debe ser redistribuida a la sociedad que la ha creado. No sólo por razones de equidad y justicia. Sino porque su redistribución social permite construir un orden económico sustentable y de crecimiento sostenido. Aumenta la actividad empresarial y con ello los puestos de trabajo.*

La contribución universal libera a las fuerzas de la producción de la obligación de sostener con sus ingresos a la economía pública. Posibilita que la gente disponga de mayor cantidad de ingresos para satisfacer sus necesidades y estimular la demanda global. Permite que mayor cantidad de recursos sean destinados a la inversión y no a la especulación. Quita las principales *barreras* para que las empresas puedan crecer y no estar en permanente conflicto con los trabajadores a la hora de la distribución de los ingresos.

## EVASIÓN Y GASTO PÚBLICO

*Como principio rector del buen gobierno, los gobiernos no deben gastar más de lo que recaudan de la economía privada.* Esos ingresos son la base de la sustentabilidad y el límite de su gasto. *Un Estado debe tener políticas públicas sólidas y firmes que marquen los límites razonables a sus gastos. Deben existir políticas de Estado que establezcan pautas de endeudamiento de acuerdo con los recursos que genera el sistema productivo.*

Cuando el principio rector del buen gobierno se abandona para alentar el gasto público sin control se entra en caminos poco alentadores para la sociedad. Detrás de teorías –como la generación de la *demanda agregada* para estimular la producción de bienes– los gobiernos inician la ruta del endeudamiento financiero. Algunos no sólo se endeudan sino que destruyen la moneda nacional con procesos inflacionarios. Después de la excitación inicial generada por *la artificial demanda agregada* aparecen las consecuencias. La adicción al gasto no se puede parar y los efectos estimulantes de la demanda agregada desaparecen con el correr del tiempo, generando caos y desequilibrios en la economía.

El gasto público debe tener un límite objetivo y racionalidad en su ejecución. La *contribución universal* permite: 1) limitar objetivamente el gasto público, 2) generar mayor cantidad de recursos para los gobiernos, 3) eliminar la evasión, 4) impulsar la inversión federal y 5) tener un mejor control ciudadano de las cuentas públicas.

La contribución universal se debe aplicar sobre el territorio nacional sin exclusiones ni excepciones. Esto impide la *evasión* que los actuales impuestos no pueden evitar. Es imposible esconder o enviar al exterior el territorio nacional. Tampoco –en un mercado abierto– puede mentirse sobre el valor de la renta social que se acumula sobre la tierra. La falsificación de esos datos sólo es posible cuando la valuación de las tierras queda en manos de la arbitraria valoración a cargo del fisco.

La renta social tampoco depende del informe contable que el titular del espacio realice sobre el precio de su parcela, ni de la apreciación arbitraria del funcionario público. La renta social surge del mercado de tierras por lo que es objetiva y de conocimiento público.

Todos pueden saber el precio de un espacio sobre una parcela libre de mejoras en cualquier lugar de nuestro territorio. Lo único que deberá hacer el Estado es establecer la *tasa* de recaudación de la contribución universal.

El valor de la renta social está dado por el mercado y sus fluctuaciones generadas por la demanda social. Ningún propietario o funcionario podrá individualmente distorsionar ese valor. El mercado, en la medida que no esté distorsionado, pone a la *luz el valor de la renta social* acumulada en cada espacio de la República. Sobre ese valor, el Estado –de acuerdo con sus gastos y sus objetivos de crecimiento– establecerá la tasa porcentual del impuesto universal.

*La contribución universal a la renta social debe ser el recurso principal y casi excluyente que el Estado debe tener para afrontar su presupuesto. La contribución universal debe ser el sostén de la economía pública para cumplir con los objetivos de solidaridad e inversión social.* A diferencia de los impuestos que actualmente castigan la actividad económica, el pago de la *contribución universal* no perjudica los ingresos del trabajador, el inversor de capitales, el inversor de recursos naturales, a los comerciantes ni a los consumidores.

La *contribución universal* tiene otra ventaja con respecto al actual régimen impositivo. La variación de la renta social permite que los ingresos del Estado suban o disminuyan en función del crecimiento del país y el aumento de la población. *La renta social es el termómetro que marca el desarrollo económico de un país y el límite del gasto público.*

Si la sociedad crece por la inversión pública y la privada, la renta social crece en iguales proporciones. Esto permite al Estado acceder a mayor cantidad de ingresos de acuerdo con el crecimiento económico *real* del país. Este sistema de ingresos públicos, sustentado en la contribución universal, no se traduce en una mayor presión tributaria sobre los actores económicos. No afecta los ingresos de los trabajadores y los empresarios.

La contribución universal de la renta social también es un instrumento idóneo para fijar los *límites del gasto de los gobiernos. El porcentaje de la renta social que la sociedad esté dispuesta a aportar al Tesoro Público, le pondrá un límite al gasto estatal.* Los recursos que demande el Estado no quedarán librados a la arbitrariedad de los gobiernos y a las necesidades de coyuntura. De la contribución universal provendrán los recursos, casi excluyentes, que tendrá el Estado para concretar sus objetivos. No podrá excederse de esos límites ni generar un régimen impositivo sobre la actividad económica que castigue la producción y el desarrollo del país.

## ORDENAR LA ECONOMÍA

Si bien no existe un eficiente catastro provincial y municipal de nuestro territorio ni mediciones oficiales sobre el valor total de la renta social, el mercado de tierras permite conocer con cierta exactitud algunos datos. Según estimaciones privadas, el valor de la tierra de nuestro territorio es muy significativo y elevado. Mucho más elevado en los centros urbanos que en los rurales. Esta es la razón por la cual en las ciudades el precio de la tierra se mide por metro y en el campo por hectáreas.

El valor total de la renta social acumulada sobre Argentina es lo suficientemente elevado para que con un porcentaje de ese valor se pueda sostener el gasto público que tienen el Estado Nacional y el provincial. Con una tasa porcentual del total de la renta social acumulada sobre las parcelas de la República, el Estado podrá afrontar sus compromisos públicos.

*El pago de este canon universal tiene varios efectos extraordinarios sobre la gente y la producción. Condiciona a los tenedores del espacio a integrar sus dominios al proceso productivo para generar un ingreso superior del que tienen que abonar por la contribución universal. La consecuencia inmediata es que aumenta la oferta de parcelas, con lo cual el precio de la tierra disminuye.*

Al disminuir la renta social, bajarán los precios de alquiler y venta de las parcelas rurales y urbanas. De esta forma los argentinos tendrán la posibilidad de acceder económicamente a un espacio para vivir, trabajar o instalar una empresa. La tierra será económicamente accesible en relación con los ingresos que perciben los argentinos.

Con la contribución universal nuestro territorio dejará de ser un factor de especulación para convertirse en un factor de producción. Sin afectar el derecho de propiedad, la contribución universal permitirá que todo el territorio nacional ingrese en la actividad productiva en beneficio de toda la sociedad.

La contribución universal a la renta social tiene otros efectos colaterales muy beneficiosos para el funcionamiento del orden económico. Esos efectos tienen que ver con la *redistribución poblacional* que actualmente es absolutamente negativa para las provincias y municipios del país.

Argentina es un país donde el 80% de la población vive en pocas ciudades, mientras el resto del territorio está vacío. Es un país donde anualmente, en vez de fundarse pueblos o ciudades, se abandonan centros urbanos. Cerca del 40% de los argentinos viven hacinados en el Gran Buenos Aires y el otro 35% en cinco ciudades del interior.

El pago de la contribución universal permitirá restablecer el orden demográfico. Modificará esa situación de hacinamiento al tiempo que estimulará la creación de centros urbanos y polos industriales. La contribución universal invitará a la gente a salir de las ciudades densamente pobladas por el alto valor de la renta social. La gente buscará espacios de menor renta social. Lo mismo harán las empresas, los comercios y los trabajadores. Esto tendrá el doble efecto de descomprimir las grandes ciudades y estimular el crecimiento del interior del país que actualmente está desierto.

El Estado deberá acompañar este sueño de manera activa. Deberá aprovechar los recursos generados por la *contribución universal* para generar servicios e infraestructura para que la gente encuentre beneficios semejantes a los de las ciudades. El Estado podrá tener un papel activo en la concreción del sueño de Sarmiento y colaborar con la creación de nuevos polos de desarrollo.

## ELIMINACIÓN DE LOS IMPUESTOS

El efecto más relevante de la contribución universal sobre la renta social es que permite que los miembros de la sociedad sean dueños del producto de su esfuerzo e inversión. *Sus ingresos en forma de salarios o utilidades empresariales no se verán disminuidos por los gravámenes obligatorios al Estado en forma de impuestos a la actividad económica productiva.* Al exigirse la *contribución universal*, el trabajador, el consumidor o el empresario serán dueños de sus ingresos. No verán que son cercenados como en la actualidad. El Estado no les quitará vía impositiva cerca del 40% de sus ingresos como lo hace hoy.

Por razones operativas, la eliminación de gran parte de los impuestos vigentes a la actividad económica y su reemplazo por la contribución universal debe hacerse en forma *gradual y progresiva.*

Durante el período de implementación del nuevo *sistema de ingresos públicos* deberán reducirse *progresivamente* los impuestos que castigan a la producción, el trabajo, el comercio y el consumo. De manera proporcional a esa disminución de impuestos, se deberá incrementar la tasa de la *contribución universal* hasta llegar a un porcentaje del 10% sobre el *valor de la renta social*. Se llegará al punto óptimo de sustentabilidad económica cuando la contribución universal a la renta social haya reemplazado a la mayoría de los impuestos al consumo, el comercio, el trabajo, la inversión y las ganancias.

*La coexistencia de los impuestos vigentes con el pago de la contribución universal no debe extenderse por un tiempo prolongado pues de lo contrario se convertirá en una carga negativa para todo el orden económico. Sólo debe durar lo que se tarde en ajustar el sistema de ingresos públicos a los aportes provenientes de la contribución universal, que no debería exceder los dos años de implementación.*

## LA REDISTRIBUCIÓN DE LA RENTA SOCIAL

La contribución universal a la renta social, conjuntamente con la eliminación de los impuestos a las actividades económicas productivas, tendrá efectos dinámicos y morales para todo el orden económico argentino.

1) *Con la contribución universal desaparece la especulación inmobiliaria a la espera de que el trabajo y la inversión social aumenten el valor de las propiedades. Se elimina la posibilidad de que el principal factor de la producción esté ocioso mientras la gente no tiene un espacio para trabajar, emprender una empresa o contar con un espacio para vivir.*

La exigencia del pago de un porcentaje del valor de la renta social acumulada sobre sus parcelas permitirá que los 3 millones de kilómetros cuadrados de nuestro territorio abandonen su largo letargo especulativo. Toda la tierra deberá ponerse a disposición del trabajo y las empresas. La contribución universal empujará a todos los tenedores de un espacio a que pongan sus parcelas al servicio de la producción.

La incorporación de la tierra a la producción de bienes y servicios le habrá de generar ingresos a sus tenedores. Esos ingresos son denominados *renta productiva* y le pertenecen al titular del espacio terrestre, como los salarios corresponden a los trabajadores y los intereses a los inversores de capital.

La obligación de pagar la contribución universal sobre la renta social seguramente tendrá mucha resistencia por parte de los tenedores de la tierra, sean estos titulares de espacios urbanos en Recoleta o en la Villa 31. Sean titulares de campos en la sierra catamarqueña o en la pampa húmeda. A los titulares de la tierra no les resultará grato abandonar los ingresos que logran especulativamente por la venta o alquiler de sus dominios. No querrán renunciar al beneficio de apropiarse de la renta social.

Sin embargo, un examen menos pasional y más reflexivo permite descubrir que los ingresos de los propietarios o tenedores del suelo mejorarán en términos globales. Por un lado, ellos dejarán de pagar impuestos al patrimonio, al trabajo, al comercio o la inversión como lo hacen en la actualidad. Por otro lado, obtendrán ingresos por la *renta productiva* que generen sus parcelas al incorporarlas a los procesos de producción. Lógicamente, si el objetivo es continuar con los beneficios de la especulación generada por la apropiación de la renta social, su grito de queja será tan alto como injusto.

Los titulares o propietarios de la tierra deben comprender que la tierra es un bien finito y escaso. Que todos necesitamos de sus recursos para vivir y producir. El derecho de propiedad para hacer uso, usufructo y disponer de la tierra incluye algunas obligaciones para con la sociedad. Incluye ajustar sus derechos a pautas que hacen al buen funcionamiento de un orden social justo y con iguales oportunidades para todos. La contribución universal es una de esas obligaciones.

La contribución universal busca redistribuir parte de la renta social que corresponde a la sociedad que la ha creado con su trabajo e inversión. La renta social no puede ser apropiada por el titular del suelo en su beneficio. En ese caso su derecho de propiedad se convierte en un privilegio que atenta contra el bien común y contra el buen funcionamiento de un orden económico que se sustenta en la propiedad, la libertad y la igualdad de oportunidades.

2) *El pago de la contribución universal a la renta social permite que los trabajadores tengan la opción de encarar sus propios emprendimientos y desarrollar actividades por cuenta propia.*

El pago de la contribución universal hace que el precio de la tierra disminuya. Esto resulta de la presión que tendrán los titulares de la tierra para incorporar sus dominios a la producción. No podrán continuar con la especulación y deberán poner las parcelas al servicio de una actividad productiva para contrarrestar el impacto del pago de la contribución universal.

Al ponerse todo el espacio territorial al servicio de la gente, el precio de las parcelas disminuye por el aumento de la oferta. Hay que tener presente que más de 2 millones de kilómetros cuadrados están fuera del circuito productivo en nuestro país. Incorporar toda esa tierra a la producción ofrece una gran opción para la gente de trabajo. El bajo valor de una parcela, para alquilar o comprar, permite que tengan la opción de comenzar un negocio o actividad productiva por cuenta propia.

La gente de trabajo no estará condicionada por el mercado laboral y los sueldos ofrecidos por las empresas. Esto permitirá la consolidación de un mercado más competitivo con respecto a la oferta laboral. Los empresarios sabrán que los trabajadores tienen otra opción a la hora de elegir cómo obtener sus ingresos. Podrán rechazar las ofertas laborales que ofrezcan bajos salarios. *Tendrán la libertad de optar por trabajar, producir o hacer un negocio por cuenta propia.* No estarán condicionados por la demanda laboral de las empresas como en la actualidad.

3) *La contribución universal beneficia la actividad empresarial. Baja sus costos, estimula la competencia y le permite acceder a los recursos necesarios para la producción de bienes.*

La eliminación de los impuestos a las ganancias, a los bienes personales, al cheque y el IVA, entre la parva de impuestos existentes, repercutirá de manera favorable en la disminución de los costos de producción empresarial. Costos que disminuirán por la reducción del valor de la renta social que mantiene elevados los precios de las materias primas, provenientes todas de la tierra y sus recursos.

El menor costo para acceder a la tierra y sus recursos, sumado al menor costo generado por las cargas impositivas no recuperables, permitirá que el empresario aumente la demanda laboral, la inversión productiva y la solicitud de créditos para expandir las empresas.

No será un calvario poseer bienes activos o aumentar la producción, como ocurre en la actualidad por consecuencia de los impuestos vigentes. No se verán mermadas las ganancias logradas por la empresa. Habrá disponibilidad de recursos genuinos para inyectar más capital a la producción de bienes. No será materialmente difícil acceder a un espacio para poner un comercio o instalar una empresa.

Lo mismo ocurrirá con los precios de los bienes terminados, pues si todos los recursos naturales son puestos a disposición de la producción en un mercado abierto, la competencia se extenderá y se profundizará. La disminución de costos por eliminación de impuestos y disminución del valor de la renta social se traducirá en precios menores para los consumidores nacionales y para ofrecer bienes al mercado mundial.

4) *El pago de la contribución universal a la renta social ofrece notables ventajas a los estados municipales y las gobernaciones. Permite reordenar el pésimo régimen de recaudación argentino instalado a partir de la reforma constitucional de 1994, que se conoce como sistema de Coparticipación Federal.*

El régimen impositivo actual de coparticipación a cargo del Estado nacional es deficiente, unitario y matriz de favores políticos a las provincias por parte del gobierno nacional. Es arbitrario en cuanto a los porcentajes de distribución asignados a cada provincia y contrario al crecimiento porque distribuye la recaudación en base a datos del pasado.

El régimen de coparticipación otorga excesivo poder al Ejecutivo nacional para doblegar a los estados provinciales y manejar con cierta discrecionalidad los recursos aportados por los particulares.

Como recaudador supremo de la mayoría de los recursos de todo el país, el Ejecutivo nacional es el primero en hacerse de los ingresos impositivos y el que decide la manera de distribuir los recursos correspondientes a cada provincia según una ley. Desde su posición de poder, el Ejecutivo nacional fija los tiempos y la entrega de esos recursos de acuerdo con el grado de "*sumisión*" que asuma cada estado provincial.

*El Estado nacional está sentado sobre una gran caja de dinero que utiliza para premiar a los gobiernos amigos y para convertir en mendigos a los estados provinciales y municipales que no se allanan a sus directivas unitarias. Con la caja y su poder discrecional de reparto se acabó con el federalismo en Argentina. No existen la independencia municipal y la dignidad de las provincias.*

La redistribución de un porcentaje de la renta social será una *contribución universal y federal* que permitirá a los municipios, las provincias y el Estado nacional cobrar lo que les corresponde según el grado de desarrollo que logre cada jurisdicción. Como la contribución de la renta social es de fácil aplicación y control, será cada jurisdicción política la responsable de recaudarla.

A la inversa de lo que ocurre en la actualidad, la distribución de los ingresos públicos comenzará en los municipios para terminar en el Ejecutivo nacional. Serán los municipios los que giren los recursos remanentes a los gobiernos provinciales y estos al Ejecutivo nacional. *La contribución universal ayudará a que se inicie el camino del federalismo económico proclamado en nuestra Constitución.*

La *contribución universal y federal* a la renta social permitirá fortalecer el federalismo político anulando la *"arbitraria coparticipación unitaria"* que rige actualmente. El federalismo y la igualdad entre todas las provincias será una realidad en vez de una proclama carente de contenido.

El Estado nacional no quedará para nada desprotegido. Contará con los recursos que las provincias acuerden que debe tener un Estado nacional fuerte y con importantes responsabilidades sociales. El Ejecutivo nacional tendrá un significativo porcentaje de la contribución universal aplicado al territorio nacional. Además contará con otros ingresos que son propios a su estatus institucional.

Seguramente en el período inicial de la operativa y cambio de sistema impositivo será necesario generar un "*Fondo Nacional de Inversión*" destinado a colaborar con las provincias menos desarrolladas y consecuentemente con escasa renta social. Ese fondo deberá recibir el aporte de los grandes centros urbanos con alta renta social. Sin embargo, ese fondo *deberá tener una fecha de vencimiento estricta y un plan de inversión nacional en infraestructuras y comunicación para poblar el país.*

Deberá tener fecha de vencimiento porque la contribución universal a la renta social no sólo intenta que los titulares del espacio no vivan más del trabajo social; tampoco quiere que las provincias hagan lo mismo. La ineficiencia y la falta de capacidad de los gobiernos provinciales no puede ser tolerada en un orden económico productivo.

## FORTALECER EL MERCADO ABIERTO

La aplicación de la contribución universal y federal a la renta social junto a la eliminación gradual de los impuestos al trabajo y la inversión no son suficientes para que las empresas aumenten su capacidad de producción y la sociedad progrese.

Un orden económico que aliente la actividad empresarial, la igualdad de oportunidades, el progreso social y la justa distribución de la riqueza requiere de otros componentes para lograr sus objetivos. Componentes que junto a la eliminación de impuestos a la producción son necesarios para ordenar la economía y generar sustentabilidad a la actividad de las empresas.

*Entre esos componentes merece un lugar destacado la existencia de un mercado abierto a todas las personas y empresas para que puedan desarrollar sus actividades con libertad e igualdad de oportunidades.* Un mercado que no esté dominado por grupos de poder ni corporaciones económicas que actúen en beneficio propio y contra la sociedad. Un mercado que esté guiado por un sistema de precios que refleje la escasez y la abundancia de los bienes. Un mercado abierto a la creatividad y la producción que cuente con un Estado para protegerlo de los enemigos que intentan controlarlo.

*El mercado abierto es fundamental para el desarrollo de la actividad empresarial, y resulta igual de necesario para que la gente logre sus objetivos económicos individuales y sociales.*

*En Argentina no existe un mercado abierto.* Las empresas, los consumidores o los trabajadores no pueden tomar como referencia certera los datos de un *mercado plagado de privilegios*. El sistema de precios y los datos económicos que muestra el mercado argentino no son ciertos ni certeros. Su manipulación permanente a cargo de grupos monopólicos y la intervención gubernamental no permite tomarlos como un reflejo certero de la oferta, la demanda, la escasez y las relaciones económicas.

El mercado argentino no es un referente confiable para ordenar las relaciones entre las personas y las empresas. Su función para coordinar las relaciones económicas de la gente es ocupada por la discrecionalidad arbitraria del poder público o de los grupos hegemónicos privados.

El mercado en nuestro país es cerrado. No existe igualdad de oportunidades para trabajar, invertir, comerciar, producir o acceder a un espacio para vivir. Los medios de producción están concentrados en poderes monopólicos amparados por la Ley pública.

Es cierto que en la actualidad o en la historia de los pueblos es difícil encontrar un mercado plenamente abierto y libre de hegemonías. Como toda institución creada por el hombre el mercado abierto no es *perfecto*. Tampoco es *infalible* para regular ordenadamente las actividades de producción, de comercio o de trabajo. Tiene igualmente dificultades para *autorregularse* de manera eficiente.

No es fácil establecer un mercado abierto con iguales oportunidades.

Permanentemente tiende a cerrarse. Esa es la razón por la que requiere un derecho positivo que estimule un orden social abierto y un Estado que mejore su funcionamiento.

El mercado nunca está libre de intervención por parte de grupos dominantes que quieren que la oferta, la demanda o el sistema de precios sean controlados detrás de fines políticos o económicos. Siempre hay sectores que quieren manipular en beneficio propio. Sin embargo, a pesar de esas intervenciones, el mercado *es el mejor sistema de organización económica que el hombre se puede dar para ordenar sus actividades. Es el mejor sistema para organizar la producción y la distribución de ingresos.*

El mercado se parece a la democracia. Sendos sistemas, el económico y el político, tienen un ingrediente que los asemeja en su matriz y en su fortaleza. En ambos sistemas las principales decisiones están en poder de los integrantes individuales de la sociedad. El poder y control recaen en la gente.

Es cierto que en todo sistema democrático y en todo mercado existen problemas que distorsionan sus objetivos constituyentes. Problemas que generan efectos negativos que impiden un funcionamiento pleno de ambos sistemas. Sin embargo, tanto la democracia *–como el sistema para elegir los gobiernos por parte de los integrantes de la sociedad–* como el mercado *–como sistema para organizar los procesos económicos por los particulares–* son los mejores sistemas de organización política y económica que el hombre ha creado.

El mercado, a pesar de sus imperfecciones, es el sistema más eficiente para la producción de riqueza, el crecimiento económico y la distribución de los ingresos. Lo mismo puede decirse de la democracia, que hoy es el sistema más representativo de la voluntad popular.

Sin embargo el mercado, a pesar de su efectividad, ha sido denostado durante centurias desde lo político a lo económico. Inclusive hay quienes desde distintos sectores de la sociedad argentina ni siquiera aceptan que el mercado exista. No creen que haya un mecanismo de coordinación social de cientos de miles de planes individuales sin *un plan centralmente dirigido.* Están convencidos de que esa supuesta existencia del mercado en verdad quiere ocultar grupos dominantes que planifican la economía en beneficio de sus intereses.

No aceptan que miles de planes individuales –empresas y trabajadores– se puedan entrecruzar libremente para generar resultados económicos que beneficien a todos. No visualizan que eso sea posible sin la existencia de *un planificador u ordenador del mercado* que organice todas las actividades económicas de la sociedad.

Los detractores del mercado están convencidos de que si el Estado no controla y ordena la actividad económica, "*alguien ocupa ese lugar para mover los hilos de la economía*". "El mercado en verdad *no existe* como institución real –sostienen sus críticos–. Es un absurdo que cientos de planes puedan organizarse sin un plan central". Por lo tanto consideran que el Estado debe ser *el ordenador de la economía* si no se quiere que ese lugar lo ocupen grupos monopólicos.

Dentro de los incrédulos del mercado se encuentran quienes, si bien no niegan su existencia, consideran que es ineficaz para ordenar la economía de manera justa e igualitaria. Lo consideran como un sistema deficiente que termina beneficiando a unos pocos, premiando a los poderosos y castigando a los débiles.

Po esas razones, sostienen que el mercado debe estar controlado por un Estado presente que planifique y ordene toda la actividad económica de la sociedad detrás de objetivos de justicia y eficiencia. Consideran que el mercado sin control atenta contra la libertad y la igualdad de la gente. Que es incapaz de defender a los trabajadores de los poderosos empresarios. La única forma de crear un orden económico eficiente es por medio de la dirección central de la economía a cargo del Estado. En vez de un mercado abierto a los planes individuales proponen un *mercado organizado, planificado, regulado y supervisado por el Estado*.

Lejos estoy de rechazar las críticas realizadas sobre el mercado. Hay que destacar que buena parte de ellas está sustentada en la realidad y es absolutamente verificable. Basta mirar el orden económico argentino. Nuestra economía se caracteriza por la desigualdad de oportunidades, los privilegios, la existencia de grupos monopólicos, la falta de opciones para trabajar, las dificultades para invertir con precios artificiales y una desequilibrada distribución de riqueza.

La equivocación, en todo caso, consiste en atribuir al mercado abierto la causa de semejantes desigualdades y desequilibrios. *El error es creer que en Argentina existe un mercado abierto a la gente. Un mercado libre de monopolios, privilegios e intervención estatal. En nuestro país existe un mercado cerrado, controlado e intervenido detrás de objetivos que no son los de la gente.*

## EL MERCADO NACIONAL ES CERRADO

Desacreditar al mercado poniendo como ejemplo a nuestra economía nacional es un profundo error. En nuestro país no existe un mercado abierto a los factores de producción. Existe un mercado cerrado que limita la actividad empresarial y el acceso al empleo. Es un mercado plagado de monopolio y privilegios privados. Es un Estado que ejerce una intervención en los precios, en la oferta, en la demanda y en todas las relaciones económicas de la gente. Los gobiernos regulan, planifican y dirigen la mayoría de las actividades que emprenden los empresarios y los comerciantes.

El orden económico argentino tiene un mercado cerrado muy distorsionado y de escaso valor como coordinador de los planes individuales. No presenta las condiciones básicas que requiere la existencia de un mercado pleno: igualdad de oportunidades y libertad de opciones. El mercado argentino es un mercado cerrado a la gente. Está condicionado por intereses monopólicos, la privatización de la renta social y la planificación central del Estado.

El Estado ocupa un papel destacado en la intervención distorsiva del mercado. Lo hace fijando precios de manera arbitraria; controlando el comercio nacional o internacional; fijando pautas de producción; dando subsidios a empresas no competitivas; estatizando empresas; controlando el tipo de cambio; emitiendo moneda sin respaldo o dando permisos de producción. Participa activamente en la distorsión del mercado permitiendo que empresas hegemónicas lo dominen, dando concesiones privilegiadas a grupos empresariales amigos del gobierno u ofreciendo subsidios de consumo.

*El Estado, como responsable y custodio del orden social de una nación moderna, debe dejar de interferir en el mercado y distorsionar su funcionamiento*. Debe abandonar las políticas contrarias a las empresas impidiendo que puedan planificar con autonomía y con libertad. En una sociedad moderna el Estado debe buscar los mecanismos para que las empresas sean independientes del poder político, autónomas y con igualdad de oportunidades para producir.

El progreso social se construye confiando en la gente y su capacidad de crear su propio destino. El Estado debe ser el garante de que ese objetivo social se convierta en realidad. *El Estado sólo debe intervenir en el mercado con un criterio positivo, buscando que sea más abierto a las empresas y la gente. No debe actuar negativamente cerrando el mercado al intentar ocupar su lugar como organizador de los planes económicos de la sociedad.*

El mercado debe ser un sistema de ordenamiento donde todos los integrantes de la sociedad puedan participar en la producción y la distribución de riqueza en igualdad de condiciones. Por lo tanto el Estado debe castigar a quienes quieren decidir en nombre de la sociedad qué producir o consumir. Debe sancionar a quienes desde una posición de poder o por medio de leyes que los habilitan, obtienen mayor cantidad de riqueza de la que han creado.

El mercado tampoco puede funcionar sin un sistema de precios. En Argentina, el sistema de precios es una parodia. El sistema de precios –salvo en algunos sectores de la economía– no es resultado de la oferta y la demanda generada por cientos de planes individuales que se deben entrecruzar en un mercado abierto y sin interferencias.

El sistema de precios es controlado y fijado por los órganos gubernamentales. Las razones de esta intervención son varias. Aunque detrás de ellas subyace la misma idea que se tiene sobre el mercado. Se considera que los precios no surgen de la interacción de los planes individuales de la oferta y la demanda, sino que son resultado de la decisión unilateral de las empresas.

Los mismos que descreen del mercado consideran que el sistema de precios generado por la oferta y la demanda no existe. *Los precios son siempre una decisión personal del "comerciante o el empresario" que establece antojadizamente los precios que quiere cobrar en función de cuánto quiere ganar. Los precios no resultan de la puja de la oferta y la demanda.*

Indudablemente que esa presunción y la convicción sobre cómo se forman los precios en Argentina no están muy alejadas de la realidad. En nuestro país no existe un sistema de precios generados en un mercado abierto. Existen precios administrados, precios fijados por la oferta monopólica y precios subsidiados por el gobierno. Esto resulta del hecho de que en nuestro país exista un mercado cerrado, controlado por grupos privados y el Estado.

En un mercado abierto las cosas son totalmente diferentes. En un mercado abierto el sistema de precios es fundamental para lograr su funcionamiento pleno. La ausencia de un sistema de precios hace muy difícil la posibilidad de que la sociedad pueda organizarse eficientemente para producir riqueza.

En un mercado abierto los precios son datos objetivos que orientan a los planes individuales para producir, consumir o invertir. Reflejan la escasez y la abundancia, para saber qué es lo que hace falta producir y qué es lo que sobra para dejar de hacerlo. Los precios orientan el consumo, la oferta y la demanda de bienes. Los precios orientan la oferta de trabajo y a los empleadores.

Cuando el sistema de precios –que es la brújula de la actividad económica– se distorsiona, se pierde el Norte. Nadie sabe qué producir. Los precios dejan de ser un dato orientador de la producción, aunque se los utilice para fines diversos.

*El sistema de precios también deja de tener efectividad para orientar a las empresas, a los consumidores o los empresarios cuando la moneda nacional se degrada por medio de procesos inflacionarios.*

La inflación es un flagelo para las empresas competitivas y la causa principal de sus quiebras. Es un flagelo que se extiende sobre todo el orden económico y no deja ninguna institución económica en pie. Acaba con cualquier proceso racional de producción e incrementa la inequidad distributiva.

La inflación es un *zarpazo al bolsillo* de los trabajadores y los empresarios, consumidores y comerciantes. La inflación se convierte en un *impuesto* a los ingresos de los que producen. No es exigible en los recibos de sueldo o al pagar una factura. Pero es igualmente un impuesto a la producción y el consumo. Castiga a empresarios y trabajadores.

Si bien no existen estadísticas oficiales sobre los efectos que la inflación crónica genera sobre los ingresos de la sociedad, mediciones privadas muestran claramente cómo el impuesto inflacionario reduce los ingresos de las empresas y los trabajadores. Peor aún: degrada el cálculo, masifica al espíritu de las personas y saca lo peor de cada persona.

En Argentina, sin temor a equivocarnos, podría sostenerse que la sumatoria de los impuestos actuales, más la apropiación privada de la renta social y el impuesto inflacionario reducen aproximadamente el 65% de los ingresos de la gente que produce y trabaja.

Ante esta situación es comprensible que los trabajadores y los empresarios argentinos vivan de conflicto en conflicto para lograr mayores ingresos. Los trabajadores claman mejores salarios para satisfacer sus necesidades y mejorar la calidad de vida. Los empresarios quieren contar con mayores ganancias para reinvertir, capitalizar y mejorar sus condiciones competitivas, cuando no para evitar la quiebra de su empresa.

A pesar de la encarnizada lucha, ninguno de los dos sectores puede lograr sus objetivos porque el remanente de riqueza a distribuir es muy escasa. La mayor parte de la riqueza producida va a parar al Estado a través de los impuestos o a los propietarios del suelo vía venta o locación de los inmuebles. Otra parte de los ingresos y utilidades se diluye por la inflación generada por irresponsables funcionarios públicos.

La mayoría de las empresas –si no logran posiciones hegemónicas o monopólicas– quiebran al poco tiempo por falta de rentabilidad y por costos que no pueden afrontar. Por el lado de los trabajadores la situación no es mejor. Muchos se quedan sin empleo. Otros deben aceptar sueldos que no les alcanzan para vivir. Buena parte de los trabajadores –aproximadamente el 40%– debe ingresar en la economía *negra* viviendo en villas de emergencia o casas tomadas.

*No importa el porcentaje de aumento y la cantidad de veces que los asalariados logren aumentos en el transcurso del año. La inflación siempre se adelanta y se lleva una parte mayor de sus ingresos. Siempre se lleva más de lo que los aumentos de salarios pueden generarles "artificialmente"*.

## IMPULSAR LA ACTIVIDAD EMPRESARIAL

La empresa es el principal motor de desarrollo de las sociedades. Los países que han sustentado su crecimiento en la actividad empresarial privada se destacan por su alto nivel de ingresos per cápita y elevada calidad de vida.

No es posible desarrollar un orden económico eficiente sin el desarrollo de las empresas como organizaciones económicas fundamentales para la producción, la inversión y el consumo. Las empresas son absolutamente necesarias para que un orden económico crezca, sea eficiente y rentable. Las empresas son una pieza clave para el funcionamiento del mercado abierto y la organización productiva de los trabajadores. Las empresas no sólo producen bienes sino que dan empleos. *Las empresas son el motor del crecimiento social.*

No hay emprendimiento sin emprendedores que arriesgan tiempo y patrimonio detrás de un proyecto. No hay empresa sin empresarios que logran sus objetivos. Los emprendedores y los empresarios son muy importantes para el desarrollo económico.

Denostar a los empresarios atribuyéndoles un papel negativo para el orden económico es tan absurdo como atribuir a los pastores, clérigos o rabinos un papel negativo para las religiones. Sin empresarios no es posible construir una empresa y, en consecuencia, generar un orden económico productivo. Tampoco sería posible divulgar un dogma religioso y construir iglesias sin sacerdotes.

Tanto la empresa como las organizaciones religiosas necesitan personas con la responsabilidad de encarnar los objetivos institucionales de sus organizaciones. Las empresas necesitan a los empresarios y las iglesias a sus sacerdotes.

El empresario y la empresa forman parte de lo mismo. El empresario es el responsable de guiar la estructura empresarial y como tal es tan necesario como la organización que dirige. Por lo tanto, defender a las empresas y cuestionar a los empresarios es un sinsentido. Es cierto que hay empresarios ineficaces, como suele haber religiosos que perjudican a sus iglesias. Pero en ambos casos, los que tienen actitudes cuestionables son los menos. No pueden ser tomados como ejemplos para desacreditar a las empresas o a una estructura religiosa como instituciones.

En nuestro país los empresarios son caracterizados por personas que sólo están detrás del dinero y de sus beneficios personales sin importarles el destino de la sociedad y los trabajadores. Se los acusa de dispendiosos y amantes de la riqueza por sobre todas las cosas. Todo empresario es asociado con el dinero mal habido, el lujo, el lavado de dinero y la explotación de sus empleados. "*Se la llevan toda sin importarles nada*" es la expresión más habitual para referirse a la actitud de los empresarios.

En nuestra sociedad se considera que los empresarios no son gente confiable y se duda que quieran desarrollar una empresa en el marco de la ley. Por eso los empresarios son gente bajo sospecha. No sólo la AFIP está detrás de ellos buscando la evasión fiscal. Los legisladores sancionan leyes para controlarlos, inspeccionarlos, limitarlos y sancionarlos. El Estado y la Justicia se unen para aplicar normas que impiden la habilitación de negocios, la construcción de edificios o emprendimientos económicos.

La sociedad en general y el Estado argentino en lo particular son reticentes a apoyar la actividad empresarial. El empresario es sinónimo de explotador, de vivir de la riqueza ajena y de no producir para la sociedad sino para su bolsillo.

Ese pensamiento dominante en nuestro país genera un fuerte daño a la economía, pues persigue u obstaculiza a los que quieren emprender actividades empresariales. De esta forma se condiciona la expansión de la empresa, que es el motor de crecimiento de un orden económico moderno.

*No es que los empresarios sean unos santos y no busquen el beneficio económico. Hay empresarios corruptos e ineptos en Argentina y en todos los lugares del mundo. Los malos empresarios siempre han existido y seguramente existirán. Sin embargo, la mayoría se caracteriza por crear empresas y dar empleo a millones de personas si el orden económico se lo permite.*

La mayoría de los empresarios trabajan de lunes a lunes, comparten las necesidades con sus trabajadores y sufren por la falta de crédito. La mayoría son reacios a la especulación sin trabajar e invertir. Aman a su país y quieren dejar una huella que represente su esfuerzo. Esos empresarios son los que sostienen –junto a los trabajadores– la economía nacional.

A pesar de los fracasos económicos, los emprendedores empresariales son personas que no se desaniman ante la adversidad. Arriesgan su patrimonio detrás de nuevos proyectos. Se levantan después de cada fracaso. Generan empleos y aumento de la riqueza de un país con cada éxito que logran.

¿Qué sentido tiene denostarlos y perseguirlos? ¿No sería mejor apoyarlos y protegerlos de las presiones, los monopolios, los abusos legislativos, las injusticias del Poder Judicial, y de la competencia desleal? Protección que no se logra a través del otorgamiento de privilegios, subsidios o monopolios para que algunos empresarios amigos del poder se enriquezcan de mala manera. Proteger la actividad empresarial significa no usarlos como *chivos expiatorios* y causantes de todos los males económicos que generalmente son resultado de erróneas políticas públicas. Protegerlos es abrir el mercado para que triunfen los más eficientes.

## FORTALECER LAS EMPRESAS

Alentar a las empresas es instalar un orden económico que estimule la producción eficiente de bienes, el comercio y el consumo. Es apuntalar un sistema que tenga como pilares de sus relaciones económicas a la libertad de opciones, la igualdad de oportunidades, la competencia productiva y la justicia distributiva.

Un Estado moderno necesita de las empresas para construir un orden económico rentable y eficiente. Es muy difícil construir un orden económico progresista, productivo y justo si el principal motor del crecimiento es denostado por la sociedad y combatido por el poder público, los sindicatos y las organizaciones sociales.

*Cuando una empresa no es eficiente en la producción y no distribuye correctamente la riqueza producida, el problema no es de la organización empresarial como sistema generador de riqueza y empleos. En esos casos, hay que examinar la idoneidad de los empresarios.*

Pero aún más importante hay que examinar el orden económico en que las empresas deben desplegar sus actividades. No para cancelar las organizaciones empresariales, sustento de las economías modernas, sino para eliminar privilegios o injusticias que puedan generarse a favor de algunos empresarios. Para eliminar las *barreras* que impiden su desarrollo.

Las empresas son el motor del desarrollo económico de un país moderno y competitivo. Por lo tanto, examinar la situación del parque empresarial de un país es una manera de conocer su capacidad productiva y distributiva. Desde esta perspectiva, nuestro país pareciera no estar en las mejores condiciones.

*En Argentina, de cada 100 empresas que se inician, 80 cancelan sus actividades antes del segundo año. Si el plazo se extiende a los 10 años, la cifra es peor. De cada 100 empresas que se instalan, 98 cierran o quiebran antes del décimo año.*

Parte de ese fracaso de nuestras empresas se debe a la impericia empresarial, a su falta de idoneidad o la incapacidad para adaptarse a los cambios de la vida moderna. Sin embargo, no son estas las razones que determinan que nuestro parque industrial sea de tan sólo 500.000 empresas y con altos índices de quiebras por año. Para comprender la causa de esos niveles de fracasos hay que poner la mirada en los factores externos de la empresa, hay que poner los ojos en el orden económico y en el orden legal que lo sostiene.

Nuestra economía está plagada de *barreras que frenan la consolidación y el crecimiento de las empresas.* Barreras que han sido creadas al fragor de las coyunturas y las demandas sociales. Barreras que han sido creadas por razones ideológicas que han generado una *visión negativa* hacia las empresas privadas. Una visión de desconfianza que se ha traducido en cientos de políticas y acciones gubernamentales para controlarlas, limitarlas o estatizarlas.

Esa visión negativa sobre las empresas privadas es resultado de un anacrónico discurso heredado del siglo pasado, cuando la mayoría de las empresas cometían serios abusos en perjuicio de los trabajadores. Ese *relato o discurso*, si bien ha mutado con el tiempo, sigue teniendo la misma fuerza negativa sobre el papel de las empresas en la economía.

Es un relato negativo que no sólo se refiere a las relaciones de explotación con los trabajadores. Responsabiliza a las empresas de la inflación, los bajos salarios, la evasión de los impuestos, la conspiración política para derrocar gobiernos, las injusticias sociales o el desabastecimiento de bienes.

Esa mirada de desconfianza y culpabilidad de las organizaciones empresariales se ha convertido en el fundamento para el hostigamiento social a cargo de sindicatos y el control público por parte de los gobiernos. Es la justificación de las miles de barreras que a diario se levantan para intervenir en el funcionamiento y la expansión de las empresas.

En la actualidad, las empresas tienen exceso de limitaciones para expandirse. Las presiones de las organizaciones sindicales, la industria del juicio, el exceso de reglamentaciones jurídicas, la maraña de trámites habilitantes, los impuestos, las trabas para participar del comercio internacional y la dificultad de acceder a la tierra y sus recursos naturales les cierran sistemáticamente los caminos hacia su consolidación como ocurre en nuestros países vecinos.

El control público y las barreras impuestas a las empresas tienen muchas caras. Algunas trabas son *directas*, cuando no se permite importar ciertas materias primas porque el gobierno no las incluye en su lista de autorizaciones. Esa lista de prohibiciones directas es inagotable y permite afirmar que para una empresa lo "*que no está prohibido debe estar expresamente permitido*". No existe actividad en la cual no se necesite tener un permiso, una autorización. No existe empresa que no esté controlada bajo una visión de culpabilidad previa.

Sin embargo, existen otras barreras a la expansión empresarial. Son las llamadas limitaciones *indirectas*. Esas barreras, si bien no son puntuales para ciertas empresas o actividades, tienen efectos semejantes que las acciones directas.

El cierre del mercado y la dirección central del orden económico a cargo del Estado forman parte de esas acciones indirectas que repercuten sobre las empresas, su competitividad y su crecimiento. Un mercado con precios administrados es tan negativo para las empresas como la existencia de grupos monopólicos que cuentan con el beneplácito de los gobiernos. La inflación monetaria, los subsidios a empresas no competitivas y el control de cambios. También afecta indirectamente a las empresas.

La apropiación privada de la renta social como sistema de organización social es otra formidable barrera para la rentabilidad y crecimiento empresarial. Lo mismo que un sistema impositivo que grava exclusivamente las actividades productivas, la inversión y la rentabilidad.

Todas esas barreras que frenan la actividad empresarial en el orden económico argentino deben ser eliminadas de manera integral. El restablecimiento de un orden económico productivo, rentable, eficiente, justo y con igualdad de oportunidades requiere políticas públicas integrales.

*Si las barreras causantes del histórico desequilibrio económico nacional son analizadas de manera independiente y autónoma, lo más seguro es que se realicen reformas parciales que no serán efectivas para la totalidad del orden económico. Inclusive encarar un cambio parcial en nuestra economía actual puede agravar los problemas sectoriales y finalmente desestimar las reformas que es necesario emprender.*

## CREER EN LA GENTE

Los gobiernos y los representantes legislativos en todo el mundo han recurrido al derecho positivo para ordenar la economía privada y pública. En nuestro país esto se hizo evidente a partir de la organización nacional. Nuestra Carta Magna y las leyes constituyentes posteriores dieron el primer paso en el ordenamiento de la economía.

Con el correr de los años, la utilización del derecho como herramienta para ordenar el comportamiento económico de los particulares fue cada vez más intenso. Las disposiciones jurídicas no se limitaron a fijar principios normativos que fueran *referentes generales* para que la gente ordenara sus actividades con cierta libertad. El *derecho positivo* asumió el papel de ordenador de la economía pública y la privada de manera totalizadora.

El derecho se convirtió en el principal instrumento de ordenamiento económico para toda la sociedad. Estableció pautas organizativas precisas de cómo debían los particulares organizar y ordenar sus actividades económicas.

Los gobiernos y legisladores sancionaron leyes que establecieron cuáles actividades económicas estaban permitidas y qué requisitos debían cumplir las empresas para obtener un permiso habilitante del Estado. Cada empresa, comercio o actividad por cuenta propia debía sujetarse a esa reglamentación para iniciarse.

A través de la norma jurídica se intervino el mercado, se incrementó la participación de la economía pública en la dirección del orden económico y se actuó sobre los precios de bienes y salarios. Se avanzó sobre el control de la moneda, las relaciones laborales y las actividades vinculadas con el comercio interno y externo. Se incrementó la presión impositiva sobre los que trabajan y producen. El gasto público creció de manera exponencial y el Estado se concentró en ejecutar políticas macroeconómicas para ordenar una economía social de bases caóticas.

Un nuevo orden económico emergió. El nuevo orden emergente tuvo al Estado y al derecho positivo como principales protagonistas. Pocas actividades económicas quedaron fuera de la regulación estatal y el ordenamiento jurídico. La iniciativa de los particulares quedó condicionada a los planes gubernamentales y a los vaivenes coyunturales de los gobiernos.

A partir de principios del siglo XX, el ordenamiento jurídico argentino puso de manifiesto que se había perdido la confianza sobre las decisiones individuales de los integrantes de la sociedad para organizar sus actividades económicas. Se subestimó la capacidad de la gente para generar riqueza por su propia cuenta y se *demonizó* la actividad empresarial como contraria a los intereses de la Nación.

Pocas actividades económicas empresariales quedaron fuera de la órbita de control de la economía pública estatal y el derecho positivo. Finalmente, el Estado ocupó el principal rol de planificador y ordenador de la economía. Los planes individuales de la gente debieron amoldarse a los planes centrales del Estado. Planes que se tradujeron en cientos de barreras para la actividad económica privada de los argentinos.

Teniendo en cuenta los resultados obtenidos a lo largo del último siglo en comparación con otros países, quizá haya llegado el momento de revisar el camino transitado desde nuestra organización nacional.

Quizá este sea el momento de establecer un orden económico que premie la producción y castigue la especulación. Un orden económico donde exista igualdad de oportunidades para constituir una empresa y que los trabajadores logren una justa distribución de la riqueza. Un país en donde cada argentino con su trabajo pueda acceder a la prosperidad y satisfacer sus carencias en un plano de igualdad y justicia.

Para lograr esos objetivos es necesario tener una visión más crítica del pensamiento dominante en el país. Hay que volver a depositar la confianza en la gente. El orden jurídico y el sistema político deben reconocer la capacidad de la gente para organizar sus actividades económicas de manera eficiente. Debe reconocer que la gente individual o asociada tiene una capacidad muy superior a cualquier plan de dirección central de la economía. Debe aceptar que los argentinos están individualmente más capacitados para definir su futuro que cualquier funcionario mesiánico.

Hay que confiar en la anónima gente emprendedora. Hay que confiar en las empresas y en su capacidad para lograr el bien social. La existencia de malos empresarios no puede inducir a la conclusión de que las empresas tienen como principal propósito beneficiarse a costa de los intereses sociales.

Si el orden jurídico y los gobiernos no confían en los integrantes de la sociedad y su capacidad para planificar individualmente sus actividades económicas, continuarán profundizando el modelo adverso al desarrollo, la libertad, la igualdad y la fraternidad.

El progreso social y económico de Argentina está en su gente. No hay funcionarios estables que puedan reemplazar la capacidad individual de nuestra gente para crear, producir y generar bienestar. *Sólo es necesario que se eliminen las barreras económicas que impiden que la gente tenga iguales oportunidades para acceder a los medios de producción y lograr una proporcional distribución de sus ingresos.*

# ÍNDICE